北京大学"双一流"建设成果
方李邦琴北京大学人文学科文库出版基金赞助

| 北 京 大 学 | 北大古典学 |
| 人文学科文库 | 研 究 丛 书 |

从罗马帝国到神圣的罗马帝国
3—9 世纪的欧洲政治与政治观念

From Roman Empire to Holy Roman Empire:
Interaction between Political Ideas and Political History

李隆国 著

图书在版编目(CIP)数据

从罗马帝国到神圣的罗马帝国：3—9世纪的欧洲政治与政治观念/李隆国著. — 北京：北京大学出版社，2024.5
（北京大学人文学科文库. 北大古典学研究丛书）
ISBN 978-7-301-34884-0

Ⅰ.①从… Ⅱ.①李… Ⅲ.①政治思想史–研究–欧洲–3—9世纪 Ⅳ.①D095

中国国家版本馆CIP数据核字(2024)第046607号

书　　名	从罗马帝国到神圣的罗马帝国——3—9世纪的欧洲政治与政治观念 CONG LUOMA DIGUO DAO SHENSHENG DE LUOMA DIGUO——3—9 SHIJI DE OUZHOU ZHENGZHI YU ZHENGZHI GUANNIAN
著作责任者	李隆国　著
责任编辑	初艳红
标准书号	ISBN 978-7-301-34884-0
出版发行	北京大学出版社
地　　址	北京市海淀区成府路205号　100871
网　　址	http://www.pup.cn　新浪微博：@北京大学出版社
电子邮箱	编辑部 pupwaiwen@pup.cn　总编室 zpup@pup.cn
电　　话	邮购部 010-62752015　发行部 010-62750672　编辑部 010-62759634
印　刷　者	北京中科印刷有限公司
经　销　者	新华书店
	650毫米×980毫米　16开本　25.75印张　430千字
	2024年5月第1版　2024年5月第1次印刷
定　　价	138.00元

未经许可，不得以任何方式复制或抄袭本书之部分或全部内容。
版权所有，侵权必究
举报电话：010-62752024　电子邮箱：fd@pup.cn
图书如有印装质量问题，请与出版部联系，电话：010-62756370

总　序

袁行霈

　　人文学科是北京大学的传统优势学科。早在京师大学堂建立之初，就设立了经学科、文学科，预科学生必须在五种外语中选修一种。京师大学堂于1912年改为现名，1917年，蔡元培先生出任北京大学校长，他"循思想自由原则，取兼容并包主义"，促进了思想解放和学术繁荣。1921年北大成立了四个全校性的研究所，下设自然科学、社会科学、国学和外国文学四门，人文学科仍然居于重要地位，广受社会的关注。这个传统一直沿袭下来。中华人民共和国成立后，1952年北京大学与清华大学、燕京大学三校的文、理科合并为现在的北京大学，大师云集，人文荟萃，成果斐然。改革开放后，北京大学的历史翻开了新的一页。

　　近十几年来，人文学科在学科建设、人才培养、师资队伍建设、教学科研等各方面改善了条件，取得了显著成绩。北大的人文学科门类齐全，在国内整体上居于优势地位，在世界上也占有引人瞩目的地位，相继出版了《中华文明史》《世界文明史》《世界现代化历程》《中国儒学史》《中国美学通史》《欧洲文学史》等高水平的著作，并主持了许多重大的考古项目，这些成果发挥着引领学术前进的作用。目前北大还承担着《儒藏》《中华文明探源》

《北京大学藏西汉竹书》的整理与研究工作,以及《新编新注十三经》等重要项目。

与此同时,我们也清醒地看到,北大人文学科整体的绝对优势正在减弱,有的学科只具备了相对优势;有的成果规模优势明显,高度优势还有待提升。北大出了许多成果,但还要出思想,要产生影响人类命运和前途的思想理论。我们距离理想的目标还有相当长的距离,需要人文学科的老师和同学们加倍努力。

我曾经说过,与自然科学或社会科学相比,人文学科的成果难以直接转化为生产力,给社会带来财富,人们或以为无用。其实,人文学科力求揭示人生的意义和价值,塑造理想的人格,指点人生趋向完美的境地。它能丰富人的精神,美化人的心灵,提升人的品德,协调人和自然的关系以及人和人的关系,促使人把自己掌握的知识和技术用到造福于人类的正道上来,这是人文无用之大用!试想,如果我们的心灵中没有诗意,我们的记忆中没有历史,我们的思考中没有哲理,我们的生活将成为什么样子?国家的强盛与否,将来不仅要看经济实力、国防实力,也要看国民的精神世界是否丰富,活得充实不充实,愉快不愉快,自在不自在,美不美。

一个民族,如果从根本上丧失了对人文学科的热情,丧失了对人文精神的追求和坚守,这个民族就丧失了进步的精神源泉。文化是一个民族的标志,是一个民族的根,在经济全球化的大趋势中,拥有几千年文化传统的中华民族,必须自觉维护自己的根,并以开放的态度吸取世界上其他民族的优秀文化,以跟上世界的潮流。站在这样的高度看待人文学科,我们深感责任之重大与紧迫。

北大人文学科的老师们蕴藏着巨大的潜力和创造性。我相信,只要使老师们的潜力充分发挥出来,北大人文学科便能克服种种障碍,在国内外开辟出一片新天地。

人文学科的研究主要是著书立说,以个体撰写著作为一大特点。除了需要协同研究的集体大项目外,我们还希望为教师独立探索,撰写、出版专著搭建平台,形成既具个体思想,又汇聚集体智慧的系列研究成果。

为此，北京大学人文学部决定编辑出版"北京大学人文学科文库"，旨在汇集新时代北大人文学科的优秀成果，弘扬北大人文学科的学术传统，展示北大人文学科的整体实力和研究特色，为推动北大世界一流大学建设、促进人文学术发展做出贡献。

我们需要努力营造宽松的学术环境、浓厚的研究气氛。既要提倡教师根据国家的需要选择研究课题，集中人力物力进行研究，也鼓励教师按照自己的兴趣自由地选择课题。鼓励自由选题是"北京大学人文学科文库"的一个特点。

我们不可满足于泛泛的议论，也不可追求热闹，而应沉潜下来，认真钻研，将切实的成果贡献给社会。学术质量是"北京大学人文学科文库"的一大追求。文库的撰稿者会力求通过自己潜心研究、多年积累而成的优秀成果，来展示自己的学术水平。

我们要保持优良的学风，进一步突出北大的个性与特色。北大人要有大志气、大眼光、大手笔、大格局、大气象，做一些符合北大地位的事，做一些开风气之先的事。北大不能随波逐流，不能甘于平庸，不能跟在别人后面小打小闹。北大的学者要有与北大相称的气质、气节、气派、气势、气宇、气度、气韵和气象。北大的学者要致力于弘扬民族精神和时代精神，以提升国民的人文素质为己任。而承担这样的使命，首先要有谦逊的态度，向人民群众学习，向兄弟院校学习。切不可妄自尊大，目空一切。这也是"北京大学人文学科文库"力求展现的北大的人文素质。

这个文库目前有以下17套丛书：

"北大中国文学研究丛书"

"北大中国语言学研究丛书"

"北大比较文学与世界文学研究丛书"

"北大中国史研究丛书"

"北大世界史研究丛书"

"北大考古学研究丛书"

"北大马克思主义哲学研究丛书"

"北大中国哲学研究丛书"
"北大外国哲学研究丛书"
"北大东方文学研究丛书"
"北大欧美文学研究丛书"
"北大外国语言学研究丛书"
"北大艺术学研究丛书"
"北大对外汉语研究丛书"
"北大古典学研究丛书"
"北大人文学古今融通研究丛书"
"北大人文跨学科研究丛书"

这17套丛书仅收入学术新作，涵盖了北大人文学科的多个领域，它们的推出有利于读者整体了解当下北大人文学者的科研动态、学术实力和研究特色。这一文库将持续编辑出版，我们相信通过老中青学者的不断努力，其影响会越来越大，并将对北大人文学科的建设和北大创建世界一流大学起到积极作用，进而引起国际学术界的瞩目。

丛书序言

近年来,"古典学"在北大校园渐成热词。围绕这个概念,古文献、语言学、历史学、哲学、考古学和艺术史等相关院系的多个学科,在无形之间形成了相互支撑的"学科群",涌现出不同形态的学术共同体。

2010年北京大学启动人文基础学科本科拔尖人才培养计划"古典语文学"项目,旨在强化本科阶段对古代经典和古典语言的学习,北大哲学系、历史学系、中文系、外国语学院、考古文博学院、艺术学院和元培学院七家院系共同参与,设立了"中国古典学""西方古典学"和"亚非古典学"三个方向。2011年北京大学成立西方古典学研究中心,陆续引进一批青年才俊,推动了北大对古希腊罗马文献、历史、哲学和文化的研究。该中心把研究范围从古希腊延伸到中世纪,并从古典语言教学入手,形成了古希腊语和拉丁语并重的特色。2017年以来,北京大学人文学部跨学科跨院系搭建"古典学研究平台",组织了多个平台研究项目,分别支持中文系、历史学系和哲学系举办跨院系的第一届、第二届和第三届"古典学国际研讨会";还支持中文系和西方古典学研究中心分别创办了跨学科的学术集刊《中国古典学》《古典与中世纪研究》。北大中文系近年还在着力建设"中国古典学平台"。

古典学,这门英语称为 classics 的学问,最早专门研究古希腊罗马文明,包括其语言、文学、历史、哲学、艺术、法律等。文艺复兴以后古希腊罗马文明被重新理解和发现,西方人将其视为现代西方文明的根源。欧洲人大规模收集、整理和翻译古希腊罗马著作,一系列古希腊作品被翻译成拉丁文,亚里士多德、西塞罗、奥古斯丁等人的著作得到精心的校勘。这些学术工作,帮助欧洲社会走出中世纪,在基督教的世界里释放人文主义和理性主义的光芒。琳琅满目的文物和博大精深的经典撞击现代人的心灵,古典时空油然而生,艺术史、解释学得以发展。在现代大学的学科体系里,古典学与这两个学科关系密切,使注重实证的学术研究与人文教养有了深度融合的可能。

现代学科体系里的古典学,并不以古典主义的人文教养为目的,但它推动了19世纪以来欧洲古典教育的繁荣,还意外地刺激了"东方学"在欧美国家的兴起和发展,并影响到亚洲社会对自身的认知。在19世纪的欧洲大学,除了古典学,还有一批研究方法相似但研究对象被归入"东方"的学术领域,比如近东、中东和远东研究,中国学、印度学、日本学,乃至印度宗教研究、佛教研究等。这些研究对象,都被列在"东方"的名下。

从古典学到东方学,世界文明体系的图景在西方社会变得清晰,得以建构影响至今的"世界史"。丰富的东方知识,成功地建构了西方对东方的话语权,东方成为西方的"他者"。在此之后,世界文明逐渐形成了一个以欧洲为中心的圈层结构。第二次世界大战之后,国际政治的中心从欧洲转移到美国,但这并没有改变以欧洲文化为中心的世界文明体系。比较重要的改变是美国大学看重"区域研究"(area studies),而不是古典学,也不爱多谈"东方学"。斯宾格勒、汤因比、亨廷顿、沃勒斯坦从各自不同的视角、不同的立场讲述这个圈层结构。

直到今天,我们仍在不断引用西方学者对中国古代文化或东方社会的解释,却很少能对西方社会、西方思想做出学理上的批评或重构。在这样的语境下,古典学对今天的中国大学教育特别重要。我们需要一批熟知西方历史、思想和社会的专家,更要有一批真正能给中华文明赋予一种世界意义的专家学者。这里包括了两个不同层次的需要:前者是狭义的古典学，主要研究英文 classics 所说的古希腊罗马乃至西方中世纪的学问；后者是广义的古典学，已经进入汉语的"古典学"可以被赋予全新的内涵，语言学、文献学、考古学、艺术史，以及文学、历史学和哲学的研究方法，都可以被用来研究古代东方文明或经典。"中国古典学"，正是在借鉴西方古典学研究方法和东方学世界史框架的意义上提出的，旨在传承中国自身的文献学传统，走出疑古时代，重新理解和建构面向未来的中华文明经典系统。

中华文明确实不同于西方。支撑中华文明的力量，不仅有世代流传的经典系统，还有蕴含在这些经典里的核心价值观，它们塑造了中国社会的基本结构。因此中国古典学的使命，并不仅是新建一套学术规范，同时也是重建一个实践体系，与传世的价值系统有直接的关联。事实上，西方古典学与他们的古典教育，也曾一度相得益彰。这就意味着，我们应该重视历代对古典的诠释。语言学、文献学、世界史和解释学，是中国古典学最重要的学术工具。

就此而言，虽然明确的"古典学"学科意识在北大的传播只是近些年的事情，但相关的研究早已展开，其学术传统分散在北大人文学部的各个院系。以中国古典学为例，该领域与北大过去一百多年深厚的国学研究传统密切相关。今天要在以往中国古代史、中国古代文学和中国古代哲学研究的学术基础上，借鉴古典学新方法，以世界史的眼光重新诠释中华文明的历史和价值。又如亚非古典学，该领域的学者主要分布在北大历史学系、外国语学院和艺术学院，人数不多，但有相对完整的学科群组合。

本丛书收录北大学者在古典学领域的学术成果。选题的多样性，呈现了古典学内涵的丰富性和复杂性，也反映出该领域在当代中国学科体系里的重要性和前沿性。我们相信，这些优秀的学术成果能帮助大家更好地理解中国、理解世界、理解历史、理解未来。

李四龙　彭小瑜　廖可斌
2023 年 5 月

序　言

　　李隆国的著作《从罗马帝国到神圣的罗马帝国——3—9世纪的欧洲政治与政治观念》即将面世，他精雕细刻，花费了长久的时间和艰苦的努力，终于完成这一工作。我很高兴为此书的出版写几句话，向广大读者和同行介绍。

　　本书的主题，是论述从西罗马帝国灭亡到查理曼帝国消解的这一时间段的政治史，时间大约从3世纪到9世纪，论证帝国"名与实"在西部的持久性。但它包含了三方面的内容，一是这段时间的政治史，二是有关这些政治历史内容的史学史考察，三是有关史料的介绍辨析。显示作者学力深厚，思绪细密。我对中古史料方面所知不多，所以只就史学史和政治史这两者做一些评析。

　　罗马帝国的灭亡是西方学界的一大主题，著作汗牛充栋，新见迭出，争论不休。作者将这些学说分为衰亡论和转型论两大派系，每一派的代表人物、代表著作都做了三方面的分析，第一，结合作者生活、写作的时代，论述著作的背景，以及和其他相关著作的因果关系；第二，从当时的社会思想体系出发，论证作者观点的成因和是非；第三则考索作者的观点、论述是否正确，加以采信或扬弃。

　　衰亡论从罗马帝国晚期即已开始，大史学家塔西佗虽然生逢盛世，但是他认为当时拉丁史学已经衰落，史学的衰落，反映的是自由的衰落。原来元老院对政治问题进行辩论,需要高超的演讲术的时代已然过去,元首制统治下缺乏自由,只需要阿谀奉承。塔西佗是对专制不满而论定当时为衰世。3世纪危机后,罗马帝国走向衰亡,410年西哥特人攻陷罗马城,对整个西欧世界是一大震撼,许多史家都对这一事件表示了自己的看法。基督教隐修士杰罗姆对《圣经》中的"但以理书"作注,但以理梦见大人像,头是黄金的,胸膛和臂膀是银的,肚腹和腰是铜的,腿是铁的,脚是半铁半泥的。杰罗姆说这代表了那时习惯上说的四大帝国,即巴比伦帝国、波斯帝国、马其顿帝国、罗马帝国,依顺序是金、银、铜、铁时代;而他所处的罗马帝国已经是半铁半泥时代,走向衰亡,但基督会再次降临,人类获得救赎。希波主教奥古斯丁则用"两城论"来回答410年事件,他说尘世之城罗马并不重要,人生的目标是要通过爱上帝、爱邻人,走向上帝之城。12世纪史学家弗赖兴主教奥托则认为,尘世上的帝国不过是上帝实现其目标的工具,王朝兴亡没有多少值得关注,那只不过是末日审判、基督再次降临的前奏。

到了文艺复兴时代,史学家抛弃了基督教史学的宗教观念,用理性来解释古代的历史,使罗马帝国衰亡论进一步发展。著名启蒙思想家伏尔泰在《风俗论》中,从内因与外因两方面分析罗马帝国的灭亡:"历朝皇帝软弱无能,大臣官宦党同伐异,旧宗教对新宗教的仇恨,基督教的血腥内讧,神学论争取代了军事操练,颓唐怠慢取代了勇猛精神,成群僧侣代替了农夫和士兵,所有这一切,招致了蛮族入侵。"①内部的争吵不休使得蛮族瓜分了欧洲和非洲。最后,是18世纪的英国史学家爱德华·吉本,用他的名著《罗马帝国衰亡史》建立了罗马帝国衰亡模式,这部皇皇巨著既是罗马帝国衰亡的历史,也是罗马城衰亡的历史。该书虽然先后指出了几十种导致罗马衰亡的因素,但是主要因素为三种。第一种是罗马作家信奉的自由丧失导致衰亡。即自由催生德行,专制带来奴役,从而使得德行丧失,国家衰亡。第二种和第三种则主要来自当时盛行的启蒙运动观

---

① 伏尔泰:《风俗论》(上册),梁守锵译,北京:商务印书馆,1994年,第217页。

念,即理性与文明。以伏尔泰为代表的启蒙史家相信人类历史是理性战胜迷信,文明战胜野蛮的双重变奏。而吉本则反其道而用之,将基督教的胜利视为迷信战胜理性,认为蛮族入侵意味着野蛮战胜文明。基督教和蛮族的胜利导致罗马帝国衰亡。因此,总体上讲,罗马帝国衰亡史实质上就是自由丧失、理性泯灭和野蛮肆虐的结果。

李隆国用更多的篇幅介绍了"罗马帝国转型"的史学史内容。19世纪,兴起了罗马帝国转型的研究。首倡者可以说是奥地利史家道普什,他在其《欧洲文明的社会经济基础》一书中,指出日耳曼人并不野蛮,他们早已吸收罗马文化,以渗透的方式进入罗马,没有造成巨大破坏,中古早期罗马文化仍然保留,经济发达,商业繁荣。他是日耳曼派和罗马派的争论中的罗马派,主要指出罗马文明在中古早期的存在。比利时史家亨利·皮朗认为,罗马文化和经济在中世纪早期依然存在,地中海贸易依然繁荣。是后来阿拉伯人占领了北非和西班牙,切断了地中海东部和西部的贸易往来,8世纪之后,西欧就衰落下去了。他的名言是:"没有穆罕默德,查理曼也是无法想象的。"皮朗将视野扩大,认为罗马帝国史包括了东罗马(拜占庭)帝国史和阿拉伯帝国史,为转型说奠定了基础。

1960年代,以林恩·怀特为首的一批加利福尼亚大学的学者开始在继承皮朗的基础上超越皮朗。他们认为,皮朗有许多具体的真知灼见,但是,他的观点与罗马帝国衰亡模式的创建者吉本一样,具有强烈的"西欧中心论"色彩,仅仅将视角局限于西欧,从而将中世纪早期视为衰落时期。但如果一方面将地理上的视野横向放宽,将拜占庭帝国和阿拉伯帝国都视为古代地中海文明的继承者,另一方面从社会层面上将视野向下拓展,关注普通民众和日常经济生活,历史的面貌就大为不同了。为此他们提出了一个具有深远意义的口号——"罗马世界转型"。他们正确地指出,"衰亡"模式忽略了社会经济史的下层,也就是千百万农夫和手艺人的生活,而社会变迁却必须在生产工具和技术的变化中才能最终得到实现。"自下往上看"使得以政府灭亡论历史分期的观点,变得有些不合时宜。

琼斯写成三大卷的《晚期罗马帝国史》,用扎实的史料证明晚期帝国仍然充满了生机和活力。反对族群生成理论的郭法特,则强调日耳曼人进入罗马帝国,是帝国政府有意识地采取的策略,并没有造成破坏,罗马传统没有中断。1971年,彼得·布朗发表了《古代晚期世界:150—750》。这部书作为通俗读物,流传甚广,极大地推动了英语学界对古代晚期的兴趣。彼得·布朗的视野离开了蛮族和北方,回到了南部的地中海世界。他的研究对象转向了基督教会,而且是基督徒的心态。他也不将东部和西部截然分割,而是突破这种政治框架,以行省为单位,将这些不同地方出身的神学家视为处在一种统一的基督教文化之下。因此,从3世纪至7世纪是一个文化上特别激动人心的、极具创造力的时代,即"古代晚期"。由于彼得·布朗的贡献,他也被英语学界称为"古代晚期之父"。彼得·布朗还写了其他一些著作,和志同道合者推进"古代晚期"学说的成立。他进一步研究了帝国西部的历史,认为西部帝国的历史不再是衰亡的历史,而是一个为现代欧洲奠基的新时代。在古代晚期,蛮族根据实际需要利用基督教,逐渐地创造出对自身过去的新认同,在这种历史进程中,西欧独特的基督教想象世界也由此得到形塑。古代晚期是发展出"加洛林文艺复兴"的潜在铺路时代。通过古代基督教世界转型为中古基督教世界,古代晚期前接古典文化,后接"加洛林文艺复兴",不仅使得古代世界自然而然地转型为现代世界,而且这种转型是一种创造性活动。所以,整个罗马世界都在不断地转型,适应形势,开创未来,为现代欧洲奠基。古代晚期说虽然在现代西方史学界十分兴旺,声势浩大,也有不少反对者。对它的批判主要有两点,一是过分强调延续而忽视变迁,二是过分集中于宗教文化,忽视政治、经济制度。

对马克思主义史学在罗马帝国衰亡方面的观点,李隆国也做了介绍。苏联史家主张,罗马帝国灭亡代表了奴隶社会向封建社会的转变,这一转变是由被压迫者的革命运动实现的。2006年,英国的马克思主义史学家魏可汉则集合各种物质文化方面的证据,对这一过渡进行了系统的总结。他认为随着罗马帝国的政治衰退,统一的税收和贸易网络逐渐消失,开启了地方化时代,发展出十个不同的经济区域。大体说来,在罗马帝国东部,跨地区的联系残存较多;而在西北部地区,则消失得最为彻底。东部的贵族倾向于在城市定居,得以大体保留其财富;而西部的贵族则转向农村,从而相对贫穷化。但是随着地主阶级直接经营地产的兴趣转淡,农民的状况得到改善,村社形成,农民生产方式登上历史舞台。即他认为中世纪早期是农民生产方式的时期。

当然,本书的主要成就,是将查理曼帝国和神圣罗马帝国联系起来,建立了他自己对这一时期政治历史的解释模式。作者对构成相关问题的每个重要节点,首先在史料上做几乎穷尽的搜罗,排比考订,辨别真伪,用其真者;其次对各史家之解释,也详加论证,比较善否,择善而从。应该说结论是十分可靠的。

法兰克国家的兴起当然要从它的第一个国王克洛维说起,李隆国对围绕着克洛维的史料详细剖析,指出都尔主教格雷戈里的《法兰克人史》所述克洛维因为改宗正统基督教而战胜敌人之说不可信。克洛维处于多元信仰向正统基督教一元信仰过渡的时期,他善于联合不同的力量,瓦解分化对手,以开放的态度,结成统一战线,逐一消灭对手,是克洛维在宗教因素之外能够成功的个人性格因素。而在统一高卢之后,在妻子的建议之下,采用统一的宗教政策,或许有助于他巩固统一的成果。

加洛林王朝的兴起,关键人物是矮子丕平。李隆国否定了过去丕平751年废除墨洛温王朝的懒王,自己当了加洛林王朝国王之说法。通过对一系列史料的详细考释,指出丕平是在家族内部争夺官相的激烈斗争中,逐渐获得封建主的支持,打败了自己的兄弟。之后罗马教宗为了应付伦巴第人的袭扰,需要得到丕平的帮助,所以最后在754年支持丕平称王,并同时膏立其妻子和儿子查理曼、卡洛曼为王。

关于查理曼称帝事件的研究,是本书的核心内容之一,李隆国在此做了全新的阐释。他批判了御用学者艾因哈德的"不情愿"说,从各种史料和史学解释的梳理中,指出在查理曼武功达到极盛、占领了过去西部罗马帝国之全部地域时,他当然是愿意称帝的。后来教宗利奥被内部人士袭击,逃到查理曼那里求援,两人或者是他们的代表,肯定进行了谈判,谈判的内容没有记载,但是简单说来,就是正如希瑟所言,"你帮我当皇帝,我就帮你重新坐上教宗宝座"①。然后查理曼派兵护送他回归,利奥进行了一系列准备,为他加冕称帝。更为重要的是,李隆国将这一事件,置于地中海史的背景中,集合法兰克、东罗马、教宗三者的关系全面研究,指出三者间力量的博弈。查理曼是从教宗手里接受的帝号,虽然受到罗马城里人的欢呼("神圣的奥古斯都、罗马人的皇帝"),但是对基督教皇帝,教宗有无权力授予帝号,教会方面认为理所当然,拜占庭就不这么认为了。从查士丁尼以来,皇帝一贯是将教会人士和其属下官员一样看待,对他们发号施令。罗马教廷虽然远在罗马,君士坦丁堡有点鞭长莫及,但其地位基本上也和其他主教座相同。这时东方发生了圣像破坏运动,和西部教廷产生了教义分歧,于是罗马教宗转向与法兰克结盟,这是为查理曼加冕的深层次原因。更有甚者,拜占庭的国力日渐衰落,罗马教宗在蛮族国家混战的局面中,逐渐发展成为政治实体,先是有丕平献土,取得意大利中部土地的管辖权,后更伪造《君士坦丁赠礼》文书,要求西部帝国的全部管辖权。不过它实际上没有武力支持,所以和查理曼的关系是"我为你祈祷,你负责保护"。查理曼认为,他的帝号还是要得到拜占庭方面的承认,因为正式的帝国是在拜占庭那里。双方经过长久的试探、谈判,终于在812年,查理曼的帝号得到拜占庭方面的认可。他的"合法性焦虑"得以解除。813年,查理曼立自己的儿子路易为共治皇帝,就不要教宗的参加,就如拿破仑当皇帝时,从教宗手中拿过皇冠为自己戴上一样。

李隆国更大的创造性,就是将神圣罗马帝国的概念贯穿到欧洲早期政治史中。他指出,拜占庭帝国也是神圣罗马帝国,表现为皇帝自称为 sacra respublica。查士丁尼在其《民法大全》中,十分强调信仰的重要性,皇帝实际上掌握宗教信仰的决定权,教宗、牧首,都得听命于他。之后建

---

① 彼得·希瑟:《罗马的复辟:帝国陨落之后的欧洲》,马百亮译,北京:中信出版社,2020年,第274页。

立的查理曼帝国,也基督教化为神圣罗马帝国。查理曼把全国划分为21个大主教区,建立了什一税制度,使基督教后来发展成为西欧最大的地主。他用军队保护教会,用教会的模式保证帝国的统一性。他要求帝国内主教、牧师严守《圣经》的训导,法官公正审判,士兵维护教会,穷人受到优待。即在上帝的国家中,一切必须遵循上帝的意志。814年查理曼去世,继承者虔诚者路易更进一步推行帝国的神圣化,召开各种宗教会议,融合教俗两界于一体,表示他立国的方针就是敬畏上帝,保护穷人,号召统治阶级要躬行节俭。他更引入教会的忏悔制度作为治国工具,使帝国的神圣性进一步加强。所以,中古早期的政治史,就是由古代的罗马帝国向神圣罗马帝国转变的历史,也就是欧洲政治基督教化的历程。

所谓帝国,在中古早期必须具有罗马性。控制了罗马城,方能当皇帝。可是随着教宗力量的上升和政治化,罗马城演变为圣彼得的国。罗马教宗不仅在宗教上代表罗马帝国,而且在法理上也代表罗马帝国,使帝国的罗马性和神圣性合二而一。帝国历史的演变,就是其神圣性的加强。当然,教宗和皇帝终究不是完全合一的,教宗势力的上升也遭到帝国的反击,后来演变成为教权与王权的长期斗争。

李隆国也研究了加洛林帝国的世俗性,指出他们依然实行分国制度,引起父子、兄弟之间战争不断。加洛林帝国是一个蛮族建立的帝国,在虔诚者路易统治时期,继承了查理曼的各种制度,政治制度仍然比较落后,官僚机构不发达,文书制度还在建立中,巡察钦差制度是他依靠的主要统治手段,庞大的巡察钦差队伍巡弋全国各地,处理司法纠纷是他们的主要职责。虔诚者路易应该是中古时期第一位控制货币发行的西方君王。他取消了众多城市的铸币特权,只保留了一座。此外,在接待外交特使的驿站建设和维持并保护外交使节的安全、税卡的设置和管理、桥梁的维修、九一税和什一税,以及行军途中的司法争讼等方面,虔诚者路易都做了具体的规定。所以李隆国既研究了罗马帝国和神圣罗马帝国这一"名"的历史,也研究了法兰克王朝这一"实"的历史,将古代晚期和中古早期的"名"与"实"的历史,完整地呈现出来,对这一阶段的历史做出了自己的新解释，可以说是很大的创新。

　　李隆国自1994年进入北京大学以来，一直刻苦努力，专注于学问之道，不计较个人得失。通过在国内和国外的学习，他掌握了艰深的西欧中古史研究的各方面知识，熟悉有关的语言、文字，已经升堂入室，进入其研究领域，可以和域外专家学者辩道问难，一较高下。这部专著，就是他的成绩的一次汇报。也希望成为他向上攀登的新起点。

　　我的序言介绍，说了不少好话，似乎有点"举贤不避亲"的味道。当然，该书也有不足之处，就是他在史料考释上花费太多，难免芜杂，期待以后有所注意。

北京大学历史学系　马克垚
2020年12月

目 录

导　言 …………………………………………………………… 1

第一章　罗马帝国衰亡？ ……………………………………… 7
第一节　作为基督教世界历史最后阶段的罗马帝国 …… 8
第二节　罗马帝国衰亡模式 …………………………… 17
第三节　古代晚期研究的兴起 ………………………… 22
第四节　全球化的转型研究 …………………………… 36

第二章　信仰做证：衰亡与转型 ……………………………… 44
第一节　罗马衰亡的提出 ……………………………… 45
第二节　个人自由与罗马衰落 ………………………… 50
第三节　对上帝的信仰与皇帝的命运 ………………… 55
第四节　铁和泥混杂的世界 …………………………… 58
第五节　新认同的建构：基督教与罗马法 …………… 62
第六节　萨尔维安的社会关怀 ………………………… 69

第三章　以史为镜：灭亡与复兴 ……………………………… 75
第一节　作为历史事件的西罗马帝国灭亡 …………… 76
第二节　恢复西罗马帝国 ……………………………… 88
第三节　西罗马帝国灭亡的记忆 ……………………… 98

第四章　半铁半泥：法兰克蛮族王国的兴起 …… 113
- 第一节　晚期罗马帝国与蛮族的关系 …… 114
- 第二节　从民族大迁徙到族群生成 …… 118
- 第三节　克洛维为什么会成功？ …… 130

第五章　分而和平：墨洛温长发王制度 …… 143
- 第一节　从长发王到长发王制度 …… 144
- 第二节　一代不如一代？ …… 151
- 第三节　最后的加洛林宫相 …… 156

第六章　复兴罗马：加洛林帝国的建立 …… 172
- 第一节　矮子丕平的功业 …… 172
- 第二节　查理曼的武功 …… 180
- 第三节　查理曼称帝 …… 188
- 第四节　历史的必然与偶然 …… 200

第七章　名实之间：查理曼的帝号 …… 209
- 第一节　称帝、帝号与帝国观念 …… 210
- 第二节　"罗马皇帝" …… 213
- 第三节　罗马帝国之"轻"与帝号之"重" …… 221
- 第四节　帝号的泛化 …… 226
- 第五节　称帝之谜 …… 235

第八章　基督教化与中古早期政治道路 …… 243
- 第一节　查理曼称帝与欧洲史的整体性 …… 243
- 第二节　拜占庭帝国是神圣的罗马帝国吗？ …… 246
- 第三节　罗马教宗与查理曼称帝 …… 252
- 第四节　东—西与南—北 …… 262

第九章　神圣家族与神圣的罗马帝国 ………… 271
- 第一节　神圣的罗马帝国的奠基 ………… 271
- 第二节　家族政治 ………… 279
- 第三节　加洛林帝国的罗马性 ………… 287
- 第四节　罗马教宗与帝国之神圣性 ………… 295

第十章　保护穷人：加洛林王朝的帝王之道 ………… 304
- 第一节　加洛林王朝之前的帝王传记及其功能 ………… 305
- 第二节　加洛林帝王传记的兴起 ………… 309
- 第三节　虔诚者路易的帝王之道 ………… 317

第十一章　上帝之城：加洛林帝国后期的帝国观念 ………… 331
- 第一节　加洛林王朝的帝位传承 ………… 332
- 第二节　铁的帝国 ………… 336
- 第三节　加洛林早期的四大帝国观念 ………… 344
- 第四节　永恒的西部帝国？ ………… 350

结　语 ………… 357

参考书目 ………… 361

后　记 ………… 390

导　言

　　3—9世纪的亚欧大陆发生了革命性的历史变化——从古代向中古的转化。在这个时期开始的时候，罗马帝国、萨珊波斯帝国与汉晋帝国长期主导这一旧大陆温带地区的政治历史。在这一时期之中，历史文献称之为"蛮夷"的少数族裔群体纷纷内迁，进入帝国的腹地，冲击着也更新着帝国的政治秩序。"蛮族"内迁最终促成了一系列蛮族王国的建立。此后又经过数百年的历史变动和政治争斗，最终重新形成了一系列的大帝国。按照时间的先后是拜占庭帝国、隋唐帝国、阿拉伯帝国以及加洛林帝国。因此，3—9世纪的政治历史似乎可以被描述为，以旧帝国的衰败为起点，而以新帝国的重建为终点。

　　毫无疑问，这些新建立的帝国并不是对原有旧帝国的简单恢复。帝国之内或者加入了大量的少数族裔群体，或者统治者自身也是源自于少数族裔。在欧洲，加洛林帝国的统治者，长期被君士坦丁堡的皇帝视为蛮族；在西亚地区，在罗马人和波斯人的眼中，阿拉伯人是蛮族。在东亚，北朝的统治者被南朝视为夷狄，隋唐帝国的统治者则来自不同族群融合的边境地区。从这个角度而论，唯一例外的似乎是拜占庭帝国，虽然该帝国的皇帝也有来自边境地区的少数族裔，如芝诺皇帝（Zeno，474—491年在位），但总体上延续了罗马人的统治。

　　另一个普遍发生的现象，则是宗教信仰的广泛流行。汉晋王朝的疆域内佛教传入,道教兴起;罗马帝国境内基督教得到广泛传播,最终于4世纪成为国教;萨珊波斯帝国所崇信的琐罗亚斯德教被阿拉伯帝国的伊斯兰教所取代。宗教的流行使得这一时期宗教信仰和宗教组织发挥着重要的政治影响力,而在7—9世纪兴盛一时的这些亚欧帝国,都具有比较浓厚的宗教文化色彩,政治统治也变得相对神圣化。

如何看待这长达6个世纪的历史变迁,催生了史学史上不少著名的历史解释模式。唯物主义史家试图认真地将这一广袤旧大陆的几乎所有文明都纳入考察范围之内。虽然这种广阔的视野牺牲掉了诸多的历史具象,但也从生产方式(自给自足的农业经济)、阶级(地主阶级和农民阶级的形成)和剥削方式(农奴制与地租)等方面发现了3—9世纪亚欧大陆和北非地区相似的历史演化趋势。不仅如此,唯物主义将这一段历史置于从奴隶制向封建制的历史巨变中,从而赋予了这一段历史以进步的亮光。帝国衰亡并不仅仅是一件坏事,相反,地主阶级和农民阶级的兴起,意味着历史的进步。

在视野上不逊于唯物主义史学范式的,是文明形态说的解释模式,其中最为著名的代表人物是英国历史学家阿诺德·汤因比(Arnold J. Toynbee,1889—1975)。汤因比虽然以文明作为观察历史的单位,将人类历史区分为二十多个文明的演化史,但其基本解释框架来自他对3—9世纪欧洲史的历史考察。他将精神创造力作为文明兴衰的根本性动力。当文明兴起之时,其精英人物充满了神奇的开拓创新精神,使得新的文化得以形成。由于有了这种富有创造力的文化,文明不断地发展壮大,并使得自身步入帝国时代。但帝国的建立,却是文明丧失其文化创造力之时,因为精英阶层为了控制广袤的人口和帝国,不得不采取守成的政策,限制创新。从这个角度而言,帝国时期物质生活繁荣,但是精神生活贫乏。帝国带来了巨量的物质财富,但也标志着文明步入了"煦暖的晚秋",离冬天不远了,它自身也开始走向衰亡。汤因比认为,帝国的形成不仅促进了社会内部的两极分化,而且丧失创造力的统治阶级开始不断地压迫贫民。为了寻找出路,帝国内部的"无产阶级"不仅利用新的宗教和文化形式奋起反抗，而且帝国境外的"无产阶级"也觊觎着帝国的财富，时刻准备加入抢夺者的行列。内外交困之中，文明衰亡。这是汤因比总结出来的文明衰亡的希腊—罗马模式。①

汤因比的帝国衰亡模式，似乎让读者似曾相识。在18世纪，他的乡贤、英国历史学家爱德华·吉本（Edward Gibbon，1737—1794）就强调了罗马帝国是在基督教与蛮族的双重打击之下走向衰亡的。而且，在6卷本的《罗马帝国衰亡史》中，吉本也具有某种世界眼光。由于蛮族在亚欧大草原上迁徙流动，基督教会内部残酷的斗争使得失败者被流放，被迫远走他乡；为了追溯这两者的来龙去脉，吉本描述的地理范围远远超出了罗马帝国的实际控制疆域，几乎涉及了东亚之外、整个亚欧非地区的游牧民族与基督教会。吉本的命题通常被概括为"野蛮与迷信的胜利"。② 其核心观点就是，一旦成为国教，基督教会倡导迷信，打击异端分子，派系争斗激烈，内部耗损严重；加上帝国政府为了维持武备，不得不引入战斗能力更强的蛮族，使得罗马帝国步入漫长的衰亡之路。吉本提醒读者，尽管有组织的信仰实属必要，但教务与国务应有所区分，发展科技则应为帝国发展的要务。

尽管唯物主义、文明形态和罗马帝国衰亡这样宏大的解释范式过多地关注现实，但也因此而有效地沟通了古今，为历史研究深入细部确立了宏大的解释框架。借助这些理论作为拐杖，历史学家不仅可以更好地理解零散的史料和孤立的历史现象，而且可以径直聚焦于特定的区域和时段，进行深入的研究。不仅如此，以这些经典性解释范式作为背景，我们可以更好地理解有关欧洲从古代向中古转变的学术新潮流。

近年来兴起的古代晚期研究似乎在地理视野上以爱德华·吉本为师，但不仅仅考察基督教，还包括犹太教、琐罗亚斯德教、伊斯兰教和佛教

---

① 王少如、沈晓红译：《汤因比论汤因比——汤因比与厄本对话录》，上海：上海三联书店，1989年，第7—12页。

② 郑福同：《吉朋和他的〈罗马帝国衰亡史〉》，《复旦学报（社会科学版）》1980年第5期。详见本书第11章。

等,几乎将旧大陆的主要宗教信仰都纳入了研究的范畴。而且与吉本大相迥异的是,古代晚期研究并不用衰亡来限定研究的取向,而是更加积极地从文化创造、社会整合与族群认同形成的角度,揭示这一时期宗教信仰与教会所起的积极作用。① 尽管古代晚期研究聚焦于罗马帝国以及罗马帝国的继承者,视野难免会以地中海世界为中心,但是,在全球化的当下,古代晚期研究提供了对 3—9 世纪旧大陆进行整体研究的可能性。2015年,北京大学召开了以"帝国之后"为题目的国际学术大会,古代晚期研究的代表性人物齐聚燕园,与研究中国古代史的学者展开对话。会后出版的论文集《断裂与转型:帝国之后的欧亚历史与史学》揭示了学术界围绕 3—9 世纪的研究开展全球性学术对话之可能性。②

随着古代晚期研究的推进,基督教会的历史面貌似乎发生了很大的变化,成为积极应对时代变局、重新整合社会的重要力量。与基督教会的"变脸"相似,蛮族也似乎不再是集野蛮与破坏于一体的无知群体,而是积极寻找机遇、能动地进行族群认同建设的建国者。面对挑战,特定的蛮族军事政治群体不断地进行自我形塑,以便在激烈的政治竞争中获得先机,并巩固自己的政权。尽管族群研究由日耳曼研究转化而来,但第二次世界大战之后逐渐受到泛日耳曼主义的影响,各个蛮族群体被视为具有独特族群认同性的历史性存在。从这个角度而言,族群生成理论和族群认同研究瓦解了日耳曼人的广泛性和统一性。进入罗马帝国的蛮族成功地实现族群整合,吸纳新的血液与文化,创造出各自的族群认同。因此之故作为集合名词的日耳曼人在文献中逐渐消失。在中古早期,日耳曼人成为日耳曼尼亚这个特定地区的族群认同标签。③

罗马帝国自身经历的变化,也同样吸引着研究者的关注。琼斯

---

① 侯树栋:《晚期古代和中世纪早期史研究中的新价值取向》,《北京师范大学学报(社会科学版)》2019 年第 4 期。

② 王晴佳、李隆国主编:《断裂与转型:帝国之后的欧亚历史与史学》,上海:上海古籍出版社,2017 年。

③ Walter Pohl, *Die Germanen*, Berlin: De Gruyter, 2010, pp. 4—7.

(Arnold H. M. Jones,1904—1970)奠定了晚期罗马帝国治理史的研究。他出版的经典论著如《晚期罗马帝国：284—602 年：社会经济和治理概览》(*The Later Roman Empire*, 284—602: *A Social*, *Economic*, *and Administrative Survey*, 2 vols., Oxford: Blackwell Ltd., 1964.), 编辑的相应工具书如《晚期罗马帝国人物志》(*The Prosopograhy of the Later Roman Empire*, *Vol. I*, *A. D.* 260—395, Cambridge: Cambridge University Press, 1971.), 史料汇编如《至 5 世纪的罗马史》(*A History of Rome Through the Fifth Century*, 2 vols., London: MacMillan, 1968—1970), 将晚期罗马帝国史研究作为一个单独的研究领域牢固地建立起来。他和同行们发现，尽管存在各种各样的问题，但总体而言，帝国的制度得到维系，帝国治理运行依然良好。罗马帝国的衰亡来自外因或者说蛮族的入侵以及由此导致的破坏；西部帝国的边境线长于东部，由此负担过重，导致其灭亡。[①]

近来的研究似乎使得从前被分别视为罗马帝国衰落期的古代晚期（约 300—600）和黑暗时代的中古早期（约 500—1000）变得生动鲜活起来。拜占庭不再那么暮气沉沉，而是在传承古老文明的过程中不断创新，以便更好地应对危机，守护文明不坠。用朱迪丝·赫林的话来说，拜占庭文明与生活也似乎变得"与众不同"[②]。与此类似，西部的蛮族王国通过吸纳罗马文明，利用"地方罗马性"，成功地创造了新的蛮族认同，这一过程被美国学者托马斯·诺贝尔总结为"从罗马行省到蛮族王国"[③]。

这些新的研究趋势揭示了 3—9 世纪历史演化的动态性，不仅罗马帝国、蛮族王国和基督教会三者各自随时而变，而且面对前所未有的历史巨变，三者互相合纵连横，彼此学习模仿，导致蛮族、罗马和基督教会互相影

---

① A. H. M. Jones, *The Later Roman Empire*, 284 — 602: *A Social*, *Economic*, *and Administrative Survey*, vol. 2, Oxford: Basil Blackwell Ltd., 1964, pp. 1027—1031.

② Judith Herrin, *Byzantium*: *The Surprising Life of a Medieval Empire*, London: Penguin Books Ltd., 2007.

③ Thomas F. X. Noble, *From the Roman Provinces to the Barbarian Kingdoms*, London: Routledge, 2006.

响。蛮族的习俗原本并不一定源自于蛮族地区,而是模仿罗马帝国的结果;罗马帝国也在不断通过模仿蛮族的习俗而使得后者转化为罗马制度;而其中基督教会居间联络,促进二者和平共处,从而加速了二者的互相转化,推动罗马因素和蛮族因素不断融合。不仅如此,另一方面,蛮族、罗马帝国与基督教会之间也存在着利益冲突,为了竞争,在互相学习的同时,三者也不断地各自创造着新认同,以便彼此区分。而基督教会也会在其中鼓动人心,将差异视为对立,激化蛮族政权与罗马帝国之间的冲突。因此,我们似乎难以再从静态的角度给这一时期的罗马帝国、蛮族王国和基督教会某种定性说明。何谓蛮族制度?罗马制度又是什么?在互动之中竞争、建构各自的认同性,蛮族、罗马人和基督教会共同创造了中古早期欧洲的基督教政治文化。

本书凡十一章。第一章综述有关从古代向中古过渡的学术观点,说明我们有必要重建从古代向中古欧洲过渡的政治叙事。第二章和第三章分别梳理古代罗马帝国的帝国观和中古早期拉丁文献的罗马帝国观。作为回应,最后一章也就是第十一章也探讨加洛林帝国的帝国观念。第四章、第五章和第六章分别叙述法兰克王国墨洛温王朝和加洛林王朝创建的历史。第七、八章集中考证并分析查理曼称帝这一历史事件的经过和影响,并从东西南北关系网络中分析加洛林帝国建立的历史意义,总结从古代罗马帝国向中古神圣的罗马帝国的历史进程。第九章和第十章分别讨论加洛林帝国如何塑造其神圣性,并建设其神圣的政治文化。

感谢我的导师马克垚教授热情慷慨地赠予序言,使本书增色不少!这篇序言提要钩玄,总结了本书的基本观点。置于篇首,读者庶几可以先读为快。

第一章　罗马帝国衰亡？

　　本书以旧大陆最西端的罗马帝国为个案来分析从古代向中古这一历史转型。自从文艺复兴以来，学术界就一直关注欧洲历史如何从古代迈向中古时期。2016 年英国利兹大学的伊恩·伍德（又译颜·伍德）教授专门出版了《早期中世纪的近代起源》，围绕若干早期中古欧洲的重大历史问题，从历史研究与现实之间关系的角度，总结了 18 世纪以来的中古早期史研究。2012 年彼得·布朗发表了《穿过针眼：财富、西罗马帝国的衰亡和基督教会的形成，350—550 年》①，2018 年，伊恩·伍德发表《西部罗马的转型》②，二书前后衔接，以基督教化为主线，系统揭示了这一转型的历史动因。步入 21 世纪，中文学界紧跟国际学术界的前沿，请进来、走出去，论衡东西学术，也及时介绍和总结了本领域的新进展。刘林海教授从罗马帝国是否衰亡、衰亡的原因以及罗马与蛮族的关系三个方面对罗马帝国衰亡的原因进行了系统的梳理和总结。③ 刘津瑜教授在《罗马史研究入门》一书中也专门讨论过这一话题，附

---

① 彼得·布朗：《穿过针眼：财富、西罗马帝国的衰亡和基督教会的形成，350—550 年》（全二册），刘寅、包倩怡等译，北京：社会科学文献出版社，2021 年。
② 伊恩·伍德：《西部罗马的转型》，刘寅译，北京：商务印书馆，2022 年。
③ 刘林海：《史学界关于西罗马帝国衰亡问题研究的述评》，《史学史研究》2010 年第 4 期。

有相关的参考书目。① 康凯续接伊恩·伍德教授,以东哥特研究为个案介绍了蛮族研究的新进展②;刘寅也分别从蛮族欧洲、社会经济和基督教化三个方面做了进一步的总结③;侯树栋教授则高度评价了古代晚期研究兴起的重大学术意义④。本书作者也曾经从范式转型的角度对学术史进行过梳理。⑤ 本书结合最新的学术资料,尝试对亚欧大陆西端的这一重大历史转型提供一个新的说法。首先我们来系统地梳理自古以来有关罗马帝国命运的主要观点。

第一节 作为基督教世界历史最后阶段的罗马帝国

自中古盛期开始,拉丁欧洲的历史学家们就开始总结中古早期的历史。他们观察统治史(即所谓"俗史")变迁的理论是基督教的"四大帝国"理论。四大帝国理论,主要有两种理论渊源。其一为公元前2世纪希腊—罗马历史学家波利比乌斯所总结的诸帝国更替迭兴的历史变迁;另一个渊源来自基督教经学,尤其是《但以理书》中的预言。经书说,先知但以理做了几个梦,在梦中见到了一些奇特的异象。但以理试图将这些异象视为历史上不同政体迭兴的隐喻(梦、异象的相关引文请参见本书第十一章)。公元2世纪以降,在注解《但以理书》的过程中,基督教经学家们吸纳了波利比乌斯等史家的帝国更替思想,在基督教世界历史观之框架内将四大帝国理论加以典型化。根据这一理论,基督教

---

① 刘津瑜:《罗马史研究入门》(第二版),北京:北京大学出版社,2021年。
② 康凯:《"蛮族"与罗马帝国关系研究述论》,《历史研究》2014年第4期。
③ 刘寅:《传承与革新:西方学界关于欧洲早期中古史研究的新进展》,《世界历史》2018年第1期。
④ 侯树栋:《晚期古代和中世纪早期史研究中的新价值取向》,《北京师范大学学报(社会科学版)》2019年第4期。
⑤ 李隆国:《从"罗马帝国衰亡"到"罗马世界转型"——晚期罗马史研究范式的转变》,《世界历史》2012年第3期。

世界历史先后经历了巴比伦帝国、波斯帝国、马其顿(希腊)帝国和罗马帝国。① 基督第一次降临(即耶稣诞生)与罗马帝国的建立几乎同时发生,其第二次降临(即所谓"末日审判")也意味着罗马帝国的灭亡。换言之,在基督教世界历史观中,罗马帝国变成了人世间的最后一个政治体,它将延续到世界历史的终结之时。

罗马帝国是基督教世界历史上的最后一个帝国,这当然是一种假设,但这一假设使得中古史家偏向于强调中古政治史中的延续性和不变性。但事实上中古欧洲历史一直处在不断的变动与发展之中,各种不同的罗马帝国迭兴。为了更好地解释历史上发生的政治变迁,中古拉丁史家提出了"帝权转移"理论作为补充。依据这一理论,罗马帝国只有一个,但是,帝权却可以在不同的首都与族群之间发生转移。从10世纪开始,在意大利就有了专门讨论帝权转移的小册子,解释罗马帝权从罗马转移到君士坦丁堡(今伊斯坦布尔),再从那里转移到法兰克人手中。② 12世纪的大史学家弗莱辛的奥托(Otto of Freising)所著《双城史》(又称《编年史》)是用四大帝国和帝权转移理论来书写基督教世界历史的典范之作。他认为,从帝权与教权的关系来讲,中古早期属于当代史的一部分,即从提奥多西一世(378—395年在位)统治时期开始,双城即帝国与教会合二为一。此后罗马帝权逐渐衰落,但这是上帝的旨意,以便人们能够看透人世的虚幻,看淡权势与虚荣,放弃俗世之城;并虔诚向主,追求永恒之城,即天国。③

---

① 刘林海:《〈但以理书〉及其史学价值》,《史学史研究》2013年第1期;阿诺尔多·莫米利亚诺:《但以理与希腊的帝国承续理论》,苏婉儿译,《政治法学研究》2016年第1卷;李隆国:《从结巴诺特克的〈查理大帝传〉看"金属"中的人类历史》,《世界历史评论》2016年第3期;朱君杙、王晋新:《长存多变的"巨兽"——论中古西欧史家"四大帝国"结构原则的运用》,《历史教学》2016年第4期。

② "De imperatoria potestae in urbe Roma Libellus", G. Pertz ed., *Scriptorum tomus III*, Monumenta Germaniae Historica (MGH), tomus V., Hannover: Hahn, 1839, pp.719–722.

③ Adolf Hofmeister ed., *Ottonis episcopi Frisingensis Chronica sive Historia de duabus civitatibus*, lib. VII, "Praefatio", MGH, in usum scholarum, Hannover: Hahn, 1912, p.309.

在帝国史之外,还有基督教会史(即所谓"圣史"),主要包括基督教会史和圣徒传。狭义的基督教会史以单个主教区或者修道院的历史为叙述对象;广义的基督教会史则涵盖整个基督教世界历史。在基督教世界历史叙事中,人类历史往往被分为6个时代,从上帝造人开始至耶稣诞生一共经历了5个时代;中古早期欧洲处在基督教世界历史的第6个时代,也就是最后一个时代。用当时流行的隐喻来说,业已步入老年阶段。这一阶段对应于世俗王国历史的罗马帝国阶段,如12世纪的英格兰—诺曼史家奥德里克·维塔利斯在其《教会史》开篇所云:"那一年,整个世界诸族都被压服,在上帝的命令之下皇帝屋大维开创了稳定而可靠的和平,耶稣基督,上帝之子在世界的第6个时代降生。"① 尽管如此,从基督教信仰的传播来看,从上帝造人以来的历史都是基督教会不断发展壮大的历史,既是万世一系的神圣历史,也是罗马教会不断扩张乃至压倒罗马帝国的历史。中古早期是其中必经的一环,在那时,欧洲获得了宗教真理,因此是历史上的光明时代。

到文艺复兴之时,这种历史解释框架开始受到部分人文主义者的挑战。当时,神圣罗马帝国与罗马教会逐渐脱离直接关系,罗马皇帝不再到罗马城加冕,称帝仪式也由教宗加冕改为选帝侯选举制,德意志神圣罗马帝国也就逐渐变为西欧列强之一,其世界性日渐消淡。而且人文主义者从王国或者城邦治理的角度看历史,中古早期既是语言文字和艺术的衰落时期,也是各个中古城市共和国兴起的日子。② 随后的宗教改革家们更进一步,从反罗马教宗和反罗马教会的立场出发,将中古早期视为基督教宗教的堕落期。在这个历史时期,罗马教会偏离古代教会的原始状态,通过修道运动发展独身制度;通过圣徒崇拜推广宗教迷信;通过发展罗马主教为首的教阶制,使得教会与帝王争夺王国治理权,导致罗马教会变得

---

① Augustus le prevost ed., *Orderici vitalis Historiae ecclesiaticae libri tredecim*, Paris: Julium Renouard et Socies, 1838, p. 6.
② 乔尔乔·瓦萨里:《中世纪的反叛》,刘耀春译,武汉:湖北美术出版社,2003年,第27—31页。

日益贪婪和残暴。①

尽管新教经学家们内部并不一定都赞成某一种看法,也不一定都关心神圣罗马帝国的命运问题,但是在重新解释《但以理书》和《约翰福音》的时候,他们总是要发表一点相关的看法。总体来说,在敌视罗马教宗、罗马教会和奥斯曼土耳其帝国方面,他们是一致的。新教经学家们认为罗马教宗和苏丹就是敌基督者(耶稣基督最邪恶的对手),由于他们的存在,帝国将会分裂、离散、削弱乃至衰亡。② 例如,通过解释《约翰福音》,布林格(Bullinger)认为中古早期的罗马教宗是敌基督者,他们建立起第二个罗马帝国,与古代罗马帝国不同。③ 即使对于当时的神圣罗马帝国,他们的评价也不是特别好。尽管由于教宗和土耳其突厥人的侵袭,帝国现在并不那么强大,如同但以理所言,处于"半铁半泥"(即质地为泥和铁的混合物)的状态,但是帝国仍然在压迫着虔诚的基督徒,即新教徒。这些敌基督者的出现和宗教压迫,预示着世界末日即将来临和人类历史的终结。④

尽管新教经学家们对罗马帝国的总体评价偏低,但是,他们更加容忍现实中的神圣罗马帝国。例如维滕堡史家卡西永所著《编年史》流传甚广。卡西永用帝权转移理论来解释德意志帝国的兴起。由于查理曼的丰功伟业使得帝权转入德意志皇帝之手。这些皇帝难免良莠不齐,有些甚至很软弱,但是他们尽到了应有的责任:保卫意大利,让世界的西部保持

---

① Glanmor Williams, *Reformation Views of Church History*, Richmond: John Knox Press, 1970, pp. 8—19.

② George Loye, *The Exposicion of Daniel the Prophete Gathered Oute of Philip Melanchton, Iohan Ecolampadius, Chonrade Pellicane and Out of Iohan Draconite*, Antwerp: Successor of A. Goinus, 1545, EEBO, https://quod.lib.umich.edu/e/eebo/A04696.0001.001/1:11?rgn=div1;view=fulltext p. 29, 访问日期:2020 年 7 月 6 日。相关总结,参见 W. Stanford Reid, "The Four Monarchies of Daniel in Reformation Historiography", *Historical Reflections*, vol. 8, No. 1 (Spring 1981), pp. 115—123。

③ Irena Backus, *Reformation Readings of the Apocalypse: Geneva, Zurich, and Wittenberg*, Oxford: Oxford Universtiy Press, 2000, p. 103.

④ George Loye, *The Exposicion of Daniel the Prophete Gathered Oute of Philip Melanchton, Iohan Ecolampadius, Chonrade Pellicane and Out of Iohan Draconite*, p. 99.

安宁,维持正统的基督教。因此,"我们的"这些皇帝都是出色的统治者,而非蛮子,绝不会为了满足自己的野心和私欲,而是出于公义来统治:维持宗教,捍卫帝国的特权并保卫民众。从教育德意志读者的角度而言,阅读德意志诸位皇帝的历史更富有教益,因为"比起古代罗马皇帝,我们的德意志皇帝更加明智、强大、诚实和自制"。①

但是更加具有理论反思精神的新教史家,大多不会像卡西永那么乐观。依托于《但以理书》注疏所提供的解释框架,另一位著名的新教史家斯莱丹认为:罗马帝国会根深蒂固、延续不坠,也不会被别的帝国取而代之。但是由于处在半铁半泥的阶段,所以疆土日蹙,只有遗产、帝号和尊严一直会留存到基督的第二次降临之日。但作为德意志人,而且面临奥斯曼土耳其帝国的紧迫威胁,斯莱丹还是颇寄希望于德意志罗马帝国的再次雄起,以便它能"很轻松地超过异族"。②

德意志神圣罗马帝国与古代罗马帝国一脉相承,代表了人类历史上的第四个即最后一个大帝国。对于这一说法,同一时期的法国学者则多有反感。例如让·博丹就在其早年作品《理解历史之坦途》中专辟一章,对菲利普·梅兰克顿等德意志新教经学家有关《但以理书》的注疏进行反驳。他认为《但以理书》虽然可信,但梅兰克顿等德国人的解释却是错误的。查理曼(又译为查理大帝)是法兰西人,怎么就被称为德意志人呢?查理曼的帝国应该是法兰西帝国,怎么可能是德意志帝国呢?而且德意志帝国地少势弱,仅占有昔日罗马帝国的两个行省,并不能代表罗马帝国。博丹坚决反对德国同行们所持的古代为黄金时代的理念,认为那不过代表了老年人对自己年轻岁月的留恋情绪而已。用博丹之问来说,就是:亚历山大大帝的武功胜得过查理曼吗?安东尼皇帝(Antoninus Pius,

---

① *The three bokes of cronicles, whyche John Carion gathered … , with continuations of John Funcke*, trans. Walter Lynne, London: S. Mierdman, 1550, pp. cxxii－cxxviii. Early English Book Online (EEBO), https://quod.lib.umich.edu/e/eebo/A17967.0001.001/1:8.18?rgn=div2;view=fulltext, 访问日期:2020年7月6日。

② John Sleidan, *The Key of History, or Most Methodicall Abridgement of the Foure Chiefe Monarches*, London: William Sheares, 1631, pp. 367－369.

138—161年在位)的虔诚超得过虔诚者路易(Louis the Pious,814—840年在位)吗？古代的哪个帝王能与圣路易(路易九世,1226—1270年在位)相媲美？①

17世纪的欧洲学术是博学时代之极盛时期,学者们继续宗教改革开启的整理史料之趋势,超越教会史的藩篱,将史料整理的范围拓展至民族王国的政治史。如同德意志神圣罗马帝国日益沦为一种令人困惑的现实政治现象,以"罗马帝国"为叙述主线的基督教俗史也遭遇到民族王国历史叙事的激烈竞争。与此同时,随着拜占庭研究的兴起,"君士坦丁堡的罗马帝国"似乎越来越被学术界视为古代罗马帝国的正宗嫡传。例如,威廉·豪威尔正是以拜占庭帝国为线索,将教会史与西部欧洲的历史附属于这一政治史骨架之上。② 而普芬多尔夫的名著《历史概览》则决定性地将西部罗马帝国的灭亡视为现代历史的起点。"在罗马帝国的废墟上兴起了诸多的王国与政府。"③古代罗马帝国衰落的根由也似乎源自于其制度性弊端:旧贵族凋零殆尽,士兵拥立皇帝,君士坦丁迁都,提奥多西将帝国分为东西两部。西部帝国灭亡之后,东部帝国依然存在,尽管在国力和规模上它都无法与古代罗马帝国相提并论。④ 虽然仍然服膺于帝权转移理论,但普芬多尔夫显然将德意志帝国与罗马帝国进行了适当的切分。德意志帝国是日耳曼路易(Louis the German,841—876年在位)建立的,而现实中的德意志帝国似乎染上了"帝国病",与其他王国与政府非常不同,它没有一个拥有绝对权威的统治者。

在当时流行的古今之争的思想氛围中,将神圣罗马帝国与古代罗

---

① Jean Bodin, *Method for the Easy understanding of History*, trans. Beatrice Reynolds, New York: Norton, 1969, pp. 299−300.

② William Howell, *An Institution of General History or the History of the Ecclesiastical Affairs of the World*, vol. 3, London: Miles Flesbert, 1685.

③ Samuel Puffendorf, *An Introduction to the History of the Principal Kingdoms and States of Europe*, 2nd ed., London: M. Gilliflower, 1697, p. 1.

④ Samuel Puffendorf, *An Introduction to the History of the Principal Kingdoms and States of Europe*, pp. 24−25.

马帝国进行适当的切分,代表了学术界历史意识的觉醒。即便是强调历史延续性的正统基督教会史家,也不得不做出调整。在强调教义和教会的古老性及其历史延续性的同时,他们也承认了罗马帝国历史中的非延续性。如法国著名的天主教作家博絮埃(1627—1704)也认为古代罗马帝国与现代历史或者是中古罗马帝国之间存在着某种断裂。"帝国维持了 400 年,到提奥多西一世统治结束,随后帝国逐渐衰落,四处丧师失地。这个衰落阶段也延续了 400 年,从提奥多西的孩子们统治时期开始直到查理曼的统治时期结束。"①罗马帝国衰落的具体原因有很多,博絮埃强调了军队的变化。丧失了纪律的军队控制了一切,故内战不断,将帅之间彼此争夺,导致帝国衰落。查理曼建立了"新帝国"。这位虔诚的法国主教认为,作为伟大的征服者,查理曼,这位法兰西人不仅在勇气上堪比任何古代的英雄,而且在虔诚、明智和公正方面远远超越他们。② 在神圣性方面,中古罗马帝国代表着上帝的意志,体现着神圣性。

博絮埃所遇到的挑战主要来自现实,而非历史。在 17 世纪末、18 世纪初的欧洲,改变人类历史的工业革命正在加速酝酿之中。值其时也,法国、英国、西班牙等国家强势崛起,德意志神圣罗马帝国逐渐衰落。如何结合中古四大帝国理论,解释现实政局呢?这对所有有志于疏通古今历史的历史学家都富有吸引力。英国科学家伊萨克·牛顿不仅为自然秩序发现了运动的原理,也尝试从基督教信仰的角度对基督教世界历史做出新的解释,并预言此后的发展方向。

牛顿先后创作了《古代王国系年》和《评但以理预言和约翰启示录》。前者是对亚历山大大帝之前的历史所进行的年代考订,后者则依托于这两种先知预言分别解释俗史和圣史。他将罗马帝国的历史以提奥多西一世去世为界一分为二,此前为"铁脚"时期,罗马帝国强大无比;此后则是

---

① Jacques-Benigne Bossuet, *Discourse on Universal History*, trans. Elborg Forster, Chicago: The University of Chicago Press, 1976, p.372.

② Jacques-Benigne Bossuet, *Discourse on Universal History*, p.375.

"半铁半泥"时期,西罗马帝国沦落为拉文纳王国,与其他的9个蛮族王国共存。这10个王国是:汪达尔王国、苏维汇王国、西哥特王国、阿兰王国、勃艮第王国、法兰克王国、不列颠王国、匈人王国、伦巴第王国和拉文纳王国。到8世纪,罗马教宗开始从罗马元老院窃取对罗马公爵领的统治权,并依靠丕平献土,在查理曼的时候获得大量土地,从而控制了伦巴第王国、拉文纳王国等。东罗马帝国或希腊帝国则续接第三个帝国即马其顿帝国。① 但是罗马天主教会则不仅觊觎世俗的统治权力,而且其修道士鼓吹独身,提倡圣徒崇拜,使得基督教会从4世纪开始就不再是原始的正宗基督教,而沦落为异端性基督教了。②

牛顿的这些作品在生前并没有发表。这种结局似乎表明,已经很难从《圣经》中找到圆满地解释中古历史的预言。到了18世纪,法国启蒙思想家们率先突破了基督教世界历史观,不再遵循四大帝国的历史主线,不把圣史即基督教会的历史置于历史的中心位置,亦不以虔诚与否作为臧否帝王将相的主要标准。启蒙史学家大规模地利用非基督教史家的叙述,从人性与理性的角度,重新解释古代罗马史,沟通古今。在他们看来,人类历史所不变者为人性与理性,所变异者为习俗或者制度。人类的历史并非像中古基督教历史哲学所假定的那样,是从东方到耶路撒冷再到罗马(教会)的信仰传承过程。不同地区的文明可以独立发展到一定的理性阶段。在这种历史观之下,罗马帝国的衰落就是古代世界的事情,其原因则在于某些习俗和制度。

例如,1734年孟德斯鸠发表《罗马盛衰原因论》,以简短的篇幅系统地梳理了整个罗马史,从罗马建城到东罗马帝国的延续。在这部作品中,孟德斯鸠很少谈到宗教,尽管他也征引基督教史家,如奥罗修(Orosius)等人的作品,但却是将其作为历史证据之一,与其他古典史家的证言同等地加以利用。罗马的兴盛源自于罗马人追求自由、好战尚武之精神,权力

---

① Issac Newton, *The Prophecies of Daniel and the Apocalypse*, Hyderabad: Printland Publishers, 1998, pp. 47—48.
② Ibid., pp. 191—228.

机构的相互制约以及与之相伴随的某种程度的混乱。但随着疆域的扩张,罗马成为大国,原本维持小共和国的一套制度,也逐渐发生蜕变。自由日渐丧失,常备军取代公民兵并从属于将领,帝制取代共和,罗马从共和国转化为帝国。尽管在这个时期,罗马的扩张臻于极盛,但是皇帝们追求的目标是维持和平,保持政局稳定,一切政策皆以是否有利于巩固自己的统治为依据;而罗马人民也丧失其爱国之心,转而关注财富的获得,享受奢侈生活导致精神的柔弱萎靡,罗马走向衰落。西部帝国灭亡,东部帝国得以延续。①

著名的启蒙思想家伏尔泰,更加从哲学的高度直接批判天主教世界历史观,贬斥以《圣经》为核心构筑的那一套基督教历史观,从风尚改变的角度对罗马帝国衰亡进行酣畅淋漓的批判。由于勇敢加谨慎,罗马人得以成功扩张;但由于皇帝的专制统治,罗马人精神萎靡,走向衰落。他说:"历朝皇帝软弱无能,大臣官宦党同伐异,旧宗教对新宗教的仇恨,基督教的血腥内讧,神学论争取代了军事操练,颓唐怠惰取代了勇猛精神,成群僧侣代替了农夫和兵士;所有这一切,招致了蛮族入侵。这些蛮族无法战胜久经征战的共和国,却制服了在残暴、懦弱而虔诚敬神的皇帝统治下萎靡不振的罗马。"②当蛮族入侵的时候,由于宗教纷争,"所有的人都忙于内争,而就在双方争吵不休之时,蛮族人瓜分了欧洲和非洲"③。内因与外因叠加,罗马帝国灭亡。内因主要源自于宗教纷争,外因则是蛮族入侵。"两重灾祸终于摧毁了这个巨人:蛮族入侵和宗教纠纷。""基督教打开天国的大门,但却丧失了帝国。"④

伏尔泰相信,古代的罗马帝国与神圣罗马帝国的关系并不像天主教会史家想象的那么紧密。由于中古历代皇帝并不能稳定地控制罗马和罗

---

① 孟德斯鸠:《罗马盛衰原因论(附:论趣味)》,婉玲译,北京:商务印书馆,1962年;孟德斯鸠:《罗马盛衰原因论》,许明龙译,北京:商务印书馆,2016年。
② 伏尔泰:《风俗论》(上册),梁守锵译,北京:商务印书馆,1994年,第217页。
③ 同上书,第217—218页。
④ 同上书,第571页。

马教宗,所以,中古罗马帝国只能是一个历史的"幽灵"。罗马帝国业已"名存实亡"。"不论在法律上或在事实上,帝国确实已不存在。""德国的皇帝们自认为是整个西方当然的主人,但他们只不过是德国的君主而已。"①而且他们所"拥有的权力却如此微不足道,这些,便构成了后期罗马帝国的历史。教宗们先是吁请查理曼,然后吁请奥托诸帝在弱小的意大利建立起帝国。以后,教宗们又竭尽所能来把帝国摧毁。这个国家过去称为神圣罗马帝国,现在还是这样称呼,但它既不是神圣的,也不是罗马的,更不是什么帝国"。②

尽管伏尔泰进行了颠覆性的论述,但是他并没有专门论述罗马盛衰,其关注点也局限于宗教和基督教会,重在重新评价历史人物和事件。他的叙述亦庄亦谐,缺乏严谨的论证。基于伏尔泰的史观,长期旅居瑞士的英国历史学家吉本以其巨著《罗马帝国衰亡史》系统深入地阐释了古代罗马帝国和中古罗马帝国的历史,奠定了长期富有影响力的"罗马帝国衰亡"模式。

第二节 罗马帝国衰亡模式

1764年10月游历罗马时,吉本萌生了写作罗马城兴衰史的念头。"当我坐在朱庇特神堂遗址上默想的时候,天神庙里赤脚的修道士们正在歌唱晚祷曲,我心里开始萌发撰写这个城市衰落和败亡的念头。"③经过十多年的酝酿和努力,1776年,《罗马帝国衰亡史》第1卷出版,宣告"罗马帝国衰亡"经典范式的正式确立。④ "任何喜欢批评的评论家都无法用

---

① 伏尔泰:《风俗论》(上册),梁守锵译,北京:商务印书馆,1994年,第571页。
② 伏尔泰:《风俗论》(中册),梁守锵、吴模信、谢戊申等译,北京:商务印书馆,1997年,第150页。
③ 爱德华·吉本:《吉本自传》,戴子钦译,北京:生活·读书·新知三联书店,1989年,第135页。
④ 有关该范式的学术史,参见 Jonathan Theodore, *The Modern Cultural Myth of the Decline and Fall of the Roman Empire*, London: Palgrave Macmilllan, 2016。

他们的吼叫干扰一片赞扬之声。"①1781年,《罗马帝国衰亡史》第2、3卷出版,叙事至西罗马帝国灭亡。第4卷以宗教争议——关于基督的人性与神性的教义之争——作结,而第5、6卷则按照各个民族的顺序梳理了"罗马帝国和整个世界的种种变革",叙事至1453年君士坦丁堡的陷落。

《罗马帝国衰亡史》先后列举了几十种导致罗马衰亡的原因,吉本强调的主要因素有三种。第一种是自由的丧失。即自由催生德行,专制带来奴役,使得德行丧失,国家衰亡。第二种和第三种则分别关涉理性与文明。以伏尔泰为代表的启蒙史家相信人类历史是理性战胜迷信,文明战胜野蛮的双重变奏。而吉本则反其道而用之,将基督教的胜利视为迷信战胜理性,认为蛮族入侵意味着野蛮战胜文明。基督教和蛮族的胜利导致罗马帝国衰亡。② 因此,总体上讲,罗马帝国衰亡史实质上就是自由丧失、理性湮灭和野蛮肆虐的结果。③

通过这部6卷本的鸿篇巨制,吉本经典性地确立了罗马帝国衰亡模式",主宰此后学术界达两百年之久。"我们关于早期中世纪的整个认识都带有爱德华·吉本的《罗马帝国衰亡史》的色彩。无论我们翻开蒙森(T. Monssem)、洛(F. Lot)、皮朗(H. Pirenne)、罗斯托夫采夫(M. Rostovtzev),还是贝尼斯(N. Baynes)的作品,只需提到一些最著名史家的名字,我们就发现他们不仅在与'吉本命题'做斗争,而且还在与吉本本

---

① 爱德华·吉本:《吉本自传》,戴子钦译,北京:生活·读书·新知三联书店,1989年,第159—160页;杨肃献:《吉本与罗马帝国衰亡史》,载爱德华·吉本:《罗马帝国衰亡史》(第1卷),席代岳译,长春:吉林出版集团有限责任公司,2008年,第1—14页。M. 温科勒从电影的角度,论述了吉本作品的广泛影响力,见 Martin Winkler, "Edward Gibbon and *The Fall of the Roman Empire*", Idem ed., *The Fall of the Roman Empire: Film and History*, Chichester: Wiley-Blackwell, 2009, pp. 145—173。

② 吴于廑:《吉本的历史批判与理性主义思潮——重读〈罗马帝国衰亡史〉第十五、十六章书后》,《社会科学战线》1982年第1期。

③ 吉本的书籍发表之后,引来教士大卫的强烈批评,吉本为此专门出版作品进行辩驳,见 Edward Gibbon, *A Vindication of Some Passages in the Fifteenth and Sixteenth Chapters of The History of the Decline and Fall of the Roman Empire*, London: W. Strahan, 1779。

人搏斗。有时是隐隐的,但更多时候则是公开的。"①

当时另一部非常流行的教科书对罗马帝国衰亡史也做了基本类似的描述。苏格兰大历史学家罗伯逊(William Robertson,1721—1793)认为蛮族入侵带来大破坏,蛮族军队所经之处,烧杀抢掠,沿途血迹斑斑,过去之后荒原一片。直到6世纪末才略微恢复平静。②

1896年,替吉本编订《罗马帝国衰亡史》之定本的著名史家J. B. 伯里,在表彰吉本的巨大影响之后,条分缕析,逐一论述这部论著的过时之处与仍有价值之点。他的结论是:"否认吉本观点的大体真实性是徒劳无益的。对他的嘲弄也是微弱的。我们可能会更加同情罗马的蛮族战士与教士,但是,所有的细节补充既没有否定也没有软化'衰亡'观点……在重要问题上,吉本仍然是我们的舵手,它超越'时代',没有过时。"③

伯里本人试图在修正中发展吉本命题。他强调了罗马帝国衰亡的渐进性,认为蛮族入侵也是一个相当漫长的过程,在此期间,蛮族与罗马人之间有着广泛的合作与融合。江山易主无论如何也不是灾难性的。④ 他的看法代表了当时在英语世界占统治地位的学术观点。例如由他策划于20世纪初期出版的《剑桥中世纪史》,该书第一卷虽然承认从奥古斯都到查理曼的800年间,无法进行时代划分,历史在延续;但是行文中仍频繁可见"衰亡""普遍的毁灭""遗留"等关键词;不仅如此,该书认为约550年的时候,发生了革命性变化,旧文明的残余消失了。⑤

---

① A. Lossky, "Introduction: Gibbon and the Enlightenment", Lynn White ed., *The Transformation of the Roman World*, California: University of California Press, 1966, pp. 1—29.

② William Robertson, *History of the Reign of Charles the Fifth*, London: George Routledge & Co., 1857, pp. 1—70.

③ E. Gibbon, *The History of The Decline and Fall of the Roman Empire*, ed. J. B. Bury, vol. I, London: Methuen & Co., 1897, pp. vii—xxi.

④ J. B. Bury, *The Invasion of Europe by the Barbarians: A Series of Lectures*, London: McMillan, 1928, p. vi. Idem, "The End of Roman Rule in North Gaul", *Cambridge Historical Journal*, vol. I, issue 2 (1924), pp. 197—201.

⑤ H. M. Gwatkin, "Constantine and His City", Idem and J. P. Whitney eds., *The Cambridge Medieval History*, London: McMillan, 1911, p. 1.

19世纪是整理文献、编订各种古代、中古历史文献之现代精校精注本的时代,历史学界也在围绕制度的演变建立起经典性宏大历史叙事。文献学,表面研究对象是文本及其组成部分——语言,但是间接研究对象却是文本所承载的社会现象和观念。从阅读古典作品的典雅语言,跳跃到中古早期佶屈聱牙、不合古典文法的晦涩拉丁语,所遇皆半白不古、异体字丛生,读者所体验的文化衰落之感油然而生。当时中古史家所接受的古典语文训练,也使得他们与崇尚古典拉丁语的吉本,甚至与意大利人文主义以降的人文教育传统心脉相通,从而置身于一个伟大而漫长的、贬低中古时代的文化传统之中,将中古早期视为西罗马帝国灭亡之后的文化衰落期或者黑暗时代。

罗马帝国衰亡被视为理所当然的历史事实,未受质疑,因此史家们关注的是罗马帝国为何衰亡。① 不少古代罗马史家将罗马共和国转向罗马帝国视为罗马的衰亡,不仅孟德斯鸠深受其影响,现代史家如美国的中古史家林恩·桑戴克和古典学家沃尔班克等学者也都对此倾心。桑戴克说:"至于如何精确地解释伟大罗马帝国的衰亡,是个不易解决的问题,尤其是缺乏史料。业已有许多史家尝试去解开这一谜团……可能最为根本的原因就是罗马帝国奠基于已朽文明的废墟之上,帝国不过是一件由诸衰败民族、专制主义以及过气文化编织的百衲衣。因此,罗马帝国自身就没有多少新生命力,不过是地中海古代世界历史的最后阶段而已。"② 而影响更为广泛的类似观点则是分别由德国的历史哲学家奥斯瓦尔德·斯宾格勒和英国历史学家阿诺德·汤因比提出的文明兴衰模式。在他们的

---

① 有代表性的看法,分别参见 M. Chambers, *The Fall of Rome: Can It Be Explained?* New York: Holt, Rinehart and Winston, 2nd edition., 1970; D. Kagan, *The End of the Roman Empire: Decline or Transformation?*, London: D. C. Heath & Co. 1978. 吴柔曼曾专门撰文对钱伯斯的作品进行了介绍:《关于西罗马帝国灭亡原因的几种论点》,《世界历史》1983年第4期。对晚期罗马帝国研究动态的介绍,参见叶民:《最后的古典:阿米安和他笔下的晚期罗马帝国》,天津:天津人民出版社,2004年,第12—18页。

② L. Thorndike, *Medieval Europe: Its Development & Civilization*, London: George G. Harrap & Company Ltd., 1920, p.57; Frank W. Walbank, *The Decline of the Roman Empire in the West*, London: Cobbett Press, 1946.

心目中，罗马帝国治下的繁盛不过如深秋的煦暖，预示着严冬将至，其文化早已丧失了创造力。① 不同时代的史家使用的关键词不同，但还是围绕"自由"进行着共振。"自由"的丧失导致罗马人精神的沦丧和道德的堕落。从共和国转化为帝国，标志着罗马文明丧失其创造力，由盛而衰。

现代学术分工日益细化，学科分类日益繁多，因此提供给学者们的观察视角，也非常的多样化。学者们找到了西部罗马帝国灭亡的众多原因。1983年，美国学者艾尔顿·罗林斯出版了一册工具书：《罗马的灭亡：图书指南》，里面收集了20世纪论及帝国衰落的英文论著260种，并分别做了简要的解题说明和摘录，点明他们独特的观点。② 1984年，德国学者亚历山大·德芒特在其所著《罗马的沦陷：后世对罗马帝国衰亡的评述》中也对学术界的各种观点进行了总结，他所收集的观点总数也多达210种。③

尽管罗马帝国衰亡的原因种类繁多，但大多可以分别归入内因和外因两大类。内因大体包括如下几大类型：(1)自然环境和气候方面的变化：气候干旱化，地力耗尽。(2)经济方面的变化：生育率降低引发的人口变化，劳动力的缺乏，大地主经济膨胀，通货膨胀，税收繁重等。(3)社会层面的变化：贵族阶层由于铅中毒而丧失了创造力，奴隶制，反政府斗争，市议员阶层的衰落导致城市的衰落，社会日益两极分化，财富转入基督教会的手中。(4)军事方面的缺陷：兵源不足，族群混合使得罗马人的血统不纯并丧失其固有的精神，军队的蛮族化，罗马军队战斗力下降，罗马军队物资供给不足，等等。(5)政治和意识形态方面的变化：东西部帝国的分立，专制主义，帝国中央借蛮族之力镇压内部对手，官僚主义，基督教成为国教，罗马人在伦理道德上的堕落，和平主义，等等。

---

① 汤因比：《历史研究》(中)，曹未风等译，上海：上海人民出版社，1997年。
② Alden M. Rollins, *The Fall of Rome：A Reference Guide*, Jefferson：MaFarland & Company, 1983.
③ Alexander Demandt, *Der Fall Roms：die Auflösung des römischen Reiches im Urteil der Nachwelt*, München：Beck, 1984.

强调内因的历史学家大多是综合因素说,即认为上述各种因素中的多种因素一起在作用,导致西部罗马帝国在社会、政治、军事和文化方面出现了问题。但是,内因说所面临的最大挑战在于罗马帝国东西部之间的不同历史命运。东部帝国不仅幸存下来,而且在6世纪强势复兴,通过收复失地运动,几乎重新控制了地中海世界。所以,内因说难以解释东西部帝国的不同命运,或者说,持内因说的学者,其视野往往局限于西部帝国。而一旦将东部帝国也纳入考察范围,似乎应该提出的问题是罗马帝国为什么会必然延续,而非其灭亡。

因此,博综东西部帝国历史的历史学家常常会认为内因说并不足取。20世纪初德国学者蒙森(Theodore Momssen,1817—1903)、20世纪中叶英国学者琼斯都认为帝国内部因素并不足以说明帝国衰亡,帝国灭亡的真正原因在于外力的冲击,即日耳曼蛮族的武装压力。如同法国学者皮加尼奥尔所言,帝国是被谋杀的。① 德国学者德芒特则系统更新了日耳曼因素说。据他总结,日耳曼人人口增长快,武器和军事技术增长迅速,一直保持尚武精神,故得以超越罗马军队,并导致了罗马帝国的灭亡。②

第三节 古代晚期研究的兴起

从20世纪初开始,也逐渐有史家跳出"罗马帝国衰亡"的视角,从新的角度重新审视这一命题。例如,罗马帝国何时衰亡?比利时史家亨利·皮朗(Henri Pirenne,1862—1935年,一译为皮雷纳)提出了新的判断标准:社会经济类型的演化。尽管在强调历史延续性方面,皮朗与此前

---

① André Piganiol, *L'Empire Chrétien* (325—395), Paris: Presses Universitaires de France, 1947, p.422.

② Alexander Demandt. *Der Fall Roms: Die Auflösung des römischen Reiches im Urteil der Nachwelt*, pp.587—597. 吴于廑先生以更加宏阔的视野,将日耳曼人对罗马帝国的武装攻击总结为游牧世界对农耕世界的三次大冲击之一。吴于廑:《世界历史上的游牧世界与农耕世界》,《云南社会科学》1983年第1期。

的"罗马派"史家保持一致①,但他从更加宽广的视野,从长途贸易与经济转型的角度强调罗马文明的长期延续。在他看来,蛮族入侵并没有带来历史性的巨变。"日耳曼人定居在地中海沿岸绝不构成欧洲历史上的转折点。尽管这事所引起的后果是巨大的,然而并未把过去彻底摧毁,也未打断传统。"②古代文明即地中海文明,它建立在地中海的交通网络之上。直到7世纪地中海贸易圈一直还维持着其统一性,长途贸易继续联络着罗马帝国各地,古代交换经济得以延续,使得罗马文明仍然得到维持。但是随着阿拉伯帝国的兴起,伊斯兰教徒逐渐占据了地中海东岸、南岸和西岸沿海地区,割裂了地中海贸易圈的统一性。在这种背景之下,阿尔卑斯山以北地区从地中海贸易世界分离,查理大帝统治的法兰克帝国不得不转入自给自足的庄园经济时代,实现了经济史上的裂变。随着地中海统一性的丧失,为了寻求保护,罗马教宗也与北方的法兰克人结盟,导致了政治基督教化的新阶段。与此相应,加洛林王朝的兴起引发了政治、宗教和文化等各个方面的裂变,以至于成为古代与中古之间的分界线,中古时代正式开启。皮朗的经典表述是:"没有穆罕默德,查理曼也是无法想象的。"③

如著名经济史家艾琳·鲍威尔所评论的那样,皮朗的提法乍看之下非常新颖,但其实并没有能够跳出"衰亡"模式。他所做的,只不过是对衰

---

① 围绕着是罗马因素还是日耳曼因素奠定了现代欧洲制度之根基的问题,曾引发过广泛的争议,形成了所谓罗马学派和日耳曼学派。前者主张罗马因素起主导作用,以法国学者库朗日为典型代表,他主张一切所谓日耳曼因素从文献证据来说,都是起源于罗马文明的。C. Stephenson, "The Origin and Significance of Feudalism", *The American Historical Review*, vol. 46, No. 4 (jul., 1941), pp. 788—812. 史学史上的系统总结参见 J. W. 汤普森:《历史著作史》(下卷·十八及十九世纪·第四分册),孙秉莹、谢德风译,北京:商务印书馆,1992 年,第 493—513 页。

② 亨利·皮雷纳:《中世纪的城市(经济和社会史评论)》,陈国樑译,北京:商务印书馆,1985 年,第 4 页。最为简明扼要而系统的表述,则见于其《欧洲史》;Henri Pirenne, *A History of Europe*: *from the Invasions to the XVI Century*, trans. Bernard Miall, New York: W. W. Norton & Company, Inc., 1939, pp. 31—38. 对皮朗命题的最新讨论,参见王晋新:《皮朗与"皮朗命题"——对西方文明形成时代的重新审视》,《世界历史》2008 年第 3 期。

③ 亨利·皮朗:《穆罕默德和查理曼》,王晋新译,上海:上海三联书店,2011 年。

亡的时间和方式提出了修正。① 因此,皮朗是用新的衰亡模式取代经典的衰亡模式。诚如哈维希乌雅斯特在1958年总结的那样,虽然史学界在具体结论上驳斥了皮朗的观点,但也受此激发,学者们逐渐走出政治史、法律史与宗教史的固有视角,从技术、社会、经济、文化等更多的角度来研究罗马帝国晚期史和欧洲早期中古史。就地理视域而言,皮朗命题也提醒学术界,应超越西欧一隅之地,将拜占庭和伊斯兰文明都纳入考察范围,将西欧史置于更加广阔的地理背景之下。可以说,皮朗有力地推动了欧洲早期中古史研究的勃兴。② 1969年,哈维希乌雅斯特再版《皮朗命题:分析、批判和更新》,对入选篇目做了适当的调整,也重写了导言。编者说:"从罗马向欧洲的转型中,皮朗所认为的阿拉伯人的灾难性作用,业已被证明与史料相悖。但另一方面,大多数历史学家承认,与古代文明不同的新文明史是在8世纪的时候才兴起的。"③

美国学者布赖斯·莱昂也高度评价皮朗的学术贡献,认为皮朗命题使得"突变论"开始让位于"渐变论"。④ 1960年代,以林恩·怀特为首的加利福尼亚大学学者试图超越皮朗命题。他们认为,皮朗有许多真知灼见,但是,他与罗马帝国衰亡模式的创建者爱德华·吉本一样,具有强烈的"西欧中心论"色彩。如果仅仅将视角局限于西欧,就难免将中古早期视为衰落时期。但如果一方面将地理上的视野横向放宽,将拜占庭帝国和阿拉伯帝国都视为古代地中海文明的继承者,另一方面从社会层面上将视野向下拓展,关注普通民众和日常经济生活,历史的面貌就大为不同了。为此他们提出了一个具有深远意义的口号——"罗马世界转型"。

---

① E. Power, "Review: A Problem of Transition", *The Economic History Review*, vol. 10, No. 1 (1940), pp. 60—62. 皮朗在史料运用上没有太多的新突破。考古学家对此批评较多,霍吉斯甚至认为皮朗的观点之所以影响深远,在于这一时期缺乏足够的可靠史料。参见 R. Hodges, *Towns and Trade in the Age of Charlemagne*, London: Duckworth, 2000。

② Alfred F. Havighurst ed., *The Pirenne Thesis: Analysis, Criticism, and Revision*, Boston: D. C. Heath & Co., 1958, pp. ix—xii.

③ Ibid., p. x.

④ Bryce Lyon, *The Middle Ages in Recent Historical Thought: Selected Topics*, Washington D. C.: Service Center for Teachers of History, 1959, pp. 1—7.

"今天,随着历史学淡化地域偏见,我们西方人觉得不那么需要对历史采取剧变论解释。我们用'罗马世界转型'的表述取代'衰亡',有些转型是不幸的,但是有些转型却意义深远。"①他们正确地指出,"衰亡"模式忽略了社会经济史的底层,也就是千百万农夫和手艺人的生活;社会变迁必须在生产工具和技术的改进中才能最终得以实现。"自下往上看"的视角使得以政府灭亡论历史分期的观点,变得有些不合时宜。

1963年,在调查各种关于罗马帝国衰亡的解释理论之后,钱伯斯(M. Chambers)最后提出了自己的怀疑:"讨论罗马衰亡的时候,我们对吉本的判断表示勉强同意。但即便是在西部帝国,衰亡也是个模棱两可的历史事件。帝国的消失可以另外表述为这种制度转型为中世纪的国家,然后迈向现代欧洲。"②到1970年代,"转型"说尽管仍然算不上学术主流,但开始引起学术界的广泛关注。1978年由卡甘(D. Kagan)主编的《罗马帝国终结:衰亡抑或转型?》就比钱伯斯的1962年版增加了一个副标题,以表明衰亡和转型这两种模式之间的竞争态势。③ 皮朗命题推动中古早期史研究的主题从罗马帝国衰亡转向欧洲的兴起。

皮朗依托于罗马派的深厚传统而将古代与中古的断裂时间节点后置,在德语学界也同样有学者抛弃蛮族入侵导致灾变的说法,从历史延续的角度重审中古早期史。奥地利学者阿方斯·道普什(又译阿方斯·多普施)从蛮族被罗马文化同化的视角彻底消解了从古代向中古的剧变。在他看来,传统的历史判断的主要依据是法典和法律术语,而忽略了真实的社会生活。日耳曼人并非文化的敌人,也没有毁灭和摧毁罗马文明,相反,他们保存和发展了它。罗马世界是被日耳曼人从内部赢得的,是长达数个世纪和平渗透的结果。在此期间他们吸收了罗马文化,接手帝国的

---

① L. White, ed., *The Transformation of the Roman World: Gibbon's Problem after Two Centuries*, Berkeley: University of California Press, 1966, p. 301.

② M. Chambers, *The Fall of Rome: Can It Be Explained?* pp. 1—6.

③ D. Kagan, *The End of the Roman Empire: Decline or Transformation?*, 1978.

管理。罗马并未衰落,罗马制度和文化一直在延续。①

道普什批评了两种神话。一是罗马社会被入侵者破坏的神话。他认为这种神话是由意大利人文主义者和18世纪理性主义者所建构的。因为他们偏爱希腊罗马的古典文化而痛恨中古的神学文化。另一种则是条顿民族自由的神话。道普什推测,这一神话源自于19世纪德国的浪漫主义和解放农奴运动。为了让农奴获得自由,通过人类学式考察,一批学者认为自由的村庄是历史的遗留物,即最初的条顿民族就是由自由村民组成的联合体。

道普什的观点在当时就被评论家赞誉为成功挑战了罗马帝国衰亡模式。巴尼斯说:"在我们这代人手中,对罗马文明被日耳曼蛮族迁徙浪潮吞没的传统观点有了彻底的再评价。我们不再相信在古典和中古世界之间存在裂变。衰落是缓慢的,大量罗马传统延续到中古文化中。伯里、第尔(S. Dill)和洛(F. Lot)业已充分地证明了这一点,而以道普什的观点最为彻底和令人信服。"②1968年,围绕道普什的这部名著,德国"研究之路"丛书的主编特地编辑了一册《从古代向中古过渡中的文化断裂与延续》,编者将道普什的理论与斯宾格勒的进行比较,认为道普什的书不仅在历史证据方面远胜斯宾格勒,而且也在理论上反其道而行之,决定性地将日耳曼人入侵所带来的古代与中古之间的断裂模式转化为延续性模式。罗马因素和日耳曼因素的长期融合催生了中古新文明。③

但道普什所批评的那些学术传统也在有力地自我更新。1961年,德国学者文斯库斯(Reinhard Wenskus,1916—2002)发表具有划时代意义的巨著:《族群生成与法制:中古早期的族群形成》。在作品的开篇,文斯库斯提出了一个意味深长的问题。他说,在中古早期,亚欧大陆的东西两

---

① 阿方斯·多普施:《欧洲文明的经济与社会基础》,肖超译,郑州:大象出版社,2014年。

② H. E. Barnes, "Review on *The Economic and Social Foundations of European Civilization*", *American Sociological Review*, vol. 3, No. 2 (1938), pp. 299—300.

③ Paul Egon Hübinger, "Einleitung", Idem (Hrsg.), *Kulturbruch oder Kulturkontinuität im Übergang von der Antike zum Mittelalter*, Darmstadt: Wissenschaftliche Buchgesellschaft, 1968, pp. vii—x.

端同时存在着蛮族迁徙以及建国的问题,但是,经过一段时间之后,中国的儒家文化十分强大,将诸蛮族融合进去,最终通过隋而建立了大一统的唐帝国。他问:"为什么西部不是这样的呢?为什么诸多蛮族不将自己融入罗马国家和文化之中呢?"①也就是说,最终形成的是蛮族王国,它们一直延续演化为近代民族国家。

文斯库斯认为,这些日耳曼人在蛮族大迁徙的时候,已经不是原始状态的民族了,借鉴人类学的术语,他们不再属于"自然民族"②。日耳曼人不仅业已形成较大规模的族群,而且在迁徙的过程中,各种族群不断相遇,分分合合。在这个时候,依靠"共同的祖先记忆",更大规模的新族群得以建立。"最为重要的是关于共同起源与共同归属感的认知。"③他将自己的考察范围限定在"这种族群认知"上,即通过文化认同进行"族群生成"的过程,族群的法典与族群历史认同之间进行互动,从而创造出各个蛮族国家的政治认同性。如道普什所言,蛮族确实并不野蛮,但是他们也不仅仅只有罗马化的出路可供选择,而是会依据特定的政治形势创造性地建立国家并巩固所建国家的政治认同。通过族群生成研究,德语学界的蛮族研究实现了转型。族群生成研究既突破了泛日耳曼主义,也淡化了罗马与日耳曼之二元对立观。在这一视角之下,每个蛮族都在适应形势的需要,积极地整合基督教会、罗马文明和蛮族文化之各种因素,塑造新的族群认同并建设蛮族王国。

1970年,维也纳大学的维尔弗拉姆·赫尔维希到美国加利福尼亚大学讲学,他发表英文文章《中古早期王国的形塑》,进一步将道普什的观点加以阐发,指出日耳曼蛮族王国的政府使用的是"拉丁政府语言",其组织

---

① Reinhard Wenskus, *Stammesbildung und Verfassung: Das Werden der frühmittelalterlichen Gentes*, Köln: Böhlan Verlag, 1977, pp.1—2.

② 这个术语借鉴自人类学家缪尔曼(W. E. Mühlmann,1904—1988),缪尔曼曾受到俄国人类学家史禄国的影响。

③ Reinhard Wenskus, *Stammsbildung und Verfassung: Das Werden der frühmittelalterlichen Gentes*, pp.1—13.

形式只能来自向罗马帝国的学习和模仿。① 与此同时,赫尔维希也深受文斯库斯族群生成理论的影响,强调以英雄史诗为载体的核心传统生成族群。通过他的介绍,德语学界的新研究得以在英语世界产生广泛影响。

尽管伯里服膺吉本的帝国衰亡模式,但他也认为帝国衰亡并非必然性的,而是偶然性的。伯里甚至认为根本就不存在 476 年罗马帝国灭亡这么一回事。② 蛮族进入罗马帝国也经历了非常漫长的历史时期,并非突发性历史事件。伯里也觉得吉本带有偏见,过于贬低东部帝国。在叙述拜占庭历史的时候,通过强调历史的延续性,伯里甚至否定"拜占庭帝国"这么一个提法,而坚持使用"晚期罗马帝国"。

续接伯里,以贝尼斯为代表的一批学者进一步认为西部发生了文化断裂,东部才是古代文明的嫡系继承者。他们从比较的角度发问:"为何帝国没有在西部留存下去,而东部帝国继续存在了千年之久?"为此需要寻找东部和西部帝国之间的差异性。贝尼斯认为,小亚细亚为东部帝国提供了人力和财富的持久来源,使之能够抵挡蛮族的入侵,保证帝国的行政管理系统能够控制全境,维持罗马文化的延续。③

受到贝尼斯等人的启发,琼斯通过三大卷《晚期罗马帝国史》,系统地揭示了帝国内部组织机构的生机和活力。他的研究再次有力地说明,帝国尽管存在内部缺陷,但是其运作与帝国早期同样有效;因此,导致这些缺陷变得致命的因素是蛮族的入侵。"帝国内部的脆弱性并不是其衰亡的主要因素。"④在篇幅浩繁的分析之后琼斯得出了如是结论。《晚期罗马帝国史》正式宣告罗马帝国的衰亡并非必然的。

---

① Wolfram Herwig, "The Shaping of the Early Medieval Kingdom", *Viator*, vol. 1 (1970), pp. 11—20.

② John B. Bury, *A History of the Later Roman Empire: From Arcadius to Irene (395 A. D. to 800 A. D)*, vol. I, London: MacMillan, 1889, pp. v—ix.

③ Norman H. Baynes, "The Decline of the Roman Power in Western Europe. Some Modern Explanations", *The Journal of Roman Studies*, vol. 33, parts 1 & 2 (1943), pp. 29—35.

④ A. H. M. Jones, *The Later Roman Empire, 284—602: A Social, Economic and Administrative Survey*, vol. II, Oxford: Blackwell, 1964, p. 1068.

也是从1970年代开始,美国学者瓦尔特·郭法特发表一系列论著,分别从史学史、税收等角度提醒研究者,既要提防现代史学范式中的先入之见,也要关注当时人的真实感受。他认为帝国衰亡模式源起于6世纪的拜占庭史家佐西莫斯。佐西莫斯的观点与现代衰亡范式密切相关,但是其史书既非客观的历史叙事,亦不曾保留5世纪时人的看法。① 通过批判中古早期的所谓蛮族史家及其作品,郭法特摧毁了他们如实记录历史的传统形象,证明他们相反都是修辞高手。他们所记录的各种蛮族迁徙史,都仅仅是故事而已,不能被视为历史事实。据此,他反对民族大迁徙这一提法。郭法特认为,蛮族依据与帝国政府达成的协议,以合法合理的方式深入帝国腹地,被和平地安置下来,用他们的军事服役换取所驻扎地区三分之一的税收。蛮族通过大迁徙,占据罗马领土,破坏罗马帝国的说法站不住脚,因为蛮族士兵分得了三分之一乃至三分之二的土地的传统观点,是对历史资料的误读。② 帝国政府不仅不傻,而且对于形势的变迁有非常清晰的感知,所采取的对策也非常理性化。不过,郭法特也承认,帝国政府利用蛮族前来制衡帝国境内的不同政见者和地方军阀,最终玩火自焚,导致西部帝国政府灭亡。但总体而论,帝国的治理一直就符合理性,蛮族也被富有策略地吸纳进帝国的管理体制中。

各种新观点中也不乏对基督教会的价值重估。1958年,在马堡学院,意大利裔英国史家阿诺尔德·莫明利亚诺提醒学者们,他们似乎忽略了基督教会在这一转折性历史时期中所起的作用。以德意志文献集成研究所为代表的史料整理机构围绕现代政治制度的建立来区分史料的价值,有意无意之间将宗教性尤其是神学论述加以忽略,将它们留给专门的教会机构去处理。莫明利亚诺认为罗马帝国政府仍然是"严厉的、务实的,也是失败的;但是,教会是灵活的、有适应力的,为那些政府不能吸纳

---

① Walter Goffart, "Zosimus, the First Historian of Rome's Fall", *The American Historical Review*, vol. 76, No. 2 (Apr., 1971), pp. 412—441.

② Walter Goffart, *Barbarians and Romans*, A. D. 418 — 584: *The Techniques of Accomodation*, Princeton: Princeton University Press, 1980.

的人才提供了活动空间"。因此,有才之士"逃避政府、进入教会,为教会奉献一切,这就导致政府受到削弱"。尽管这种局面的出现还有待进一步的分析和解释,但是他肯定,"教会的繁荣既是罗马帝国政府衰落的结果,也是原因"。"修道院提供了异教城市生活的替代品","主教成为普通人的领袖和保护者"。教会似乎也可以解释东西部帝国的不同命运。东部的教会对罗马政府的态度更加宽容,对蛮族的态度更加不友好;而在西部则远非如此。教会倾向于与蛮族合作并欢迎他们取代罗马政府。主教们关心的是蛮族的天主教化,也借此或多或少地让他们罗马化并能与罗马公民和平共处。[1]

尽管莫明利亚诺还是在罗马帝国衰亡的宏大主题下讨论基督教会的积极作用,但是他指出了教会与罗马文明之间更为深刻的一体化,促使学者们重新思考异教(多神教)、基督教、异端、蛮族与罗马政府之间复杂而灵活的关系,从而突破19世纪学术界所设定的某些程式化定性分析,发现了基督教会保护民众、接纳蛮族并组建新社区的潜力。基督教会具有从传统宗教组织变身为新型社会组织的可能性。

1971年,莫明利亚诺的学生彼得·布朗发表了《古代晚期世界:150—750》。作为通俗读物,该书文笔优美,插图丰富,流传甚广,极大地推动了英语学界对古代晚期的研究兴趣。古代晚期(late antiquity)概念源自艺术史,指在早期基督教影响之下的早期拜占庭建筑雕刻艺术风格。广义的古代晚期包括公元150—750年的6个世纪,相当于基督教会史中广义的教父时代,从使徒传教至约787年第七次基督教大公会议,或者从罗马帝国的黄金时代之后到800年西部帝国复兴。狭义的古代晚期则往往指罗马帝国成为基督教帝国的那个特定时期,从君士坦丁一世(Constantine the Great,306—337年在位)到查士丁尼一世(Justinian,527—565)或者莫里斯皇帝(Muarice,582—602)去世的300年间。另有

---

[1] 本段引文皆出自 Arnaldo Momigliano, *The Conflict between Paganism and Christianity in the Fourth Century*, Oxford: Clarendon Press, 1963, pp.6—15。

论者希望将其扩展至公元1100年左右。① 但响应者并不多。

从地理上讲,古代晚期以地中海为中心,即罗马人所谓的"内湖",核心区域是地中海沿岸地区;边缘地区则包括受到罗马文化影响的区域,即古典文化所辐射到的地域,从不列颠的哈德良长城到中东的幼发拉底河流域,也可以延伸至印度河流域,葱岭以西。从宗教文化的角度说,则是罗马帝国向三大后续文明转化的时期,在此期间,希腊基督教、拉丁天主教和伊斯兰教兴起。如《牛津古代晚期辞典》云:"本辞典为欧洲、北非、西亚和中亚地区3世纪中期到8世纪中期大约500年间的历史、宗教、文献和物质遗存提供简易信息。"②

通过考察基督徒的社会心态和想象世界,彼得·布朗认真地指出基督教会的胜利是如何通过服务于变动中的社会而得来的。一方面,他令基督教会史与罗马帝国衰亡脱钩;另一方面神学话语被还原为社会话语,用以理解每位神学家所面对的听众及其诉求。以安布罗斯还安布罗斯,以奥古斯丁还奥古斯丁,不是从现代教俗分离的先入之见中解读这些神学家如何对罗马帝国衰亡负责,而是考察他们如何创造性地应对时代的挑战,使得基督教会赢得了信众,获得了财富。这个过程并不是一蹴而就的,甚至可以说,是在西部帝国灭亡之后,才通过艰辛的教会改革而得以实现的。

1977年,法国学者亨利-伊莱娜·马儒同样出版了一部小册子——《罗马衰亡抑或古代晚期》。在书的开篇,马儒简要地追溯了古代晚期作为一个独特研究对象的学术史,将俄罗斯学者埃纳洛瓦(Dmitri V.

---

① 关于古代晚期的断限,一直存在着争论。例如 Arnaldo Macone, "A Long Late Antiquity? Considerations on a Controversial Periodization", *Journal of Late Antiquity*, vol. I, No. 1, 2008, pp. 4—19; Clifford Ando, "Decline, Fall, and Transformation", *Journal of Late Antiquity*, vol. I, No. 1, 2008, pp. 31—60; C. Warren Hollister, "The Phases of European History and the Nonexistence of the Middle Ages", *The Pacific Historical Review*, vol. 61, No. 1 (Feb., 1992), pp. 1—22。

② Oliver Nicholson ed., *The Oxford Dictionary of Late Antiquity*, Oxford: Oxford University Press, 2018, p. vi.

Ainalov)和奥地利学者阿洛伊斯·李格尔(Alois Riegl)分别视为先驱,将艺术领域的抽象艺术引以为同志,赞赏德语学界长期坚持使用"古代晚期"术语,反对法语学界流行的提法如"古代的终结"或者"中古的开始"等,鼓励学者们使用具有积极意义的"古代晚期"。① 随着教会、蛮族和罗马帝国治理三个方面都走出罗马帝国衰亡的阴影,它们三者的胜利并不一定带来古代罗马帝国的衰亡,但古代罗马帝国的衰亡确实使得三者携手开创了一个新文明,而古代晚期就是这个新文明的酝酿期。

20世纪下半叶,以古代晚期研究为典型代表的"罗马世界转型"范式迅速发展壮大起来。诚如《古代晚期杂志》主编、美国学者拉尔夫·马提森在热情洋溢的发刊词中所说的那样:"从前,大概是20世纪60年代,我们或者是早期中古史家、拜占庭学专家、古典学家、教父学家、晚期罗马帝国研究者,或者是民族大迁徙研究者。现在我们许多人认为自己是古代晚期研究者。如同族群生成一般,我们获得了新的身份,我们甚至办了两份杂志——《古代晚期》(法文,1993)和《古代晚期杂志》——以示庆贺。"②

如马儒所言,"古代晚期"并不是一个特别新的概念。早在1827年就有德国学者使用过"古代晚期"(spätantique),用来说明一种雕塑的类型。③ 此后也有不少图书提到过古代晚期的艺术风格,多与早期基督教、拜占庭艺术式样连用。1900年俄罗斯学者德米特里·埃纳洛瓦出版《拜占庭文明的希腊基础》。此书1961年被译成英文④,1962年在哈佛大学专门举办了阅读该书的工作坊。1901年,李格尔更在其《罗马晚期的工艺美术》一书中讨论过"古代晚期"概念,而且认为这个概念不仅在当时已经流行,而

---

① Henri-Irénée Marrou, *Décadence romaine ou antiquité tardive?: IIIe-VIe siècle*, Paris: Editions du Seuil, 1977, p. 12. 奇怪的是,马儒并没有提及彼得·布朗,参考书中也没有列其作品。

② Edward James, "The Rise and Function of the Concept 'Late Antiquity'", *Journal of Late Antiquity*, vol. I, No. 1, 2008, pp. 20—30. 该刊第一期刊登了一组讨论古代晚期研究领域的文章。

③ Carl Friedrich von Rumohr, *Italienische Forschungen*, vol. I, Berlin: Nicolai'schen Buchhandlung, 1827, p. 336.

④ Dmitri V. Ainalov, *The Hellenistic Origins of Byzantine Art*, New Brunswick, N.J.: Rutgers University Press, 1961.

且"最贴近实际情况"。他本人倾向于将"上起君士坦丁大帝,下迄查理大帝"这一段时期称为"罗马晚期"。因为他想到的是罗马帝国,研究的地域侧重于拜占庭帝国。① 此后,不仅在德语世界,"古代晚期"(Spätantike)一直被学者沿用,而且在英语世界,用古代晚期作为论著标题的例子也并不鲜见。② 最近,意大利学者马里奥·马察则从德意学术界的视角,重新挖掘古代晚期研究的其他渊源,尤其是德国学者路德·哈特曼(Ludo Moritz Hartmann)和意大利学者马扎里诺(Santo Mazzarino)在古代晚期社会经济史方面的开拓性贡献。③ 尽管如此,凭借以《古代晚期世界:150—750》为代表的一系列作品,彼得·布朗使得这一概念在英语学界和读者之中深入人心,引导许多后学走上古代晚期研究之路,甚至使之成为显学。

与李格尔的作品类似,《古代晚期世界:150—750》也聚焦于拜占庭帝国早期艺术,但是围绕基督教文化做了更为广泛的文化史和社会史研究。在书中,彼得·布朗开宗明义,对流行的"罗马帝国衰亡"命题提出挑战,转而关注古代世界的转型。"贯穿本书的主题是公元200年后古代世界各种界域的不断变动与重新定位。这与传统的'罗马帝国衰亡'命题没有什么瓜葛。'衰亡'仅仅影响到罗马帝国西部行省的政治结构:这一事件未对古代晚期的文化发源地——地中海东部和近东——造成多大损伤。即使对于6—7世纪西欧的蛮族王国而言,残存于君士坦丁堡的罗马帝国仍然被当作世界上最大的文明帝国,也沿用其旧名——共和国。古代晚

---

① A. 李格尔:《罗马晚期的工艺美术》,陈平译,长沙:湖南科学技术出版社,2001年,第54页。

② A. Demandt, *Die Spätantike: Römische Geschichte von Diocletian bis Justinian, 284—565 n. Chr.*, München: Verlag C. H. Beck, 2007, pp. xv—xxi. 最近追溯"古代晚期"兴起的论著较多,例如 John Liebeschuetz, "The Birth of Late Antiquity", Idem, *Decline and Change in Late Antiquity: Religion, Barbarians and Their Historiography*, Aldershot: Ashgate/Variorum, 2006, pp. 593—610。

③ Mario Mazza, "Tarda antichità: 'improvvisazioni e variazioni' su un tema storiografico", *Occidente/Oriente*, 1 (2020), pp. 13—25;译文见《晚期古代:一个史学术语上的"即兴作与变奏作"》,Nanimonai 译,https://www.douban.com/note/780808932/,访问日期:2020年10月16日。

期的人们所迫切关注的问题是,如何应对各种固有界域的艰难调整。"否定了罗马帝国政府作为历史变迁的核心力量的可能性之后,布朗发现了当时存在着的更多变化,在各种类型的转型之间并不存在简单的"因果关系",而是一种相互关系。"只能说某些变化以某种方式相伴发生,以至于我们无法孤立地理解它们。"①

1996年,布朗出版《西方基督教世界的兴起》,提出三种观点:第一,西部帝国的历史不再是一部罗马帝国衰亡的历史;第二,这是一个为现代欧洲奠基的新时代,具有独特的社会结构;第三,在古代晚期,蛮族根据实际需要利用基督教,逐渐地创造出新认同,在这种历史进程中,西欧独特的基督教想象世界也由此得到形塑。古代晚期是发展出"加洛林文艺复兴"的筑基时代。② 这种转型可能不那么高级,但特别实用,不仅有利于教会满足普通信众的需要,而且也为现代欧洲奠基。

对于布朗所构建的转型模式,学界的批评集中于两点。第一是其过分强调延续性与转型,而在某种程度上忽略了变迁,尤其是剧烈的政治军事变化。第二点则针对古代晚期研究者观察视角的偏颇性。他们颇有点矫枉过正,似乎从过分集中于政治和制度而转向过分聚焦于宗教文化。"'古代晚期'具有沦为奇风异俗之域的危险,充满了旷野的修士,兴奋的贞女,并由宗教、心态和生活方式的冲突所主宰。在这种图景中……各种新的战线正在拉开。例如,基于教会的召唤和自身社会身份之间的冲突,家庭成员之间彼此斗争。以教堂和修道院为主体的新型宏大建筑,成为新兴权威和影响力中心的集中表现;埃及和叙利亚的沙漠是吸引各地修士们的新家园,而东部行省则由于其内部那令人陶醉的文化融合,易于发生变迁。"③

---

① 本段引文皆出自 P. Brown, *The World of Late Antiquity: From Marcus Aurelius to Muhammad*, New York: Thames & Hudson, 1971, pp. 19—20.

② P. Brown, *The Rise of Western Christendom: Triumph and Diversity*, AD 200—1000, Malden, MA.: Blackwell Publishers, 1997, pp. 1—33.

③ A. Cameron, *The Mediterranean World in Late Antiquity AD 395—600*, London: Routledge, 1993, p. 6.

这些偏颇却源自于布朗最大的贡献之所在——发掘新史料和严格依据文本研究历史。在古代晚期兴起之前,历史学家们研究晚期罗马史的时候,在教俗分离的宗教理性原则下,向史料拷问"客观真实"。受到重视的主要史料限于对各种"真实史事"的记载,而数量庞大的宗教史料因为与所谓的世俗社会关系不大,被打入冷宫。以琼斯为例,他曾写道:"当我利用古代史料的时候,我得承认,穷其一生,不足以尽读;任何浏览米涅(J. P. Migne)的《教父大全》(Patrologiae cursus completes)的人都会深有体会。我很快就决定放弃关于神学的论述、对《圣经》的评注,以及世俗美文(奥索尼乌斯和克劳迪安自然例外)。那里有些麦穗,但是在我看来,稗子占主体,许多最好的麦子已经被先前的学者们收割了,尤其是17世纪和18世纪的学者,他们所编订的教父文献是充满奇异信息的矿藏。在阅读了相当一部分之后,我最终放弃了布道词,因为其中大部分是有关《圣经》的评注,或者涉及泛泛而论的伦理话题。"①

琼斯编订的史料选集《至5世纪的罗马史·第二卷·帝国时代》,正是这一史料选择原则的实物载体,围绕帝国行政管理,按专题分类编选,包括元首制、皇帝、元老阶层、骑士阶层、行政服务、军队、行省、城市、税收、司法、身份、经济事务和宗教,凡13章346页。宗教内容仅一章,不到30页,不足全书的1/11。②

这些被琼斯认为是"稗子"的史料,长期以来也不被其他史家看好,以致普遍缺乏现代精校精注本。琼斯所阅读的这些"良莠不齐"的教会史料的现代版本,主要来自19世纪中期法国教士米涅汇编的本子《教父大全》。《教父大全》所用版本较老,印刷质量较差,排版也很拥挤,"阅读界面"并不友好,与其他受到史家重视的史料版本形成鲜明的对照,例如"洛布古典丛书"(Loeb Classical Library)。不仅琼斯如此,即便是天主教史家,对这些宗教史料也不是都很喜欢。例如被认为是古代晚期开创者之

---

① A. H. M. Jones, *The Later Roman Empire*: 284—602, vol. II, pp. vi—vii.
② A. H. M. Jones, *A History of Rome Through the Fifth Century*, Vol. II, *Empire*, London: MacMillan, 1970.

一的法国教父学家马儒将圣徒传视为令人讨厌的杂货,类似于今天的小说连载。① 因此,一方面,许多经典史料被反复研究;另一方面,许多"稗子"史料长期无人问津。"古代晚期的许多文献还没有被充分研究过。有些作品的年代、写作地点和历史背景尚未确定……古代晚期文献的写作格式和主题反映了时代的风气,每一件史料都需要根据当时的背景进行解释和评价。"②

布朗的研究,不仅将当时的一切文化现象都纳入研究范畴之内,而且也为这些研究指示了"新史料"。虽然这些"新史料"本是旧史料,但是从新的角度去利用,用以回答新问题,它们也就摇身一变成为"新史料",并在很大程度上改变了晚期古代罗马史的史料格局。2000年,马斯为关心古代晚期的学生和普通读者编订了新的史料集——《古代晚期史料读本》。他似乎刻意模仿琼斯编订的史料选集,也采取按类而从,13章凡355页。这13章分别是罗马帝国、罗马军队、基督教会、多神教、犹太人、女性、法律、医药、哲学、波斯、日耳曼入侵者和他们的王国、中亚人和斯拉夫人,还有伊斯兰教。③ 马斯的史料集与琼斯的篇幅相当,而内容悬殊,形成鲜明的对比。

第四节　全球化的转型研究

古代晚期研究迅速地影响到国内学术界,促使汉语学界重估早期基督教会史。彭小瑜、王晓朝、夏洞奇、吴飞、王涛、包倩怡等学者的研究,将

---

① P. Riche, "Préface à Ferdinand Lot, La fin du monde antique et le début du moyen age", Idem, *Education et culture dans l'Occident médiéval*, London: Ashgate/Variorum, 1993, p. x.

② R. W. Mathisen, *People, Personal Expression, and Social Relations in Late Antiquity*, vol. I, Ann Arbor: University of Michigen Press, 2003, pp. 4 – 5; D. Shanzer, "Literature, History, Periodization, and the Pleasures of the Latin Literary History of Late Antiquity", *History Compass*, vol. 7, Issue 3 (May, 2009), pp. 917 – 954. 他们从文献史的角度对古代晚期大量文献受到研究者忽视这一现象有深入的分析。

③ M. Maas, *Readings in Late Antiquity: A Sourcebook*, London: Routledge, 2000.

以杰罗姆、奥古斯丁和教宗格雷戈里一世为代表的古代晚期教父置于新的视野下。这些教父不仅在创造思想史上的经典,而且也是在面对现实需要,积极消解当时社会危机给基督教带来的焦虑。① 除了回应国际学术潮流,他们的研究也表明,在介绍和学习国际学术的同时,基于非常不同的历史文化体验,基于独特的中国视角,汉语学界的中古早期史研究者可以提出新的研究问题,并参与到古代晚期、中古早期宏大历史叙事的重建之中。

按照黄春高教授的总结,在汉语学界,欧洲中古史研究的第一个阶段是"编译阶段"。② 尽管编译的渊源业已不可详考,但明末清初的传教士就带来了一些关于中古欧洲的基本概念和范畴。这些观念只能是当时欧洲流行的观念,是为了从基督教会的角度讲述基督教会信仰的传播史。鸦片战争之后,尤其是洋务运动和戊戌维新时期,又有历史学术的大规模翻译活动。那个时候的欧洲中古史是作为西洋史的一个组成部分,以满足西洋史教学需要。当时的编译者,带有强烈的启蒙色彩,认为中古欧洲历史作为世界潮流的一个必经阶段,与现代西洋史一道,代表了世界文明演化之正轨,其经验也似乎放之四海而皆准。因此之故,他们编译的作品也难免带有强烈的殖民主义味道。在那个时候,大学历史教材大多使用英文原版,这不仅有利于学生们对西洋历史获得原汁原味的了解,也为学生们进一步去西方大学留学做准备。所谓与国际接轨是也。

早期的编译活动,使得我们接受了英语世界流行的中古早期史解释

---

① 彭小瑜:《杰罗姆书信的社会批判锋芒——古典晚期思想史研究一例》,《北京大学学报(哲学社会科学版)》2020年第5期;王晓朝:《罗马帝国文化转型论》,上海:上海辞书出版社,2017年;夏洞奇:《"地上之国总是无常":奥古斯丁论"罗马帝国"》,《历史研究》2007年第6期;夏洞奇:《尘世的权威:奥古斯丁的社会政治思想》,上海:上海三联书店,2007年;吴飞:《奥古斯丁与罗马的陷落》,《复旦学报(社会科学版)》2011年第4期;吴飞:《心灵秩序与世界历史:奥古斯丁对西方古典文明的终结》,北京:生活·读书·新知三联书店,2013年;王涛:《主教的书信空间:奥古斯丁的交往范式在书信中的体现》,南京:南京大学出版社,2011年;包倩怡:《"天主众仆之仆"名号与格里高利一世的主教观》,《历史研究》2019年第3期。

② 黄春高:《世界中世纪史》,载刘新成主编:《历史学百年》,北京:北京出版社,1999年,第265—301页。这篇文章对国内世界中古史学术史的梳理非常详细。

范式。这个解释范式认为,中古早期是从古代向中古的过渡时期,蛮族固然提供了新鲜的血液,但也带来了巨大的破坏,使得文明出现了严重的倒退,西欧历史暂时陷入黑暗时代。李泰棻所编之《西洋大历史》出版于1924年,作者"所引东西名著凡百余种",算是全面引入西洋史学的一部早期代表性著作。中古历史部分的参考图书11种,史料一册,即艾因哈德的《查理大帝传》。①《西洋大历史》的"中古编"对中古欧洲历史有较为系统的论述。除了编译史事之外,作者也发表了一些综括性的看法。其论东罗马帝国云:"西罗马亡后,东罗马帝国,维持势力于东方者,殆及千年,然国事不振,官吏婢妾跋扈于上;近卫军队,弄权于下;纲纪颓废,党派轧轹,苟延残喘,仅保命脉而已。"②李泰棻也将中古欧洲历史称为"黑暗时代",但是,对其评价还是比较积极的,尤其是对教会并无偏见。例如,罗马帝国的灭亡与基督教没有多少干系。

编译活动有利于与国外学术潮流的直接对接,使得中国学人能够了解西方世界流行的中古早期欧洲史观。大量的编译活动都极大地方便了中外学术交流,成为中国读者了解中古早期欧洲的重要渠道,构成了欧洲中古史研究中的长时段性学术史因素。一旦突破对某个语种的研究成果的片面依赖,多渠道、多语种同时推进,编译引介就会极大地开阔中国学者的视野,有开辟学术源流之功。编译作品难免有错漏缺失,令人爱恨交织,但越来越多、越来越广泛的编译成果,见证了中国的欧洲中古史研究从无到有,从了解世界到充分了解国际学术以至于今日密切互动。其经历可以大致划分为三个阶段。

这三个阶段分别对应于20世纪三次大规模的翻译引介周期。第一次是清末民初开始的东学与西学翻译。这个时期,大体上存在两种渠道获知英美学界的欧洲中古史知识。一个是"东国",即日本学术界,如上文所提到的李泰棻;另一个渠道则是直接翻译和引进英语作品,这方面的代

---

① 李泰棻编:《西洋大历史》,北京:求知学社印刷部,1924年,第2页。
② 同上书,第175页。

表性人物有何炳松等。1920—1922年间,何炳松先生在北京大学史学系讲授"中古欧洲史"。为了编写讲义,他以詹姆士·罗宾逊所著教材《西部欧洲史》、詹姆士·罗宾逊和比尔德合著之《欧洲史大纲》为蓝本,加以编译。何炳松先生敏锐地发现,当时的西方学界正在重新评价中古历史,消解其黑暗性。"昔日研究中古欧洲史者,以为自罗马帝国西部瓦解以后,数百年间,文化荡然无存,遂名此期为'黑暗时代'(Dark Ages)。以为当时之欧洲,民智闭塞,秩序大紊,与古代希腊罗马之文明既异,与近世之开明亦大不相同。然近来研究中古史者,渐知所谓黑暗时代者,亦未尝无文明之进步及产生。实则当时之活动及发达,与其他各时代等;而近世之文明,亦多渊源于中古。"①虽然如此,但他还是承认,中古早期仍然是非常黑暗的。"西部欧洲之文化,暗淡异常。自 Theodoric 在位时代至 Charlemagne 在位时代,前后凡三百年间,竟无一人能用拉丁文将当时事实为文以书之者。盖其时事事足以摧残教育而有余。所有巨城——罗马,Carthage,Alexandria,Milan——或为蛮族所蹂躏,或为亚拉伯人所占据。古代图书之藏于神庙中者,基督徒每设法毁灭之以为快。"②虽然如此,族群融合与基督教会也保存了文化,为未来欧洲的发展孕育了新的生机。在第一次编译阶段,中国的欧洲中古史还是以参考各种外文教材为主,主要是为了满足各级教学之需。立足于原始史料开展的研究比较罕见。

第二次大规模的编译阶段,从1949年至"文革"结束,以全面引入苏联、东欧学术为基本特征。这一次与上一次不同,更有政府通过外交方式有组织地全面引入苏联的教育体系,历史学是其中相当重要的一个组成部分,负责历史唯物主义和社会发展简史等公共课程的建设。这一时期引进的苏联型中古世界史与第一次编译时期的西洋中古史有着比较大的不同。中古时期是整个世界都经历的一个历史阶段,而不仅仅唯西洋史

---

① 何炳松编译:《中古欧洲史》,北京:商务印书馆,1923年,第5—6页。
② 同上书,第20页。

的一部分,亚洲各国也有中古时期,以封建社会为基本特征。其中中古早期"约自公元5世纪末到11世纪,这是封建制度形成和发展的时期"①。其具体内容包括三个部分:罗马帝国的灭亡和"蛮族"诸王国的建立、法兰克王国封建制度的形成和发展,以及中古早期的世界其他地区。与西洋中古史相比,一方面世界中古史线索明晰,即封建制度取代奴隶制;另一方面,因为线索更加单一,所以能够比较轻松地将世界其他地区的5—11世纪的历史都吸纳进来。当时教育部颁行的教学大纲规定的参考书目凡35种:马克思主义经典著作20种、必读参考书3册(苏联中古史教材译本)以及补充参考书12种。补充参考书以其他历史教材为主(8种),史料选编为辅(4种)。②

与第一个阶段自发地编译英语学界的西洋中古史相比,这一阶段完全建立起了马克思主义的世界中古史学科。与此同时,中国学者也陆续翻译了一些西方资本主义国家的中古早期历史作品,尤其是社会经济史方面的成名作。如乐文所译皮朗的《中世纪欧洲经济社会史》,耿淡如翻译的汤普逊所著《中世纪经济社会史(300—1300年)》(上、下册)。从苏联传入的世界中古史的普遍性模式也与中国古代史研究模式努力对接。通过马克思主义的封建社会模式,中国古代历史以拼合的方式,获得了融入世界历史的便利契机。以这种嵌入的方式,中国历史迅捷地融入世界历史发展进程之中。在这一框架之下,中国学者开展封建社会类型学的区分和建立,通过比较研究,进一步细化和改良苏联模式,为马克思主义封建社会史学增添了更多的丰富性。

第三次大规模的编译阶段自1978年改革开放开始,迄今仍在蓬勃发展之中。在这一阶段,以陈志强、徐家玲为代表的中国史家大大拓展了从罗马帝国向拜占庭帝国的转型研究。从拜占庭专制皇权、拜占庭文明特征的建设等方面,紧跟国际前沿,编译经典史料和研究成果,与国际学界

---

① 中华人民共和国教育部编订:《师范学院历史系世界中世纪史试行教学大纲》,北京:高等教育出版社,1958年,第2页。

② 同上书,第14—15页。

互动。① 戚国淦、寿纪瑜、陈文海、李云飞、瞿旭彤、刘寅、陈莹雪、罗三洋、谢品巍等学者将中古早期史料介绍并翻译成中文。②

吸纳最新研究成果,发展马克思主义史学,是第三阶段取得的最大成果。马克思主义史家扬弃了传统的断裂论,一方面肯定古代罗马帝国晚期存在严重的经济社会危机,另一方面则试图挖掘同时发生的生产关系和劳动者人身依附状况的改善。这一解释理论也符合源远流长的二元化罗马衰亡史观。马克思主义者强调生产方式从奴隶制转变为农奴制,在此基础之上,奴隶社会转变为封建社会。这个过程是通过革命来实现的。"在这作为帝国最后几百年的特征的普遍迫害与奴役之中,奴隶和自由贫民之间、奴隶和隶农之间、农民和城市手工业者之间的旧的区别消失了。所有的人同样地受到压迫,所有的人同样憎恨共同的压迫者和博学者——罗马国家。外面的革命力量——蛮族和内部的革命力量结合起来了。"而罗马帝国"这一次在经济上和社会上都日益瓦解的奴隶制国家已不能经得住来自内部的革命和来自外部的蛮族压迫的联合打击了。它不得不垮台了"。③

中国的马克思主义史学家则更多地注意到了从奴隶制向封建制过渡的复杂性,通过与中国历史的比较,他们适当地强调了西欧这一历史时期的特殊性。例如,马克垚先生将经济基础的转变与政治变革从时间上进行了区分。"从经济革命,即从经济基础的转变说,罗马帝国晚期、公元3世纪时大约已经完成了,但他的上层建筑的变革,即政治革命,却发生得比较晚,斗争的水平也比较低……没有一个新兴阶级起来领导斗争,只有

---

① 陈志强:《拜占庭史研究入门》,北京:北京大学出版社,2012年;陈志强:《拜占廷学研究》,北京:人民出版社,2001年;徐家玲:《早期拜占庭和查士丁尼时代研究》,长春:东北师范大学出版社,1998年;徐家玲:《拜占庭文明》,北京:人民出版社,2006年。
② 都尔教会主教格雷戈里:《法兰克人史》,O. M. 道尔顿英译,寿纪瑜、戚国淦译,北京:商务印书馆,1981年;艾因哈德、圣高尔修道院僧侣:《查理大帝传》,A. J. 格兰特英译,戚国淦译,北京:商务印书馆,1979年;等等。
③ 本段引文皆出自科瓦略夫:《古代罗马史》,王以铸译,上海:上海书店出版社,2007年,第859页。

被压迫群众分散自发的反抗。最后是日耳曼人的到来,才促成了这场转变。"① 这种独特的转化使得从奴隶制向封建制的过渡相对较为漫长,发展也较为缓慢。

2006 年,英国的马克思主义史学家魏可汉则集合各种物质文化方面的证据,从社会经济史的角度对这一过渡进行了系统的总结。他认为随着罗马帝国的政治衰退,统一的税收和贸易网络逐渐消失,开启了地方化时代,发展出十个不同的经济区域。这十个区域分别是:罗马北非西部、埃及、叙利亚和巴勒斯坦、不列颠腹地、意大利、西班牙、高卢和法兰克尼亚、英格兰和威尔士、爱尔兰,以及丹麦。大体说来,在罗马帝国东部,跨地区的联系残存较多;而在西北部地区,则消失得最为彻底。在这种大背景之下,东部的贵族还是倾向于在城市定居,得以大体维持其财富。而西部的贵族则转向农村,从而相对贫穷化。但是随着地主阶级直接经营地产的兴趣转淡,农民的状况得到改善,村社形成,农民生产方式登上历史舞台。② 魏可汉认为,尽管存在着地方化发展和地区差异,但是也有相对统一的变化趋势,即各种不同类型的农民生产方式的形塑。

但魏可汉遗忘了基督教会及基督教,这个明显的缺憾很快就得到了学术界的弥补。2017 年伊恩·伍德教授出版《罗马帝国西部的转型》一书,在彼得·布朗的研究之上,重点回应了罗马帝国衰亡模式中的"教会的胜利"这一观点。他认为衰亡论富有启发,但是远远不足以说明古代晚期的历史变迁。问题在于教会史叙事与社会经济政治史叙事互相有点脱节,而他试图将二者结合起来。用他本人的话来说,就是"把宗教和教会

---

① 马克垚:《西欧封建经济形态研究》,北京:人民出版社,2001 年,第 32 页。
② Chris Wickham, *Framing the Early Middle Ages*: *Europe and the Mediterranean*, *400—800*, Oxford: Oxford University Press, 2005;马广路:《评克里斯·威客姆〈构建中世纪早期:400—800 年的欧洲和地中海〉》,载刘新成主编:《全球史评论》(第 9 辑),北京:中国社会科学出版社,2015 年,第 346—351 页;李隆国:《"皮朗命题"与罗马文明的历史影响——评魏可汉的〈建构早期中古:400—800 年的欧洲和地中海〉》,载李猛主编:《奥古斯丁的新世界》,上海:上海三联书店,2016 年,第 301—313 页。

重新整合于迄今为止世俗生活为主的历史叙事话语"①。他认为,到600年的时候,教士和修道士等似乎取代官僚和士兵构成了社会重要的供养问题,社会资源已经明显地向教会倾斜,教会经济取代了罗马帝国的军事经济,西部罗马帝国转型为一个由全面基督教化的王国构成的世界。为了便于开展旧大陆各文明的比较研究,伊恩·伍德将中古早期社会称为"神庙社会"②。

伊恩·伍德的总结提炼了未来中古早期欧洲史研究的学术共识,即将宗教、政治与社会经济紧密结合起来研究。跟国际学术潮流同舞,中国史家业已意识到,转型研究涉及折中衰亡与转型范式,不仅新的时间段、地域范围和历史现象需要我们尽快吸纳③;而且更多的史料在等待着我们的阅读和分析。我们基础薄弱,积累有限,这是我们亟须弥补的短板;但在积极参与国际学术对话的过程中,我们更加容易做到客观、全面地评估史料和研究动态。④ 潮来潮往之间,中国的中古早期欧洲史研究者们业已与世界同行彼此对话,共同迎接全球化中古早期欧洲史研究,探索从古代向中古欧洲的转型,贡献中国学者的声音。

兴亡乃是政治史的常态。古人云:兴亡本无定,说的就是这个道理。当我们梳理了中古以降的学术动态,就需要返回到古代晚期和中古早期的历史现场,去探知时人又是如何看待罗马(帝国)衰亡这个话题的。

---

① Ian Wood, *The Transformation of the Roman West*, Kalamazoo: ARC Humanities Press, 2017, p.35. 刘寅中译本,第29页。
② Ian Wood, *The Transformation of the Roman West*, p.120.
③ 陈志强:《古代晚期研究:早期拜占庭研究的超越》,《世界历史》2014年第4期。
④ 李云飞:《钦差巡察与查理曼的帝国治理》,《中国社会科学》2017年第8期。

第二章 信仰做证:衰亡与转型

欧洲中古史须以欧洲古代史的终结为始点。以什么时间点或者事件作为古代与中古之间的分水岭,学术界存在多种划分方式。采取的角度不同,则分界点也随之各异。政治、经济、文化等专门史的历史变迁节奏不同。从地域上,则身在不列颠的人士所见之时代变迁与在君士坦丁堡所见大相迥异。早在1911年《剑桥中世纪史》开篇,编者就说过:"最为常见的分界点,被视为西罗马帝国灭亡之年的476年,倒是最没有什么讲究的。"[①]为了追溯中古因素的源头,学者们会选择更早的日期,例如《剑桥中世纪史》,选择公元300年作为叙事的起点;倘若要尽量减少古代因素的残留,更晚的日期更受到青睐,例如莫里斯·基恩在他编订的《中古欧洲史》中,以拉丁基督教世界的政治权威性和统一性作为标准,将800年查理曼称帝作为中古史的起点。[②]

尽管如此,分割古代与中古时期的衡量标准主要有三个:罗马帝国的衰落、基督教会的兴起和蛮族的入侵。对于古代罗马

---

① Henry Melville Gwatkin, "Chapter I: Contantine and His City", Idem and J. P. Whitney eds., *The Cambridge Medieval History*, *Vol. I*, *The Christian Roman Empire and the Foundation of the Teutonic Kingdoms*, Cambridge: Cambridge University Press, 1911, p.1.

② Maurice Keen, *The Pelican History of Medieval Europe*, Harmondsworth: Penguin, 1969, pp.11–12.

帝国,当下流行的提法是"转型"而非"衰落"。但是,在查士丁尼一世中兴帝国之前,古代晚期欧洲流行的看法还是认为罗马帝国在衰落。本章将对 5 世纪之前有关罗马帝国衰落的观念进行较为系统的调查和研究。

第一节 罗马衰亡的提出

罗马衰亡的命题源自于波利比乌斯。在其叙述罗马兴起的名著《通史》中,波利比乌斯提到了有兴必有亡。在庆祝强劲的对手迦太基被攻灭的场合,领导了彻底征服迦太基之战的罗马统帅小西皮阿(Scipio Africanus the Younger,前 185—前 129)不无慨叹,他预感到罗马也将会有衰亡的那一天。"波利比乌斯,这是一个伟大的时刻,但是我却有种可怕的预感,某一天,类似的命运也会降临到我的祖国。"①

与其说这是小西皮阿的历史预感,还不如说是波利比乌斯的历史洞见。他认为:"所有存在的东西都会经历衰落,这是一个几乎不证自明的命题,因为自然界无法违逆的进程,便足以让我们接受这一原则。我们或许可以说,每种类型的国家都会从两个方面经历衰落,其一是外来因素,另一则是内部的演化。对于第一项我们不能列出任何固定的因素,但是第二项,则是会依循有规律的顺序。我已经指出哪一种国家整体是最先演化出来的,何者会继之而来,以及每一种会如何转化到下一种,所以那些可以将我的论证的首尾综合而观的人,便能够对于未来做出他们自己的预测。"②

具体说来,衰落的具体演变过程是:"很清楚,长期的繁荣会使生活越来越奢侈,公民们对荣誉的竞争也越来越激烈。追求功名、不甘人后的欲望,炫耀和铺张浪费的流行,将会导致普遍衰落期的来临。这些变化的始

---

① Polybius, *The Histories*, lib. XXXVIII, 21. 3, trans. W. R. Paton, Cambridge, MA.: Harvard Univerity Press, 1927, p. 437.

② Polybivs, *The Histories*, lib. VI, 9, trans. W. R. Paton, Cambridge, MA.: Harvard Univerity Press, 1927, pp. 312—315.

作俑者将会是群众。他们要么愤愤不平,要么狂妄自大,肆意而为,因此不服从他们的领导人,而要求获得最大的份额。在这个时候,宪政就会变成最为动听的自由和民主政体,其实质则是政体之中最为恶劣的暴民政治。"①

波利比乌斯是在讨论罗马宪政的时候,为了解释罗马为什么兴起,引入上述关于政体的讨论。他认为罗马共和国综合了三种政体,执政官代表王政因素,元老院代表贵族因素,而人民代表了民主因素。虽然罗马的混合政体比较好地结合了三种政体的因素,但是罗马的政体是否还会因命运使然,陷入衰落呢?显然罗马也不会例外。政体演变的内在规律使得罗马有朝一日陷入暴民政治,罗马衰落。

在波利比乌斯之后不到百年,罗马共和国陷入严重的社会政治危机之中,关于罗马衰亡的说法和分析在史学叙事中大量涌现。现存著名的代表性作品是撒路斯提乌斯的《喀提林阴谋》。通过记录这一次历史事件,萨鲁斯特旨在说明罗马的衰落。"既然在这里我谈到了罗马的风气,我回溯到更早的时候,简略地说一下在和平与战争年代我们的祖先生活在怎样的体制之下,他们怎样治理这个共和国,他们把共和国留给我们时,共和国是何等伟大!通过逐步的演变,它怎样不再是最崇高和最公正的城市而变成最坏、最邪恶的城市。"②

萨鲁斯特并没有像波利比乌斯那样基于政体理论来解释罗马的兴衰,而是以罗马人民的美德作评判标准。罗马人获得自由、摆脱王政之后,渴望荣誉,吃苦耐劳,以便获得名声。罗马人作战勇敢,司法公正,社会和谐。但是在命运的作用之下,随着罗马城邦的繁荣富强,罗马人不再保守昔日的美德,而是渴求金钱、权力,从而引发了无数的罪恶。贪欲使得罗马人骄纵残忍、虚伪、不敬神明和自私自利,政府因此残暴不堪,罗马

---

① 波里比乌斯:《罗马帝国的崛起》,翁嘉声译,新北:广场出版社,2012年,第六书,第308页。

② 撒路斯提乌斯:《喀提林阴谋 朱古达战争 附西塞罗:反喀提林演说四篇》,王以铸、崔妙因译,北京:商务印书馆,1995年,第97页。

也迎来了自身的衰落。

共和国的危机最终是以元首制的方式得以克服。奥古斯都·屋大维保留了共和国的政体形式,但是自称"元首"(Princeps,即第一公民),又接受了尊号"祖国之父"(Pater patriae)和"奥古斯都"(Augustus,即神圣的),行元首专制的政体之实。元首制标志着罗马帝制的开始。罗马帝国的诞生,意味着一次深刻的历史变革。在经历了罗马共和国晚期漫长的内战和纷争之后,通过取元首专制与共和传统二者之长,奥古斯都领导罗马共和国度过了政治危机,步入了长达两个世纪的"罗马和平"(Pax Romana)时代。但是,当时人们并不能像我们这样熟知奥古斯都以后的历史,对于这种折中方案,他们不仅有些无奈,也颇不情愿。在名著《建城以来史》中,历史学家李维明确地表达了这一复杂的情绪。"在我看来,每个人都应当密切地注意这些问题:曾有过什么样的生活,什么样的道德;在和平和战争时期,通过哪些人以及运用哪些才能建立和扩大帝国;然后应注意到纲纪逐渐废弛,道德可以说先是倾斜,继而愈加下滑,最后开始倾覆,直至我们既不能忍受我们的罪过,亦不能忍受补救措施的今日。"①

在李维看来,当时的罗马人处在一种非常尴尬的处境,既不愿大刀阔斧地改革,也不想忍受现状。萨鲁斯特和李维都拿道德说事,但是道德其实不能也不应该对历史的兴亡负责。如同随后的史学家塔西佗所言,即使是最为堕落不堪的时代也有道德高尚之士,反之亦然。因此,萨鲁斯特和李维的感伤更多地反映了共和国末期、元首制初期罗马贵族的不适感;至少从共和向元首制的转变激发了部分罗马人尤其是元老精英们的危机意识,也并没有因为随后的罗马和平而有所减少。

到安东尼王朝(96—192)时,帝国的文治武功步入极盛时期。诚如当时的史家阿庇安所言:"在长久和平与安定的时期,一切都已经向持久的

---

① 李维:《建城以来史 前言·卷一》,穆启乐等译,上海:上海人民出版社,2005年,前言·9。

繁荣进展。"①在这种空前繁荣的社会经济背景之下,对帝国进行歌颂的史家众多,顺应历史变迁重新总结历史经验的佳作并不鲜见。所谓盛世修史,斯之谓矣。但也就在这个帝国繁盛的时期,历史学家塔西佗却撰写了一系列作品,不仅对皇帝们及其统治进行了猛烈的批评,而且系统地提出了"罗马史学衰落"的命题,作为罗马衰亡的反映。

塔西佗所提出的这一命题,影响深远,至今仍然是罗马史学的盛衰分界线。基于塔西佗的分析,现代史学史教材普遍认为,古典罗马史学的衰落是随着帝国的建立和发展而发生的。到2世纪则进入急剧衰落期;至3世纪以后,就决定性地衰落了;此后百余年,竟然没有一部像样的拉丁文史学作品。在这一经典的史学史叙事中,历史学家塔西佗成为承前启后的关键性人物。以他为转折点,古罗马史学史被一分为二,前盛后衰。如美国学者汤普森说:"塔西佗死后,不仅兴旺的历史著作时期宣告结束,而且全部拉丁古典文学也告一段落。"②苏联学者科瓦略夫也认为古典文化在罗马帝制时代还非常繁荣,但是与共和国晚期相比就大为逊色。到塔西佗的时候,罗马史学达到其"最高峰",此后古典文化就遭遇到全面的危机,走向僵化、形式主义,"颓废的象征最有力地表现在2世纪",并"准备起了3世纪的危机"。③

塔西佗的观点之所以在现代学术界引起回响,是因为现代史家也与他有着同样的政治假定,即元首专制会削弱人民对国家的效忠感和认同归属感。如著名的史学史家布莱扎赫所言:"'罗马的和平'使得罗马帝国获得了广泛的支持。但是这种满足感甚至是伟大性并没有激起广大人民对罗马历史的巨大自豪或者好奇心。在公元200年之后,最后一部取材广泛的罗马史(狄奥的《罗马史》)被撰写出来……在狄奥之后,历史著作

---

① 阿庇安:《罗马史》(上卷),谢德风译,北京:商务印书馆,1979年,第2版,序言,第13页。

② J. W. 汤普森:《历史著作史》(上卷·第一分册),谢德风译,北京:商务印书馆,1988年,第131页。类似的观点,参见 Ernst Breisach, *Historiography: Ancient, Medieval & Modern*, Chicago: The University of Chicago Press, 1994, p. 73。

③ 科瓦略夫:《古代罗马史》,王以铸译,北京:生活·读书·新知三联书店,1957年,第684—685、819页。

越来越少了。可能抄写传承古典作品者仍然不乏其人,但是所有人都对整个罗马历史丧失了兴趣。"①文明形态史观的代表性人物、英国大史学家汤因比甚至以共和转向帝制作为文明衰落的标志。"大一统国家基本上是消极组织……是曾经具有创造性但已经失去创造能力的少数人的产物……大一统国家显然是社会衰落过程的副产品,而且他们的出生证书已经明确无误地表明,它们是没有创造力的,它们只不过是昙花一现。"②

我国的西方史学史教材也基本上接受这种经典性解释框架,与此同时,还从两个方面进行了深化。一方面中国史学家认为帝国初期的史学与共和国时期相比仍有进一步的发展,在安东尼王朝时期,甚至还经历了一段"文艺复兴",涌现出史学大师塔西佗等人,"罗马知识分子有了短暂的发挥创造力的机会"③。虽然这种复兴也只能是将"最后一部分后劲释放出来",罗马史学衰亡的颓势难挽④,从此陷入危机,江河日下。另一方面,中国史学家也看到了专制君主的统治给史学带来了严重的消极影响。"古今中外的专制皇帝,最畏惧恼怒的就是史家的不屈之笔,因此对史学的控制也最为严格,如果碰上暴虐无道之徒当了皇帝,史家受到的残酷迫害就更不消说了……特别在尼禄、都密善这类暴君统治(之下),史学受到摧残最为严重,用史家塔西佗的话说,那就完全是'死气沉沉'的暗无天日之时。"⑤

富有长期反思古代皇帝专制制度经验的中国史家对皇帝专制抱有自觉的批评意识。但是,中国历史的经验表明,皇帝专制对史学的影响是多方面的。限制史家的政治表达自由,固然会使得历史写作与帝制之间呈现此消彼长的张力,但中国古代还流行"盛世修史"的传统。这种历史现

---

① Ernst Breisach, *Historiography: Ancient, Medieval and Modern*, p.73.
② 阿诺德·汤因比:《历史研究》(插图本),刘北成、郭小凌译,上海:上海人民出版社,2005年,第236页。
③ 郭小凌:《克丽奥的童年:古典西方史学》,沈阳:辽宁大学出版社,1994年,第202页。
④ 同上。
⑤ 朱龙华:《罗马文化与古典传统》,杭州:浙江人民出版社,1993年,第245页。

象提醒我们,关于从共和向帝制的转变导致古典罗马史学衰落的观点,还需更加细致也更加客观的辨析。诚如《剑桥古典文学史》所提醒过的那样:"皇帝们的专制统治可能严重影响到像陆康(Lucan)和塔西佗这样的作家的视野,但是大谈政体危及某种特定的文学体裁和演说风格,也是不太靠谱的。"① 历史学家尤其需要重新评价塔西佗所提出的罗马史学衰亡与罗马衰亡的命题。

第二节 个人自由与罗马衰落

塔西佗关于罗马史学衰落的命题包括两个方面:修辞术的衰落,以及历史真相之不可获得。一般认为《关于雄辩术的对话》(*Dialogus de Oratoribus*)是塔西佗本人的作品,而且讨论的主题就是演讲术在帝制时代的衰落。② 这部作品开篇有个简短的序言,说明《关于雄辩术的对话》是为了回应某位名叫尤斯图斯(Fabus Justus)的友人的提问。他的问题是:"为什么以前富有天才、获得赞誉的演说家那么多,而现在的人徒负演说家之名,而无辩才之实呢?"③作为回应,作者联想到年轻的时候听到的一次对话,在那时名家们讨论了这一问题。

讨论的起因是著名作家马特努斯(Curiatius Maternus)因为朗诵了一篇老伽图的作品(演说词),而得罪了权贵。这位作家于是决定改行写作诗歌。这个时候阿佩尔(Marcus Aper)和西昆杜斯(Julius Secundus)就来探望他,并与他发生了争论:到底是诗歌好还是演讲好。大家随后达

---

① D. W. T. C. Vessey, "Challenge and Response", E. J. Kenney & W. V. Clausen eds., *The Cambridge History of Classical Literature*, Vol. 2, *Latin Literature*, Cambridge: Cambridge University Press, 1982, p. 502.

② 关于著者问题的系统总结,参见 Roland Mayer, "Introduction", Idem ed., *Tacitus: Dialogus de Oratoribus*, Cambridge: Cambridge University Press, 2001, pp. 18—21。

③ Roland Mayer ed., *Tacitus: Dialogus de Oratoribus*, p. 53. 目前已有的《关于雄辩术的对话》中译选段(第28—35段),是作为附录被收在《昆体良教育论著选》中,任钟印选译,北京:人民教育出版,1989年,第234—242页。中译选段之外的引文,皆来自梅耶所编订的精校精注本。

成共识，认为演讲术既有益又令人感兴趣；而关于古代和现代演讲术孰优孰劣，阿佩尔与其他的对话者又产生了分歧。阿佩尔认为一直模仿西塞罗并没有什么好处。但是在讨论了哪些演说家是古人之后，阿佩尔并不能提供一个足以与古代演说家相提并论的今人；所以大家实际上再次达成一致，即演讲术今不如昔。

随后马特努斯引入了关键性的讨论，为什么演讲术会衰落。中途加入的对话者麦塞拉（Vipstanus Messella）指出，原因在于今人不读书，不像古人那样广泛学习。马特努斯也补充了演说家实际操练不够的问题。随着教育培养方式的改变，学生不像古人那样跟随著名的演说家们出入法庭和市政广场，年纪轻轻就开始真刀真枪的实际演练，而是限于书本知识、纸上谈兵。最为根本性的原因在于司法审判程序的改变，使得通过自由的演说影响民众，最终影响判决结果的时代一去不复还。现在元老院实际上只是在通过和赞同皇帝的提议和决策；法官只是在狭小的封闭庭院内，而非在大庭广众面前，处理具体的法律诉讼。最后马特努斯不无反讽地说，旧的演讲术已经让国家和政治家付出了高昂的代价，相反，政治制度越完善，就越不需要律师和演说家。至此，对话的主体部分完成，在简短的套话之后，对话结束。

对于如何确定作者塔西佗与三位主要对话人之间的关系，学术界并不存在一致的看法。主流的看法是：这三位对话者各自有部分道理，他们中并不存在一位最终的"胜利者"，从而也没有哪一位能完全代表塔西佗本人。[1] 这部作品讨论的主题乃是当时流行的"老生常谈"，即演讲术的衰落。[2] 虽然三位对话人似乎不分胜负，但其实都在为演讲术的衰落做修辞说明。归根结底，《关于雄辩术的对话》认为，随着"最为贤明

---

[1] Sander M. Goldberg, "The Faces of Eloquence: the *Dialogus de oratoribus*", A. J. Woodman ed., *The Cambridge Companion to Tacitus*, Cambridge: Cambridge University Press, 2009, p. 75.

[2] 著名学者巴尼斯独辟蹊径，认为这部作品的主题并非如此，而是讨论何种文学体裁为优。参见 T. D. Barnes, "The Significance of Tacitus' *Dialogus de oratoribus*", *Harvard Studies in Classical Philology*, vol. 90 (1986), pp. 225—244。

的个人统治"(sed sapientissimus et unus)的建立,演讲术发生改变,并走向衰落。①

在塔西佗的时代,专制导致文化衰落的观点,确实颇有市场。被归属于朗吉努斯名下的《论崇高》,是一篇影响广泛的文论。该作品之所以被创作,也是因为要回应演讲术的衰落问题。作品提到有位哲学家向他反映:"我觉得奇怪,许多人也觉得的,当今这时代固然颇有些人才,他们极有说服力和政治才能,聪明而又多能,尤其富于文学的感染力,可是为什么真正崇高的和极其伟大的天才,除了绝少的例外,如今却没有出现呢?举世茫茫,众生芸芸,唯独无伟大的文学。难道我真的要相信人们的老生常谈,据说,民主制度是伟大天才的好保姆,卓越的文才一般是同民主同盛衰的吗?"②

朗吉努斯赞同这位哲学家对修辞学现状的判断,但是,他并不赞同那位哲学家为演讲术衰落所做的原因诊断:"在今日我们好像从童年便受到社会的奴性教育,不但自从我们心灵还是幼稚时便在风俗习惯的襁褓中培养,而且我们从未尝过辩才的最美好最丰富的源泉——自由。所以我们没有表现什么天才,只有谄媚之才。"朗吉努斯认为"天才的败坏也许不应归咎于天下太平",而是由于人生缺乏崇高的理想。在他看来,人心不古,皆为利来利往,贪图享乐之余,将钱财敬之如神,不仅导致各种精神疾病,更使人们的心灵变得冷漠,丧失雄心壮志并不思进取。有鉴于此,他开出的药方就是要培养健全崇高的心灵,故此创作《论崇高》以补救人心。

《论崇高》是用希腊文创作的,塔西佗是否读到过这篇作品,不得而知。但是我们知道,认为演讲术或者修辞术在衰落,反映了当时一部分知识分子的共识。约与《关于雄辩术的对话》同时发表的另一部拉丁文名著《雄辩术原理》,也是专门讨论这一问题的名著。在《雄辩术原理》中,作者

---

① Roland Mayer ed., *Tacitus*: *Dialogus de Oratoribus*, p.85.
② 章安琪编订:《缪灵珠美学译文集》(第一卷),北京:中国人民大学出版社,1998年,第127页。

昆体良也承认雄辩术衰落了,但他是从学科分野的角度来进行分析,认为哲学与雄辩术的分离,导致二者的同时衰落。作为应对,应该强化雄辩术教育的系统性。

除了与当时的知识圈子对话,塔西佗也在积极地与共和时期的演讲术大师和理论家西塞罗展开对话。西塞罗曾写作《论演说家》《布鲁图斯》等。《论演说家》的论证思路之一也是古今之对比。通过古今比较,总结不同历史时期有代表性的演说家在素养方面的进步,西塞罗逐渐确立了理想演说家的标准。他乐观地认为罗马演说史与文学史皆呈进化态势。因此,《论演说家》提供的演说史进程与塔西佗的主张正好相反。《关于雄辩术的对话》描述了演讲术的衰落史。

除了演讲术的衰落之外,塔西佗认为,帝制时代历史评价的偏颇也导致了史学的衰落。"著名的史学家已把古老的罗马共和国的光荣和不幸载入史册。甚至奥古斯都当政的时期也不乏出色的作家为之执笔;但阿谀奉承之风一旦盛行起来,历史学家便不敢再动笔了。提贝里乌斯、卡里古拉、克劳狄乌斯和尼禄的历史都是人们在他们炙手可热时怀着惶恐之情胡编乱造出来的,而在他们死后撰述的作品,又受到余怒未消的愤恨情绪的影响。"①

在另一部历史名著《历史》的开篇,塔西佗也表达了类似的看法。"但是在阿克提乌姆一役之后,当和平的利益要求把全部权力集中到一人之手的时候,具有这种才能的大师就再也看不到了。同时,历史的真相在很多方面受到了损害。首先这是因为人们认为政治与自己毫无关系,从而也就对政治一无所知;其次,则是因为他们热衷于奉迎谄媚,或是因为对他们的专制主子的憎恨。一批人卑躬屈节地讨好,另一批人又在咬牙切齿地痛恨,这样一来,他们就置后代子孙于不顾了。然而当人们很快地对那些趋势讨好的历史家感到厌恶的时候,他们却又喜欢倾听那些诽谤和怨恨的话了。阿谀谄媚被斥责为奴隶根性的可耻表现,但是恶意却又在

---

① 塔西佗《塔西佗〈编年史〉》(上册),王以铸、崔妙因译,北京:商务印书馆,1981年,第2页。

人们心目中造成独立不倚的假象。"①

自共和转向帝制给罗马带来了政治制度的巨大改变,元老院的审议程序和法庭的审判程序随之而变。因为缺少自由、政治性表达受到限制,演讲术或者修辞术衰落。随着"和平"与"贤明的个人统治"建立,一方面,政治隐秘,外人难知。另一方面由于皇帝以一己之好恶统御臣下,所以,当皇帝在位时,阿谀奉承之风盛行,颂声不息;而当皇帝去世,则又责骂之声不绝。由此难有史事的真相。在演讲术或修辞术与历史真相的双重衰落之下,史学衰落。故罗马史学的衰落,实源自于罗马政治的衰落。我们试将这一套逻辑推理总结如下:由于共和政治被元首专制所取代,政治自由沦丧,罗马人的德行随之沦丧;政治制度的变迁也导致传统的演说术衰退,政治史事隐晦不明,史家处在谄媚和咒骂之间来回摇摆,历史写作中的"言"陷入衰落,史事也真相难明,史学衰落。这里姑且将上述表述称之为"塔西佗命题"。

在塔西佗看来,罗马史学的衰落只不过是罗马衰落的一个侧影。塔西佗命题并不以物质文明的繁荣判断国家的兴衰,而是以自由与否为准绳;他也不用历史作品的多寡衡量史学的繁盛和衰落,而是衡之以历史真相之有无。这种标准使得他能够超越以世俗成败评价人物与史事的限制,帮助读者思考历史。正是这种素质,使得塔西佗的思想在文艺复兴后期被重新发现之后,就与西方的思想解放运动紧密相连,被誉为鞭笞暴君的鞭子。

塔西佗并不是孤独的,他对帝制的不满也并不仅仅是他个人的一隅之见。与他同时代或者稍晚的著名史家们如苏维托尼乌斯、阿庇安等人都对个人统治表达了嘲讽和不屑,但他们也肯定了帝制所带来的和平与稳定。通过塔西佗的思考,和平或者稳定与个人自由之间的紧张关系从此成为西方史学中令人焦虑的一对史学基本范畴。在帝制时代,元首专制和个人的政治自由形成张力,并推动罗马帝国政制的演化。一百多年

---

① 塔西佗:《历史》,王以铸、崔妙因译,北京:商务印书馆,1981年,第1页。

后,伴随着基督教的兴起,这种紧张关系更加集中地转换为暴君与个人信仰自由之间的紧张关系,宗教自由和宗教迫害的矛盾左右着史学叙述中罗马帝王的个人命运。

第三节 对上帝的信仰与皇帝的命运

在基督教早期历史叙事中,流传着有关十次大迫害的历史记忆。而最后一次,也是规模最大的迫害发生在公元3世纪末、4世纪初,从军事角度来看,这是由戴克里先(Diocletian,284—301年在位)发动的统一军队思想行动。当时的军队中出现了一些基督徒,他们反对旧的献祭仪式。为了保持军队的统一,戴克里先在副手们的建议之下,决定迫害基督徒。这场迫害行动正好被发动内战的君士坦丁一世所利用,他为自己僭称皇帝并发动内战找到合法性。在君士坦丁的宫廷中,他的家庭教师拉克坦提乌斯(Lactantius,活跃于3世纪末)为此写作了《迫害者之死》(*De mortibus persecutorum*)。这部作品描述的对象是罗马帝国历史上那些迫害基督徒的皇帝,尤其是与君士坦丁同时代的那些皇帝们。作品聚焦于他们的宗教活动和政策,说明他们如何迫害基督徒,因之而得到应有的惩罚,受到"报应"。这部书可谓"黑白分明",从虔诚基督徒的角度,对"迫害者"进行口诛笔伐。这些皇帝中没有一个好人,他们的下场都极其不堪,也是罪有应得。拉克坦提乌斯对君士坦丁的对手进行口诛笔伐,证明虔诚信仰基督教的君士坦丁是奉上帝之命,讨伐这些反对基督徒的暴君。

在内战末期,优西比乌(Eusebius of Caesarea,活跃于4世纪初)开始编纂第一部教会史,旨在通过整理主要教会领袖们的谱系来书写基督教传播的历史。虽然这部《教会史》描写的对象与拉克坦提乌斯不同,但是,他们的立场和评论基本类似。当皇帝对基督徒友好的时候,他们会取得胜利,受到拥戴;若他们对基督教的态度发生了变化,或者拜了偶像,或者是表里不一,表面上信奉基督教,而在行动上却并没有真正地信仰,则必遭失败。假信仰的例子有许多,例如:"其(戴克里先的同僚马克西米安)

子马克森狄成为罗马的暴君。起初,他为了取悦罗马的民众,谎称接受我们的信仰。他命令臣民停止迫害基督徒,做出一副比前任们更友好、更温和的虔诚样子。然而,他的行动辜负了人民的期望。"①基督徒代表了人民,皇帝若不顺从这一民意,则为暴君。

改变信仰的反面典型是皇帝李奇尼(Valerius Licinius,308—324年在位)。"他向君士坦丁开战,也就意味着他向全宇宙的上帝开战,因为他十分清楚,自己的对手崇拜这位上帝。首先,他偷偷摸摸、小心翼翼地攻击自己敬神的臣民,尽管这些臣民从未对他的统治表现出任何不忠。他之所以这样做,乃是出于一种与生俱来的卑劣,这种卑劣蒙蔽了他的理智,正是由于这样的蒙蔽,对于那些在他前面迫害基督徒的人,对于那些因为其邪恶作为而被摧毁之人,他都毫无记忆。于是,他偏离审慎和理智的轨道,变得极度疯狂,决定向作为君士坦丁守护者的上帝开战,而不是向上帝所庇护的君士坦丁开战。"②

与塔西佗为代表的古典史学名家不同,这一时期的教会史作者大部分并不恪守客观中立的立场。与此相反,他们肩负强烈的使命感,激烈谴责对手和异端,热情歌颂自己的英雄和派别。从历史记忆的角度而言,宽容基督教的好皇帝总是被人记忆,而迫害基督教的坏皇帝,容易被人遗忘。如亚历山大里亚主教狄奥尼修斯所言:"我观察不同皇帝统治的年头,并且注意到,那些名盛一时的邪恶皇帝,很快就被人遗忘,相较而言,他(加里努斯皇帝)更加敬畏,也更加爱上帝,正要度过执掌王权的第九年。"③基于信仰而撰写的早期基督教会史颇类似于今天的宣传作品。

将人间帝权的命运与宗教信仰过于紧密地联系起来,在基督教受到迫害和获得宽容的时代,其历史比较容易处理。但当4世纪帝国皈依之后,如果帝国的表现不那么令人满意,甚至帝国遭受严重挫折的时候,又

---

① 优西比乌:《教会史》,保罗·L. 梅尔英译、评注,瞿旭彤译,北京:生活·读书·新知三联书店,2009年,第393页。
② 同上书,第466页。
③ 同上书,第349页。

当如何解释？4世纪初罗马诸帝开始宽容基督教信仰，337年君士坦丁大帝在临终前受洗。到361年朱利安（Flavius Julianus，361—363年在位）称帝，他重新成为多神教徒，并著文攻讦基督教信仰，引发大规模的思想文化冲突，罗马史家也加入其中，催生了罗马帝国后期的史学繁荣。但朱利安是4世纪唯一的多神教宗帝，他因此得到了"叛教者"的绰号。378年发生了著名的亚德里亚堡之战，东部皇帝瓦伦斯（Valens，364—378年在位）全军覆没，帝国震动；383年，西部皇帝格拉提安（Flavius Gratian，367—383年在位）在里昂被叛军杀害。连续两位以虔诚著称的皇帝被杀，帝国丧失土地，基督徒与多神教徒围绕帝国的宗教政策发生的争执趋于白热化。维斯塔贞女的供养问题、胜利女神像被移出元老院的问题等，引发了大规模的政治争议。但最终的结果是帝国更加彻底地转向基督教，即采取更加严厉的基督教宗教政策，以免因为不够虔诚，帝国将遭到上帝的惩罚。380年代基督教被定为国教。

但皈依基督教仅仅使得帝国的政治危机最终以宗教争议的方式表现出来，危机本身却不一定能得到根本性扭转。5世纪初，帝国陷入严重的政治危机。哥特人在东西部帝国交界地区流窜，并最终进入意大利；莱茵河边界之外的蛮族渡河，进入帝国境内。410年罗马城被哥特人攻陷，据说大掠三日之后，哥特人才离开。哥特人此后南下，试图渡海进入非洲行省，遇到风暴未果，乃折返北行；后与皇帝达成协议，穿过意大利，进入高卢南部，以图卢兹为中心建立起定居点。此后数十年间，勃艮第人定居于罗纳河中部地区，苏维汇人定居于西班牙半岛，汪达尔人定居于北非，盎格鲁-撒克逊人拓殖于不列颠。西部帝国逐渐为蛮族王国所取代。410年事件的历史影响于此可见一斑。

尽管当时的历史学家们对这次事件带来的实际破坏，存在着重大分歧，但这次事件对于思想界的深刻刺激却可以被鲜活地触摸到。杰罗姆、伯拉纠、奥古斯丁、萨尔维安等基督教作家都对此发表了自己的看法。虽然我们无法读到当时多神教作家的作品，但是基督教作家之间的分歧就足以让我们窥见当时思想界的活跃状态，尤其是历史思维的多元化格局。帝国的衰落并不如斯宾格勒和汤因比等人想当然地认为的那样,是僵化的、规律性的,从而是一元式的。一旦帝国走向衰落,其统一性丧失的时候,恰恰是地方化登台,多元化历史道路显现之时。从帝国与基督教的关系来看,在拉丁语文化区,毫无疑问,5世纪的衰落总体上刺激了基督教激进思潮的传播,修道主义蔚然成风。但不同的基督教作家也留下了他们各自不同的声音。我们至少可以辨认出四种不尽相同的回应方式,其代表人物分别是杰罗姆、奥罗修、奥古斯丁和萨尔维安。

第四节　铁和泥混杂的世界

杰罗姆(Eusebius Sophronius Hieronymus,约346—420),今波斯尼亚的斯特日东人。早年到罗马求学,后来游学高卢,在当时的帝国首府之一特里尔逗留过一段时间。此后他来到地中海东岸的安条克附近隐修。大约在亚德里亚堡战役发生之后,杰罗姆被任命为牧师。此后不久,杰罗姆再次来到罗马,传播其苦行的主张。385年因为与若干贵族女性关系过于亲密而惹起公愤,杰罗姆被迫离开罗马,回到东部地区,在伯利恒附近隐修直至去世。

约407年,杰罗姆为《但以理书》写作了长篇注疏,强烈主张依据这部经书来解释基督教世界历史。在他的笔下,先知但以理预言了基督教世界历史的四个阶段,即巴比伦帝国、波斯帝国、马其顿帝国和罗马帝国。罗马帝国将会伴随人类直到世界末日的临近。此后将是圣徒们统治的时代,直到有反基督者来临,世界都臣服于他的暴力和强权。但反基督者的霸权将是短暂的,随后耶稣会再次降临,实行末日审判并建立永恒的天国。

但以理所梦见的那个巨人的身体分成四个部分,头是黄金质地,脖子为银质的,胸脯为黄铜,而大腿是铁质地,脚夹杂着半铁半泥。杰罗姆认为,现状最为清晰地证实了这一预言。没有哪个帝国会比罗马帝国更加强大威武,最为坚硬的铁质地指代罗马帝国,由于世界末日临近,罗马帝国已沦为半铁半泥的铁脚,变得非常脆弱,因为"我们现在无论是在内战中还是在对外战争中,都需要蛮族部落的协助"①。

在杰罗姆的眼中,未来将是罗马帝国与其他政治体共存的列国时代,也会是一个圣人(即贞洁的基督徒)统治的时代。对于列国,杰罗姆并不那么感兴趣,他提倡和鼓励的是圣人时代。因此,他号召人们隐修,成为圣人。可能出于这种考虑,他刻意地夸大了现实的危机感,以便强烈地彰显历史的末世感。当 410 年罗马城被攻陷的消息传到伯利恒的时候,杰罗姆对此表达了深切的震撼之感:"突然传来了潘马奇乌斯和马尔切拉的死讯,罗马城被攻陷以及许多兄弟姐妹牺牲。我惊得如此目瞪口呆但也只能日日夜夜地惦记着大家的安危,没法考虑其他的事情。我想象自己就是那些被俘圣人中的一员;如果我不能提供更为确凿的信息,我也不愿开口。与此同时,我在希望和绝望之中徘徊,受着各种不祥之兆的折磨。然而在全世界之光(罗马城)泯灭之后,罗马帝国亦被斩首,或者更准确地说,这座城代表了整个世界的毁灭。"②

罗马沦陷,帝国被斩首,富贵之士成为难民,陷入贫穷的境地;有时候他们还因为被怀疑藏有金银而被搜身拷打。由于难民太多,杰罗姆所在的那所小修道院,似乎也面临着沉重的接待压力。这种处境迫使杰罗姆在关门写作和开门救济之间徘徊犹豫。但他还是决定投身于基督教济世的慈善事业中,与此同时,他在夜晚写作,注疏经书,从而做到两不耽搁。也许,这就是一位圣人在迎接圣人统治时代时的最好应对?

杰罗姆只是间接地体会到了罗马城被攻陷的振动,与他相比,奥古斯丁既经历了 410 年事件的震撼,身边也聚集许多从意大利前来避难的达

---

① Jerome, *Jerome's Commentary on Daniel*, chapter two, verse 40, trans. Gleason L. Archer, Grand Rapids: Baker Book House, 1958, p.505.
② Jerome, *Commentariorum in Ezechielem Prophetam libri quartuordecim*, libri I, "praefatio", 1—4, Migne ed., *Patrologia Latina*, tomus XXV, Paris: Venit Apus Editorem, 1845, col. 15—16.

官显贵;奥古斯丁本人还在临终前看到了城外忙于围攻的汪达尔士兵的身影。

奥古斯丁(约354—430),出生于北非行省的塔加斯特(Thagaste,今阿尔及利亚)。早年在非洲求学期间,深受摩尼教二元论影响。自373年开始,这位风华正茂、才华横溢的年轻学者先后在迦太基、罗马和米兰开设学校,386年在米兰受洗。随后他返回迦太基,395年成为希波主教,430年在汪达尔人的围城困境中去世。

奥古斯丁在晚年一直忙于写作鸿篇巨制《上帝之城》,这部作品对于西方政治思想影响深远,仅中文学界,目前就已经有三种译本。他的思想与罗马帝国衰亡之间的关系、与古代史学向中古史学的转型等的关系,都已成为经典性的研究话题。夏洞奇系统地梳理了奥古斯丁对罗马帝国的态度,令人信服地说明了奥古斯丁有关"地上之国总是无常"的观念,并从基督教话语体系辩证地阐释了奥古斯丁的政治思想。① 吴飞则从心灵拯救的角度解释了奥古斯丁的独特贡献,即将罗马帝国的命运与心灵拯救加以区分,从而消解世俗政治兴亡给基督徒带来的焦虑。② 从终结西方古典文化的角度,他们重新阐释了奥古斯丁的政治思想,强调了其历史意义。410年的事件固然震动朝野,但是,在《上帝之城》中,奥古斯丁所要说明的是,这一事件的发生并非源自于帝国皈依基督教,因此他并没有过多地讨论帝国衰亡问题。相反,面对这一次重大的政治危机,他从世俗生活与宗教信仰之间内在和谐的角度,进一步劝勉读者更加积极地生活。③

奥古斯丁赞同杰罗姆对当下局势的分析,认为罗马帝国确实已处在

---

① 夏洞奇:《地上之国总是无常:奥古斯丁论"罗马帝国"》,《历史研究》2007年第6期;夏洞奇:《尘世的权威:奥古斯丁的社会政治思想》。上海:上海三联书店,2007年。

② 吴飞:《奥古斯丁与罗马的陷落》,《复旦学报(社会科学版)》2011年第4期;吴飞:《心灵秩序与世界历史:奥古斯丁对西方古典文明的终结》,北京:生活·读书·新知三联书店,2013年。

③ Paul Weithman, "Augustine's Political Philosophy", Eleonore Stump and Norman Kretzmann eds., *The Cambridge Companion to Augustine*, Cambridge: Cambridge University Press, 2001, p. 244.

铁和泥混杂的时代。但奥古斯丁却运用二元理论,将古典哲学家们关于灵肉对立的观点延伸到历史思考中,并将人类历史分解为地上之国与上帝之城两个部分,分别对应于肉欲与精神追求两种不同的动机。虽然在地上之国里,信仰上帝的人和信仰邪神的人是混合在一起的,而在服从上帝的所有人那里"灵魂统治着身体,理性在合法的秩序中忠实地统治着各种恶德……人们必须爱上帝、爱邻人,要爱人如己"。"服从上帝、用心灵统治身体、用理性通过征服或抵挡来统治反对它的恶德,在这样的时候正义就出现在每个人身上。"①

奥古斯丁认为,人类历史发展的进程,就是走向上帝之城。作为罗马公民和基督徒,他依据四大帝国的理论,给罗马帝国这个人类历史上最强大的帝国的兴盛给出了一个合理的说法。罗马帝国之所以强盛,是因为古代罗马人的德行和爱国之心所致。尽管古代罗马人的德行也是出自欲望而渴求功名、富贵和荣誉,但与其他的帝国相比,他们更富有德行。所以,上帝要奖赏罗马人,赐予他们一个大帝国,并且让它作为传播基督教的一个载体。因此,罗马人的德行使得上帝赐予他们更为长久的兴盛,并使得基督教广泛传播,上帝之城遂得以发展壮大。罗马帝国的强盛并不是因为有那些邪神和偶像的保佑。然而,地上之城不可能拥有永久的和平,因为这是征服别人而得来的和平,并非公正的和平。这就使得地上之城总是面临流血和战乱。410年的事情就是这样的一个例子。但是,在这次灾难中,罗马人的损失相对较轻,即使是基督徒的对手们,也不得不到上帝的教堂中去避难。

由此,奥古斯丁评论说,罗马沦陷这个事件不仅不能使大家反对基督教,相反,人们应该更加意识到地上之国总无常,人世间一切荣华富贵都靠不住,唯有依靠上帝的恩典,服从于上帝。生活在世间就得像一个以永生为目标的旅人,利用世间的一切,以利于实现这一最终的目标;"保持或

---

① 奥古斯丁:《上帝之城》,王晓朝译,北京:人民出版社,2006年,第944页。

追随这些东西,只要它们不会阻碍教导我们崇拜唯一至高上帝的宗教"①。但是,人世间的欲望总是让人受到魔鬼的诱惑,哪怕是圣人,也不例外。

奥古斯丁为罗马人指出的历史道路,并非如我们通常所认为的那样消极。他并没有让人们放弃帝国,而是承认人不仅必须生活在社会之中,而且也有可能实现正义,因此,教徒们需积极过好现实生活。但是,要想使得这一可能性得到实现,就必须坚定地服侍上帝,以永生为皈依,唯其如此,才能成为真正的"人民",并实现正义的"共和国"。换言之,只有时刻铭记上帝、爱上帝、爱邻人,教徒们才能实现社会正义,迈向上帝之城。此岸世界与彼岸世界似乎隐隐相通。

面对巨大的政治灾难,奥古斯丁的应对算是相当积极的。至少与杰罗姆相比,他要更加乐观一些。他认为,地上之国本来就没有什么永久的和平和正义,不仅在战乱的时候,信仰基督教可以减轻战乱带来的伤害程度;而且作为人世的过客,可以依靠信仰上帝为这个羁旅之所带来真正的和平与正义。大概是受到奥古斯丁乐观豁达态度的影响,奥古斯丁的门生奥罗修将这种积极的历史观落实到历史写作中,创作了在中古时期流传最广的一部古代罗马帝国史——《反多神教徒史七书》(一译《反异教史七卷》)。

第五节 新认同的建构:基督教与罗马法

奥罗修,大约公元 380 年左右出生于伊比利亚半岛的布拉加(Bracara,今属葡萄牙),可能于 413 年左右被汪达尔人驱赶离开故乡,逃难来到非洲行省的迦太基,成为奥古斯丁的学生。"这位充满宗教感情的年轻人奥罗修,共享正统基督教和平的兄弟,从年龄上可做我的儿子,职

---

① 奥古斯丁:《上帝之城》,王晓朝译,北京:人民出版社,2006 年,第 932 页。

事上属于我的同事,他持论严谨,讲论高超,学习勤奋。"①被奥古斯丁当作上帝派来的使节,奥罗修代他送信给耶路撒冷的杰罗姆。在耶路撒冷逗留一段时间之后,奥罗修携带圣司提芬的圣骨返回。此时,奥古斯丁卷入了关于基督教与战争、基督教与人类灾难的大争论,为此撰写了《上帝之城》。他授命奥罗修提供专门的历史材料,为自己提供佐证,说明人类历史上的灾难一直存在。接受老师的嘱托之后,奥罗修花了两年左右的时间,在迦太基城完成《反多神教徒史七书》,通过历史叙事对多神教徒进行反击,证明 410 年罗马被哥特人攻陷并不是由于帝国改宗基督教所致。书稿完成后,奥罗修也从历史舞台消失,不知所终。

《反多神教徒史七书》凡七卷,第一卷以简短的前言,交代写作缘起,奥罗修说:"我谨遵您,赐福教父奥古斯丁的吩咐,我乐意尽力地完成……您吩咐我从所有历史和编年史记载中收集涉及变幻人世间的大战、瘟疫、悲惨的饥荒、可怕的地震、罕见的洪水、令人恐惧的火灾、电闪雷鸣、大规模的杀戮和自相残杀,以及各种不幸的资料,并加以系统而简要地论述。"②人类不幸的历史被分成三个阶段:从创世到罗马建城、从罗马建城到耶稣出生,以及耶稣出生以来的历史。随后奥罗修花费了大量笔墨,对已知世界的地理进行描述,以便交代史事发生的地理背景。然后分族群讲述世俗王国的兴起,包括指代基督徒受迫害十次的埃及大饥荒、特洛伊战争,以及前罗马时代的拉丁国王们。第一卷终止于罗马建城之前(约凡 4450 年)。

第二卷从罗马建城开始讲述(约凡 360 年)。开篇阐发四大帝国的理论:由于神意,四大帝国先后统治诸王国,它们分别是巴比伦、马其顿、迦太基和罗马,其中巴比伦和罗马首尾相济,规模相当,分别代表人类历史

---

① Augustine, *Saint Augustine Letters*, vol. iv (165—203), trans. Sister S. N. D. Wilfrid Parsons, Washington, D. C.: The Catholic University of America Press, 1955, p. 7.

② Karl F. W. Zangemeister ed., *Pauli Orosii Historiarum adversum paganos libri VII*, Leipzig: Teubner, 1889, 'Praefatio', pp. 1—10. 英译本参见 Paul Orosius, *The Seven Books of History Against the Pagans*, trans. Roy J. Deferrari, Washington, D. C.: The Catholic University of America Press, 1964。

的开始和终结,也代表东方和西方。马其顿和迦太基分别代表北方和南方,起衔接作用。随后,奥罗修开始讲述罗马王政时代世界各王国的战乱和灾害,一直叙述到高卢人焚烧罗马城,结束本卷。以罗马被焚毁作结,是为了与410年罗马再次被敌人攻陷,进行比较。作者认为前者要远为严重,为此不惜浓墨重彩,反复言说。

第三卷自建城以来第364年开始叙述(约凡百年)。本卷又有一份更加简短的前言,向奥古斯丁解释自己的写作原则:揭示历史的本质而非仅仅描述历史。作者讲述了希腊世界的争霸战争,尤其是菲利浦、亚历山大大帝父子的征服战争,以及亚历山大手下将领们的纷争。在感叹父母、儿女和朋友之间的血腥争斗之后,奥罗修指出古代的和约与誓言都是靠不住的,而唯有面对上帝所发的誓言才是可靠的。

第四卷从建城以来第464年叙述到第606年(约凡143年),仍然以辩论开启叙事。虽然人们觉得当前的灾难更为沉重,难以忍受,但是实际上并非如此。奥罗修随后讲述罗马与伊庇鲁斯之间爆发的西西里战争。本卷的重点在于三次布匿战争。为了行文方便,作者插入了迦太基的历史。奥罗修最后详细描述了迦太基的毁灭,并质疑第三次迦太基战争的起因,说明这场战争的非必要性,以便彰显人类的悲惨命运。

第五卷涵盖从建城以来第606年至679年间(约凡74年)的史事。本卷还是以讲道理开篇,纵论古今,说明古代战乱纷扰,而当代天下一统。接着是在西班牙进行的战争,包括努曼提亚人(Numantia)被消灭。作为西班牙人,奥罗修难免要颂扬西班牙人的勇敢,强调他们卷入战争的无辜,指出罗马人其实一无所获。话锋一转,作者开始详细讲述罗马的内部骚乱,包括格拉古兄弟的改革、朱古达战争、社会战争、马略的对外战争、马略引发的内战和米特拉达特斯战争等,而终结于奴隶战争(斯巴达克思起义)。奥罗修最后重申,从战乱频仍的角度来看,古今根本不具备可比性,罗马帝国提供了长久的和平环境。

第六卷涉及建城以来第662年至奥古斯都统一天下之间(约凡90年)的史事。作者首先讨论各族礼拜诸神之伪,说明唯有礼拜基督为真理。本卷的重点内容是两次大规模的罗马内战:庞培与凯撒之间、屋大维与安东尼之间的内战。关于凯撒的征服战争作者所费笔墨较多,旨在强调高卢人的悲惨命运。随后凯撒击败庞培,又被刺杀,内战再次爆发,直到屋大维统一天下,雅努斯神庙的大门第三次关上,天下太平。在奥罗修看来,一方面,这种太平乃是上帝为耶稣降生而做的准备;另一方面,耶稣降临为罗马公民,也赋予这个帝国以莫大的荣耀。

第七卷包括建城以来第 752 年至 1168 年间(约凡 417 年)的史事,即罗马帝国史。作者开篇仍然与多神教徒辩论,到底是谁在主宰罗马帝国的命运,通过辩论,贬斥多神教诸神。奥罗修随后详细论述了罗马帝国与巴比伦帝国之间在政治上与宗教上的相似性,说明亚伯拉罕降生于巴比伦帝国,与耶稣降生于罗马帝国,非常类似。通过耶稣降生、传道、受难,以及基督教的兴起,说明耶稣诞生的伟大历史意义。接下来作者按时间顺序对各个帝王的统治进行记述,论述的重点是他们对待基督教的态度。如果某位皇帝压迫基督徒,作为报应,各种天灾人祸降临。奥罗修首先讲到奥古斯都·屋大维的继承人提比略试图容忍基督教,但是不被元老院批准,因此,心生仇恨,成为暴君。对于提比略统治的前后变化,作者提出了全新解释。本卷的核心内容还是自尼禄开始、终于戴克里先时期的十次大迫害。此后奥罗修重点描述了阿拉里克对罗马的攻陷,以及哥特人与罗马人的融合,并将提奥多西一世(Theodosius I, 379—395 年在位)作为基督徒皇帝的典范加以歌颂。全书以对奥古斯丁的祈求告终。

奥罗修运用奥古斯丁的二元理论,基于基督教信仰将历史时期分为多神教徒时期(诸神信仰时代)和基督教时期(信仰上帝时代),认为前者充满战争和灾难,后期则拥有前所未有的和平。面对当下的困境,作者期待蛮族与罗马帝国和平共处,确保未来的和平。与奥古斯丁不同,奥罗修认为,基督教时代之前的灾难,多种多样,给人类带来的损失也非常惨烈;在前基督教时代,命运不可捉摸,人类盲目行动,互相争斗,过着痛苦悲惨的生活。在基督教时代,对待基督教会的态度决定了人的命运,无视基督的教诲,会因之受到报应;礼拜上帝,则有各种报酬。罗马帝国的历史相对而言是基督教世界历史上的最好时代。尽管当下充满了暂时的灾难,但是只要继续虔诚地礼敬上帝,帝国就能与蛮族达成真正的和平,将苦难的战争转化为对基督教会和教堂的礼敬与保护,并保护基督徒。

新近攻击罗马帝国的蛮族,因为上帝的决定,也最终接受基督教的和平,走向罗马化。在奥罗修眼中,410年罗马被攻陷,根本无法与800年前高卢人攻陷罗马相提并论。在这里,由于上帝的干预,在两支哥特人中,属于多神教徒的那一支不能享有攻陷罗马的胜利,而是归于另一支也属于基督教的哥特部族,他们更接近罗马人的习俗。而且,在进城之后,由于虔诚基督徒们的祈祷,阿拉里克目睹了上帝的奇迹。他约束部下,不得烧杀抢掠,三天之后,悄然离去。此后,意识到上帝的裁决,他们与罗马和平相处,为罗马征战,攻打西班牙的其他部族。帝国境内的阿兰人、汪达尔人和苏维汇人也都采取了类似的行为。奥罗修总结说:"更多地用数字而非言语,我们已经揭示了,通过很少的流血,没有争斗,几乎没有死亡,无数战争被平息,无数暴君被消灭,债主被迫低头,人口众多的部族被清除。这表明我们的批评者应该为他们的排斥行为而忏悔,并尊重真理,相信、惧怕、欢迎并服从唯一真神、无所不能的上帝,他所做的一切,尽管被他们视为坏事,但其实都是好事。"① 坏事变好,战争转向和平。

奥罗修的老师奥古斯丁并不认为世俗帝国存在义战。在他看来,尘世的战争,有着各种各样的原因,但是,不论原因如何,其结果都是由上帝所决定的。战争的成败有时无法加以解释,并非好人就会赢得战争,坏人就会输掉战争,毕竟人的智慧难以窥测到上帝的隐秘。人所能做的是,面对失败,要善于忏悔,从而皈依上帝。②

奥罗修也认为,决定战争胜败的因素并不在于谋略,更不在于谋略中

---

① Karl. F. W. Zangemeister ed., *Pauli Orosii Historiarum adversum paganos libri VII*, vol. 7, ch. 43, pp. 17—18.

② 奥古斯丁:《上帝之城》,王晓朝译,北京:人民出版社,2006年,第123、225页。

所体现的指挥官和将士们的德行，归根结底，胜负由上帝来决定。但是在基督徒帝王进行的战争中，对上帝的虔敬礼拜、深刻忏悔，是胜利的根本保证。为上帝而战，即为信仰而战，帝王们才会有胜利。虔诚地为信仰而战，不仅会以弱胜强，以少胜多，而且往往会兵不血刃，不战而屈人之兵。在提到提奥多西大帝一次不流血的战斗之后，奥罗修大发感叹："瞧，在基督徒帝王和基督徒时代，当内战无法避免的时候，它们能够被转化。很明显，城不破，暴君就擒，胜利到来。瞧，对另一方，敌军被征服，暴君的指挥官们比暴君死得更难看，埋伏被瓦解，装备被剥夺。无须建工事，无须摆阵势，无须刀出鞘。再难的战斗也无须流血而取胜，仅有两人把命丧。据此，当我们思量事情原委的时候，处置世界和裁决世界的上帝之权显露无遗，通过这些表征，他迫使顽固脑筋要么陷入混乱，要么皈依。"①

但是，人间的虔诚并非一成不变，将领本人信仰的变化，也会给战争带来不同结果，导致不一样的命运。一旦虔诚者变得不那么虔诚了，昔日的胜者就会变成今日的败军之将，乃至付出生命的代价。提奥多西皇帝去世后，非洲将军基尔多（Gildo）叛乱投靠东罗马帝国，他的哥哥马斯克奇尔受命讨伐弟弟。奥罗修说："他从提奥多西的例子得知，身处困境的人可以凭借信仰基督、通过祈祷获得上帝的恩赐。他来到卡帕里亚岛，携带了一些能够为他祈祷的圣徒，日夜祈祷唱赞歌，不战而胜，无伤亡而征服。"②马斯克奇尔以五千兵力战胜了敌人的七万人马。在战前的某天晚上，他梦见刚刚去世的米兰主教安布罗斯，三次用手指向地面说："这里，这里，这里！"他领会到三次就是第三天的意思，这里指的是地点。在第三天祈祷唱赞歌守夜之后，他依据上天的神兆冲向敌人，赢得了胜利，基尔多乘船逃走，死于海上。但是，奥罗修随后也提到马斯克奇尔最终也没有好下场。这是因为"在获得神助，与圣徒们一起在上帝面前战而胜之之

---

① Karl F. W. Zangemeister ed., *Pauli Orosii Historiarum adversum paganos libri VII*, vol. 7, ch. 35, pp. 6—8.

② Ibid., p. 5.

后,他傲慢起来,竟敢亵渎教会,掠夺教会。惩罚随后而至。一些时日之后他就遭到了惩罚,在他身上得到了证实:应该总是警惕神裁,当祈求时,得援助;而当不屑时,遭杀戮"①。

奥罗修认为和平才是消灭战争的根本性保障。这种和平,从信仰上讲,是源自于上帝的和平;在人间,则来自信仰基督的谦卑精神。因此,基督教给人间带来了真正的和平。在奥罗修生活的年代,统一的宗教和法律,为罗马世界的和平提供了前所未有的保障。当他被迫离开家园的时候,尽管存在着危险,但是也心安理得。这是因为:"哪里有我的习俗和宗教,哪里就是我的祖国。现在非洲敞开怀抱欢迎我,我就心安理得地过来。现在她既善意地向宗教的、和平的盟友大方地提供报答,也邀请她所喜欢的可怜人。广阔的东方、广袤的北方、充满岛屿的南方都是我的法律和名称之所。因为作为罗马人和基督徒,我来见罗马人和基督徒们。"②奥罗修不无自豪地宣布:"在罗马人中,我是罗马人,在基督徒中,我是基督徒,在人群中,我是人。这一美好时代是先辈们所无法享受到的。他们无休止地战斗,因为不能自由地迁徙,固着于生养之地,要么悲惨地被杀,要么可怜地被奴役。"③

奥罗修其实跟奥古斯丁非常相似,他们都以积极乐观的态度来面对灾难。但是,通过以基督降生为界将人类历史一分为二,强调两个时期的不同,奥罗修无形中彰显了更加强烈的罗马认同。罗马帝国的建立与基督的道成肉身紧密相连,因此罗马帝国在救赎史上就变得意义非凡,它给世界带来了更为长久的和平。410 年后进入罗马帝国的蛮族,都愿意为帝国而战,使得帝国继续安享和平。由于上帝的意旨,蛮族前来协助帝国,而非破坏帝国。罗马帝国也无所谓衰亡了。

---

① Karl F. W. Zangemeister ed. , *Pauli Orosii Historiarum adversum paganos libri VII*, vol. 5, ch. 2, pp. 12—13.

② Ibid., pp. 1—3.

③ Ibid., p. 8.

第六节　萨尔维安的社会关怀

奥罗修所经历的政治动荡还只是罗马帝国深重危机的开始，而在5世纪中期的高卢和莱茵河地区，帝国衰亡的征兆越来越明显了。马赛的修士萨尔维安（Salvian of Marsaille，约400—470）亲身经历了这一黯淡的时局。尽管他的出生地不详，但萨尔维安的青年时期应该是在莱茵河中游地区度过的，他目睹了特里尔城被蛮族围攻。从他的作品中可以得知，他非常怜悯边境地区的穷人和孤寡之人，诉说着他们如何因为贫穷不能返乡，只能要么继续流浪在边境，要么沦为强者的奴仆。而萨尔维安则幸运地来到高卢南部海滨的修道圣地勒兰，在接受那里的圣人们的熏陶之后，他迁移到马赛，成为那里的牧师，并写作了大量的作品，被时人称誉为"主教之师"。

萨尔维安名声卓著，以至于被收入时人戈纳迪乌斯的《名人传》中。萨尔维安的众多作品都是宗教性质的，在现代世界广为人知的作品是《论上帝之治》。据戈纳迪乌斯讲，这部作品名为《论现世报应》（De praesente iudicio libros quinque），凡5卷。但现代通行本皆作8卷。作品创作于440年代。此书的前3卷比较简短，头2卷摘录《旧约》中的一些先例，第3卷说明为何上帝会关注世人的命运。前3卷与后面5卷的体例并不尽一致，前3卷有可能是作者后来添加的。戈纳迪乌斯说，当他写作列传的时候，萨尔维安尚在人世。[①]《论上帝之治》在中古时期几乎没有被人引用过，但从16世纪被重新发现之后，它对5世纪罗马帝国衰亡的生动论述获得了许多史家的青睐。

第3卷说明了为什么要针对基督徒来讲现世报应。作者认为这是因为教会里面充满了各种不尽如人意之处，腐败堕落也并不鲜见。在第4

[①] Carl Albrecht Bernoulli ed., *Hieronymus und Gennadius De Viris Inlustribus*, cap. 67, Freiburg: Akademische Verlagsbuchhandlung von J. C. B. Mohr, 1895, p. 84.

卷,萨尔维安详细地列举了平信徒所犯下的各种罪恶,说明上帝的惩罚是公平的。针对有人质疑:为什么基督徒要遭受那么多罪,上帝还眷顾基督徒吗?萨尔维安的回答是:这些磨难不仅是上帝的惩罚,而且更是为了警醒他们而略施惩戒而已,以便基督徒能反思,如何做个真基督徒。何谓真基督徒?那就是不仅口头信仰,而且还要言行一致。富人们是上帝的坏奴仆,他们偷窃、抢劫和压迫大多数人并蓄养情妇。尽管他们好坏颠倒,不配得到上帝的救赎,但上帝爱基督徒超过父亲爱儿子,因此手下留情。但是对于这种上帝的警示,罗马人不但不思悔改,而且还变本加厉,将苛捐杂税转移到穷人的头上。如果有贵族皈依基督教,他的品位马上就会被剥夺。这些罪恶使得罗马帝国奄奄一息。尽管蛮族跟罗马人一样的坏,但是,他们是出于无知而做坏事,而罗马人在了解上帝及其正义之后明知故犯,所以比蛮族更坏;因此上帝实行正义的裁决,罗马人受蛮族统治。

第 5 卷按照逻辑顺序,说明罗马正统教徒不如异端基督徒。蛮族无知,被教导了错误的教义,但他们的信仰真诚,不互相压迫,罗马人尤其是市议员都像地方恶霸一样,横征暴敛,私吞减税税额。罗马人的教士也不敢公开抨击这些罪恶。与此相比,信仰异端基督教的蛮族没有苛捐杂税,他们也不侵害邻里和亲人。所以,罗马人和蛮族异端的伦理道德似乎发生了颠倒,本应仁慈为怀的罗马人残酷无情,而本应残暴的蛮族反而仁慈。因此之故,自由与奴役也随之发生了反转,罗马人自愿逃跑到蛮族那里受奴役,享受更多的自由,而不愿意回到罗马的统治之下。留在家乡的罗马公民则只有名义上的自由而实际上受奴役。哪里有压迫,哪里就有反抗,高卢的巴高达运动长期存在。这就是上帝的惩罚。

第 6 卷讨论罗马人在公共生活方面的坏习惯,例如斗兽场、圆形剧场、音乐堂、斗兽表演、游行、运动会、杂耍表演、模拟游戏、赛马场等仍在举办着各种诱惑人心的活动,不仅使人丧失平和之心,并且在精神上就犯下了罪恶。没有这些表演的城市恰恰是那些业已被蛮族控制的城市,例如科隆、特里尔等。举办此类奢华的公共活动似乎成了罗马人的标志和特征,哪里有罗马人,哪里就有这些邪恶的把戏。而这些公共活动刺激富人去剥削和压榨穷人。外有蛮族敌人,内有精神的堕落,尽管财产减损,但罗马人贪婪和酗酒的恶习不改,甚至还变本加厉。尽管上帝赐予恩典,使许多罗马城市和行省免于被蛮族攻占,但是罗马人却并不懂得感恩,因此也不配重享繁盛,只能靠向蛮族输纳"礼物"或"赎金"来维持和平。

第7卷说明罗马人缘何今不如昔。在多神教时代罗马人不知道上帝和基督教,算是无心犯过;信仰基督教之后,则是有心犯过,故罪加一等。以阿奎丹为例,上帝赐予了最好的自然地理资源,但是,这里却流行着各种罪过,以纵欲、对妻子不忠、对上帝的恩典不思回报为最。西班牙人的罪过更重,故被上帝交给最不起眼的蛮族——汪达尔人。北非最为富庶,但也受害最为深重,受到最为邪恶的罗马人统治,最为"软化",不尚武功而模仿女性,天下的罪恶丛集于此矣!萨尔维安认为,生活的普遍道德水准决定了政治体的命运,治国必以德而非以力,要依靠上帝来治理而非诉诸人谋。在哥特人与罗马人的争斗中,哥特人依靠上帝,而罗马人依靠匈人。因此胜负之数可以预期矣!哥特人和汪达尔人越来越强大,罗马人则越来越衰落。作为胜利者,蛮族虽然暴富,但是仍然生活得比较克制,他们将悔改作为良药,而非惩罚的手段,取消了妓院,消灭了妓女。蛮族并没有仿效罗马人的堕落生活。

第8卷已大部分散佚。现存部分继续数落北非罗马人的罪过。萨尔维安认为,那里的罗马人在迫使上帝惩罚他们,因为他们名义上是基督徒,实际上过着多神教徒的生活。不仅如此,他们还攻击上帝的圣徒们和上帝的教士们,虽然没有使用武力进行威胁,但进行嘲讽戏弄。因此北非罗马人的行为人神共愤,他们所受的惩罚不是太重,而是太轻了。

时代苦难使得激进主义大行其道。在写作的时候,萨尔维安笔端常带感情。他并不同情蛮族,而是痛恨罗马人。他认为所有的蛮族都是野蛮的:"撒克逊人凶恶,法兰克人经常背信弃义,哥特人则无情无义,匈奴人淫荡无耻。所有的蛮族人都充满邪恶。"①如同帝国初年的大史家塔西佗一样,他是通过树立一个蛮族他者,来批评罗马人、教诲罗马人。如同伯利坎所评价的那样:"萨尔维安在向信徒发出一种伦理律令,吁请他们不要忽视其社会和政治义务,更不要以多神教徒帝国作为借口,为自己的麻木不仁做辩护。"②

面对处在危机中的时局,萨尔维安希望维护罗马人的统治,罗马帝国遭受的危机是上帝所施加的惩罚,以便罗马人悔改,按照真正的基督徒标准去生活;以便帝国得到挽救。因此他的逻辑思路与上文提及的经历410年代危机的几位基督教作家同中有异。他们都是偏向于精神诊疗,站在基督教信仰的角度来拿帝国危机说事。其中杰罗姆的态度最为消极,他想要说明的是:罗马帝国业已衰落,世俗社会不足以留恋;因此鼓励罗马人追求纯粹的精神生活,最好是成为修士,迎接圣人时代的来临。

奥古斯丁与杰罗姆都面临大批逃难而来的贵族,但是远走巴勒斯坦的贵族多怀出世之念,而前往迦太基的贵族只是去那里暂时避难,他们还得重返家园,恢复自己的家业和仕途。因此,奥古斯丁要规劝他们皈依基督教,从而更加心平气和地面对危机。尽管奥古斯丁辨析多神教罗马时代与基督教罗马时代之异同,但其着眼点仍然是世人的精神家园,旨在劝说多神教徒皈依基督教。至于罗马城的陷落,不值得大惊小怪。罗马的兴与亡,根本在于修德,而基督教时代的德,不同于多神教时代,是一种真正的德。唯有一心归主,虔诚而积极地生活,才能既守望天国,又平静地面对俗世命运的起伏。因此,同样是在谈论罗马帝国的衰亡、拿罗马城的陷落说事,杰罗姆劝人隐修,而奥古斯丁则争取多神教徒皈依,并说明基督徒应该如何积极地面对世俗社会的变幻不定。

如果上述观察无误,那么我们应该在某种程度上淡化奥古斯丁的《上

---

① Salvian, *On the Governance of God*, lib. IV,14, trans. Eva M. Sanford, New York: Columbia University Press, 1930, p.123.

② Jaroslav Pelikan, *The Excellent Empire: The Fall of Rome and the Triumph of the Church*, San Francisco: Harper & Row, Publishers, 1987, p.96.

帝之城》反映历史现实的权威性,将它视为众多应对罗马帝国危机的书籍之一。《上帝之城》对于理解当时多神教徒与基督徒之间的关系、他们各自对罗马历史的认识,以及如何折中世俗生活与彼岸追求之间的关系,是非常经典的名著,但这部作品自身并不讨论当时罗马帝国的现状与应对帝国危机的相应方案。一旦我们不再将《上帝之城》视为这一时代的代表性作品,从而去掉它作为经典名著所带来的遮蔽性,许多其他的作家和作品就会浮现出来,甚至吸引我们的注意力,因为它们更为直接地透露着罗马帝国衰亡的历史与时人的认识。从这个角度来说,超越奥古斯丁是古代晚期研究继续发展的一个重要前提。

奥古斯丁的门生奥罗修可以说是超越奥古斯丁的一个鲜活例证。他积极地思考现实问题,从基督教世界历史的角度,不仅对罗马帝国的兴亡之迹了如指掌,对当下的时局危机有深切的体会,而且对皈依基督教之后的罗马帝国的未来充满了信心。他为读者指出了打破危局的历史突破口:"基督教化"和"推广罗马法"。有了这两个认同性工具,蛮族可以被顺利地纳入帝国的治道,并与罗马人合作,共同维护罗马帝国的和平。杰罗姆与奥古斯丁更关心个人的得救,相对而言奥古斯丁更加积极入世一些。三人中奥罗修最为乐观天真。通过和平这一纽带他将个人的苦难与帝国的命运紧密连接起来,并以帝国的和平结束历史叙事。

但是,奥罗修没有看到的一点,就是蛮族认同的形塑。身处罗马帝国腹地的蛮族政权,为了巩固自己的统治,一方面与罗马帝国合作,另一方面也在积极发展自己的政治性认同。日积月累,一代人之后,到萨尔维安写作的年代,历史再一次发生着巨大的变化。蛮族日益强大,而罗马人日益衰弱。从萨尔维安的描述中可以窥知,罗马帝国靠雇佣兵打仗,越来越用金钱换取和平。随着帝国丧失阿奎丹和北非,帝国的税负日显沉重。与此同时,在罗马人之外的诸内迁蛮族不仅逐渐形成了自己的认同,而且代表了更加有德行的生活。

为了批判现实,萨尔维安宣扬现世报应观以促使罗马人痛改前非。罗马人无德的老生常谈,被他披上基督教说教的外衣,新瓶旧酒之间,颇让人想起罗马从共和转向帝制时期的重大历史顿挫期。与罗马共和国末期心忧天下的作家们一样，萨尔维安也指责罗马人的纵欲贪财，并视之为一切不幸之源。从这个角度而言，他回到了萨鲁斯特等人创立的思想传统。重拾前贤的思想，装入基督教的新瓶，劝勉罗马人从精神上、信仰上而非政治军事上超越蛮族，这种主张固然得到基督教会的大力支撑，不可谓刻舟求剑，但也从侧面反映了帝国西部教会知识分子应对危局的无力感和愤怒之情。西部帝国之衰亡业已无可挽回。萨尔维安可能并不反对为了维持军队而征税，市议员阶层是他批判的靶子，税负不公平带来无数弊端。他鼓励教会承担起批判现实的责任，挽救罗马人心以便挽救大厦于将倾。

第三章 以史为镜:灭亡与复兴

在《论上帝之治》中,萨尔维安业已意识到西罗马帝国正在经受着深重的危机。此后不到一代人的时间,西部帝国灭亡,文献中有越来越多的声音慨叹帝国的衰败。476—480 年间,西部不再有皇帝,帝国的各个行省为不同的蛮族王国所占据。高卢地区有勃艮第王国、哥特王国、法兰克王国、"罗马人的王"等。但是,为了获得政治合法性,在需要的时候,这些蛮族国王们仍然派遣外交使节,跋山涉水,前去遥远的君士坦丁堡,寻求皇帝的帮助和恩赐。因此,西部各地区对罗马帝国灭亡的认识,因各个地方的政治文化环境而各异。2014 年,伊恩·伍德教授在北京大学举办的学术会议上,系统梳理了西部地区时人有关西部帝国灭亡的各种观点。伊恩·伍德教授总结说,如果说有断裂的话,530—540 年代可以算作其一。那时,蛮族王国与罗马帝国的关系发生着深刻的调整。① 但如果将东部帝国的反应也纳入考虑,则会有更加细腻的新发现,而且东部的帝国观念似乎影响着西部地区的类似观念。

在西部皇帝消失前后,有许多西部人士到君士坦丁堡避难。他们不断地游说皇帝,请他们派遣大军护送他们还乡,收复失

---

① 颜·伍德:《西罗马帝国何时终结?》,李隆国译,载王晴佳、李隆国主编:《断裂与转型:帝国之后的欧亚历史与史学》,上海:上海古籍出版社,2017 年,第 99—110 页。

地。正是在这样的现实环境之中,逐渐诞生了西罗马帝国灭亡的确切提法。到了530年代,这一提法被皇帝查士丁尼有意识地利用,为其收复失地运动做鼓动宣传①,帝国与西部地区之间的关系发生重大调整。但是,在收复失地运动获得极大成功之后,查士丁尼并没有恢复西部帝位,而是继续维持一个帝位的既有政治机制。在这种现实政治背景之下,帝国官方改变了宣传口径,西部帝国灭亡之说暂时从历史叙事中消失不见。直到8世纪,西罗马帝国灭亡的观念重新浮现,出现在时人的历史作品中,并影响到西部罗马帝国的复兴进程。

第一节 作为历史事件的西罗马帝国灭亡

公元前后,罗马共和国转变为罗马帝国,但其名称未变,仍然是共和国(Respublica)。只是最高行政长官变成了元首(princeps),此后帝国政治制度屡变,但这一称号一直沿用到古代晚期。公元3世纪,罗马帝国遭遇到空前的危机,长达半个世纪的内战(235—284)充分暴露了帝国治理机制的缺陷。五十年间,在高卢、小亚细亚、意大利一共出现了二十多位皇帝,彼此纷争。史称"3世纪危机"②。284年,戴克里先重新统一了罗马帝国,并颁布了一些新的政策。经过戴克里先的帝国治理机制改革,实现了两位奥古斯都和两位凯撒即二帝与二副手的帝国分治原则,两位皇帝和两位凯撒分别以尼科美底亚、亚历山大里亚、罗马和特里尔为各自的驻跸之所,军团和行省数目相应增加了一倍,史称"四帝共治"

---

① 康凯:《"476年西罗马帝国灭亡"观念的形成》,《世界历史》2014年第4期,第36—46页。
② 罗马帝国经历了3世纪危机似乎是一个学术定论,尤其是匈牙利学者艾尔佛尔第的经典论文:Géza. Alföldy, "The Crisis of the Third Century as Seen by Contemporaries", *Greek*, vol. 15, No. 1(2003), pp. 89—111. 我国的历史教科书多沿袭此说,并将它称作奴隶制危机,认为是这场危机导致罗马帝国走向衰亡。如于贵信主编:《世界上古史教程》,长春:吉林大学出版社,1994年,第395页。但近年来,不少学者质疑这一概念是否能够成立。Wolf Liebeschuetz, "Was There a Crisis of the Third Century?", O. Hekster, G. de Kleijn & Daniëlle Slootjes eds., *Crises and the Roman Empire: Proceedings of the Seventh International Network Impact of Empire*, Leiden: Brill, 2007, pp. 11—20.

(Tetrarchy)。

作为四帝共治的补充,戴克里先推行兄弟之爱,让皇帝们彼此通过婚姻关系结成兄弟关系或者儿女亲家。这个时候留下来的戴克里先发行的金币,多有4个营门连在一起、四位皇帝互相拥抱的形象。现存于威尼斯圣马可教堂的四位皇帝互相拥抱的雕像,也是留存至今的证据之一。为了摆脱血缘继承原则的干预,推行选贤用能的皇帝推举机制,戴克里先强迫另一位共治皇帝马克西米利安与自己一起退休,分别让副手(加勒里乌斯(Galerius,305—311年在位)和君士坦提乌斯(Constantius,293—305年在位)接替帝位,并由他们再挑选自己的副手。

但是,这一套制度最大的挑战来自血缘继承原则的顽强诉求,尤其是当皇帝或者凯撒养育了有能力而且有野心的儿子,选贤用能原则与血缘继承原则会加剧竞争,导致皇帝产生机制的调整和危机。305年,君士坦提乌斯之子君士坦丁,在父亲去世后就公然起兵,争夺帝位。他从英格兰的约克城率军南下,渡过英吉利海峡,于次年攻占特里尔,并在那里称帝。君士坦丁僭立引发了长达二十年的内战。

324年君士坦丁一世重新统一帝国。他一方面继续遵行和完善戴克里先推行的改革措施①;另一方面用血缘继承原则代替原有的选贤用能原则,重启了罗马帝国晚期的王朝体系。在临终前君士坦丁将帝国一分为四,戴克里先的四帝共治原则被改头换面,帝位在家族内分割传承。3世纪的危机及其克服的历史表明,帝国分治的原则业已成为罗马帝国晚期的根本性帝国治理原则。尽管存在家族内部继承原则与选贤用能原则的冲突,但罗马帝位的传承日趋于稳定。帝位的顺利传承使得帝国政局更加稳定。在随后几个王朝的统治之下,帝国政治稳定,价格回稳,工商

---

① 戴克里先和君士坦丁改革被作为一个统一的历史变革阶段获得了积极的评价,参见卡迈隆教授的总结。Averil Cameron, *The Later Roman Empire*: *AD 284—430*, Cambridge, MA.: Harvard University Press, 1993, pp. 30—46. 但也有学者提醒我们,这两位皇帝受到了学术界的过多关注,以至于其他统治者的贡献被忽略了。Hugh Elton, "The Transformation of Government under Diocletian and Constantine", David S. Potter ed., *A Companion to the Roman Empire*, Chichester: Wiley-Blackwell, 2010, pp. 153—174.

业复兴,迎来了"四世纪复兴"①。

在君士坦丁统治末期,出于传播基督教到世界各地的愿望,他将东征波斯帝国作为基本军事外交方略。君士坦丁本人便死于东征途中。此后经过三十年的征战,帝国对波斯帝国的战争遭遇重挫,约维安(Jovius,363—364年在位)皇帝于战败之余签订割地赔款的和平条约,暂时改变帝国东向的军事方略。约维安在赶回君士坦丁堡的途中病逝,军队推举瓦伦提尼(Valentinian,364—375年在位)为帝。随后,瓦伦提尼提名弟弟瓦伦斯(Valens,364—378年在位)为共治皇帝。瓦伦提尼统治伊利里库姆大区及以西地区,建都米兰;瓦伦斯统治东部帝国,建都君士坦丁堡。帝国在莱茵河与多瑙河沿线,构筑各种堡垒,也与边境线外的"蛮族"签订盟约。次年瓦伦斯东征波斯,在君士坦丁堡发生了普罗柯比(Procopius,365—366年在位,又译普洛科皮乌斯)篡位事件。普罗柯比打着君士坦丁家族的旗号,联络哥特人,一度声势浩大。瓦伦斯平叛之后,继续以安条克为基地,整顿东部边境防线,重新陈兵波斯边境。

与此同时,为了巩固朱利安皇帝死后动摇的西部边境线,瓦伦提尼率大军进驻特里尔,与阿拉曼尼人、萨克森人展开了长期的拉锯战。瓦伦提尼与瓦伦斯皆为具有较高军事指挥才能的罗马将军,在他们的努力下,帝国边境基本上恢复了相对的稳定。与此同时,帝国也越来越军事化,传统的罗马元老贵族被从军队排挤出去,皇帝的行营成为各个行省新贵的养成所,帝国官僚阶层也多从兵营补充人员。375年,瓦伦提尼在远征夸狄族的冬营中去世。其子凯撒格拉提安(Gratian,367—383年在位)接替帝位。

瓦伦提尼和瓦伦斯在各自整顿好边防之后,原本准备会师共同攻击多瑙河中游的哥特人一部。但瓦伦提尼突然去世,瓦伦斯在格拉提安率

---

① 《新编剑桥古代史》的最后两卷(13—14卷)系统展示了复兴叙事。参见 Averil Cameron & Peter Garnsey eds., *The Cambridge Ancient History*, Vol. XIII, *The Later Empire*, A.D. 337—425, Cambridge: Cambridge University Press, 1998, pp. xiv—xv. 对商贸衰落论的系统批评,参见第10章,Peter Garnsey & C.R. Wittaker, "Trade, Industry and the Urban Economy", pp. 312—316.

领的增援部队到来之前，出兵围剿越过多瑙河的哥特人、匈人和阿兰人联军。378 年瓦伦斯于亚德里亚堡兵败被焚身死，帝国的军事威望遭受重创。尽管瓦伦提尼二世（Valentinian II，375—392 年在位）业已于 375 年被军队拥立为帝，负责管理伊利里库姆大区和意大利大区，但他的兄长格拉提安没有让他去东部接替瓦伦斯的帝位，而是提拔提奥多西为指挥官，并于次年推举他为东部皇帝。

395 年，提奥多西皇帝临终前，依据惯例将帝国一分为二，开始了提奥多西王朝在东西部帝国的分别传承，从此，东西部帝国逐渐步入越来越不同的政治发展轨道。但是，我们并不能将西部帝国和东部帝国理解为独立的帝国，更为恰当的提法是"东部帝位"和"西部帝位"，或者"帝国在东部的统治"（Imperium orientale）、"帝国在西部的统治"（Imperium occidentale）。从罗马法的角度来看，罗马帝国即罗马人的统治（imperium），罗马帝国拥有一个统一的帝权（Potentia），也只有一个统一的帝国，即共和国，尽管有多位皇帝，但是他们全部都属于一个统一的帝国。东西部帝国也都适用于同一部法典，即《提奥多西法典》（Theodosian Code）。447 年东部皇帝提奥多西二世（Theodosian II，408—450 年在位）致西部皇帝瓦伦提尼三世（Valentian III，425—455 年在位）的函件中说得明白："如果我们当中的任何一个颁布了新的法律，只要它是具有普遍适用性质，以帝国官方文书的格式签发给另一位皇帝的，那么就应该在另一位皇帝的疆域内也同样有效。"① 我们通常所说的西罗马帝国灭亡，严格说来，是指"罗马帝国在西部的统治"丧失，或者西部帝位的消失。

375 年格拉提安统治罗马帝国，表明血缘继承原则作为帝位传承方式的牢固确立。格拉提安这个时候只有 6 岁，离罗马成年独立承担契约能力的年龄还相差 9 岁，而瓦伦提尼也只有 4 岁。395 年，提奥多西一世去世的时候，他的两个儿子分别继位。大儿子阿尔卡狄乌斯 18 岁，小儿

---

① Th. Mommsen & Paul M. Meyer eds., *Theodosiani libri XVI cum Constitutionibus Sirmondianis et Leges novellae ad Theodosianum pertinentes*, "Nov. Theodosiani", No. II., Berlin: Weidmann, 1905, p. 6.

子霍诺留(Honorius,393—423年在位)才7岁。408年东部皇帝提奥多西二世继位的时候才8岁,425年提奥多西王朝的西部末代皇帝瓦伦提尼三世登基的时候也是11岁。小皇帝们生于宫廷,老死于宫廷,很少上前线,与此前的马上皇帝迥然有异。他们固然没有赫赫武功,但是却在文治方面可圈可点。在他们的统治初期,由于年幼,不能亲政,所以在皇室内部,家庭女性的政治影响力逐渐上升;在朝廷里,权臣的作用也非常明显。

小皇帝们转向文治,权臣与家庭女性的政治作用强大,与另一个重要的文化变化几乎同时出现。罗马帝国政府越来越多地利用基督教会来打击异己分子,为此,不断出台打击宗教异端的政策,将宗教问题政治化,使之成为政治斗争的手段。君士坦丁一世晚年越来越笃信基督教,并逐渐干预教会内部的教义纷争。他的基本目标是教会和平。尽管他也反对过异端,但并没有像消灭政治对手那样行事。对于坚持不同教义的基督教派别,让他们自我管理,不得享受政府的各种宗教优惠政策。① 在君士坦丁去世之后的半个世纪,罗马政府并没有对异端采取更为严厉的措施,甚至都没有出台新的限制异端法令。但随着格拉提安和瓦伦提尼继位,政治局势陷入不稳。他们身边的辅助大臣彼此争斗,开始利用基督教正统教义打击对手,各种处置异端的法令紧锣密鼓地出台。到395年提奥多西一世去世,一共颁布了27次反对各种异端的敕令,平均每年超过一次。

不仅打击异端的敕令数量众多,而且手段非常严厉。不允许他们传教,不允许异端派教徒集会,不允许他们建造教堂,异端分子不得自由地处置自己的财产,甚至可以被"好人"(信仰正统基督教教义的信徒)驱逐出城。② 当朱利安皇帝扶持多神教的时候,他并没有利用宗教政策打击对手。尽管在安条克,他备遭基督徒的羞辱,但他还是充分表现了他的雅量。"虽然他对基督教的态度是严厉的,可与此同时,他又避免为此而发

---

① Clyde Pharr trans., *The Theodosian Code and Novels & the Sirmondian Constitutions*, vol. 16. 5. 1—2, Princeton: Princeton University Press, 1952, p. 450.

② Ibid., vol. 16. 5. 3—29, pp. 450—455.

生流血。"①而瓦伦提尼、提奥多西和阿尔卡狄乌斯则对拉帮结派的基督徒处以"叛国罪,令其流血丧命"②。

帝国政府将宗教政治化,迫害异端,迫使不同政见者逃亡到帝国边境地区。而为了应对罗马帝国带来的强大压力,帝国北部边境地区的蛮族也需要与帝国政府具有和而不同的文化。莱茵河与多瑙河沿岸的蛮族几乎都信奉了阿里乌斯派——4世纪最为知名的基督教异端。奇怪的是,从387年开始,帝国继续迫害异端,但竟然不再迫害阿里乌斯派,直到423年,重新开始颁布迫害阿里乌斯派的敕令。

410年,罗马城沦陷,西部帝国面临着前所未有的挑战。在放弃位于帝国西北边疆的不列颠行省之后,皇帝霍诺留将哥特人安排到阿奎丹地区,苏维汇人和汪达尔人安置在西班牙地区,以便拱卫高卢和西班牙地区。423年霍诺留去世,埃提乌斯引匈人军队作为援手,支持中书令约翰在罗马自立为帝。东部帝国率军征讨失利,双方通过谈判,约翰被牺牲掉,埃提乌斯获得伯爵之职,425年瓦伦提尼三世登基,年方6岁,母亲嘎拉·帕拉齐蒂娅(Aelia Galla Placidia)摄政。

428年,埃提乌斯与北非伯爵卜尼法斯之间发生严重争斗。据说,卜尼法斯为了自保,与驻扎于西班牙的汪达尔人结为攻守同盟。429年,在盖塞里克(Gaiseric,428—477年在位)的率领下,汪达尔人渡海进入北非,至439年得到帝国政府的承认,合法地占据北非行省,并创建汪达尔王国。为了应对帝国军队的压力,汪达尔人与匈人互通使节,南北呼应。在这个时候,匈人帝国在阿提拉的领导下臻于鼎盛,分别向君士坦丁堡、意大利和高卢全面出击。东部皇帝用金钱赎买和平;西部皇帝更加倚重曾在阿提拉宫中长期为质的埃提乌斯,与匈人帝国时和时战。451年在高卢的卡泰隆尼(Catalaunium)会战中,埃提乌斯率领罗马联军经过血战,成功阻挡了匈奴大军继续南进的步伐。452年他又将欲问鼎罗马的

---

① 尤特罗庇乌斯:《罗马国史大纲》,谢品巍译,上海:上海人民出版社,2011年,第117页。
② Clyde Pharr trans., *The Theodosian Code and Novels & the Sirmondian Constitutions*, vol. 16.4.1. p.449.

阿提拉阻止在波河河边。453年，阿提拉突然离奇死亡，匈人帝国分裂，帝国最大的外部威胁解除。454年，不满埃提乌斯专权，皇帝瓦伦提尼三世派人将埃提乌斯暗杀。次年，埃提乌斯的朋友们也成功地暗杀了皇帝，为他报仇，西部罗马帝国的提奥多西王朝绝嗣。

瓦伦提尼死后，埃提乌斯的朋友们并没有受到追究。马克西姆斯（Petronius Maximus）篡权，强娶瓦伦提尼三世的遗孀尤多奇雅为妻并称帝。尤多奇雅暗地里征召北非的汪达尔王盖塞里克前来援助。当罗马城被汪达尔军队围攻之际，称帝两个月的马克西姆斯被军队所杀。据说，他的"尸体被扔到台伯河中"。随后汪达尔人攻陷了罗马。盖塞里克将尤多奇雅及公主普拉奇蒂娅和小尤多奇雅带回北非，并命儿子哈纳里克（Huneric，477—484年在位）娶公主小尤多奇雅为妻。在高卢军队特别是西哥特军队的支持下，455年，阿维图斯（Eparchius Avitus）登基。

阿维图斯是高卢显贵，在政界和军界都有良好的履历。455年他曾作为马克西姆斯的外交特使前往图卢兹，争取哥特人的支持。在那里，先后传来马克西姆斯被杀和盖塞里克攻陷罗马的消息。于是哥特王提奥德里克二世（Theoderic II，453—464年在位）与阿维图斯合作，支持后者在阿尔勒（Arles）称帝。称帝之后，阿维图斯继续在阿尔勒待了3个月，巩固统治，在获得元老院和意大利军方的支持后，于9月份进军罗马。哥特人的支持也获得了回报，提奥德里克二世衔命出征西班牙，从此西班牙逐步落入哥特人的控制之中。由于国库空虚，为了支付军队的报酬，阿维图斯只能搜刮公共建筑上的金属，熔化之后发放。又恰逢饥荒，罗马人叛乱，将他逐出罗马城。阿维图斯试图返回高卢，在皮亚琴察附近，与军事统帅利库马和马约里安（Julius Valerius Majorian，456—461年在位）的军队交战。经米兰主教斡旋，败阵之后的阿维图斯退位，被迫成为皮亚琴察主教。457年，这位主教在继续返回高卢的途中死亡。

阿维图斯的经历表明，推举皇帝仍与各地的罗马军队密切相关，蛮族军队也可以推举皇帝。但新皇帝的最终命运，由意大利的军队所左右。在意大利驻军与其他行省军事集团的政治竞争中，行省独立性越来越明显,意大利也逐渐与君士坦丁堡和帝国各大行省渐行渐远。

阿维图斯被迫退位之后3个月,马约里安被军队推举为帝,458年获得了东部皇帝利奥(Leo I,457—474年在位)的承认。马约里安出生年不详,行伍出身,曾任马克西姆斯皇帝的侍卫长。马约里安算是一位具有雄才大略的皇帝。继位之后采取了不少改革措施。为了巩固帝国财政,马约里安一方面豁免了他登基之前纳税人所欠的税额,并限制各类官员重复征税,将税收征收之权拨归行省总督单独负责;另一方面阻止元老贵族在行省的代理人逃税。在政治上,他前往高卢,与阿维图斯旧部和西哥特人和解,重用阿维图斯的女婿、著名作家西多尼乌斯(Sidonius Apollinaris,约430—480)。获得西哥特人的支持,马约里安得以集结重兵于西班牙,准备船只,欲实施渡海计划,攻灭汪达尔王国。但所征集的船只被汪达尔海军破坏,马约里安只能与盖塞里克签订了相对不利的和约。460年,马约里安回到高卢,在那里遣散军队之后,准备返回意大利。可能由于征讨汪达尔人失败和签订了"卖国"条约,在途中,马约里安被利库马派兵拦截俘虏,于461年8月被害。

马约里安被杀之后,利库马拥立的新皇帝为塞维鲁(Libius Severus, 461—465年在位)。塞维鲁出生年不详,意大利卢卡人氏。在上台之后,塞维鲁似乎一直待在罗马城。虽然一直得不到东部皇帝的承认,但他也试图恢复传统,保护奴隶主的利益,不允许奴隶和隶农利用为政府提供徭役的机会,让其后代脱离奴籍。① 可能因为塞维鲁试图限制寡妇将嫁妆财产转移给教会,东部的教会史家说他绰号为"蛇"②,而在西部史书中他的形象则是"虔诚的"。在他统治期间,高卢的罗马将领埃吉迪乌斯叛乱,自称为罗马王。465年11月,塞维鲁在罗马去世。

---

① Theodre Mommsesn & Paul M. Meyer eds., *Leges Novellae ad Theodosianum pertinentes*, Nov. Severi, No. I−II, Berlin: Weidmann, 1905, pp. 199−202. 英译本:Clyde Pharr trans., *The Theodosian Code and Novels and the Sirmondian Constitutions*, pp. 570−571。

② J. R. Martindale ed., *The Prosopography of the Later Roman Empire*, Vol. II, A. D. 395−527, Cambridge: Cambridge University Press, 1980, pp. 1004−1005.

塞维鲁去世之后，帝位空悬了两年，此后安提米乌斯（Anthemius,467—472年在位）从君士坦丁堡来到罗马，担任皇帝。安提米乌斯出身名门，是已故东部皇帝马尔西安唯一的女婿。利奥于467年1月提名安提米乌斯为西部皇帝。安提米乌斯肩负着东西部联合攻击汪达尔人的使命。468年，帝国军队兵分三路，水军直驶北非，陆军一路攻占撒丁岛和西西里，另一路从利比亚攻占的黎波里。但这次讨伐不幸遭遇惨败。随后，安提米乌斯试图联合卢瓦河以北的罗马兵力和不列颠雇佣军夹击西哥特王尤里克（Euric,466—484年在位），也遭到惨败。为了巩固自己的统治，安提米乌斯将女儿嫁给哥特血统的将军利库马，但是，这种安排仍然无法确保外来皇帝与意大利军队统帅之间的良好关系。安提米乌斯被利库马围困在罗马城内达4个月之久。城内断粮，安提米乌斯躲避到教堂，被利库马的外甥勃艮第将领贡多巴德（Gundobard,约474—516年为勃艮第王）所杀害。

从安提米乌斯的法令来看，西部罗马皇帝所掌握的人力资源和土地资源已经非常有限。某个名叫朱莉娅的人请求安提米乌斯认可她与自己奴仆的婚姻。安提米乌斯予以同意，因为他考虑到，"由于受到如此频繁的攻击，也因为遭到敌人的杀戮，毫无疑问，男女婚配的基础受到了削弱"，因此明智的统治者要"提供额外的补救措施"，以便建设更加繁荣和稳定的政府。另一条法令则针对无主土地的诉讼。被告以土地无主为由从皇帝那里获得该地的赠予。但若干年后，返乡的原地主或者他的亲戚起诉被告侵占了他人土地。安提米乌斯向东部皇帝列奥咨询，该如何办理。利奥皇帝认为，应该按照君士坦丁一世的相应政策办理。如果原告胜诉，土地得归还给原告，而由皇帝另外赠予土地给被告。但是，安提米乌斯的最终判决意见则是：如果原告胜诉，则诉讼结束，皇帝不再另拨土地给被告。两相对比，可知西部皇帝手中掌握的土地业已不多，无法补偿被告。[①]

为了对付安提米乌斯，利库马另立一位名门贵胄奥利布里乌斯

[①] Theodre Mommsesn & Paul M. Meyer eds., *Leges Novellae ad Theodosianum pertinentes*, "Nov. Anthemi", No. I, III, pp. 203—208.

(Anicius Olybrius,472年4—10月在位)为皇帝。奥利布里乌斯是瓦伦提尼三世的女婿,他具有虔诚的正统基督教信仰。由于他与汪达尔王子哈纳里克为连襟,所以,奥利布里乌斯也获得了汪达尔王盖塞里克的大力支持。奥利布里乌斯执政时间很短,从他发行的钱币来看,他曾用十字架取代了金币背面的其他装饰图案。是年8月利库马去世,10月底或11月初,奥利布里乌斯去世。

473年3月,利库马的外甥、军队统帅贡多巴德拥立格利切利乌斯(Glycerius,473年3月—474年6月)为帝。但东部皇帝利奥不予承认,同年10月,他立孙子利奥二世为凯撒。同时命令外甥女婿奈波斯(Julius Nepos,474—480年在位)率军从达尔马提亚出发,在罗马登陆。格利切利乌斯赶到罗马,但不战而降,被任命为达尔马提亚的萨洛纳(Salona)主教。奈波斯称帝。

奈波斯出生于军人世家。称帝之后,他着手构建自己的外交策略,与西哥特人和谈,牺牲了高卢的奥佛涅,换取了普罗旺斯。与此同时,他将主要的精力用于对付汪达尔人,他的父亲就是在468年远征汪达尔的过程中被杀的。但是很快,他信任的将领欧列斯特斯(Orestus)突然发动叛乱,他只能仓皇乘船逃离意大利,回到达尔马提亚。

欧列斯特斯立自己的儿子——当时还是小孩的奥古斯都路斯(Flavius Romulus Augustulus,475年10月—476年9月在位)为皇帝。随后士兵们要求分得土地,他加以拒绝。476年军队推举另一位将军奥多瓦克(Odovacer,476—493年在位)为王,起兵叛乱。① 在杀死欧列斯特斯和他的兄弟保罗之后,奥多瓦克称意大利王,将奥古斯都路斯和他的母亲流放到康帕尼亚,厚待之。然后这位意大利王请元老院派遣使节,出使君士坦丁堡。史载:"他迫使元老院派遣使节去见芝诺皇帝,提出,不需要分而治之,共尊的一位帝王足以统治这两个地区。而且他们说,他们已经选择了

---

① 关于罗马帝国晚期的系年问题,参见Otto Seeck, *Regesten der Kaiser und Päpste : für die Jahre 311 bis 476 N. Chr.*, Frankfurt am Main: Minerva Verlag GMBH, 2nd ed., 1984。

奥多瓦克，一位具有军事和政治经验的人来保护他们，芝诺应该授予他罗马国老称号，让他治理意大利。"①

对此，芝诺皇帝（Zeno，474—491 年在位）答复说："他们曾从东部接纳了两位皇帝，但一位被驱逐（奈波斯），一位被杀（安提米乌斯）。现在他们应该知道怎么去做，因为他们的皇帝还活着，理当被迎回。奥多瓦克应该从奈波斯皇帝那里接受罗马国老的称号，当然，要不是奈波斯已经事先准备这么做了的话，他也可以做。他祝贺奥多瓦克保持了罗马人的治理秩序，如果奥多瓦克想正义地行动，他就应该马上迎回礼遇他的皇帝奈波斯。"②

但是，奥多瓦克这位富有"政治经验"的将军并没有迎回奈波斯，而是"取王之名，既没有身披紫袍也没有携带王权标志"③。依据他发行的钱币来看，奥多瓦克承认芝诺和奈波斯这两位皇帝。而且奈波斯也没有忘记意大利，480 年，他准备再一次前往意大利的时候，被人暗杀于达尔马提亚。

如果以西部地区没有皇帝这一标志而论，则 476 年或者 480 年是西罗马帝国灭亡之年。如果以罗马皇帝对西部地区的实际控制为标准，则罗马帝国在 476 年奥多瓦克的使节将那一套皇帝仪仗送到君士坦丁堡之后，西部地区实际上都各自独立了，只在名义上服从东罗马皇帝的节制。这一局面的改变还要等待半个多世纪，直到 530 年代皇帝查士丁尼发动收复失地运动，重新控制北非、意大利和西班牙沿地中海地区。

从上述两个角度来观察，西部罗马帝国的灭亡实质上是西部各行省的独立活动所致，它们的实际控制者不再是罗马政府的官员，如各大区的大法官（praetorian prefect）及其僚属，或者行省总督，而是众多的罗马将

---

① R. C. Blockley ed. & trans., *The Fragmentary Classicising Historians of the Later Roman Empire*: *Eunapius, Olympiodorus, Priscus and Malchus*, Liverpool: Francis Cairns, 1983, pp. 127—128.

② Ibid., pp. 418—421.

③ "Chronica Senatoris Cassiodori", T. Mommsen ed., *Chronica minora saec. IV.V.VI. VII.*, vol. II, MGH, Auctorum antiquissimorum tomus ix, Berlin: Weidmann, 1894, p. 159.

军,而且是蛮族出身的将军。最为吊诡的是,罗马帝国最后二十年的政治史表明,这些蛮族将军心向罗马,他们按照罗马军队一贯的习惯行事,偏好拥立自己的皇帝以便挟天子以令诸侯。

瓦伦提尼三世去世之后,意大利的军队拥立了马克西姆斯,但是,汪达尔人不满意,他们进军罗马,导致马克西姆斯被杀。汪达尔人洗劫罗马之后迅速撤退,西哥特人乘此机会拥立了皇帝阿维图斯。阿维图斯担任皇帝1年,因与意大利军队发生冲突,被迫退位。意大利军队推举马约里安为帝。马约里安因为征伐汪达尔人失败,被军队杀死。意大利军队拥立塞维鲁为新皇帝。塞维鲁的去世,似乎是一个转折点,即意大利军队似乎对推举皇帝有点丧失了兴趣。帝位此后空缺了两年。这里面可能也有君士坦丁堡方面的压力,因为随后的一位皇帝是由东部皇帝芝诺派遣过来的安提米乌斯。安提米乌斯再一次与罗马军队统帅发生冲突,兵败被杀。汪达尔人长期呼吁的候选人奥利布里乌斯担任皇帝,但他很快去世。这个时候勃艮第将军贡多巴德拥立格利切利乌斯为皇帝。但东部皇帝芝诺不满意,于是指派奈波斯前往平叛。格利切利乌斯主动归降,奈波斯入主罗马。但随后意大利统帅欧列斯特斯叛乱,立自己的儿子——尚未正式成年的奥古斯都路斯为皇帝。意大利军队的将领,立自己的儿子为皇帝,是一种非常极端的情况,固然说明皇帝之无足轻重,但也反映了军队拥立皇帝这一传统的中断,意大利方面尤其是意大利北部的驻军对皇帝丧失了兴趣。随后奥多瓦克杀死欧列斯特斯,废黜奥古斯都路斯,明确向东部皇帝声明,意大利不再需要皇帝。

意大利北部地区对帝制的厌恶之情,似乎可以说明,最后二十年的皇帝基本上都待在罗马。末代正统皇帝奈波斯试图从罗马向拉文纳进军,结果一到拉文纳就被逼从港口仓皇撤退,末代非正统皇帝奥古斯都路斯待在拉文纳,结果被废,并直接导致意大利不再有皇帝的局面。尽管以罗马为中心的地区,仍然对皇帝抱有眷恋;而意大利北部不再需要皇帝。西部其他地区跟罗马城一样,也还对皇帝保持着兴趣,所以他们都在积极推举自己的代理人为帝。从皇帝废立来看,意大利北部的军队不爱皇帝这个职位,最终导致意大利不再需要皇帝,西部罗马帝国因之灭亡。

当其他蛮族国王还热衷于推举皇帝的时候,意大利地区率先走出军队拥立皇帝的古代惯例,或者说废止了这一惯例。从此西部帝国变成了名义上隶属于君士坦丁堡的皇帝,但实际上割据称雄的诸蛮族王国。西哥特王、汪达尔王和勃艮第王都保留着罗马将领的行为习惯,即推举皇帝。意大利王奥多瓦克废黜了一位西部皇帝,暗杀了另一位西部皇帝,可谓西罗马帝国的真正终结者。通过模仿其他蛮族国王,奥多瓦克在将意大利蛮族王国化的同时,又超越了其他蛮族国王。作为新近进入罗马帝国腹地的蛮族将领,奥多瓦克勇敢地废黜了皇帝,在西部地区终结了军队拥立罗马帝国皇帝的机制。

第二节 恢复西罗马帝国

没有了皇帝之后,西部帝国的诸蛮族王国和国王之间维持和平的面纱被撕去,它们纷纷露出了金刚铁骨,互相厮杀起来,弱肉强食的丛林法则流行。在高卢,罗马残余势力在卢瓦河下游地区、罗纳河谷地,还在勉力维持其"罗马效忠"或"罗马性"。在他们周围,西哥特王国、勃艮第王国、布列塔尼亚的不列颠王国以及法兰克王国彼此合纵连横,互相攻击。此时,西哥特王国的扩张进入盛期。"是年,哥特王尤里克糟蹋了高卢的诸多城市,其中尤以阿尔勒为知名。它们从罗马的统治下转归他的掌控之下。"①476年8月23日,奥多瓦克自立为意大利王。为了控制普罗旺斯地区,奥多瓦克也参与了高卢地区的混战。

为了巩固自己的统治,奥多瓦克也向北、向东,约束觊觎意大利而蠢蠢欲动的诸蛮族。这些部族原受匈人节制。当阿提拉去世、匈人帝国瓦解之时,如同奥多瓦克及其族人一样,这些重新分立的部族,在潘诺尼亚

---

① "Auctarii Hauniensis ordo priores", T. Mommsen ed., *Chronica minora saec. IV. V. VI. VII.*, vol. I, MGH, Auctores antiquissimi, Berlin: Weidmann, 1892, p. 309.

草原互相厮杀。其中有些部族倾慕罗马文化,试图南下。其中东哥特人野心勃勃。"由于(原匈人帝国掠夺的)战利品消耗得差不多了,靠掠夺为生的人们不能指望着和平。于是在掷色子之后,东哥特人决定进攻意大利。"①

在进攻意大利的同时,东哥特人也试图围攻君士坦丁堡;但是在攻势受挫之后,不得不接受招安,东哥特王提奥德里克一世(493—526年为意大利王)被芝诺皇帝任命为483/484年的名年执政官。芝诺此时需要向东用兵,平息伊苏里亚叛乱,因此他令提奥德里克统帅的东哥特人驻扎在多瑙河边的达奇亚和下默西亚行省,以便对付南下之其他蛮族部族。但事实上这只是芝诺皇帝的一厢情愿。

在地中海南岸,汪达尔王国陷入了严重的内乱。那里爆发了大规模的宗教冲突。阿里乌斯派汪达尔统治集团开始迫害王国境内的正统教派。"残酷的汪达尔王哈纳里克迫害我们的正统教徒,超过334位正统教会的主教被流放,教堂关门。平信徒也遭受各种迫害,得享殉道。"②哈纳里克去世后,贡塔蒙德(Gunthamund,484—496年在位)继位。新国王是正统派教徒,又迫害阿里乌斯派。贡塔蒙德去世后,他的弟弟塔拉萨蒙德(Thrasamund,496—523年在位)继位,他倾向于阿里乌斯派,反过来又迫害正统派教徒。据说他将120位主教流放到撒丁岛。③ 汪达尔王国的内乱,无形中减轻了意大利的压力。但北方蛮族的压力不减。

486年,由于不满芝诺皇帝的安排,东哥特人围攻君士坦丁堡,所到之处,烧杀抢掠。围攻君士坦丁堡无功之后,东哥特人开始西进,转攻意大利。我们并不清楚这次战略转移背后的动机。6世纪中期在君士坦丁堡写作《哥特史》的约达尼斯认为,这是出于提奥德里克的建议,并得到了

---

① "De origine actibusque Getarum", T. Mommsen ed., *Jordanis Romana et Getica*, No. 56, MGH, Auct. ant., Berlin: Weidmann, 1882, p. 132.

② Brian Croke trans., *The Chronicle of Marcellinus Comes*, Sydney: Australian Association for Byzantine Studies, 1995, pp. 28—29.

③ "Chronica Victoris Tonnennensis episcopi", T. Mommsen ed., *Chronica minora saec. IV.V.VI.VII.*, vol. II, p. 193.

芝诺皇帝的授权。在他之前，5世纪末就流传着芝诺皇帝委托提奥德里克前往意大利的说法。"芝诺赏赐提奥德里克以诸多恩惠，任命他为罗马国老和执政官，并派遣他前往意大利。提奥德里克与他缔约，如果奥多瓦克被击败，作为酬劳，提奥德里克将代为统治意大利。因此，受皇帝芝诺的委派，罗马国老提奥德里克率领哥特部族从新城出发，前来捍卫意大利。"①

但是，这一说法几乎得不到其他当代史书的印证。例如6世纪初在君士坦丁堡创作编年史的伯爵马尔切利努斯，他只提到提奥德里克想征服意大利；而对芝诺与提奥德里克达成的协议保持沉默。这有可能是为了否认提奥德里克在意大利创建的哥特王国的不合法性。令人奇怪的是，在同一时期创作编年史的卡西奥多鲁斯（Senator Cassiodorus），作为提奥德里克的重要顾问和廷臣，也没有提及芝诺的授权。有可能协议之说，并非东哥特王国的官方说法，以至于为提奥德里克家族歌功颂德的卡西奥多鲁斯没有采信。

488年，提奥德里克率军西进，在西哥特人的援助之下，占据了大部分意大利。但是奥多瓦克驻守在拉文纳，不断利用有利时机出城侵袭，提奥德里克疲于应付。经过三年的交战，双方最终决定和谈。谈判成功后，提奥德里克不守信用，将奥多瓦克杀死。不等东部新皇帝阿纳斯塔修（Anastasius，491—518年在位）批准，他就擅自称意大利王。"哥特人不理会新皇帝的命令，推举提奥德里克为他们的国王。"②

阿纳斯塔修出身市议员阶层，喜好宗教争议，深受芝诺皇后阿丽雅德妮（Ariadne，474—515年在位）的信任。阿纳斯塔修登基之后，就迎娶了阿丽雅德妮。但在登基之初，新皇帝也面临诸多不稳定因素，将领叛乱，宗教教派冲突，等等。阿纳斯塔修的宗教信仰似乎不那么正统，他追随芝诺皇帝的宗教政策，不严格恪守查尔西顿信经。在基督教会史家的笔下，

---

① Jacques Moreau ed., *Excerptorum Valesianorum*, pars II, No. 49. Leipzig: Teubner, 1961, p. 14.

② Ibid., No. 57, p. 16.

他的统治似乎充满着各种天灾人祸。但其实，阿纳斯塔修的经济政策非常成功，减免各种营业和交易税额，不仅受到广大商人的热烈欢迎，而且府库充盈，为帝国随后的收复失地运动做了重要的财政准备。

在西部地区，尽管没有了皇帝，但是新意大利王提奥德里克仍然想复兴罗马的荣光。尽管他既不穿罗马皇帝独特的紫袍，也不使用那套皇帝仪仗①；但通过外交努力，在497年，最终"与阿纳斯塔修皇帝缔结和平协议，获得王国，将奥多瓦克曾送到君士坦丁堡的所有皇帝仪仗取了回来"②。这意味着提奥德里克试图效法罗马皇帝。对内，他休养生息、与民休息。公元500年受邀到罗马城裁决罗马主教选举诉讼之时，提奥德里克出手大方，赏赐丰厚。史称"（他）深受元老院欢迎，罗马平民不仅得到免费食物补助，而且被分发了最高限额的赏金。在其善治之下，许多城市复兴，并建设了诸多防御堡垒，美轮美奂的宫廷拔地而起，规模上超越古昔之时"③。

对外，提奥德里克也颇具雄心壮志。通过一套婚姻网络，他将罗马帝国西部紧密地团结起来。他本人迎娶法兰克女性、克洛维的姐姐奥德芙勒妲（Audefleda，生卒年不详）为妻。我们不知道提奥德里克是休妻之后再娶抑或前妻业已去世。提奥德里克将长女提奥德贡塔（Theodegunda）嫁给西哥特国王阿拉里克二世（Alaric II，484—507年在位），另一位女儿阿瑞娅妮（Areagni，约476—520）则被许配给勃艮第王西吉斯蒙德（Sigismund，516—526年在位）为妻。提奥德里克的妹妹阿玛拉富丽妲（Amalafrida，？—527）丧偶之后再嫁给汪达尔国王塔拉萨蒙德；阿玛拉富丽妲的女儿、提奥德里克的外甥女阿玛拉贝尔嘉（Amalaberga，生卒

---

① "Chronica Cassiodori Senatoris", T. Momssen ed., *Chronica minora saec. IV. V. VI. VII.*, vol. II, p. 159.

② "Anon. Valesiani Pars Posterior", T. Momssen ed., *Chronica minora saec. IV. V. VI. VII.*, vol. I, p. 322.

③ "Chronicon Cassiodori senatoris", T. Momssen ed., *Chronica minora saec. IV. V. VI. VII.*, vol. II, p. 160. 相关研究请参见康凯：《罗马帝国在西部的延续：东哥特政权研究》，复旦大学未刊博士论文，2014年；马锋：《东哥特王国的罗马化》，《世界历史》2020年第2期。

年不详)则嫁给图林根王赫尔米尼弗里德(Herminifred,约507—532年在位)。

  婚姻网络并不能确保帝国西部地区重新统一起来。为了维系这个网络的和谐与统一,核心的力量还是东西哥特人的联合。东西哥特人联手,不仅打通了西班牙、高卢南部和意大利,将这一片广袤的地区连成一片,而且还不断地继续向北扩张。在高卢地区,西哥特人充当了扩张的主力。但是,西哥特人向北扩张的态势,受到了兴起的法兰克王国的坚决抵制。大约从485年开始,法兰克王克洛维(Clovis I,481—511年在位)也在不断地扩张。这位勇猛的国王联合各方面的力量,集中消灭某一个对手。克洛维与保持强烈罗马效忠的苏瓦松罗马军队联合,实力大增。为了对抗东西哥特联盟,他还与勃艮第王国结盟。507年,双方一场大战,由于东哥特人未能按照约定的时间投入战场,克洛维幸运地击败西哥特人,杀死西哥特王阿拉里克,获得了决定性的胜利。东哥特人赶到战场之后,将法兰克人和勃艮第人击退。

  这个时候,由于阿拉里克二世的儿子阿马拉里克(Amalaric,511—531年在位)年龄尚幼,西哥特人推举阿马拉里克的堂兄格萨利库斯(Gesalicus,507—511年在位)为王。511年,是高卢局势再次发生剧变之时。在这一年,法兰克王克洛维去世,王国四分。除了长子提乌德里克业已成人,后妻所生三位王子年龄尚幼。法兰克人暂时处在势力的低谷。可能正是在这种局势之下,提奥德里克推翻格萨利库斯的王位,立外孙阿马拉里克为王,自己监国。

  6世纪之初的欧洲,在经历了世纪之交的急剧动荡之后,处于相对安宁的历史时期。这个时期提奥德里克无疑成为西部政治的核心人物。史称他"惠及周边族群,他们乐意与他结盟,其他族群则渴望由他来进行统治;来自各个行省的事务都呈送到他面前;秩序如此良好,以至于路不拾遗"[①]。

  为了保持哥特人的独特认同性,在保持基督教正统派与阿里乌斯派

---

  ① Jacques Moreau ed., *Excerptorum Valesianorum*, pars II, No.72, p.21.

和平共处的原则下,提奥德里克似乎有意识地维持阿里乌斯派基督教。在提奥多里克统治后期,基督教派冲突日趋激烈。在帝国东部地区,可能是哥特裔的伯爵维塔里亚努斯(Flavius Vitalianus,? —520)于513年起兵反叛。为了与偏向一性派的皇帝阿纳斯塔修对抗,他自称是正统教派;并在多瑙河以南地区长期独立,获得了大批正统派基督徒的支持。515年,他迫使阿纳斯塔修签订城下之盟,两人分别修书致罗马教宗霍尔米斯达斯(Hormisdas,514—523年在位),从而使得宗教冲突波及帝国西部地区。518年阿纳斯塔修皇帝去世,查士丁一世(Justin I,518—527年在位)继立。起初他重用维塔里亚努斯,请他居间联络,恢复东西部教会之间的和睦。但维塔里亚努斯过于激进,随后被查士丁(或查士丁尼)暗杀,东西部教会得以重新恢复平静。查士丁、提奥多里克与罗马主教霍尔米斯达斯合作愉快。

但是,好景不长,查士丁皇帝开始在东部地区迫害阿里乌斯派基督徒,引起提奥多里克的不满,他请罗马主教约翰一世(John I,523—526年在位)出使君士坦丁堡,要求查士丁恢复阿里乌斯派基督徒的教堂,否则他在西部地区将采取相应的反制措施。526年约翰回来之后,被传闻死于提奥多里克的监禁之下。这个时候,法兰克王国诸王重新活跃起来,开始向四周扩张;而新近被任命为继承人的查士丁尼皇帝也雄心勃勃。527年查士丁尼正式继任,为了迎接君士坦丁堡建城二百周年,查士丁尼着手东征,与帕提亚王国开战。整个国际局势重新动荡起来。用伯爵马尔切利努斯的话来说:"为了应对帕提亚发动的挑衅,罗马军队积极备战,越过边界。我们的这次战役几乎持续了5年整。从东方撤退后,就转向北非,将轻松地开始对汪达尔人的战役。"①

顺利消灭汪达尔王国之后,查士丁尼随即将目光转向意大利,准备寻找借口出兵。"这个时候东哥特王提奥达哈德(Theodahadus,534—536年在位,提奥德里克的侄子)将王太后阿玛拉宗塔(Amalasuentham)驱逐

---

① Brian Croke trans., *The Chronicle of Marcellinus Comes*, p. 43.

到小岛上并加以杀害,对于她的去世,皇帝查士丁尼极尽哀恸。"[1]由此查士丁尼发动了"解放罗马城和意大利"的哥特战役或意大利战役。

为了顺利推进战事,查士丁尼展开积极的外交活动,争取到法兰克人的支持,南北夹击哥特人。作为应对,哥特人则与波斯人结盟,请求他们抛弃和约,进攻罗马帝国的东部边境。到540年,贝利撒留统帅的罗马军队取得了重大胜利,收复了大部分意大利。按照查士丁尼的方案,远征军将与哥特人谈判以便结束战争。依据这一方案,哥特人与罗马人分享意大利,拥有波河以北地区。但贝利撒留和哥特人也在拉文纳城外进行紧急外交磋商。哥特人准备拥立贝利撒留为帝,以免大批哥特贵族被带到君士坦丁堡。双方达成协议。随后罗马军队进入拉文纳,将国王维提吉斯(Vitigis)、王后和大批哥特显贵俘获。但是,查士丁尼坚决反对在西部地区恢复帝位。在按照查士丁尼的方案达成和平协议之后,贝利撒留就被查士丁尼召回君士坦丁堡,随后被派往东部战线。而哥特人则在帕维亚推举托提拉(Totila)为王并起义,顺利展开反攻。

此后经过拉锯战,尤其是罗马城攻防战,罗马军队开始处于下风。550年,查士丁尼启用日耳曼努斯和玛塔斯文塔(Matasuintha,生卒年不详)夫妇。日耳曼努斯是查士丁尼的外甥,玛塔斯文塔是哥特王提奥德里克的外孙女。二者的结合似乎如约达尼斯所期望的那样,预示着哥特族与罗马人之间的顺利融合。但是日耳曼努斯随即病逝。宦官纳尔苏斯成为罗马远征军主帅。新统帅改变了策略,从北向南攻击哥特人,很快彻底击败了托提拉。552年10月,意大利战役宣告结束。

罗马帝国为收复意大利所发动的哥特战争,可以分为两次战役。第一次由贝利撒留指挥,第二次由宦官纳尔苏斯负责,其背后的军事总策划人则是查士丁尼。学术界对于哥特战争的评价存在着重大分歧。汪达尔战役尽管也有波折,但总体来说,进展顺利;而哥特战争则耗时漫长,两次战役,延续达二十多年。一些学者认为,战争之漫长激烈,反映了哥特人

---

[1] Brian Croke trans., *The Chronicle of Marcellinus Comes*, p. 45.

的认同性建设比较成功,哥特政权得到了意大利地区尤其是北部地区民众的拥护。① 但是,另一些学者则针锋相对地指出,作为一种调动效忠性的统治策略,族群认同在意大利地区收效甚微;更为常见的认同还是地区性认同。因此,查士丁尼发动的哥特战争被视为地方与大一统之间的冲突。②

　　从战争本身的进程来看,哥特战争战线漫长,具有很强的拉锯性。出于政治方面的考虑,统帅贝利撒留并不想彻底消灭哥特人,他要利用战争的拉锯性来证明其重要性,并试图让查士丁尼同意自己称帝。查士丁尼似乎洞悉了贝利撒留的计划,因此在谈判结束之后就将他调离了意大利。查士丁尼启用宦官纳尔苏斯指挥第二次战役,使得哥特战争由政治性很强的军事活动变成了更加纯粹的战役,从而很快地结束整个意大利战役。但是,哥特人欢迎随后进入意大利的伦巴第人,并导致伦巴第王国的建立。这一现象表明,军事征服方案并不是最优方案,意大利问题仍然需要一种更好的政治解决方案。

　　据德国学者彼得·克拉森统计,此后在帝国西部地区发生过 15 次称帝事件。它们依次如下:597 年莫里斯皇帝立遗嘱均分帝国为四份,其中有两位王子分别驻跸于罗马和西部岛屿;610 年迦太基总督之子赫拉克略自立为帝;619 年赫拉克略试图迁都到北非;619 年拉文纳总督、宦官埃罗伊特里乌斯(Eleutherius,616—619 年任职)自立为凯撒;641 年拉文纳总督伊萨奇乌斯(Isaacius,625—644 年任职)被人揭发,他试图自立为凯撒;646 年,迦太基总督自立为帝;649 年拉文纳总督奥林皮尤斯(Olympios)在罗马自立为帝;662 年君士坦斯二世迁都叙拉古;668 年亚美尼亚裔将领米兹兹尤斯(Mizizios)在叙拉古被拥立为帝;718 年西西里

---

① Peter Heather, "Merely an Ideology? —Gothic Identity in Ostrogothic Italy", San I. Barnisch & Federio Maiazzi eds., *The Ostrogoths*: *from the Migration Period to the Sixth Century*, *an Ethnographici Perspective*, Woodbridge: The Boydell Press, 2007, pp. 31—58.

② Patrick Amory, *People and Identity in Ostrogothic Italy*, 489—554, Cambridge: Cambridge University Press, 1997, pp. 1—42.

总督塞尔吉尤斯(Sergios)立巴西莱尤斯(Basileios)为帝;726年意大利民众欲拥立一位皇帝;727年科斯马(Kosmas)在赫拉斯(Hellas)自立为帝;728年在托斯卡纳地区提笔略·皮塔西尤斯(Tiberius Petasius)称帝;787年西西里总督埃尔皮迪尤斯(Elpidius)自立为帝;800年查理曼被教宗利奥三世拥立为皇帝。① 其中赫拉克略和查理曼获得了成功。

在进行哥特战争的时候,查士丁尼利用西哥特王国内战,协助西哥特叛将阿塔纳吉尔德(Athanagild,551—568年为西哥特王),派遣军队进攻西班牙,并占领了西班牙沿地中海部分地区。至此,收复帝国失地的运动胜利完成。但是,西部地区仍然面临着西哥特王国、法兰克诸王国、意大利各蛮族族群以及意大利以北地区蛮族部族的进攻和威胁。

查士丁尼联合伦巴第人攻击多瑙河南边的格皮德人。565年,查士丁尼去世,查士丁二世继位(Justin II,565—578年在位)。他继续利用外交手段,以夷制夷,在伦巴第人与格皮德人的冲突中保持中立立场,并挑动他们互相争斗。伦巴第人重创格皮德人之后,打开了通向意大利的大门。568年,新入侵者攻占了威尼斯地区,569年又迅速攻占了大部分波河流域。罗马方面的抵抗力量由于罗马主教与纳尔苏斯之间的内讧而实力削弱。加上瘟疫流行,伦巴第人很快就征服了大部分意大利。此后,罗马军队以拉文纳和罗马城为轴线,与伦巴第人争斗,互有胜负。580年,双方订立和约,君士坦丁堡正式承认伦巴第王国的存在。但帝国军队与伦巴第诸位公爵仍在不断地冲突着,彼此混战长达百余年。

632年之后,新的军事力量加入地中海世界的争夺中,阿拉伯人在迅速征服小亚细亚之后,征服了北非,711年征服西班牙。此后长期向北出击,骚扰地中海北部沿海地区,不仅占领了大片滨海地区,兵锋还直指卢瓦河地区。国际大局势的变化,使得欧洲的政治力量发生重大调整。8世纪

---

① Peter Classen, "Der erste Römerzug in der Weltgeschichte: Zur Geschichte des Kaisertums im Westen und der Kaiserkrönung in Rom zwischen Theoderich und Karl dem Großen", Josef Fleckenstein ed., Ausgewählte Aufsätze von Peter Classen, Sigmaringen: Jan Thorbecke Verlag, 1983, pp. 23—44.

初,伦巴第王国臻于鼎盛,尤其是在一代贤王柳特普兰德(Liutprand,712—744年在位)的统治时期。如主祭保罗所言,"(这位)伦巴第王充满智慧,善于纳谏;信仰虔诚,热爱和平;作战勇猛,为人克制、单纯、仁慈;虽然文化水平不高,但是他堪比哲人;实乃民族之哺育者、法律之完善者。在统治之初,他就拿下了许多巴伐利亚城堡,与其依靠武力不如说凭借祈祷。他还费尽心力地维持着与法兰克人和阿瓦尔人达成的和平"①。

而法兰克王国在加洛林宫相们的领导之下,也再次爆发其强大的扩张实力。查理·马特(Charles Martel,714—741年担任宫相)与阿奎丹公爵奥托、伦巴第王柳特普兰德合作,成功遏制了撒拉森人北进的势头。732年,法兰克王国宫相查理·马特领导下的联军,在普瓦提埃城外击败撒拉森人。"奥托(阿奎丹公爵)召请奥斯特拉西亚宫相查理前来帮助。查理从小作战,军务娴熟。双方对阵七天之后猛烈交战。北方人像长城般巍然屹立不动,阵势坚固得如同寒带的冰川,一眨眼间,他们用剑消灭了阿拉伯人。"②

8世纪中叶,伦巴第王艾斯图尔夫(Aistulf,749—757年在位)更加强硬地推行统一意大利的战略,不仅于751年攻占帝国特区首府拉文纳,而且边谈边打,乘胜挥师南下,围攻罗马城。罗马教宗斯蒂芬二世(Stephen II,752—757年在位)北上帕维亚,与艾斯图尔夫和谈一月有余,未能达成任何实质性协议。斯蒂芬二世不得不继续北上,成为第一位越过阿尔卑斯山脉的罗马教宗,前往法兰克王国,请求法兰克王矮子丕平(Pippin the Short,751—768年在位)的援助。

约754/755年、756年,丕平两次率军南征意大利,迫使艾斯图尔夫允诺归还新近攻占的罗马城池给罗马教会或者罗马帝国,史称"丕平献土"。768年,丕平去世,两个儿子分别继承王国,是为卡洛曼(Carloman,

---

① L. Bethmann & G. Waitz eds., *Pauli Historia Langobardorum*, lib. VI, 58, MGH, in usum scholarum, Hannover: Hahn, 1878, p.242.

② "The Chronicle of 754", trans. K. B. Wolf, *Conquerors and Chroniclers of Early Medieval Spain*, Liverpool: Liverpool University Press, 1999, p.145.

768—771年在位)和查理,查理即查理曼(Charlemagne,768—814年在位),意为"伟大的查理"。约770年查理曼先娶了伦巴第王德西德里乌斯(Desiderius,757—774年在位)的女儿为妻,随后休掉;次年卡洛曼去世,他的遗孀与许多贵族逃往意大利。773年,应教宗哈德良一世(Hadrian I,772—795年在位)邀请,查理曼挥师南下,兵分两路,征服意大利,称"意大利王"。"774年,查理曼从罗马返回,再次来到帕维亚,攻取之,俘获伦巴第王德西德里乌斯、其妻女和所有宫廷财宝。所有伦巴第人从意大利各地赶来,臣服于光荣的主人查理王和法兰克人的统治。"①

25年之后,罗马教宗利奥(Leo III,796—816年在位)受到罗马城内贵族的迫害,前往帕德伯恩(Pardebon)面见查理曼,请求为他主持正义。800年8月,查理曼南下,11月23日抵达罗马。12月25日,罗马教宗在圣彼得大教堂为查理曼加冕称帝。"当查理在圣彼得教堂祈祷起来的时候,教宗将皇冠戴在他的头上,全体罗马人民大喊:'查理皇帝,上帝所加冕者,和平而伟大的罗马皇帝,万寿无疆,战无不胜!'"②西部帝国正式复兴。12年后,拜占庭皇帝米哈伊尔(Michael I,811—813年在位)正式承认查理曼的帝国。"在阿亨,(米哈伊尔的)使节们带着希腊文和平条约文本来见帝,赞扬他,称他为皇帝和帝王。"③至此,西部罗马帝国在灭亡三百余年之后再次开始。

第三节 西罗马帝国灭亡的记忆

在罗马帝国衰亡模式的历史叙事中,476年奥多瓦克废黜小皇帝奥古斯都路斯具有象征性的意义,是时代变迁的转折点,标志着古代欧洲史

---

① K. B. Wolf trans., *Conquerors and Chroniclers of Early Medieval Spain*, A. 774, pp. 39—40.

② Georg H. Pertz und Friedrich Kurze eds., *Annales regni Francorum*, MGH, SS rer. Germ. A. 800—801, pp. 110—112.

③ K. B. Wolf trans., *Conquerors and Chroniclers of Early Medieval Spain*, A. 812, p. 136.

的结束、中古史的开端。但年鉴运动和马克思主义史学的发展使得个别事件的历史影响力让位于结构性历史变动。而且随着古代晚期研究的兴起,罗马帝国是否衰亡都遭受到学者的质疑,476 年小罗慕路斯被废与罗马帝国衰亡或者西罗马帝国灭亡之间的固有联系也被消解。奥多瓦克说意大利不需要皇帝,西部罗马帝国就最终从罗马帝国变成了诸蛮族王国,从这个角度而言,西部罗马帝国灭亡了。但是,与其他蛮族王国并无二致的是,奥多瓦克仍遵奉君士坦丁堡的罗马皇帝为最高领导。从这个角度而言,尽管西部皇帝消失,但西部的罗马诸行省和诸蛮族王国仍然隶属于罗马帝国,换言之,罗马帝国仍然以一个皇帝的方式幸存着。历史学家们倾向于用更加宽泛的时间术语表述欧洲历史从古代向中古的转变。例如约公元 500 年,表示在 5 世纪和 6 世纪这两个世纪里,古代世界消失,中古世界出现。

抛开西罗马帝国灭亡作为时代性转折的标志性事件不论,古代晚期和中古早期时人如何记忆西罗马帝国的灭亡,仍然值得探究。据澳大利亚学者克罗克考订,现存最早的关于西罗马帝国灭亡的记载出现于马尔切利努斯的《编年史》中。[1] 在记叙奥多瓦克废黜奥古斯都路斯之后,这位马尔切利努斯伯爵评论说:"自建城第 709 年由第一位皇帝屋大维开创的西罗马帝国,随着这位奥古斯都路斯灭亡了。时为帝制第 522 年,从此哥特王控制了罗马。"[2]据作者前言可知,这一编年史成书于 518 年。"吾乃名人马尔切利努斯伯爵,按照东部皇帝的顺序,以小纪和执政官名年,续写了(尤西比乌斯和杰罗姆的《编年史》)140 年的史事,从第 7 小纪、奥索尼乌斯和奥利布里乌斯担任执政官之年,即提奥多西大帝被立为皇帝之年,直到曼努斯任执政官,即第 11 小纪之年(518 年——蒙森注)。"在贝利撒留征服北非之后,作者继续续写历史至 534 年,以示庆贺。此后还

---

[1] B. Croke, "A. D. 476: The Manufacture of a Turning Point", Idem, *Christian Chronicles and Byzantine History*, 5th—6th Centuries, Farnham: Ashgate, 1992, pp. 81 – 119.

[2] Brian Croke trans., *The Chronicle of Marcellinus Comes*, pp. 26 – 27.

有其他作者的续编。现存最全的抄本为牛津本(T),叙事至548年而突然中断。克罗克认为马尔切利努斯在续写的时候,可能没有或者很少改动518年之前部分的叙事。① 但按照现代叙事学理论,这个推论无法成立。作为一个文本,这部编年史应该代表了马尔切利努斯在最后续编之时,即535年左右的历史认识和看法。

克罗克的文章主要批驳以恩斯林(Wilhem Ensslin)为代表的一派德国学者们的观点,他们认为这部编年史可能抄自罗马元老西马库斯(Symmachus)已失传的《罗马史》。经过考证,克罗克认为这部编年史反映的是拜占庭地方编年史的历史认识,而非罗马元老院的观点。因此,关于西部罗马帝国灭亡的观念,也应源自于拜占庭。后来,阿莫利在此基础上进一步认为,东部皇帝查士丁和查士丁尼的帝国神授观念使得他们追求帝国统一梦,因此,利用这一观念为其收复失地运动提供合法性。② 这是西罗马帝国灭亡观念出现的现实政治背景。康凯对此进行了更进一步的论证,说明马尔切利努斯的观点其实代表了查士丁尼皇帝的主张。③

鉴于马尔切利努斯的论述具有代表性,所以,对于他的历史叙事我们还需略费笔墨。当410年罗马城被哥特人攻陷之时,作为罗马世界之首,罗马城的命运具有强烈的帝国兴衰存废的象征意义。但此后罗马城多次被占领,罗马城的得与失逐渐不再如此牵动人心。伯爵马尔切利努斯在提到410年的时候,与前辈奥罗修不同,他强调了哥特人进城造成的破坏性。马尔切利努斯提到了末代正统皇帝奈波斯于480年被杀,但他并没有赋予这一历史事件任何特殊的含义。马尔切利努斯将西部罗马帝国灭亡分别与另外两位历史人物联系在一起。一个人物是于476年被废的小罗慕路斯,已如前述;另一位则是454年被皇帝瓦伦提尼处死的名将埃提乌斯。"埃提乌斯,西部帝国的大救星,令阿提拉王恐惧的人,与朋友波爱修斯(Boethius)一道在宫中被瓦伦提尼皇帝杀害,西部帝国与他一道灭

---

① Brian Croke trans., *The Chronicle of Marcellinus Comes*, p. xix.
② P. Amory, *People and the Identity in Ostrogothic Italy*, 489—554, pp. 138—140.
③ 康凯:《"476年西罗马帝国灭亡"观念的形成》,《世界历史》2014年第4期。

亡，至今不能复兴。"①

西部帝国一亡于名将被杀，二亡于末帝被废。名将关涉帝国兴衰很有可能以贝利撒留的功业为背景；而末代皇帝竟然不是由东部派遣的正统皇帝，而是西部将领欧列斯特斯拥立的末代皇帝，则颇令人费解。而且马尔切利努斯想象这次废帝事件发生于罗马城。"哥特王奥多瓦克掌控了罗马城，杀死欧列斯特斯。奥多瓦克将欧列斯特斯之子奥古斯都路斯流放于坎帕尼亚的路库拉努城堡，自建城第709年……"西部罗马皇帝在罗马城被哥特王废黜，标志着西部罗马帝国的灭亡。学术界普遍认为，在查士丁尼统治初期，在君士坦丁堡形成了有关西罗马帝国灭亡的共识。②

除了马尔切利努斯，另一位参与塑造共识的史家是东哥特人约达尼斯。在提及奥古斯都路斯被废时，约达尼斯所著《哥特史》的表述与马尔切利努斯有着惊人的相似。"如此这般，由奥古斯都·屋大维首创于建城第709年的西部罗马帝国，在经历了522年的诸帝统治之后，随着这位奥古斯都路斯而灭亡，从此哥特王控制了罗马和意大利。与此同时，诸族之王奥多瓦克统治了整个意大利，给罗马人带来恐惧。"③与马瑟利努斯不同的是，为了替东哥特人和提奥德里克的统治进行辩护，作者诋毁了奥多瓦克的统治。

但是，在共识形成的空隙之中，还有许多其他的不同声音。一些史书对西罗马帝国灭亡的认识或隐或显地保持了独立的看法。意大利的现实处境与君士坦丁堡非常不同，业已由昔日的帝国腹地变成了沦陷区，这里的罗马人一方面期盼东部帝国的救援，另一方面又得直面异族统治集团。因此，意大利的作家们一方面回应着君士坦丁堡的历史记忆潮流，另一方

---

① "Marcellini v. c. comitis chronicon", T. Momssen ed., *Chronica Minora Saec. IV. V. VI. VII.*, vol. II, p. 86.

② M. Kruse, *The Politics of Roman Memory, from the Fall of the Western Empire to the Age of Justinian*, Philadelphia: University of Pennsylvania Press, 2020, pp. 182-183.

③ Theodor Mommsen ed., *Iordanis Romana et Getica*, MGH, Auct. Ant., Berlin: Weidmann, 1882, p. 120.

面又巧妙地表达他们对西部帝国逐渐衰落的体会。约519年,提奥多里克的助手,元老卡西奥多鲁斯写作了《编年史》。这部作品非常细腻生动地表达了意大利高级贵族对西部帝国灭亡的切身感受。在457年,卡西奥多鲁斯说:"马尔奇安死后,利奥和马约里安分别接受了东部和意大利的帝权(imperium)"。马约里安获得的只是意大利的帝权,而非西部的帝权。

卡西奥多鲁斯遣词造句非常考究,其行文甚至可以说颇有春秋笔法的味道。通过选择不同的词汇,表明457年是一道政治史分界线,帝权开始向意大利王权变化。这个过程到476年最终完成。在马约里安之后,只有东部派来的安提米乌斯和奈波斯得到了他的承认,其他的皇帝都算不上正统。这些皇帝包括:被利库马立为皇帝的塞维鲁、奥利布里乌斯,被利库马的外甥勃艮第王贡多巴德所拥立的格利切利乌斯,以及被欧列斯特斯所立的奥古斯都路斯。以奥多瓦克为界,此后是蛮族王的统治时期。奥多瓦克称王,具有转折性意义。"476年,奥多瓦克窃取了王名,但既不披紫袍,也不使用帝王仪仗。"①取奥多瓦克而代之的是东哥特王提奥德里克。卡西奥多鲁斯尊称其为"吾主",并强调他在诸多政治仪式上也模仿着罗马帝王。

如果说卡西奥多鲁斯更多地站在哥特统治集团的角度来替东哥特王国装点罗马化的色彩,那么另一部短篇历史叙事《瓦勒里安摘录后篇》就更多地反映了普通罗马人的感受。我们并不知道该作品的作者,其得名源自于该抄本的发现者瓦勒里安。在抄本(Cod. Berol. Philipps 1885)中,这部作品与其他历史残篇抄录在一起,1681年作为附录被编辑在阿米安·马尔切利努斯的《罗马史》之后。《瓦勒里安摘录后篇》开篇已佚,叙事终止于提奥德里克王去世、他的女婿尤塔里库斯继位。尽管学者们公认这部作品的成书年代为6世纪中期,但对于具体年代,并没有特别一

---

① "Cassiodori Senatoris Chronica ad a. DXIX", T. Mommsen ed. *Chronica minora saec. IV.V.VI.VII.*, vol. II, pp. 157—159.

致的意见。按照叙事内容推测,其编订年代不晚于535年。①

这部作品论述了奥多瓦克与提奥德里克在意大利的统治。"奥古斯都路斯被废黜之后不久,奥多瓦克成为国王,统治了13年。"此后,"提奥德里克与芝诺皇帝缔约,如果能消灭奥多瓦克,由于他的功劳,得代为统治(praeregnaret)那里(意大利)"。尽管提奥德里克给意大利带来了和平,对罗马人与哥特人一视同仁,但是,作者还是暗示这是两种不同的统治方式:"他指示资助罗马人,一如皇帝们统治的时期。"②而且在提奥德里克去世前夕,他迫害正统基督徒和罗马教宗约翰,变成了一个暴君。"不是国王,而是暴君的命令下,主日那天阿里乌斯派分子侵扰正统基督教教堂。"③

《瓦勒西安摘录后篇》反映了正统基督教会的历史视角,一方面,蛮族国王得按照罗马人的方式进行统治;另一方面,由于宗教维度的加入,使得提奥德里克的统治变得更加复杂,似乎在罗马化之外还要求他实现正统基督教化。而在一批激进的教会人士眼中,提奥德里克的统治似乎具有更为深刻的历史意蕴,即基督教世界历史的末日,或者说基督教世界历史的终结。创作于6世纪的《坎帕尼亚复活节表》表达了这一观点。493年提奥德里克条下曰:"有些无知而大胆的家伙们说敌基督降生了。"④在496年条下,又说:"有些疯子说这一年敌基督降生了。"⑤我们并不能确知这里的"疯子"和"无知而大胆的家伙们"到底是谁。这种末日期盼可能基于历法推算。依据在拉文纳流行的历法,公元495年,是世界被造以来第6000年。天上一日,人间千年。上帝造人之后在第7天休息,故创世6

---

① Tamas Kovacs, "Some remarks on Anonymus Vlerisianus' Pars Posterior", *Chronica: Annual of the Institute of History University of Szeged*, vol. 13 (2017), pp. 5—16.

② 本段引文至此皆出自 Jacques Moreau ed., *Excerptorum Valesianorum*, No. 49—60, pp. 14—17.

③ Ibid., No. 94, p. 27.

④ "Paschale Campanum", T. Mommsen ed., *Chronica minora Saec. IV. V. VI. VII.*, vol. I, p. 318.

⑤ Ibid., p. 330.

天,被某些教士解释为基督教世界历史将于第6000年的时候结束。奥多瓦克的统治受到过基督教圣徒的祝福和预言,而提奥德里克背信弃义地杀死奥多瓦克,后来又迫害正统基督教会,导致某些激进的"疯子"视他为基督教世界历史的终结者。

在意大利以外的西部地区,也有表达类似感受的史书,流露出西部罗马帝国危殆的意味。最为著名的例子是大文人西多尼乌斯,被都尔主教格雷戈里称誉为"如此地擅长辞令,因此往往就任何选定的题目,不加准备,而能讲得极其透彻"①。他曾先后给阿维图斯皇帝、马约里安皇帝和安提米乌斯皇帝写作登基颂诗。他也曾写下诗句:"帝国就像被暴风雨倾覆的船只,没有舵手,肢体破碎。"②

由西班牙主教利米卡的叙达提乌斯(Hydatius)所编定的《编年史》叙事至468年。尽管他没有记录西部帝国的灭亡,但也明显流露出末世感。与马瑟利努斯类似,在叙述瓦伦提尼皇帝死亡的时候,他明显预感到帝国的衰亡,不过,他是针对皇帝而言的,不像马瑟利努斯那样针对罗马将军埃提乌,而且是通过引用《圣经》话语。"(马克西姆斯)试图放弃帝位,而且'很快第四个王国的日子会满',在那座城市(罗马)民众暴动,帮派争斗。"③基督教世界历史中的第四个王国也是最后一个帝国,是罗马帝国的隐喻,所以,叙达提乌斯认为罗马帝国的末日业已临近。

类似的提法还可以举出《452年高卢编年史》,里面写道:"在这场猛烈的风暴中帝国可怜的状况出现了。"④不过他主要是从信奉阿里乌斯派

---

① 都尔教会主教格雷戈里:《法兰克人史》,O. M. 道尔顿英译,寿纪瑜、戚国淦译,北京:商务印书馆,1981年,第76页。
② Sidonius, *Sidonius*: *Poems and Letters*, trans. W. B. Anderson, Cambridge, MA.: Harvard University Press, 1936, pp. 6—7. 现代学者的最新总结可以参见 G. R. W. Halshall, *Barbarian Migrations and the Roman Europe*, 376—568, Cambridge: Cambridge University Press, 2007, p. 281.
③ "Hydatii Lemici, Continuatio Chronicorum Hieronymiarnorum", T. Momssen ed., *Chronica minora saec*. IV. V. VI. VII., vol. II, p. 27.
④ "Chronica Gallica A. CCCCLII", T. Mommsen ed., *Chronica minora saec*. IV. V. VI. VII., vol. I, p. 662.

的蛮族混淆纯洁的正统基督教信仰这一角度来立论的。

马库斯曾经指出,约510年左右在意大利写成的《圣塞维努传》明确暗示帝国的灭亡。"在这个时候,当罗马帝国还在之时,许多城市为驻防军提供公共津贴。"①其实,学者们也都注意到,就在阿纳斯塔修皇帝统治后期,著名语言学家普里斯库斯在献给他的颂诗中就隐晦提到了西部帝国的灭亡,并吁请他一统帝国。"那些失去故土(旧罗马)的人们能够不觉得悲伤,在你这里得到眷顾和安全,为你日夜祈祷……我希望,两个罗马独服从你一人。"②这一表述,与阿纳斯塔修皇帝无奈之下认可提奥德里克独立地统治意大利的政治现实相一致。毕竟,现实如此,希望如彼。

随着查士丁尼收复失地运动的胜利推进,所谓君士坦丁堡共识就逐渐变得不合时宜起来。为查士丁尼和贝利撒留大唱赞歌的作家普罗柯比在其《战争史》前七卷,对查士丁尼发动哥特战争的前因后果进行了全面的分析。但他并没有像马尔切利努斯那样明确提出西部帝国灭亡的看法,而只是讲述了最后几位西部皇帝的无能。在他看来,由于蛮族士兵势力的膨胀,他们要求奥古斯都路斯的父亲也就是摄政王欧列斯特斯分给他们三分之一的土地。欧列斯特斯不同意,但奥多瓦克赞成,于是前者被杀,后者被拥立为王。在普罗柯比心目中,奥古斯都路斯被废肯定代表了一个历史阶段的结束:"这就是西部发生那些的事情",以此结束了对西部皇帝时代的叙事。③

对于奥多瓦克,普罗柯比的态度比较明确,认为他是一位"tyrannus",即窃国者。有关提奥德里克的叙述似乎显得颇为矛盾。芝诺皇帝劝说提

---

① Hermannus Sauppe ed. , *Eugippii*: *Vita Sancti Severini*, MGH, Auct. Ant. Tomi I pars posterior, Berlin: Weidmann, 1877, p. 18; R. A. Markus, "The End of the Roman Empire: A Note on Eugippius, *Vita Sancti Severini*, 20", *Nottingham Medieval Studies*, vol. XXVI, 1982, pp. 1—7.

② P. Coyne, *Priscian's De laude Anastasii imperatoris*, 1988, McMaster University, Opendissertations/3745, pp. 54—55, https://macsphere.mcmaster.ca/handle/11375/8277, 访问日期:2022年10月6日。

③ Procopoius of Caesarea, *History of the Wars*: Book III: *The Vandalic War*, trans. H. B. Drewing, London: William Heinemann, 1916, p. 68.

奥德里克进攻西部，后者成功后称王，"名义上提奥德里克是一个篡位者，但是实际上他是一位真正的皇帝，比起从一开始便拥有这一高位的任何皇帝来毫不逊色"。尽管提奥德里克是假借东部皇帝之名，行自己专断之实，所以与奥多瓦克一样，仍然是不合法的篡位者。这一点在贝利撒留邀请法兰克人前来夹击哥特人的信中，说得最为直白："哥特人用武力强占了属于我们的意大利之后，他们不仅绝对没有把它归还给我们的意思，反而进一步对我们做出了令人难以容忍的和超越一切限度的不公正的行动。"①

在普罗柯比看来，查士丁尼的目标是切实地掌握统治西部帝国的治理之权。当提奥德里克之女阿玛拉宗塔摄政哥特王国时，"想把对哥特人和意大利人的统治权交给皇帝尤斯提尼安"。在阿玛拉宗塔被杀之后，哥特王提奥达图斯请求和平，为此提议：年贡300磅黄金，提供三千名哥特战士，并且自己无权对主教和元老判处重罪，也不能授予贵族头衔、任命元老，以及擅自举行其他重要政治仪式礼节。但查士丁尼没有同意，他需要的是"把意大利和王国的事务交给他"②。

通过比较普罗柯比与马尔切利努斯的相关论述，不仅说明随着收复失地运动的推进，不同的作家看法不同，而且查士丁尼本人的认识也处在变动之中。马尔切利努斯的观点只是代表了查士丁尼在战争开始时期的看法。随着战事的顺利推进，查士丁尼并不想恢复西部帝位，所以，西部帝国灭亡以及当时正在发生的西罗马帝国复兴，妨碍了查士丁尼的主张。③收复罗马城之后，查士丁尼改变了宣传口径，他是要收复失地，而不是复国。换言之，夺回失地，夺回对那些土地的统治权，而非另立一位西部皇帝，以便复兴西部罗马帝国。在收复失地之后，查士丁尼维持了罗马帝国仅有一位皇帝的政策。为了与这一现实政策相适应，有关西罗马帝

---

① 本段引文皆出自普洛科皮乌斯：《战争史》（上册），王以铸、崔妙因译，北京：商务印书馆，2010年，第424—426页。
② 同上。
③ Marion Kruse, *The Politics of Roman Memory: from the Fall of the Western Empire to the Age of Justinian*, Philadelphia: University of Pennsylvania Press, 2019, p. 175.

国命运的历史记忆也要随之做出调整。西罗马帝国灭亡说业已丧失其必要性。西部帝国灭亡的历史记忆需要被重新纳入以东部为中心的帝国复兴史。西部帝国末期的那些皇帝庸碌无能,自食其果,使得罗马帝国名声受辱。他们丧失帝位,自然而然地使得罗马帝国回到一个皇帝的政治轨道上来。在一个皇帝即东部皇帝的领导下,罗马帝国强势复兴。

查士丁尼统治时期相关认识的变化,可以从托伦纳(tonnennensis)主教维克多所著《编年史》中窥见其一斑。这部编年史续接尤西比乌斯和杰罗姆的编年史,以565年查士丁尼去世为叙事终点。在他之后,该编年史又被西班牙的众多作者续修,在原帝国西部地区影响甚广。与伯爵马尔切利努斯和普罗柯比不同,维克多竟然没有提到西罗马帝国灭亡。他一直以东部帝国的皇帝来安排帝王谱系,如"芝诺,第49任罗马皇帝,统治了17年"。他提到的最后一位西部皇帝是奈波斯。但他并不认为奈波斯为正统皇帝。"过了一些时日,欧列斯特斯之子赫克拉努斯想夺取帝权,与其父一起被杀,他的统治被奈波斯所窃取(assumit)。"[①]西部帝国灭亡说不见了。由于查士丁尼的宣传政策,到他统治晚期,西罗马帝国灭亡的观念似乎变得不那么流行和正统了。受到维克多所著编年史的影响,6世纪末、7世纪西部地区的历史叙事普遍忽略了西罗马帝国灭亡。

在高卢地区,公元6世纪晚期,都尔主教格雷戈里的《历史十书》(又译为《法兰克人史》)最为有名。他写作时采取的处理方式,与维克多基本类似。不过他提供的相关信息就缺漏更多了。在该书第二卷追溯罗马帝国历史的时候,他按照罗马帝国皇帝的谱系展开叙事,其末位西部皇帝竟然是456年被废的高卢人阿维图斯。他接着说,阿维图斯死后,"马尔提安继位。但是在高卢罗马人埃吉迪乌斯被授任为军事长官"[②]。抄本 A1

[①] "Chronica Victoris Tonnennensis Episcopi", T. Mommsen ed., *Chronica minora Saec. IV. V. VI. VII.*, vol. II, p. 188.

[②] B. Krusch & W. Levison ed., *Gregorii Episcopi Turonensis Liber Historiarum X*, lib. II, 11, MGH, Scriptores Rerum Merovingini, Hannover: Hahn, 1951, p. 61. 关于此书书名,参见李隆国:《说"公元(前)"》,载《首都师范大学学报(社会科学版)》2011年第2期。

的皇帝名字为马尔提安(Marcianus),即东罗马帝国皇帝。"德意志文献集成"系列编校者出注曰:"东方的马尔提安皇帝在西方为唯一的皇帝,不过为时甚短,他逝于457年1月26日。此后至4月1日马约里安(Maiorian)被立为帝。"①此书完整译本的英译者、牛津大学教授道尔顿认为马尔提安为马约里安之误。后来学者多沿用之。

从字面分析,"Martianus"与"Maiorianus"这两种拼法差异太大,而在拉丁语书写中,"Marcianus"与"Martianus"可以互相替代。如果严格依据文本来理解这则史料,它所表达的意思如下:西部皇帝阿维图斯去世,东部皇帝马尔提安继任,在高卢,埃吉迪乌斯被授任为军事长官。埃吉迪乌斯是被马尔提安任命的。对于高卢地区的高级将领而言,西部皇帝的缺失,并未对他们的政治诉求造成实质性的影响。

在高卢人出身的皇帝阿维图斯之后,《历史十书》不仅对皇帝语焉不详,而且法兰克王族的谱系替代了罗马皇帝的谱系。在需要之处,都尔教会的主教也会提到东部皇帝。在阿维图斯之后提到的第一位皇帝是阿纳斯塔修:"因此(克洛维)从阿纳斯塔修皇帝接受荣誉执政官头衔。"②这时已经是507年左右,阿维图斯与阿纳斯塔修之间业已过去约四十年。而正是在这四十年间,西部罗马帝国灭亡了。总的来说,格雷戈里提供的西部皇帝谱系到456年,通过叙述一项涉及高卢的官位任命,转入东罗马皇帝名下,并中断之;随后果断地转入法兰克诸王的谱系,只有在偶尔适宜的场合,格雷戈里才会提到东部皇帝。

约与都尔主教格雷戈里同时写作的阿旺什主教马略在其《编年史》中,对455年至520年间意大利史事的描写虽较格雷戈里为多,但也是所知有限。他非常简洁地提及了阿维图斯称帝及被马约里安取代、马约里安远征西班牙、塞维鲁称帝、安提米乌斯称帝、格利切利乌斯称帝及被废、奈波斯称帝、奥多瓦克称王、提奥德里克进入意大利、奥多瓦克

---

① B. Krusch & W. Levison ed., *Gregorii Episcopi Turonensis Liber Historiarum X*, lib. II, 11, p. 61 注 3.

② Iibd., lib. II, 38, p. 88.

被杀,以及奥多文德(Odoind)被杀,凡11事。平均每7年提及一次。其中9次的叙事不足一行,其余2次不超过两行。① 按照惯例他使用执政官系年,对几位末代皇帝,都只提及了登基,这样一来,也就不存在帝国灭亡的问题了。

7世纪中期,叙事至650年左右的《弗莱德加编年史》在抄录格雷戈里的同时,略有增删。在讲述克洛维的父亲希尔德里克的事迹时,摘录者做了重要的补充。格雷戈里只提到,他被驱逐出王国,被埃吉迪乌斯取而代之,8年后方从图林根返回国内。而弗莱德加则说,希尔德里克为了与埃吉迪乌斯争斗,就上诉到皇帝的面前,而这个皇帝竟然是6世纪晚期的著名皇帝莫里斯(Maurice,582—602年在位)。埃吉迪乌斯与希尔德里克生活的年代,正是西部罗马帝国灭亡之际。他们的争斗应该发生于西部罗马帝国灭亡之前。弗莱德加竟然将这件事系于晚100年的东部皇帝莫里斯名下,说明他理所当然地以为这件政治事件发生在东罗马皇帝的治理之下。跟格雷戈里一样,他也承认东部皇帝的最高政治权威,未曾意识到西部帝国灭亡。此后的《法兰克人史记》(*Liber Francorum Historia*)(叙事至728年)也没有提到西罗马帝国的灭亡。

在西班牙,7世纪初期的著名圣徒塞维利亚的伊西多尔,著述颇丰。在著名的《编年史》中,伊西多尔续接维克多的作品,也以东罗马皇帝为主。虽然他提及西部帝国末期的皇帝们,但也没有提到西罗马帝国灭亡。伊西多尔简要地补充了发生在当地的一些史事,如西哥特人、汪达尔人的行踪。② 在他的《哥特、汪达尔和苏维汇人史》中,468年之前的史事多抄录自叙达提乌斯主教的编年史,但是,他也删节了其中一些关于西罗马帝国的史事。自西哥特人扶持的阿维图斯皇帝之后,伊西多尔再也没有提及任何其他的西部皇帝,反而记载了哥特王向东部皇帝请求封号,并请他

---

① "Marii Episcopi Aventicensis", T. Mommsen ed., *Chronica minora saec. IV. V. VI. VII.*, vol. II, pp. 231—234.

② "Isidori iunioris episcopi Hispalensis Chronica Maiora", T. Mommsen ed., *Chronica minora saec. IV. V. VI. VII.*, vol. II, pp. 424—481.

认可自己对新占领土地的统治。①

但是,在7世纪的意大利,历史记忆似乎再次发生了变化。一位匿名作者抄录了几部6世纪的作品,将它们编订在一起,这部作品被称为《拉文纳编年史》,以其报道拉文纳地区的信息较多而得名。《拉文纳编年史》包括三个部分,分别为《哥本哈根补编前篇》《哥本哈根补编后篇》《拉文纳史评》。前两个部分因现存抄本保存于哥本哈根(Copenhagen Ms. 454)而得名。《拉文纳史评》是现代学者对该抄本页边保留的7世纪编者所作评论的统称。有关476年的史事,上述三种残篇都提供了大同小异的论述。《哥本哈根补编前篇》云:"尤里克王率领哥特人蹂躏了许多高卢城市,尤其是毁灭了阿尔勒,使之脱离罗马的统治归于他的统治之下。在意大利,臣服于罗马法权之下的赫鲁利人于8月23日立奥多瓦克为王……"在全部叙事之后作者添加了一段评论:"帝国的厄运四起,由于在各个地方都遭受各个族群的压迫,帝国丧失了行省和统治权。"《哥本哈根补编后篇》的行文与《哥本哈根补编前篇》类似,而措辞更为简洁,但没有评论。《拉文纳史评》则在类似的叙事之前添加了一段评论:"在毁灭帝国的厄运和意外事件中,罗马内部的力量消失,曾经表示友好、服属于罗马法权的外族起兵反抗。"②帝国衰亡的观念在意大利北部重新流行。

在8世纪初的不列颠,有关西罗马帝国灭亡的历史记忆还以另外的方式复兴。在贾罗修道院隐修的比德在其编年史中,原封不动地抄录了马尔切利努斯关于西部帝国随埃提乌斯被杀而灭亡的语句。③ 但对于奥

---

① "Isidori Iunioris episcopi Hispalensis historia Gothorum Wandalorum Sueborum", T. Mommsen ed., *Chronica minora saec. IV. V. VI. VII.*, vol. II, p. 281.

② 本段引文皆出自"Auct. Haun. Ordinis post. Margo", T. Mommsen ed., *Chronica minora saec. IV. V. VI. VII.*, vol. I, pp. 309—310。

③ Bedae Venerabilis, "De Temporum Ratione", J. A. Gales ed., *The Complete Works of Venerable Bede*, vol. VI, London: Whittaker and Co., 1843, pp. 270—331.另有英译本可参考 Venerable Bede, "The World Chronicle", trans. Faith Wallis, *The Reckoning on Computation of Time*, Liverpool: Livepool University Press, 1999, ch. 66, pp. 157—238。

古斯都路斯则不置一词。比德的编年史最后记载的史事为:阿拉伯人围困君士坦丁堡三年,撒丁岛为撒拉森人所攻占,希波主教奥古斯丁的遗骨被进一步转移到帕维亚城。尽管罗马帝国处在危机之中,但是,比德却描述了一个生机勃勃的罗马世界。这是一个基督教世界,处于轴心地位的是罗马城及罗马主教。比德特别关心罗马主教的著书立说、所召集的宗教会议对教义纷争实行的最终裁决、慈善救济、获得赠礼等。他在编年史的结尾处说:"这个时候,许多英吉利贵族和老百姓,不分男女,不论政治身份,受到神圣之爱的激励,从不列颠前往罗马。其中有……"①地处基督教罗马世界最为边远地区的人们都心向其中心,络绎不绝地跋山涉水,前往罗马城。如不列颠一样,北非、小亚细亚、西班牙、君士坦丁堡、意大利的教会和信众都在这个世界中占据着自己的一席之地。比较奇怪的是,高卢地区似乎相对地受到了比德的忽略。看来高卢相对平静无事,没有引起比德的注意。在这个基督教世界中,东部皇帝并未占据中心的位置,皇帝的出现语境甚至多与罗马教宗相关,这是一个以罗马教宗和罗马教会为中心的基督教罗马世界。

通过记述西部罗马帝国灭亡,慨叹帝国一直未能复兴,比德表达了对罗马帝国的一丝期盼。虽然政治意义上的西部罗马帝国复兴似乎还遥遥无期,但是在比德的观念中,基督教罗马世界却清晰地成形了。可惜的是,比德看不到复兴的力量,他甚至颇有些忽略法兰克王国。他没有注意到,在加洛林家族的领导之下,法兰克王国正在强势崛起之中,而正是通过加洛林王朝几代君臣的努力,他所期待的西罗马帝国将在不到一个世纪的时间内复兴。比德的再传弟子阿尔昆(Alcuin of York,约732—804)将成为查理曼称帝的重要顾问和谋臣,有力地劝勉查理曼前往罗马,接受帝号。从这个角度来看,比德所构建的这个基督教罗马世界为西罗马帝国的政治复兴提供了思想上的背景,复兴的西部罗马帝国将在这个

---

① "Chronica Bedae", T. Mommsen ed., *Chronica minora Saec. IV. V. VI. VII.*, vol. III, MGH, Auct. Ant. tomus xiii, Berlin: Weidmann, 1898, p. 320.

业已被构建的基督教罗马世界中扮演其角色。查理曼的帝国注定要成为"神圣的"罗马帝国。

  政治观念方面的布景业已搭好,就让我们邀请在舞台上活跃的那些政治人物登场。追随他们的活动,探索西部罗马帝国在政治上复兴的历程。为此,我们要将视角转向法兰克王国,并追述蛮族与罗马帝国之间的关系。

第四章　半铁半泥：法兰克蛮族王国的兴起

当西部帝国灭亡之时，各个行省会形成地方性与中央性的独特结合。从 3 世纪开始，高卢地区就不断产生各种各样的皇帝，以至于 5 世纪初的一册地理志特地说明，高卢盛产皇帝。这份地理志以极其简明扼要的方式，描述了时人对高卢的认识："该行省幅员极为广袤，总是缺乏皇帝，因此就自己拥立皇帝。地大而物博，因为有皇帝临在，故物价高昂。最大的城市名曰特里尔，乃皇帝驻跸之所，位于地之中央。另有一座大城名叫阿尔勒，以为特里尔之辅佐。该城靠近大海，输入全世界的货物。全境多有猛士和贵胄，战时提供勇猛的庞大军队，令其他行省刮目相看。临近的蛮族为哥特族。"①

罗马皇帝的一种称谓是"imperator"，本义为军队统帅，反映了罗马皇帝与军队之间的紧密联系。456 年哥特蛮族推举阿维图斯为帝的时候，高卢业已不再仅有哥特族为蛮族，勃艮第人、法兰克人等蛮族军队乘势而起。10 年之后，西部皇帝消失，高卢的大量驻军互相逐鹿，争夺高卢的控制权。其中苏瓦松城的原罗马驻军、法兰克军队、勃艮第军队、西哥特军队是其中最

---

① Jean Rougé ed., *Expositio totius mundi et gentium. Introduction, texte critique, traduction, notes et commentaire*, No. 58, Paris: le Cerf, 1966, pp. 196-198.

具势力的几支军队。蛮族军队利用基督教认同,遣使前往君士坦丁堡,以便获得罗马帝国皇帝的认可,在这个铁与泥混杂的时代努力建设新的蛮族王国。

在盛产皇帝的高卢,最终会在西部罗马帝国灭亡三百余年之后复兴西部罗马帝国,或许是出于历史的偶然。但在历史的偶然性之中,或许可以探知其背后的某些结构性因素,使得我们可以从更加宽广的视角去看待从古代罗马帝国到中古"神圣的"罗马帝国的转变。

第一节 晚期罗马帝国与蛮族的关系

4世纪末,罗马帝国对付蛮族的原则继续处在调整之中。提奥多西一世的命运改变与此密切相连。在瓦伦提尼一世去世前不久,提奥多西曾解甲归田,但在格拉提安统治初期他被提升为皇帝。这说明格拉提安应对北方蛮族的方略与父亲有了比较大的改变。瓦伦提尼是一位武士皇帝,更偏向于用强硬的手段,压服蛮族。提奥多西在担任摩拉西亚将军的时候,对入侵的萨尔马提亚人围剿不力,因此被免职。但格拉提安和提奥多西则更加偏向于怀柔政策,允许蛮族定居在帝国边境,并从蛮族人口中补充大量的兵员,作为交换,通过馈赠礼物和金钱,收买蛮族首领。① 但无论采用何种政策,帝国都不得不大规模地接纳北部边境的少数族群在帝国边境地区定居,进入部队的蛮族,也跟其他将士一样,获得了进入各级政府管理机构的机会。这就是学术界所说的"蛮族化"问题。②

格拉提安的老师波尔多的奥索尼修斯(Ausonius of Bordeaux,活跃于4世纪中期)留下了一些咏颂蛮族女仆的诗篇。在《碧素拉》(Bissula)

---

① 约达尼斯的经典表述是,提奥多西"爱好和平,也是哥特人的朋友"。"De Origine actibusque Getarum", Theodore Mommsen ed., *Jordanis Romana et Getica*, ch. XXVIII—XXIX, p. 96.

② 6世纪的史家佐西穆斯可能最先注意到罗马军队的蛮族化问题,参见 Zosimus, *New History*, trans. Ronald T. Ridley, Sydney: Australian Association for Byzantine Studies, 1982。论君士坦丁一世的相关政策:lib. 2.34, p.39;提奥多西一世的相关政策:lib. 4.30, pp.83—84。

诗篇中,他说:"在被奴役之前获得释放,对自己的命运和背井离乡,她并不感到沮丧。尽管为罗马的赐福所转化,但外表上她仍是个日耳曼。蓝眼睛,头发金黄。谈吐和外表,使她成为与众不同的姑娘,外貌上她源自莱茵兰,但谈吐高雅证明她又是一位罗马女郎。"①格拉提安也给时人留下了爱着蛮族服饰,喜好引弓射猎的形象。②

罗马人对待蛮族,欢迎者有之,歧视者有之,痛恨者也不在少数。但无论如何,蛮族人口对于帝国的维持却是不可或缺的了。如杰罗姆所言,历史业已步入"半铁半泥的"时代。"现在清晰可见这种半铁半泥的状态,彼时没有哪个王国强大坚硬超过罗马帝国。在此世界末期帝国也最脆弱不堪,因为无论打内战还是抵御外族,我们都需要蛮族部落的帮助。"③杰罗姆没有想到的是,在某种程度上蛮族化恰恰是帝国扩张的后果之一。

395年提奥多西一世去世,西部皇帝霍诺留年方7岁,首席顾命大臣为蛮族将领斯提利科(?—408)。但在宫廷内斗之中,他逐渐败下阵来。据说,斯提利科之所以失势,一个重要因素就是他的夫人从大地之母神的脖颈上夺取项链,佩戴在自己的脖子上,从而遭到神的报应。这种说法反映了多神教徒对帝国政治基督教化的批评。随着基督教的发展壮大,作为排他性的宗教组织,基督教会使得帝国越来越基督教化,政治斗争也日益染上宗教派别冲突的色彩。

为了应付西哥特人流窜带来的政治危机,帝国政府不得不大量征召帝国边境的蛮族辅助部队,进入帝国腹地,从而出现了又一次大规模的"蛮族大迁徙"。勃艮第人、阿兰人、汪达尔人、哥特人、苏维汇人等,都大规模地在帝国腹地驻扎下来。其中西哥特人甚至于418年以图卢兹为中

---

① Ausonius, *Ausonius*, vol. I, trans. Hugh G. Evelyn White, London: William Heinemann, 1919, pp. 220—221.

② Amianus Marcellinus, *Amianus Marcellinus*, vol. III, lib. XXXI, 19, trans. John C. Rolfe, The Loeb Classical Library, Cambridge, MA.: Harvard University Press, 1986, p. 454.

③ Jerome, *Commentary on Daniel*, trans. Gleason L. Archer, Michigan: Baker Book House, 1958, p. 32.

心建立起自治性质的统治。蛮族军队的加入,使得帝国内部的权力斗争更加复杂起来。428年,年幼的皇帝瓦伦提尼的母亲嘉拉·普拉奇蒂娅(421—450年在位)与权臣埃提乌斯争斗,祸及北非军事统帅布尼法斯(Boniface,? —432)。汪达尔人乘机渡海,从西班牙来到北非,并在那里建立王国,不服属于帝国政府。北非号称罗马的粮仓,北非的沦陷,给西部帝国财政造成沉重打击。

在这个时候,在帝国的北方兴起了匈人帝国。匈人是否源自于曾活跃于汉朝北方的匈奴,学术界存在着较大的争议。① 即使匈人是匈奴的后裔,在从中亚草原向西迁徙的几百年里,不断地与沿途各地的族群进行人口和文化交流,匈人及其文化也会发生巨大的变迁。因此考古文化中的匈人业已与匈奴大为不同。433年,著名的匈人首领阿提拉继位。在这位杰出的军事指挥官的领导下,匈人帝国对东西部罗马帝国构成了巨大的军事威胁。

大多数罗马史家对匈人比较仇视,对他们的生活方式也不屑一顾。他们认为阿提拉及其臣民都是不讲信义和原则的蛮子。但也有史家将阿提拉描述为"健康的他者",代表了与罗马宫廷文化形成鲜明对照的俭朴生活和政治。例如曾出使阿提拉宫廷的普里斯库斯(Priscus,活跃于5世纪上半叶)描述阿提拉的宫殿和宴饮都比较节制,衣着朴实,只要干净就行,装饰品很少。② 阿提拉当然是具有雄心的蛮族首领,他善于战斗,但也频繁地利用外交方式保持双方边境的相对稳定。他与罗马帝国订立了好几个和约,其内容包括罗马政府每年向阿提拉进贡一定数量的金子(2000磅左右),双方不得收留对方的难民,及时交换俘虏等。

在与阿提拉领导的匈人帝国竞争的过程中,罗马帝国内部的不和暴

---

① 贾衣肯:《匈奴西迁问题研究综述》(上),《中国史研究动态》2006年第09期;贾衣肯:《匈奴西迁问题研究综述》(下),《中国史研究动态》2006年第10期。最近韩国裔澳大利亚学者则将内亚地区的匈奴帝国视为一个整体。Hyun Jin Kim, *The Huns, Rome and the Birth of Europe*, Cambridge: Cambridge University Press, 2013, pp. 2—8.

② R. C. Blockley ed. & trans., *The Fragmentary Classicising Historians of the Later Roman Empire*, pp. 283—287.

露无遗，不仅宫廷内部派系冲突，而且东西部皇帝的使节彼此钩心斗角。边将炫耀武力，不听上级指挥；主教被怀疑投敌；权臣们爱好和平但又生活奢侈腐化。而匈人帝国也无法长久地维持强大的统一性。在阿提拉去世之后，他的三个儿子分割帝国，彼此争斗，匈人帝国治下的其他族群也乘机独立。因此，4世纪晚期之后的百年间，罗马帝国及其周边地区的主流政治格局是多元化的。

匈人帝国虽然瓦解了，但是其历史影响力巨大。一方面，罗马帝国晚期的著名将领多与匈人帝国有着千丝万缕的联系。如埃提乌斯长期在匈人帝国作人质；奥多瓦克、小奥古斯都路斯的父亲欧列斯特斯都曾效力于匈人帝国。另一方面，匈人帝国与罗马帝国两败俱伤的斗争，使得罗马帝国政权陷入急剧衰退，帝国西部尤甚。451年，权臣埃提乌斯率领庞大的罗马机动部队联合西哥特人、法兰克人等盟军在夏龙城外经过血战，击退了阿提拉率领的匈人帝国。但次年埃提乌斯本人就被皇帝瓦伦提尼三世处死，随后皇帝本人又被埃提乌斯的门客暗杀。西部的提奥多西王朝宣告结束。从此西部帝国蛮族将领频频更换皇帝，直到476年小奥古斯都路斯被废，480年东部派来的皇帝奈波斯（474—480年在位）被杀。西部罗马帝国政府宣告灭亡。

进入罗马帝国的诸蛮族之间，以及他们与罗马帝国之间存在着非常复杂的关系。一方面，各个蛮族都得听从帝国政府的号令，不自觉地坠入皇帝以夷制夷的策略之中；另一方面，他们也依据形势所需，各自结盟或者对抗。不仅如此，帝国政府内部不断争斗的派系也在利用蛮族作为战胜对手的工具。例如埃提乌斯就宣称，汪达尔人进入北非就是源自于北非伯爵卜尼法斯的邀请，以便皇帝将其作为叛国者加以惩处。

这种复杂的局势有利于蛮族在帝国境内站稳脚跟。450年代，在地中海之南，汪达尔王国与匈人帝国结盟。利用这一历史机遇，在盖塞里克的领导之下，汪达尔人或勤王或打劫，先后两次攻陷罗马，俘虏了皇太后和公主，并与之联姻，成功地获得了提奥多西王朝的血脉，成为皇亲国戚。在地中海之北，勃艮第王国也一时称盛，利库马、贡多巴德先后多次废立皇帝,权势赫赫。西部皇帝消失之后,西哥特王国成为最大的受益者之一,攻占阿尔勒城,饮马罗纳河和卢瓦河畔,国势臻于极盛。经过数年的攻伐,东哥特王国在意大利站稳脚跟,在提奥德里克的贤明统治下,意大利休养生息,经济、文化迅速复苏。通过婚姻网络,东哥特王国俨然取代西部帝国政府,重新"统一"了西部帝国。530年代,法兰克王国再次崛起,利用君士坦丁堡皇帝和贝利撒留远交近攻的策略,与帝国结盟,向南迅速地扩张,消灭勃艮第王国,分别跨越比利牛斯山和阿尔卑斯山,攻击西班牙和意大利。到560年代,原西哥特王国控制地区转化为伦巴第王国,从此,罗马帝国西部与蛮族王国之间的分界线大体维持在波河两岸。

第二节 从民族大迁徙到族群生成

自文艺复兴以来,蛮族迁徙破坏罗马帝国,导致罗马帝国衰亡的观点一直很流行。如马基雅维利所言:"这个国家为由北方来的移民定居下来提供种种方便,这样就把罗马帝国毁灭了。"[1]自4世纪晚期开始至6世纪中期,哥特人、汪达尔人、阿兰人、苏维汇人、勃艮第人、盎格鲁-撒克逊人、法兰克人、匈奴人以及伦巴第人等族群先后越过罗马帝国的边境,甚至进入帝国腹地。这些族群往往被称为"北方佬""蛮族"或"日耳曼人"等。这一过程往往被称为"蛮族大迁徙",375—568年成为著名的"蛮族大迁徙时代"或"民族大迁徙时代"[2]。

蛮族之间似乎存在着某种统一性,他们都要面对罗马帝国的强大压力;但是这种统一性似乎并不比他们与罗马人之间的统一性来得更为强烈。近代学术界曾经非常重视蛮族的这种统一性,利用民族学、考古学等

---

[1] 尼科洛·马基雅维里:《佛罗伦萨史:从最早时期到豪华者洛伦佐逝世》,李活译,北京:商务印书馆,2017年,第2页。

[2] 关于该术语,参见 Klaus Rosen, *Die Völkerwanderung*, München: Verlag C. H. Beck, 2002, pp. 19—22。

当时新兴的科学将他们全部隶属于日耳曼人,甚至赋予诸蛮族以统一的血缘。近年来,历史学家们试图限制现代民族概念滥用于历史时期,颇主张回到当时的文献,并使用"蛮族"取代通用的"日耳曼人"一词,泛指罗马帝国北部边境的少数族群,也指代帝国边境的所有少数族群。

要了解早期蛮族的历史,我们得主要依靠希腊罗马古典作家的记叙。其中有代表性的作品是凯撒的《高卢战记》和塔西佗的《日耳曼尼亚志》。其他偶尔涉及这些族群的作家还有:博瑟多尼(Posidonius)、老普林尼、斯特拉波和托勒密等人。这些古典作品,提供了关于日耳曼人的种类、习俗、性格等方面的经典论述。这些作家之间的描述并不一致,甚至互相矛盾。其中最为专门的论述——《日耳曼尼亚志》,带有浓厚的"他者"构建色彩,所述多亦真亦幻。

公元6—8世纪,新兴的蛮族王国都有了记录其历史的作者。如东哥特王国的乔丹、法兰克王国的都尔主教格雷戈里、诺森伯里亚王国的比德等。这些蛮族王国的历史学家皆或多或少地提及了所述蛮族的起源和建立王国的经过。但是,他们很少使用塔西佗所用的术语——日耳曼尼亚和日耳曼人,而是采用具体的族名。8世纪晚期卡西诺山本尼迪克修院的修士主祭保罗在《伦巴第史》中,第一次试图对蛮族迁徙的历史提供一种宏大叙事,并使用了日耳曼人和日耳曼尼亚这两个术语。他认为,与南方相比,北方寒冷,故少疾疫,人口繁殖快。在人口压力之下,生活在日耳曼尼亚的诸部族被迫对外迁徙,"小部分前往亚洲,但大部分在欧洲内部迁徙,摧毁了高卢和伊利里库姆的所有城市。但是受灾最为严重的是意大利,日耳曼尼亚诸部族中最为野蛮的族群对她进行了劫掠。如哥特人、汪达尔人、茹吉人(Rugi)、赫鲁利人(Heroli)和图林根人(Turcilingi)等。同样属于日耳曼人的还有文尼利(Winnili)人,即伦巴第人,他们后来快乐地统治了意大利。尽管对其迁徙的原因有各种不同的说法,但伦巴第人来自斯堪的纳维亚岛"[①]。

[①] L. Bethmann & G. Waitz ed., *Pauli Historia Langobardorum*, lib. I, 1—2, pp. 47—48.

保罗将帝国衰落与蛮族入侵联系起来。在公元6世纪,非基督徒作家佐西莫斯曾认为君士坦丁大帝是导致帝国衰亡的罪魁祸首,其中一个原因就是他引进了大量的蛮族人。① 佐西莫斯也因此被兰克称誉为从蛮族与帝国关系的角度思考大历史的第一人。② 大体与佐西莫斯在同一时期创作的哥特人史家乔丹,却并不认为哥特人是日耳曼人的支裔。在其《哥特史》中,他明确表示,哥特人是匈人的一支。他说:"很多族有多个名称,例如罗马人曾属于马其顿人,希腊人属于罗马人;萨尔马提亚人属于日耳曼人,哥特人更多地来自匈人。"他还说:"哥特人占了日耳曼人的土地,那里现在被法兰克人所占据。"③暗示哥特人并不属于日耳曼人。其实,中古早期作家关于"日耳曼人"的说法比较混乱,一如古典作家。当时族群区分的方式与现代人种学并不相同。

但是,大多数中古史家在追溯蛮族源流的时候,多针对具体的族群,并没有从族裔的角度将这些不同的蛮族视为一个整体,认为他们都属于日耳曼人。认为所有的北方少数族裔都属于日耳曼人,这个观念是从文艺复兴时期才开始出现的。1555年由维也纳大学教授、德意志神圣罗马帝国官方史家沃尔夫冈·拉齐乌斯撰写、1572年出版的巨著《族群大迁徙论》,将汪达尔人、哥特人、勃艮第人、法兰克人全部归入日耳曼人之属,论述其迁徙定居史。

而18世纪初由马斯科夫撰写的16卷本《古代日耳曼人史》系统地奠定了经典的民族大迁徙解释模式。马斯科夫强调要对古代所有日耳曼人进行统一考察,否则将难以理解他们的历史。马斯科夫所梳理的日耳曼人迁徙史,其实就是一部日耳曼人各族群在迁徙中不断战斗,最终创建各主要欧洲王国的历史。在他的笔下,日耳曼人崇尚自由,召开公民大会并

---

① 佐西莫斯:《罗马新史》,谢品巍译,上海:上海人民出版社,2013年;李隆国:《从"罗马帝国衰亡"到"罗马世界转型"——晚期罗马史研究范式的转变》,《世界历史》2012年第3期。

② Walter Goffart, "Zosimus, The First Historian of Rome's Fall", *The American Historical Review*, vol. 76. No. 2 (Apr., 1971), pp. 412—441.

③ Theodore Mommsen ed., *Jordanis Romana et Getica*, lib. I, IX—XI, pp. 70—73.

进行集体决策；他们不爱城市，自愿定居在农村，分地服役，成为封建地主老爷；在有些地方保留了日耳曼语言，在有些地方则只是带来了一些外来语；罗马的法律起初得到维持，但逐渐让位于日耳曼习惯法；罗马的服饰几乎彻底消失；而最令人吃惊的变化则是军事组织和艺术的日耳曼化。"所有北方民族，在古代日耳曼人的统治下，推翻了罗马强权，从而成为几乎所有欧洲民族的共同祖先。"[1]

20世纪初兴起的日耳曼考古学，似乎给蛮族文献史料极其匮乏的年代提供了"科学的"证据。古斯塔夫·科希纳用考古学证明："不像其他民族歪曲历史真相，我们德国人和其他日耳曼兄弟民族充满自豪，令人惊奇的是这个北方原始小族群的力量，在史前和古代征服了整个斯堪的纳维亚和德意志地区，在中古时期征服了整个欧洲，在近代早期向更远的地球角落传播。"[2]

科希纳也奠定了日耳曼考古学的地层年代学，并从物质文化的角度划分了日耳曼人扩张与发展的时代分期。约公元前2000年，迁入欧洲的原始印度日耳曼人和当地土著结合，形成"原始日耳曼人"，而当时的德国首相俾斯麦（Otto E. L. von Bismarck, 1815—1898）的身体特征则被认为是这一族群体质上的典型代表。随后原始日耳曼人在波罗的海南部滨海地区定居并生活，发展出"青铜"文化（前1800—前800）。约公元前800—前500年，日耳曼人进入旧铁器时代，并开始向四周迁徙，尤其是南进和向伊利里库姆地区迁徙。随后受到凯尔特文化的影响，进入新铁器时代，直到公元前100年。接下来是罗马化时期，受到罗马行省文化的强烈影响，日耳曼人开始流行"民族定居"。随后进入"民族大迁徙"时代。在这个时期，日耳曼人冲破罗马帝国的防线，扩散到整个欧洲

---

[1] Johann Jacob Mascov, *The History of the Ancient Germans*, trans. Thomas Lediard, London: James Mechell, 1738, pp. 606—607.
[2] Gustaf Kossinna, "Die vorgeschichtliche Ausbreitung der Germanen in Deutschland", Karl Weinhold ed., *Zeitschrift des Vereins für Volkskunde*, 1896, vol. 6., Beilin: Verlag von A. Ascher & Co., pp. 1—14.

(300—800)。①

结合古典作家文献、中古早期史书中的族群起源资料和日耳曼考古学物质文化,形成了经典性日耳曼人大迁徙模式,包括三种基本因素:日耳曼民族、不断迁徙,以及日耳曼人从游牧转向定居。所谓日耳曼民族,主要包括如下具体种族:哥特人(又分为东哥特人和西哥特人)、勃艮第人、苏维汇人、汪达尔人、法兰克人、盎格鲁-撒克逊人,以及伦巴第人。他们分属于东日耳曼人和西日耳曼人两大分支。这些民族都处在游牧状态,不断迁徙。他们崇尚武力,喜好战斗,崇拜战神,具有鲜明的游牧军事文化特色。在历史地图上,这些日耳曼民族分别由颜色不同,粗细不等的各种箭头指引着,沿着各自的路径,从某个发源地不断地迁徙,不远万里,克服重重困难,最终在帝国境内的某个地域找到长久的栖身之所,并建立起自己的国家,即各日耳曼王国。

20世纪下半叶,体质和生物学意义上的族群逐渐淡出历史学家的视野,而文化意义上的族群,尤其基于政治性认同的族群渐渐取而代之②。因此,中古早期的族群不再被视为拥有特定血缘的群体,而是生生不息、动态演化、不断重塑认同性的政治性集合体。

将日耳曼民族形成问题引向新轨辙的文斯库斯(Reinhard Wenskus,1916—2002)在二战结束后进入哥廷根大学学习,1961年,他发表具有划

---

① Volkmar Kellermann, *Germanische Altertumskunde*: *Einfürung in das Studium einer Kulturgeschichte der Vor- und Frühzeit*, Berlin: Erich Schmidt Verlag, 1966, p. 9.

② 近年来,罗马帝国与蛮族的关系重新成为学术热点问题,奥地利学者瓦尔特·波尔于2013年发表了长篇理论文章:《认同的策略:方法论集成》。Walter Pohl, "Introduction — Strategies of Identification: A Methodological Profile", Idem & Gerda Heydemann eds., *Strategies of Identification: Ethnicity and Religion in Early Medieval Europe*, Leiden: Brill, 2013, pp. 1-64. 也正是在这一年,牛津大学出版社出版了被称誉为当今"蛮族研究第一人"的伊恩·伍德教授的专著《中古早期史研究的现代渊源》,这部书主要对英语和法语史学界的研究史进行了细腻的梳理,侧重于揭示近三百年来中古早期史学与现实政治的纠葛。Ian Wood, *The Modern Origins of the Early Middle Ages*, Oxford: Oxford University Press, 2013. 2014年《历史研究》发表了康凯的专题论文《"蛮族"与罗马帝国关系研究述论》,以东哥特王国研究为个案对英语世界的研究现状也做了深入的介绍。康凯:《"蛮族"与罗马帝国关系研究述论》,《历史研究》2014年第4期。

时代意义的巨著:《族群生成和法制:中古早期的族群形成》。通过比较亚欧大陆东西部地区,文斯库斯意识到,在蛮族大迁徙之后,亚欧大陆东西两端的文明发展结果不尽相同。中国的儒家文化十分强大,最终通过隋而建立了大一统的唐帝国,诸蛮族被融合进去。他问:"为什么西部不是这样的呢?诸多蛮族为什么不将自己融入罗马帝国及其文化之中?"①换言之,在欧洲西部地区最终形成的是诸蛮族王国,它们一直继续演化为近代民族国家。

文斯库斯认为,西欧蛮族王国的独特生命力在于,日耳曼人在蛮族大迁徙的时候,已经不是原始状态的民族了,借鉴人类学的术语,他们不再属于"自然民族"②。日耳曼人不仅业已形成较大规模的族群,而且在迁徙的过程中,各种族群不断相遇,进行分合。在这个时候,依靠"共同的祖先记忆"使得更大规模的新族群得以建立。"最为重要的是形成记忆共同起源的某种归属感。"他将自己的考察范围限定在"族群认知"上,具体而言,就是在这种"族群生成"的过程中,法律制度上的族群行为方式如何与该族的自我认同之间进行互动,独特的法律与祖先认同之间有着什么样的联系,以便解释中古早期各种日耳曼法中篇首的谱系与法律文本之间的关系。

尽管文斯库斯自己使用的"族群生成"(Stammbildung)与目前流行的专用术语(Ethnogenesis)不一致,在他的成名作中,后一词汇也只出现过一次;但在他的影响之下,"族群生成"被誉为日耳曼问题研究的"第一关键词"。而第二关键词则是"族群"(Gens)。③

维也纳大学教授沃尔弗拉姆(Herwig Wolfram,1934—)进一步阐发了文斯库斯的研究。在整理卡西奥多鲁斯和约达尼斯提供的哥特人王

---

① Reinhard Wenskus, *Stammsbildung und Verfassung: Das Werden der frühmittelalterlichen Gentes*, Köln: Vöhlan Verlag, 1977, pp.1—2. 中文学界的回应,参见刘家和、刘林海:《3—6世纪中西历史及文明发展比较研究》,《北京师范大学学报(社会科学版)》2019年第5期。

② 这个术语借鉴自人类学家缪尔曼(W. E. Mühlmann,1904—1988)。

③ M. Springer, "Ethnogenese, Gens und Regnum", *RLGA* (*Reallexikon der germanischen Altertumskunde*), vol.29, Berlin: De Gruyter, 2005, pp.500—502.

族谱系的时候,面对谱系的诸多自相矛盾之处,沃尔弗拉姆逐渐明白了好友文斯库斯所用"族群生成"方法的巨大意义,并加以自觉地运用,发展出了更为复杂的"族群生成"类型学。

第一类是"旧王国和古老的族名丧失,特定族群利用罗马帝国时代大量著名的'旧族名',创建一个新族名。新族名的含义从辞源上存在着争议,使人以为是旧族名的延续。随着旧王国的消失,古老的王族也随之消失,相应的'核心传统'随之丧失,导致族群记忆中断,为新的谱系取代"。这一类型主要指定居于帝国边境地区的族群,以法兰克人最为典型。第二种类型则是旧王国没有或者没有完全消失,如哥特王国、汪达尔王国和伦巴第王国。第三种类型处在第一和第二类型之间,表达了没有前途的暂时性族群认同,如多瑙河畔的哥特部族特尔文吉人(Terwingen)。第四类与第一类略有不同,专指斯拉夫人、波罗的海以及斯堪的纳维亚地区的一些族群,因为它们没有或者起初并未受到古典—基督教话语的影响。①

在对哥特族进行个案研究的基础上,沃尔弗拉姆后来又对中古早期的族群建国模式进行了系统的总结。具体说来,一群蛮族精英通过军事胜利,吸引其他人群,同时依据自己的"核心传统",进行文化宣传,使得依附者认同他们所宣称的这种文化传统,生成庞大的种族,结为酋邦(部落联盟)。此即"族群生成"过程。所谓核心传统是围绕列王或者部族首领的谱系,通过口头传唱的方式,歌颂他们的英雄事迹并最终通过建国之后的那些史书而凝固下来。但是,与文斯库斯不同,沃尔弗拉姆强调了罗马因素在这一过程中的影响力。认为这种核心传统的构建,是蛮族将士在为罗马帝国提供军事服务的过程中,对罗马人治理模式与文化的模仿,也就是说,通过罗马化得以实现族群认同并建立国家。"他们或者通过'罗马政府',或者通过'罗马基督教',与罗马文化联

---

① 本段引文皆出自 Herwig Wolfram, "Typen der Ethnogenesis: Ein Versuch", D. Geuenich ed., *Die Franken und Alemannen bis zur "Schlacht bei Zülpich"* (496/97), Berlin: De Gruyter, 1998, pp. 609—633.

系起来。"①在此基础上,美国学者帕特里克·盖伊加以提炼总结道:"日耳曼世界可能是罗马政治和军事所创造的最伟大也最持久的产物。"②

对于上述"族群生成理论",加拿大多伦多大学教授瓦尔特·郭法特做了毫不留情的批判。他将"族群生成理论"视为德意志民族主义的延续,因此决定"将蛮族史从 16 世纪以来德意志民族主义的祸害中解放出来,并清算其各种伪装。早在 1972 年,我就想写作一部远离德意志民族主义的大迁徙时代史"③。1988 年,郭法特发表影响深远的作品——《蛮族王国的叙事者》,将中古早期有代表性的蛮族史家——约旦尼斯、都尔主教格雷戈里、比德以及主祭保罗的作品进行细致的文本解读,并得出结论:所有这些蛮族叙事的奠基者都并非简单的"天真汉",而是写作技巧高明、别怀写作动机、构造历史故事的高手。④ 因此,他们所叙述的族群起源就成为历史故事,与这些故事相关的所谓"核心传统"的真实性就被打上了一个问号。

在 2000 年美国卡拉马佐召开的国际中古史大会上,郭法特率领弟子和再传弟子们对"族群生成理论"进行了"围剿"。在会上,郭法特引证口述史学和人类学家的证言,认为口传记忆的可靠性,从时间上有限定,不会超过三代人;而且这些有关蛮族起源的传说缺乏其他可靠史料的佐证,

---

① Herwig Wolfram, *The Roman Empire and Its Germanic Peoples*, trans. Thomas Dunlap, Berkeley: University of California Press, 1997, p. 9.

② Patrick Geary, *Before France and Germany: The Creation and Transformation of the Merovingian World*, New York: Oxford University Press, 1988, p. iv.

③ Walter Goffart, *Barbarian Tides: The Migration Age and the Later Roman Empire*, Philadelphia: University of Pennsylvannia Press, 2006, p. 9.

④ Walter Goffart, *The Narrators of Barbarian History: Jordanes, Gergory of Tours, Bede and Paul the Deacon*, Notre Dame: University of Notre Dame Press, 1988. 在德语学界,有学者专门草拟长篇论文,与郭法特商榷,认为他将所有这些史家视为文学创作者、讲故事的人(Narrator),是难以让人接受的。Hans Hubert Anton, "Origo gentis—Volksgeschichte: zur Auseinandersetzung mit Walter Goffarts Werk *The Narrators of Barbarian History*", Anton Scharer und Georg Scheibelreiter eds., *Historiographie im frühen Mittelalter*, Wien: R. Oldenbourg Verlag, 1994, pp. 262—307.

多是上述蛮族史家有意识地构建出来的。① 布拉特则利用考古学证据，考察阿拉曼尼人的"族群生成"过程，他得出的结论是："在三四世纪至 7 世纪，在物质文化上我们没有发现任何明显的历史变化，足以表明阿拉曼尼人有过族群生成过程。"②有激进的学者甚至提出，族群生成模式是中古早期史研究中的又一个"霸王"条款。③

沃尔弗拉姆和他的学生瓦尔特·波尔，则从两个方面加以反击。一方面，他们指责郭法特是在打"死老虎""战风车"。波尔评论郭法特专门攻击德意志民族主义的论文集《蛮族潮》时说："奇怪的是，作者不是针对当下的争论，而是沉浸在他做学生的时代，以近似于传教士的语气大声呼吁。他本来可以从许多论述这一话题的新近著述中获得帮助，但却只是靠误读来汲汲于证明他们全错了……不论这些学者的具体观点如何，他们都通通被视为'日耳曼派'的卫道士。通过将他们附在 40 年代和 50 年代的陈旧引文之后，郭华特暗示他们也持类似的观点。如果郭法特针对当下的学术观点展开争论，而不是对所谓的'日耳曼派扩张'进行恼羞成怒的攻击，他肯定会写出更好的作品来。"④

另一方面，他们也开展理论建设，与此前的学者们划清界限。波尔宣布，是沃尔弗拉姆开创了中古早期史研究的"维也纳学派"。"起源问题是维也纳大学早期中古史研究特别关注的领域，而以欧洲诸民族的肇建与提供这些信息的文本之间的关系为研究重点。从历史人种志的角度研究

---

① Walter Goffart, "Does the Distant Past Impinge on the Invasion Age Germans?", Andrew Gillett ed., *On Barbarian Identity: Critical Approaches to Ethnicity in the Early Middle Ages*, Turnhout: Brepols, 2002, pp. 21—38.

② Sebastian Brather, "Ethnic Identities as Constructions of Archaeology: The Case of Alamanni", Andrew Gillett ed., *On Barbarian Identity: Critical Approaches to Ethnicity in the Early Middle Ages*, pp. 149—177.

③ Charles R. Bowlus, "Ethnogenesis: The Tyranny of a Concept", Andrew Gillett ed., *On Barbarian Identity: Critical Approaches to Ethnicity in the Early Middle Ages*, pp. 241—256.

④ Walter Pohl, "Review on Walter Goffart. *Barbarian Tides*", *The American Historical Review*, vol. 112, Issue 3 (Jun. 2007), pp. 912—913.

中古早期的'维也纳学派'由长期作为奥地利历史研究所主任的赫尔维希·沃尔弗拉姆所创建……起源问题一方面涉及中古欧洲的历史渊源，另一方面则是针对现代民族神话语境下人们的应用与滥用。"①

在为文斯库斯进行辩护的同时，瓦尔特·波尔也承认其不足，并阐明今天德语学界的新认识。在四个方面他们并不赞同文斯库斯："不认为中古早期的所有北方蛮族都属于日耳曼人；不认可'核心传统'中的精英观；文斯库斯过于喜欢'观念史'，甚至以为种族观念带来族群变迁的动力；文斯库斯具有强烈的罗马与日耳曼二元对立观并信奉日耳曼种族起源"②。

与文斯库斯、沃尔弗拉姆这一辈学者相比，波尔不仅更强调族群生成中的"复杂性"和"模糊性"，而且更加偏向于用现代文学批评和人类学术语中的"认同性"来阐释中古早期的族群生成，强调了听众的重要性，将目光稍微调整，从谱系的"生产者"转向了"消费者"。"如果诸神、英雄和谱系存在，更有可能是因为这些故事对某些人来说有意义。神话和历史有激励作用，也能驱动行为……总的来说，它们是一种'社会能量'。不必假设有'核心传统'，传奇故事本身有传播的力量……'核心传统'预示着定型和不变。与之相反，事关族群行为的都或多或少指向某种松散的群体和联系纽带。就像沃尔弗拉姆所说的那样，阿玛尔王朝的故事跟哥特人一样散乱，追溯谱系不可能超过提奥德里克父亲那一辈。但是我觉得，关于哥特人的各种起源故事（来源各自不同）广为人知，使得人们相信他们属于这一特定族群。这些故事要使听众都相信，这些人就是哥特人，这些王则是哥特王，他们共享着一个过去。"③

在波尔的笔下，统一的日耳曼人"消失"了。"需要注意的是，统一的日耳曼人意识、共同的起源与政治的联合，不再证明，或者只是暗示了共

---

① Walter Pohl, "Vorwort der Herausgeber", Idem ed., *Die Suche Nach Ursprüngen*, Wien: Verlag der Österreichishcen Akademie der Wissenschaften, 2004, p. 7.

② Walter Phol, "Ethnicity, Theory, and Tradition: A Response", Andrew Gillett ed., *On Barbarian Identity: Critical Approaches to Ethnicity in the Early Middle Ages*, pp. 221—239.

③ Ibid.

同的文化。这个名称不再指代一个统一的族群,而是人种志描述中的集合性术语。"他认为,这是一个现代发明的术语,在古代晚期和中古早期,"日耳曼世界是在罗马世界内部被创造出来的。随着日耳曼尼亚不再是罗马世界的边缘,我们对族群生成的探索就应该止步"①。随着日耳曼人统一性的消失,一个由日耳曼人与罗马人构成的二元对立的世界也随之消失了。

在德语世界,除了波尔宣扬的"维也纳学派"之外,还有许多其他的立场。大体说来,考古学家们比较倾向于赞成广义的日耳曼人定义,也继续承认日耳曼人的统一性。② 文斯库斯的学生们,则比较重视日耳曼人的历史延续性,以及他们给欧洲历史带来的独特贡献。③ 热衷于文献考订的学者则倾向于取消日耳曼人这一概念,因为自 4 世纪以后这个术语从文献中消失过一段时间。④ 而唯一能够将这么多不同立场联系起来的术语,就是"族群生成"。

但在具体应用时,"族群生成"理论也会引发强烈的学术冲突。2006年,在圣马力诺,由"社会压力跨学科研究中心"组织的关于东哥特史的研讨会中,伦敦大学教授彼得·希瑟发表长篇文章,对 10 年前帕特里克·阿莫利出版的《东哥特治下意大利的人民与认同性》一书进行了批评。在书中阿莫利通过整理当时文献中的"族"名,从而将族群化为一种地方性的、具体性认同策略。他通过集体传记学研究,细致比对了 379 位哥特人的人名档案之后得出结论,族群认同不过是统治者用来调动效忠意识的

---

① Walter Pohl, *Die Germanen*, München: R. Oldenbourg Verlag, 2004, p. 7.

② Miriam Sénécheau, "Die Germanen sind wieder da", *Archäologische Informationen*, 35 (2012), pp. 219—234.

③ Reinhard Wenskus, "Über die Möglichkeit eines allgemeinen interdisziplinären Germanenbegriffs", Heinrich Beck ed., *Germanenprobleme in heutiger Sicht*, Berlin: De Gruyter, 1999, pp. 1—21.

④ Jörg Jarnut, "Zum ,Germanen'—Begriff der Historiker", Heinrich Beck et al. eds., *Altertumskunde—Altertumswissenschaft—Kulturwissenschaft: Erträge und Perspektiven nach 40 Jahren Reallexikon der Germanischen Altertumskunde*, Berlin: De Gruyter, 2012, pp. 391—401.

意识形态策略,而且只是多元化认同性中的一种,具有短暂性和实用主义的特征。它并不意味着真正的种族特征和起源,也无法取代更为流行的地方化认同和行业认同。但阿莫利也承认,族群认同策略在当时的意大利比较有效,因为那里相对于其他地区而言更加官本位。①

彼得·希瑟则认为东哥特人之所以能勇斗罗马军队长达 20 年,确实是因为他们基于长期的共同生活和战斗,形成了共同的利益纽带,并在与外界接触的过程中,生成了属于哥特人的族群认同感。希瑟指出,阿莫利所使用的样本数量太少,379 名哥特人,不过沧海一粟而已,阿莫利所用证据的可靠性需打上一个问号。希瑟的文章标题也颇具针对性:《难道仅仅是意识形态策略吗?——东哥特人治下意大利的哥特认同性》。②

在"族群生成"的大旗之下,中古早期史家也日益认识到族群认同的复杂性。如亚尔努特所总结的那样,在不同地区、不同时期和不同阶层,罗马认同性并不相同。例如,莱茵河上游和下游地区的罗马化程度不同;奥多瓦克称意大利王之时与伦巴第王国统治时期,意大利拥有各自不同的罗马残留因素;修道院和金匠受到罗马衰亡的影响亦各不相同;而且必须考虑到不仅当时的史家有着不同的动机和指导思想,今天的史家同样受到不同意识形态所左右,他们对罗马化程度的评估也会各有其特点。③

学术多元化反映在史家对史料的利用方式上,即史料对所叙述历史现实的反映能力低了,对作者主观认识的反映程度高了;史料之间的价值高下之别变淡了,随着传统宏大叙事的崩塌,19 世纪以来被史料批判原则区分为三六九等的史料体系逐步瓦解,史料似乎也迎来了平等的民主时代。一切史料都需要重新细致地分析。即便对同一则史料,不同的观

---

① Patrick Amory, *People and Identity in Ostrogothic Italy*, 489—554, pp. 1—42.
② Peter Heather, "Merely an Ideology? —Gothic Identity in Ostrogothic Italy", San I. Barnisch & Federio Maiazzi eds., *The Ostrogoths: from the Migration Period to the Sixth Century, An Ethnographici Perspective*, pp. 31—58.
③ Jörg Jarnut, "Aspekte des Kontinuitätsproblems in der Völkerwanderungszeit", Idem, *Herschaft und Ethnogenese im Frühmittelalter: Gesammelte Aufsätze von Jörg Jarnut Festgabe zum 60*, Geburtztag, Münster: Scriptorium, 2002, pp. 1—17.

察者似乎可以观察到不同的结果。① 难道我们真的步入了"测不准"时代？没有了宏大叙事支撑的中古早期史研究，可能需要像英国历史学家伊恩·伍德所说的那样，回到兰克提出的治史目标："如实直书"并"礼赞不确定性"。② 在这种新的历史研究潮流之下，法兰克人的历史又会呈现出怎样的面貌呢？

第三节　克洛维为什么会成功？

罗马帝国时期的资料中对法兰克人只有零星的记载。罗马帝国晚期的各种历史书写，也很少有关于法兰克人的专门信息。到查士丁尼发起收复运动的时候，官方史家普罗柯比向我们提供了比较详细的法兰克人描述。普罗柯比将法兰克人称为日耳曼人，认为他们最初定居于莱茵河口湖泊众多的地区。南面的艾尔默里克人，居住于塞纳河口地区，再往南就是罗马人。对于这批罗马人的历史，普罗柯比介绍得更为详尽，以至于可以说他对卢瓦河与塞纳河之间的这些罗马人的了解要多于法兰克人。对普罗柯比的读者来说，这批博物馆式存在的罗马人群体似乎是罗马帝国统治高卢的活见证。

在法兰克人的东边是图林根人，图林根人的东边是苏维汇人和阿拉曼尼人，东南方则是勃艮第人。法兰克人的南边是西哥特人。这就是530年代普罗柯比所知的高卢族群分布情况。对于普罗柯比而言，法兰克人一直就居留在莱茵河口地区，并没有任何迁徙的历史。这一点也与古代史家提供的证言相一致。普罗柯比认为法兰克人即古代的日耳曼

---

① 例如对于东哥特王国的罗马化问题，中文学界似乎也存在类似的学术争鸣。康凯：《罗马帝国在西部的延续：东哥特政权研究》，复旦大学未刊博士论文，2014年；马锋：《东哥特王国的罗马化》，《世界历史》2020年第2期；马克垚：《"西欧奴隶制向封建制过渡"的再认识》，《社会经济史评论》2018年第3期。

② Ian Wood, , "In Praise of Uncertainty", Walter Pohl & Max Diesenberger eds., *Integration und Herrschaft: ethnische Identitäten und soziale Organisation im Frühmittelalter*, Wien: Verlag der Österreichischen Akademie der Wissenschaften, 2002, pp. 303—312.

人,起初并不著名,但一直保持扩张上升的发展势头。在西部帝国灭亡前夕,在南进的过程中,他们首先试图征服艾尔默里克人,但未能战而胜之;所以他们就采用和平的方式,通过互通婚姻,双方联合起来,从而实力大增。法兰克人继续向南扩张,迫使卢瓦河和塞纳河之间残存的罗马人群体臣服于他们。随后法兰克人又想征服西哥特人和图林根人,但这两个族群都意识到形势不妙,就寻求并得到了东哥特王提奥德里克的保护。无奈之下,法兰克人也与东哥特王结盟,双方共同出兵攻击勃艮第人。

普罗柯比说,法兰克人的实力越来越强,就不再惧怕提奥德里克,并悍然出兵攻打西哥特人。西哥特人不敌,其王阿拉里克被杀。但由于提奥德里克的干预,西哥特人得以顺利地退归西班牙。法兰克人遂占据了罗纳河以西的高卢地区。①

续接普罗柯比写作历史的阿加提亚斯则对法兰克人的制度和习俗做了比较详尽的介绍。其中墨洛温王朝的长发王给他留下了深刻的印象。阿加提亚斯似乎主要从与希腊人来往密切的马赛获得了自己笔下的这些信息。阿加提亚斯告诉读者,从马赛的情形来看,虽然法兰克人是蛮族,但在习俗上却深受罗马影响。他们不是游牧民族,而是定居于莱茵河口地区、信奉着正统信仰的基督徒。作者承认,尽管法兰克人的服饰和语言粗鄙,但其实与罗马人的区别很有限。令阿加提亚斯最为赞赏的,竟然是法兰克人的王国分割继承制度。他感叹法兰克人诸王侯竟然在分割权力之时能够做到彼此之间和平共处,通过司法方式和平地解决"国际"争端,从而避免了人性中对权力的贪婪所导致的流血冲突。② 阿加提亚斯的这种观察结果更有可能源自于古典文化的一种修辞传统,如塔西佗的《日耳曼尼亚志》一般,通过理想化"他者"来表达对现状的不满。阿加提亚斯对罗马皇帝独裁的权力体制很是不满,尤其批评将帅们为了争夺最高权力

---

① 普洛科皮乌斯:《战争史》(上册),王以铸、崔妙因译,北京:商务印书馆,2010年,第453—460页。
② Joseph D. Frendo trans., *Agathias: The Histories*, Berlin: De Gruyter, 1975, book I. 2, pp. 10—11.

而发生的内讧。

但是,身在君士坦丁堡的拜占庭史家们似乎对法兰克人的迁徙历史一无所知。不仅是他们,其实当时高卢本地的史家,对于法兰克人的起源也基本上保持沉默。直到6世纪末,都尔主教格雷戈里才对法兰克人的起源问题进行了专门的探究,并花了很大的力气去搜集相关史料,加以敷衍,第一次为读者提供了较为系统的法兰克人"史前史"。我曾经称之为"格雷戈里命题"①。

格雷戈里搜集到的那些材料比较零散,而且跨越的时段长达2个世纪。为了把这些繁杂的资料串联起来,格雷戈里使用了一种古代史家常用的叙事技巧——"据说"。如"许多人说,他们离开潘诺尼亚,首先定居于莱茵河两岸,然后渡过莱茵河,穿越图林根地区"②。其实,跟几乎所有的蛮族一样,法兰克人在统一高卢之前,并没有自己的历史记载。罗马人对他们的兴趣也比较有限。因此之故,这个时期的法兰克人就只能以模糊不清的面貌出现在历史的舞台上。格雷戈里写作的时候,法兰克人建国业已半个多世纪,因此,他所提供的更多地反映了他本人对法兰克历史的认识。

在《历史十书》中,格雷戈里按照三条线索来追溯梳理法兰克人的历史,包括两条显线和一条伏线。显线之一是王族源流,即法兰克人的政治首领如何从公爵转变为国王的历史进程;但他只能发现数量有限的墨洛温先公先王。另一条线索则是迁徙史,法兰克人如何从潘诺尼亚迁徙到图林根,并最终定居于莱茵河口。而法兰克人建国史叙事的伏线则是基督教化,用以解释克洛维为什么会成功。如他本人所言,"胜利来自守夜和祈祷"③。基督教化不仅是法兰克建国史叙事的粗大线索,而且也是基

---

① 李隆国:《〈弗里德加编年史〉所见之墨洛温先公先王》,《史学史研究》2012年第4期。
② "Tradunt enim multi"、"Ferunt etiam"等,Bruno Krusch & William Levison eds., *Gregorii episcopi Turonensis Historiarum libri X*, pp.57—58. 都尔教会主教格雷戈里:《法兰克人史》,O. M. 道尔顿英译,寿纪瑜、戚国淦译,北京:商务印书馆,1981年,第65—66页。
③ 都尔教会主教格雷戈里:《法兰克人史》,O. M. 道尔顿英译,寿纪瑜、戚国淦译,北京:商务印书馆,1981年,第32页。

督教世界历史演化的方向和根本性动力。基于此,基督教世界历史、罗马史与法兰克人史融入一个统一的历史叙事之中。

都尔主教格雷戈里的克洛维叙事为我们提供了一个蛮族国王成功的经典故事。克洛维通过皈依正统基督教,而得到上帝的支持,遂能统一高卢。"由于他秉着一颗正直的心在上帝面前行事,他的所作所为在上帝的眼里颇为可喜,因而上帝每天都让他的敌人挫败在他的手下,让他的国土扩大。"①这个故事包含两条线索:第一,克洛维如何获得上帝的恩宠,这是皈依叙事;第二则是他如何克敌制胜,即法兰克王国的扩张史,"把他的统治扩展到高卢全境"。随着克洛维皈依基督教,这两条线索发生交织,汇成一条主线,即皈依正统基督教导致克洛维统一高卢。

根据格雷戈里的叙述,克洛维是位勇猛的武士,他年幼即位。当时勃艮第人和哥特人都是阿里乌斯教派分子,迫害正统教徒。在克洛维统治的第5年,他联合另一支法兰克人打败了"罗马人的王"西阿格里乌斯。战败后,虽然西阿格里乌斯逃跑到西哥特人那里,但仍然被交还给克洛维并因此丧命。这时发生了著名的苏瓦松花瓶事件,表明克洛维礼敬正统基督教会主教。随后他进行了许多次战争,并征服了图林根人。此后克洛维迎娶了勃艮第公主,并时常受到这位正统基督徒妻子克洛提尔德(Clothild,?—548年在位)的宗教教诲。在与阿拉曼尼人的战斗中,为了反败为胜,克洛维信奉上帝。此后克洛维进攻勃艮第人,迫使他们称臣纳贡。击败勃艮第人之后,为了解救处在阿里乌斯教派分子迫害下的卢瓦尔河以南的正统基督教人民,克洛维毅然发动圣战。在上帝和圣马丁的保佑下,他击败西哥特人,并把他们逐出了高卢。胜利后克洛维被皇帝任命为执政官,并在都尔城举行盛大的凯旋仪式。此后通过剪除同宗王,克洛维最终统一了高卢。不久克洛维在巴黎去世。临终前将王国一分为四,分别由自己的四个儿子继承。他们分别是前妻之子提乌德里克

---

① 都尔教会主教格雷戈里:《法兰克人史》,O. M. 道尔顿英译,寿纪瑜、戚国淦译,北京:商务印书馆,1981年,第99页。

(Theuderic I,511—534 年在位)和后妻克洛提尔德年龄尚幼的三个孩子:克洛多梅尔(Clodomer,511—524 年在位)、希尔德贝尔特(Childebert I,511—558 年在位)和洛塔尔(Chlothar I,511—561 年在位)。

在格雷戈里提供的经典叙事引导之下,史学界长期将克洛维皈依视为理解克洛维之所以成功的锁匙,并从各种角度加以理性化和现代化,作为解释墨洛温王朝发展壮大的原因。似乎通过皈依正统基督教,克洛维不仅赢得了高卢地区数量众多的正统基督徒的合作,而且有利于法兰克人与罗马人的融合,巩固墨洛温王朝的统治。"这一事件的深远价值在于,它为全体法兰克民族在下一世纪通过基督教主教和传教士的努力真心皈依打开了通路。至于直接的影响,即对正统教义的接受,给克洛维带来了明显的政治好处,他当然极敏锐地注意到了这些有利条件。当时整个信仰正统基督教的高卢南部,被一个信仰阿里乌斯派的西哥特统治者所占领。能够预料,人民及其主教们将欢迎并与一位能以解放者姿态出现的有正统信仰的国王合作。"①

近年来,历史学家业已成功地对格雷戈里的历史权威性提出了挑战。② 尽管格雷戈里收集了很多的史料,但在叙述法兰克人兴起的时候,对克洛维的生平经历尤其是他皈依的年代进行了调整,即将这个年代提前,从 506 年提前到 496 年,从而顺理成章地将皈依理解为统一高卢的原因。③ 虽然这是一个非常严重的历史错误,但也属于历史学家最经常犯

---

① 布莱恩·蒂尔尼、西德尼·佩因特:《西欧中世纪史》,袁传伟译,北京:北京大学出版社,2011 年,第 70 页。马克思主义史学颇能突破这种宗教文献的限制,从封建制取代奴隶制的角度解释法兰克王国的兴起。"法兰克是西欧封建化的典型国家。"他们也提示读者利用格雷戈里之外的资料作为史料,如"应了解《萨利克法典》所反映的法兰克人社会的各个特点"。王建吉等编:《世界古代中世纪史学习指导》,北京:北京大学出版社,1993 年,第 55 页。

② 由于这种学术变革,近年来这位主教又成为研究的热点。参见 Kathleen Michell & Ian Wood eds,*The World of Gregory of Tours*, Leiden: Brill, 2002, Alexander C. Murray ed., *A Companion to Gregory of Tours*, Leiden: Brill, 2015.

③ Mark Spencer, "Dating the Baptism of Clovis, 1886—1993", *Early Medieval Europe*, vol. 3, No. 2 (1994), pp. 97—116; Danuta Shanzer, "Dating the Baptism of Clovis: The Bishop of Vienne vs the Bishop of Tours", *Early Medieval Europe*, vol. 7, No. 1 (1998), pp. 29—57.

的错误,即时代错位。在古今对话的过程中,历史学家难免会以今律古,以自己的"后见之明"将历史"现代化"。

格雷戈里出生于530年代,幼年丧父,母亲是虔诚的正统基督徒。格雷戈里从小接受的教育就是为做教士做准备。当他成年的时候,不仅克洛维业已去世近半个世纪,而且整个高卢地区都崇奉正统基督教。他将这一现象的发生决定性地与克洛维的皈依联系起来。其实,不唯是他,书写其他中古早期蛮族王国史的正统基督教教士和修士无一例外地将蛮族王国建国的成功归因于皈依正统基督教。所以,这种解释模式是中古早期史家们基于正统基督教视角而做出的一种常识性解释。

格雷戈里的解释既然属于"后见之明",而且他提供了理解早期法兰克人历史的基本史料。那么我们是否还有可能超越这个延续了千余年的经典叙事,在他提供的解释之外,有所作为呢?或者我们能够依据更多的史料,为克洛维的成功提供更大的解释空间呢?

关于宗教信仰,格雷戈里提供了最多的材料。如果不为其正统基督徒的偏见所误导,读者可以发现克洛维统治时期法兰克人的信仰结构,远非以正统基督教为焦点的二元对立——要么是多神教徒与正统基督徒,要么是正统基督教派与异端教派之间的争斗,而是一个多元共存的宗教信仰世界。首先,宗教信仰似乎与战争的胜负无关。在克洛维皈依之前,他就战胜并设法处死了他的第一个重要对手、高卢正统基督徒、罗马将军或者"罗马人的王"西阿格里乌斯。其次,蛮族将领的家族成员普遍信奉不同的宗教或分属于不同的教派。克洛维本人不信基督教,其前妻的信仰状况不明,后妻为正统基督徒,他的妹妹们则分别为正统基督徒和阿里乌斯派基督徒。克洛维的妻子克洛提尔德的父亲勃艮第王也是位阿里乌斯派教徒。当时蛮族王室流行的是多元化宗教信仰,而且这种复杂的信仰结构也不是像格雷戈里想让读者相信的那样,其他宗教信仰的意义只在于向统一的正统基督教信仰转变和皈依做准备。

多元的宗教信仰不为半个世纪之后的格雷戈里所理解和容忍,但在克洛维的时代,却被"法兰克人的使徒"、兰斯主教圣雷米所认可。在克洛维接替父亲希尔德里克的职位之时,这位主教曾经给克洛维发去一封祝贺函,祝贺克洛维继任。"有特别的消息传到这里,说您接管了第二比利时行省。您的就任并不是什么新鲜事,因为您的先人们一直就在担任此职。"在随后部分,圣雷米例行以主教的身份劝勉这位新的非基督徒将军,建议克洛维不仅听顾问们的建议,也听从教士们的意见。"请担当这个职位以使上帝的裁决不会偏离你,以便通过谦卑的劳作,您的功勋及于顶点。所谓观其言而察其行。您应该倾听顾问们,他们能够增加您的名声。您的恩赐也应该纯粹而诚实;您应该倾听你的教士们,总是征求他们的意见;与他们在一起对您有好处,您的行省能够更好地得到维持。"①

圣雷米的这封信件并没有说明这些教士们属于哪个教派,克洛维的顾问们各自信奉怎样的宗教信仰。但圣雷米确实认为教士们对于行省治理非常有帮助。这个传统至少能回溯到君士坦丁一世的时代,在《提奥多西法典》中君士坦丁明确表达了教士所承担的社会责任,即教士帮助帝国照顾穷人。而那个时候,君士坦丁还不是基督徒,后来这位皇帝又皈依成了阿里乌斯派基督徒。因此,在克洛维的时代,宗教及教会的价值业已成为一种社会治理的基本需求,但与信仰的正统与否似乎并不存在直接的联系。克洛维生活在一个与格雷戈里不同的信仰结构世界。这是一个更加多元也更加开放的"过渡"时代,多种宗教信仰相对和平共处。格雷戈里笔下则是基督教与多神教、正统基督徒与阿里乌斯派分子之间强烈敌对的信仰世界。于他而言,这个世界的意义在于必将走向正统基督教的胜利。通过将差异转化为对立,格雷戈里的叙事具有强烈的宣传色彩。

从多元信仰的世界转向正统基督教独尊的世界,就是从主教圣雷米时期到主教格雷戈里时期的法兰克王国宗教的演化轨迹。很幸运,克洛维的父亲希尔德里克的墓早在17世纪就被发掘了出来。1653年比利时

---

① 本段引文皆出自"Epistolae Austrasicae", No. 2, W. Gundlach ed., *Epistolae Merwinici et Karolini Aevi*, tomus I, MGH, Berlin: Weidemann, 1892, pp. 113。

图尔奈城(Tournai)的圣布里斯(St. Brice)教堂在改建过程中,工人们发现了希尔德里克一世的墓葬,挖出了大量的陪葬品,包括武器、珠宝和带扣等,学术界称之为"希尔德里克宝藏"。在法国大革命时期,这批财宝被盗窃,大部分被熔铸,仅有少数财宝因被扔入塞纳河后被找到而得以幸存至今。当时的发掘者之一希夫利特(Chiflett)发表了配有详细插图的发掘报告,使我们得以窥见这份宝藏的大致模样。① 1983 年进一步的发掘表明希尔德里克的坟墓周围有三座巨型的马匹殉葬坑。法兰克人曾经围绕希尔德里克一世的墓地,埋葬死者,形成了一个大型的墓园,沿用至 7 世纪。②

克洛维则没有自己的墓园。他的棺材现在保存在巴黎的圣德尼教堂(Monastery St. Denis)。但这是路易九世(Louis IX,1226—1270 年在位)即圣路易国王下令迁葬的。而且他的遗体即便确实被迁到那里了,也没有能够保存下来。几乎所有迁葬于那里的法国国王的遗骨都在法国大革命中被愤怒的群众焚毁了。克洛维最初是葬于塞纳河南岸的一座小教堂中。"他在巴黎去世,葬于克洛提尔德王后亲自建造的圣使徒大教堂(即圣日南斐法教堂,今天的先贤祠)。"③葬礼应该是由克洛维的遗孀克洛提尔德来安排的。如同克洛维将他的父亲安置在古老的墓园一样,克洛提尔德将克洛维安置在一座自己建造的教堂里。

因此,从多元宗教或教派向单一教派的转变确实在克洛维身后发生了。尽管克洛维本人参与了这一进程,但我们并不能确定克洛维在这一变化中所起的具体作用。他不仅自己皈依正统基督教,而且也帮助妹妹信奉了。现存圣雷米另一封致克洛维的信函,旨在安慰其刚刚皈依正统

---

① Jean-Jacob Chiflet, *Anastasis Childerici I. Francorum Regis, sive Thesaurus Sepulchralis Tornaci Nerviorum Effossus*, & *Commentario Illustratus*, Antuerpiae: Officina Plantiniana Balthasaris Moreti, 1655.

② Raymond Brulet et al., "Nouvelles recherches & à Tournai autour de la sépulture de Childéric", *Revue archéologique de Picardie*, N° 3—4, 1988, pp. 39—43.

③ B. Krusch & W. Levison, *Gregorii Episcopi Turonensis Libri Historiarum X*, II. 42, p. 93.

基督教就去世的妹妹。表明正统基督徒对待死亡的理性态度,说明丧事也是一件喜事,亲人应该为死者升入天国而感到喜悦。①

这一变化中的关键性人物与其说是克洛维,不如说是他的遗孀、被格雷戈里遵奉为圣徒的克洛提尔德。而据格雷戈里讲,在丈夫去世之后,克洛提尔德更多的时间是待在都尔城,而非她丈夫晚年选定的首都巴黎。作为都尔城的主教,格雷戈里对克洛提尔德赞美有加,视之为圣徒。格雷戈里似乎更多地恪守着克洛提尔德的遗绪,从她的角度至少是利用她所留下的历史记忆来叙述克洛维的历史。

不仅在宗教史方面,从政治史来看,格雷戈里的叙事也具有很强的遮蔽性。他将克洛维去世之前的这段历史视为法兰克王国从起源到强大的历史。而圣雷米的上述书信则在提醒读者,克洛维还有另一种身份,即罗马行省总督。现代学术界都重视克洛维的双重身份——法兰克王和罗马将军。这一身份承袭自他的父亲希尔德里克。希尔德里克的宝藏中,现存一枚指环印,上面的铭文为"希尔德里克王之印";铭文包围着的图像则是一位长发无冠的罗马将军形象。②

希尔德里克父子的双重身份,与格雷戈里的《历史十书》互相印证,似乎可以很好地解释克洛维为什么会成功。因为克洛维既是蛮族国王,又善于团结高卢—罗马人,率领法兰克人与正统基督教会合作,最终得以统一高卢。③ 而从圣雷米书信中称呼的"总督",到格雷戈里笔下的"法兰克王",这一名称的变化就是英国历史学家伯里所总结的高卢从罗马帝国逐

---

① "Epistolae Austrasicae", No. 1, W. Gundlach ed., *Epistolae Merwinici et Karolini Aevi*, pp. 112—113.

② Stéphane Lebecq, "The Two Faces of King Childeric: History, Archaeology, Historiography", F. X. Noble ed., *From Roman Provinces to Medieval Kingdoms*, London: Routledge, 2005, pp. 272—287.

③ Edward James, *The Franks*, Oxford: Blackwell, 1988, p. 84. 尽管克洛维在与西哥特王开战之前可能会利用正统基督教作为宣传,但是皈依正统基督教远不足以解释克洛维为什么会成功。参见 Ian Wood, *The Merovingian Kingdoms*, 450—751, London: Longman, 1993, pp. 42—48。

渐过渡为法兰克王国的缓慢历程。①

但是克洛维并不是当时高卢地区唯一拥有双重身份的蛮族将领,他的所有对手都几乎同时既为蛮族国王,也是罗马将军,勃艮第王、西哥特王皆如此。这一现象表明族群融合、文化交流是当时的大势所趋,但仅此还无法解释克洛维为什么会胜出。格雷戈里提供了克洛维的好友和敌人的名单,前期好友主要是同宗王,即其他法兰克王;前期的对手分别有"罗马人的王"西阿格里乌斯、西哥特王阿拉里克、图林根人、阿拉曼尼人和勃艮第人;后期的对手主要是前期的那些好友。在消灭这些昔日的盟友之后克洛维统一了高卢。在前期,格雷戈里替克洛维总结的划分敌我的标准是宗教信仰。

从这一时期的编年史来看,在克洛维所处的时代,编年史提供的信息往往具有严重的地区局限性,这反映出罗马帝国西部地区在迅速地地方化。与此同时,几乎所有的编年史都有皇帝的纪年,所以,皇帝仍然是各个地区共知的核心人物。可能唯一可以与皇帝相提并论的西部人物是罗马主教。在大多数编年史中,罗马主教的更替也会被记录下来。这些编年史还透露出不同的地方实际上由强有力的伯爵或者国王掌控。在高卢地区,西哥特王室成员、勃艮第王室成员、罗马军事长官埃吉迪乌斯,都被视为强人。令人遗憾的是,除了都尔主教格雷戈里之外,几乎没有史家提到过克洛维。看来,克洛维似乎并非那么知名,比他更为知名的人物是在意大利的那些将军们,如奥多瓦克、提奥德里克等。这说明,在高卢北部发生的这些战事和政治变动,对于当时的史家而言,似乎并不像今天的历史教材所强调的那样重要。

在克洛维兴起之前,埃吉迪乌斯、西哥特王提乌德里克、西哥特王尤里克、勃艮第王贡多巴德都是著名的军事将领和统治者。埃吉迪乌斯联合了克洛维的父亲希尔德里克南下,成功地抵御了北进的西哥特军

---

① J. B. Bury, "The End of Roman Rule in North Gaul", *Cambridge Historical Journal*, vol. 1, No. 2 (1924), pp. 197—201.

队,《511年编年史》称:"西哥特王提乌德里克的兄弟弗里德里克与法兰克人在卢瓦河畔的奥尔良附近交战时被杀。"①而《马略主教的编年史》则说:"埃吉迪乌斯与哥特人在卢瓦河畔的奥尔良交战,哥特王弗里德里克被杀。"②当时,皇帝马约里安与西哥特人结盟,试图以西班牙为基地,跨海讨伐汪达尔人。而为了遏制西哥特人强大的北进势头,埃吉迪乌斯遣使前往北非,试图与汪达尔人结盟。③ 因此埃吉迪乌斯的这一外交策略,表明他有背叛帝国之嫌。埃吉迪乌斯很快就去世了(464)。十年后西部皇帝消失。我们不知道埃吉迪乌斯的儿子西阿格里乌斯何时称王,但很有可能是在476年小奥古斯都被废或者480年奈波斯皇帝被暗杀之后。

西阿格里乌斯被格雷戈里称为"罗马人的王"。④ 这个称谓很不好理解。它可能有两种含义,一是那里的罗马人蛮族化,接受了蛮族的表达习惯。格雷戈里曾将西阿格里乌斯的父亲即埃吉迪乌斯称为"法兰克王"。因此有可能"罗马人的王"是效仿"法兰克王"的结果,即罗马人效仿法兰克人,称自己的领袖为"王"(rex)。另一种可能的译法则是"罗马皇帝"。在格雷戈里生活的时代,君士坦丁堡的皇帝业已被称为"王"(basileus),对应的拉丁语直译为"王"(rex),意译为"帝"(imperator)。不论我们如何翻译、理解西阿格里乌斯的名号,他采用这一名号就意味着僭立为帝、背叛罗马帝国。从这个角度而言,西阿格里乌斯似乎延续了其父的既有政策,因此克洛维联合其他法兰克部落消灭西阿格里乌斯,带有勤王和平叛的色彩。

---

① "Chronica Gallica A. DXI", Theodore Mommsen ed., *Chronica minora Saec. IV. V. VI. VII.*, vol. I, p. 664.

② "Chronica Marii episcopi Aventicensis", Theodore Mommssen ed., *Chronica minora saec. IV. V. VI. VII.*, vol. II, p. 232.

③ "Hydatii Lemici Continuatio chronicorum Hieronymianorum ad AD A. CCCLXVIII", Theodore Mommssen ed., *Chronica minora saec. IV. V. VI. VII.*, vol. II, p. 33.

④ B. Krusch & W. Levison eds., *Gregorii Episcopi Turonensis Libri Historiarum X*, lib. II, 27, p. 71. 格雷戈里此前曾称西阿格里乌斯的父亲埃吉迪乌斯为"王"(regem),那是被法兰克人推举的。B. Krusch & W. Levison eds., *Gregorii Episcopi Turonensis Libri Historiarum X*, lib. II, 12, p. 62.

但不论西阿格里乌斯本人的命运如何,他的那些部下似乎确实具有很强的罗马认同性。530 年普罗柯比专门对此做了论述,说这批人还保留着当年的军旗、军服和作战的习惯。普罗柯比在《战争史》中提到罗马大将贝利撒留邀请法兰克人帮忙,利用这个机会普罗柯比介绍了法兰克人的兴起过程,并提到上述群体。虽然其说法难免会有些夸张,但他提供的这些"外交信息"表明,克洛维及其儿子们并没有强烈地将军队的组织统一化,他的部属中有保留罗马军旗、军服的一批战士。这从另一个侧面反映了克洛维在军事上的开放态度,消灭了政治对手,其力量则为我所用,而不计较该军队是否继续保持罗马军队的样式。

基于格雷戈里的叙述,克洛维的第二位对手是西哥特王阿拉里克二世。当克洛维击败西阿格里乌斯的时候,阿拉里克刚刚即位。阿拉里克的父亲尤里克王对罗马帝国采取了敌对的态度。史载尤里克与帝国开战,不仅攻占了帝国在南高卢的首府阿尔勒,而且还派遣军队入侵意大利。① 作为尤里克的继承者,阿拉里克也是一位非常强干的国王,他向北、向南积极扩张,不仅重新控制了西班牙,而且向北扩张到卢瓦河边。据格雷戈里讲,在克洛维与阿拉里克的这次战斗中,克洛维联合其他法兰克人击败了阿拉里克。格雷戈里故意漏掉了勃艮第人。

勃艮第人与克洛维的关系很复杂。克洛维娶了勃艮第王室的公主克洛提尔德。克洛维娶亲与另一位勃艮第王贡多巴德试图消灭克洛维可能存在某种关系。贡多巴德的力量非常强大。他不仅像埃吉迪乌斯那样是帝国的军事长官,而且曾到意大利扶立末代帝王之一格利切利乌斯。但勃艮第人的这次进攻以失败而告终,因为贡多巴德的兄弟倒向了克洛维那一边。

随后克洛维与贡多巴德和好了。当克洛维大约于 506 年进攻西哥特人的时候,他邀请了勃艮第王贡多巴德。当然也有可能是贡多巴德邀请

---

① "Chronica Gallica A. DXI", T. Mommsen ed., *Chronica minora saec*. IV. V. VI. VII., vol. I, p. 665.

了克洛维。《511年编年史》载:"图卢兹被法兰克人和勃艮第人烧毁,巴塞罗那则被勃艮第王贡多巴德占领。"①在共同占领图卢兹后,克洛维就收兵了,而勃艮第人的兵锋一直深入西班牙境内。

看来,善于联合不同的力量、利用不同的力量,瓦解和分化对手,是克洛维作为一位军事将领和政治领袖的特色。这种行为方式非常适合那个多元的世界,而为格雷戈里主教所不喜。他故意漏掉了基督教异端贡多巴德,在他黑白分明、二元对立的宗教世界中,根本就不能容许贡多巴德这位基督教异端分子,不让他分享正统基督徒战胜异端基督徒的胜利。而不论信仰,务实地审时度势,联合各种力量,击败某位对手,正是克洛维擅长的策略之一。这种策略说明克洛维不仅仅是位勇猛的战士,也是一位擅长外交的政治家。我们或许可以说,以开放的态度,充分利用多元的力量,结成统一战线,逐一消灭对手,是克洛维在宗教因素之外能够成功之所在。在统一高卢之后,也在妻子的建议之下,他采用统一的宗教政策,或许有补于巩固统一的成果。其中包括于511年去世前夕召开基督教宗教会议。这一政策,最终会导向格雷戈里所熟悉的宗教世界。

---

① "Chronica Gallica A. DXI", T. Mommsen ed., *Chronica minora saec. IV. V. VI. VII.*, vol. I, p. 665.

第五章　分而和平：墨洛温长发王制度

公元511年，克洛维去世。除了长子提乌德里克之外，其他三位继承人都尚年幼。墨洛温法兰克王国经过短暂的蛰伏，在克洛维儿孙辈的统治下，积极向外扩张，国势蒸蒸日上。对于他们的行为和性格，都尔主教留下了丰富而生动的记载。但是，如同他神化克洛维一样，格雷戈里也蓄意贬低克洛维的后人们。仅仅因为这些后人似乎都难以符合都尔主教的王族伦理标准，而非他们缺乏治国才能。格雷戈里厌恶墨洛温诸王之间的内战，苦口婆心地对克洛维的子孙们进行劝说："要把你们胜利的肇始者克洛维的一切事迹铭记在心。他杀死了敌人的诸王，粉碎了危险的域外诸国，征服了高卢的各个种族，他传给了你们对这些种族的完整无缺的统治权。而当他完成了这个事业之后，他却没有你们现在藏在宝库里的那种金银。你们做了什么事业？你们怀着什么欲望？你们的东西哪样不丰富？因为在你们的家里可供享乐的东西太多了，你们的仓廪里谷物、酒、油堆积得太满了，你们的宝库里金银聚成了堆。但是你们缺少一样东西：因为你们不保持和平，你们得不到上帝的恩宠。"[①]作为克洛提尔德的崇拜者，格雷戈里的这种评价其实道尽了墨洛温王室

---

① 都尔教会主教格雷戈里：《法兰克人史》，O. M. 道尔顿英译，寿纪瑜、戚国淦译，北京：商务印书馆，1981年，第202—203页。

王权运作的伦理原则。

如前所述,罗马帝国晚期推行家族传承与选贤用能相结合的原则,选举制与血缘继承互相补充。墨洛温王室通过发明长发王制度,贯彻"凡国王生前之子皆为国王"的原则,与分割继承原则互为表里,达成分而和平的政治格局,大大强化了家族传承色彩和王朝中央的稳定性。分割传承原则无法消解中央权力斗争,但能改变权力斗争的方式。由于王位的相对开放和不确定性,权力斗争往往表现为家族内讧以至于内战。不仅如此,分割继承原则固然能确保王位传承的稳定性,但是也会对具有雄才大略、一心励精图治的国王施加一定的限制,使得他们无法充分地集中王国的资源,对内统一,对外扩张。保证王室男性成员人人有份的长发王制似乎更适于王室弱小的局面,这一制度与雄才大略之君尤其是具有扩张偏好的能干君王发生着矛盾,并推动这个制度进行改革调整。继墨洛温王室而起的加洛林王室,在维持分割继承原则的基础上进一步调整家族传承的方式,为中古欧洲家族政治创造了更为稳定的王位传承制度。

第一节 从长发王到长发王制度

由于克洛维采取了合理的战略战术,墨洛温王朝统一了大部分高卢。到他的子辈和孙辈之时,法兰克王国的势力继续扩张,墨洛温法兰克王国步入鼎盛时期。而这种扩张的制度保障之一是分国的继承制度。前文业已论及,法兰克人的分国制度在550年代末获得了拜占庭史家阿加提亚斯的高度好评。但都尔主教格雷戈里,身在其中,他的感受与外部观察者截然不同。在他的历史书中,这是一个充满内战和罪恶的时代。如何超越格雷戈里留给我们的这一宏大叙事,重新解释墨洛温王朝的政治史,仍是目前墨洛温政治史中最为前沿的研究课题。

克洛维临终前采用分国制度传承王国。伊恩·伍德推断,分割王国很有可能是克洛提尔德为了保证自己所生的孩子的继承权而力主推行的,而不一定是因为法兰克人有分割继承的传统。① 亦如陈文海教授所提醒的那样,这次王国分割的真相只能存疑。② 这些新的研究提醒我们注意墨洛温早期政治中制度创新的特色。前面第 1 章和第 4 章业已讨论过相关的学术史。随着 18、19 世纪西北欧变成强邦和世界的中心,发现日耳曼早期文化传统变得非常流行,以日耳曼派为中心,学术界偏向于从日耳曼森林的生活环境中寻觅法兰克中古制度的渊源。20 世纪以降,强调充分吸纳罗马文化的日耳曼文化生成史观。在这一学术大潮之下,我们可以重观墨洛温王位分享和传承制度的创制,尤其是墨洛温长发王制度。

最早的相关记载来自欧洲东部的拜占庭帝国史家阿加提亚斯。在提及帝国的盟友法兰克人的习俗之时,他说到克洛维的儿子克洛多梅尔在两军阵前被杀。看见他身披的长发,敌人知道杀死了一位国王。阿加提亚斯总结说:"法兰克王从不剃发,从小到大将一股股头发从前额开始分开,垂到两肩上……这是仅有王室成员才能享有的行为,作为区分的标记和特权。臣民被要求剃发,严禁再长得更长。"③

一代人之后,都尔主教格雷戈里提到了更多的长发王故事。最早的那个桥段似乎续接阿加提亚斯的故事,讲述已故的克洛多梅尔留下的几位小王子的命运。他们被觊觎其疆土的叔叔国王们所杀害。在被杀的时候,照顾他们的奶奶即克洛维的遗孀克洛提尔德被迫选择是让孙子剪去长发抑或被杀。格雷戈里所转述的王太后的答复非常经典:"如果他们不是要被拥上王位,我宁愿看到他们死去,也不愿意看到他们剃去头发。"④格雷戈里提供的另一个著名桥段涉及克洛维的重孙克洛多维希死后,人们如何依据他的长发得以确认其遗体。

---

① Ian Wood, *The Merovingian Kingdoms*, 451—751, p. 50.
② 陈文海、王文婧:《墨洛温王朝的"国土瓜分"问题——〈法兰克人史〉政治取向释读》,《历史研究》2014 年第 4 期。
③ Agathias, *The Histories*, trans. Joseph D. Frendo, lib. I, 5, p. 12.
④ 都尔教会主教格雷戈里:《法兰克人史》,O. M. 道尔顿英译,寿纪瑜、戚国淦译,北京:商务印书馆,1981 年,第 126 页。

格雷戈里不仅补充了这些著名的长发王故事,而且还进一步推断法兰克人有国王伊始便是长发王。"他们按村落和城镇推选出那些出身于本族中头等的,也就是最高贵的家族中披着长发的国王。"①经过都尔主教的刻画,墨洛温长发王的形象得以最终确立。1653年,克洛维的父亲希尔德里克一世之墓,在比利时的图尔奈城被发现。墓中出土了大量精美文物,其中有一枚金质戒指。戒指上雕刻着一位长发披肩的罗马将军头像,其铭文曰:希尔德里克王之印。地下实物与纸上文献互证,长发王变成了确凿无疑的历史事实。到18世纪,法国学者普兰在《巴黎札记》一书中的《论法兰克人》这篇文章中收集了有关长发王的基本史料信息。将当时贵族普遍戴假发的现象折射到早期历史,他甚至推测,法兰克贵族蓄长发的习惯源自墨洛温时代。与普兰不同,德国学者马斯科夫认为蓄长发是所有日耳曼人的古老习俗,不仅法兰克人如此,诸日耳曼族群也是一样。墨洛温王朝之所以与众不同,是因为仅仅只有王族才能蓄长发。他暗示,墨洛温长发王是从日耳曼人的长发演变而来。

随后,长发王逐渐被视为一种涉及身体发肤的政治文化类型,代表了典型的日耳曼原始神圣王权。在《中古王权与法律》中,德国学者弗利茨·克尔恩指出,12—13世纪中古西欧王权才从家族王权转向个人王权。在家族王权的历史上,还经历了从日耳曼原始神圣王权向基督教神圣王权的转变,墨洛温王朝被加洛林王朝取代最为鲜明地体现了这一政治变迁。加洛林王朝通过主教和罗马教宗主持的加冕膏立仪式而获得神圣王权,与此相反,墨洛温王室代表的原始日耳曼神圣王权则主要依赖于长发。"长发王的长发并非职务标记,而是体现王室的神秘能力、特定世系的特殊权利以及个人尊荣与价值的。"②因此长发不是一个虚幻的符号,有时也是力量的来源,并使之能够代际传递。如果被削发的墨洛温王

---

① 都尔教会主教格雷戈里:《法兰克人史》,O. M. 道尔顿英译,寿纪瑜、戚国淦译,北京:商务印书馆,1981年,第66页。

② Fritz Kern, *Kingship and Law in the Middle Ages*, Oxford: Basil Blackwell, 1939, p.16.

室成员想恢复王位,他必须先等待他的头发再次长长。长发、家族与王权三位一体,维系着墨洛温王权的神圣性。如法国历史学家瑟诺博斯所著《法国史》云,墨洛温家族,"有一个神圣的来源,它的标志是这个家族的成员都留着长发;只有在这个家族出身的人,才能被法兰克人承认为王"。①亦如《法兰克人史》的中译者之一、著名历史学家戚国淦先生所言:"王室子弟蓄着长发,作为天潢贵胄的特征。"

20世纪中叶以来,围绕长发王的长发,学术界展开了热烈的讨论。有关墨洛温长发王的长发到底如何独特的深入研究引发了对长发王是否独特的质疑之声。研究表明,不仅法兰克人,而且有可能所有蛮族似乎都流行长发。儿童的首次削发、女士的削发、教士的削发、各种自由人的蓄发与削发,林林总总也都在罗马法典、蛮族法典、历史叙事等各种文本中留下了历史证据。② 遥远的不列颠岛也以考古成果证明,无论墓主为男性抑或女性,梳子都是最为常见的陪葬品之一。如果长发实属常见,史家们还是相信墨洛温王室的长发具有独特的齐肩发式,而且比普通法兰克民众的头发要长一些。阿加提亚斯还告诉过我们,这种长发与拜占庭人所熟悉的北方蛮族的长发迥异,"与突厥人和阿瓦尔人那不整洁、干枯肮脏且胡乱地打结的长发不同,相反他们反复地用肥皂清洗并仔细梳理"。③

有关长发王的经典桥段不能被理所当然地视为历史真实,这些故事要么通过戏剧化的情节设计以达到某种情感表达效果,要么表达理想的政治制度。④ 墨洛温王室的长发可以被视为一种符号资本,它提供编码系统,承担社会区分的功能,借此将墨洛温家族所拥有的权力作为一种社会秩序并转化为在全社会获得尊重的习惯,墨洛温王室所主导的现

---

① 瑟诺博斯:《法国史》,沈炼之译,北京:商务印书馆,1964年,第47—48页。
② Ian Wood, "Hair and Beards in the Early Medieval West", *Al-Masāq*, vol. 30, No. 1 (2018), pp. 107—116.
③ Agathias, *The Histories*, trans. Joseph D. Frendo, lib. I, 5, p. 12.
④ Maximilian Diesenberger, "Hair, Sacrality and Symbolic Capital in the Frankish Kingdoms", Richard Corradini, Idem & Helmut Reimitz eds., *The Construction of Communities in the Early Middle Ages: Texts, Resources and Artefacts*, Leiden: Brill, 2003, pp. 173—227.

有政治秩序进而得以维持和传承。在构建这一符号资本的过程中,墨洛温王室并非仅仅依赖日耳曼文化传统,而是有意识地参考和借鉴了当时流行的各种文化,例如罗马文化、基督教文化等,构成了长发王的多元文化基因。①

阿加提亚斯将长发王视为一种制度,所谓"凡法兰克王皆不剃发"。但他并没有说明该制度的历史渊源。格雷戈里补充了相关信息,认为法兰克王自存在之日起便是长发王(rex crinitus)。但是,长发王制度究其根本是一种分享王权的分割继承制度。格雷戈里并不清楚克洛维的祖父墨洛维是不是正宗的王族,"有些人认为墨洛维——希尔德里克的父亲——属于他的家族"。都尔主教也没有提及他的长发。克洛维和他的父亲希尔德里克都长发披肩,自然属于长发王。但是,父子俩单传为王,我们并不知道他们有任何兄弟同时为王,也没有发生任何与长发相关的故事。似乎可以说,这个时候有长发王而无长发王制度。克洛维死后,采取分割继承方式,三位王子年幼。在这种政治背景之下,长发王发展为长发王制度。墨洛温王室借鉴基督教牧师的削发仪式,在法兰克人身体发肤习俗的基础之上,将特定的长发改造为王室男性成员的独特标志之一,从而创造出一种维护王权的独特文化制度。

现存的长发王故事几乎全部来自克洛维去世之后,而且这些故事似乎都在诉说着王的失败。第一位有故事的长发王、克洛维的儿子克洛多梅尔战败被杀,紧接着是他的遗孤——两位小王子被杀,克洛多维希王子也被杀,贡多瓦尔德试图获得王位被杀,等等。可能我们最为熟悉的长发王形象是"懒王",源自于被废黜的末代墨洛温王希尔德里克三世。作为一名傀儡国王,他"披着长发,垂着长须,惯于坐在宝座上面,扮演着统治

---

① Eric Goosmann, "The Long-haired Kings of the Franks: 'Like So Many Samsons?'", *Early Medieval Europe*, vol. 20, No. 3 (2012), pp. 233—259. 最新书目参见 E. T. Dailey, *Queens, Consorts, Concubines: Gregory of Tours and Women of the Merovingian Elite*, Leiden: Brill, 2015, p. 41, No. 121. 陈文海:《蓄发与削发——法兰克墨洛温王族象征符号释论》,《华南师范大学学报(社会科学版)》2012 年第 6 期。

者的角色"①。空有王名,无权无势,无所作为,是为懒王。这些长发王的故事多与弱小的国王相伴而生。因此与其将长发王理解为强者的标识,不如说是为弱小的王室成员提供保护的制度,以确保他们获得王位或者传承王位的合法性。

尽管拜占庭史家阿加提亚斯也意识到了二者之间的密切关系,但是,他对分国制度更感兴趣。他认为这一制度带来了王国的和平,是理想的王位传承方式。在阿加提亚斯的眼中,法兰克王室的分国制度表明,法兰克诸王不那么贪婪以至于要垄断最高政治权力。不仅如此,法兰克王之间出现纷争之时,他们也不倾向于使用武力解决;即使兵戎相见,也会在最终时刻采用更加和平的方式,互相协商解决分歧,以免酿成大规模的流血冲突。由于法兰克诸王有德,故而采用分国制度而天下和平。

阿加提亚斯所论不一定真实可靠,可能更多地反映了他的修辞策略和政治理念。阿加提亚斯所论颇具古典政治哲学色彩,从帝王之德的角度来评价王位传承制度。为了实现和平,王者要克制贪欲,恪守和平。从修辞策略而论,他继承了自塔西佗以降的"他者"论说传统,通过法兰克王国传承制度这一"他山之石"来攻罗马帝制之"玉"。阿加提亚斯所要表达的,大抵是对拜占庭皇位继承制度的不满。拜占庭专制皇权为了消灭竞争对手,残酷杀戮皇室成员;与之相应,为了获得皇位,宫廷之中充满密谋和血腥的政变。因此,阿加提亚斯希望拜占庭皇帝成为有德之君并抑制独揽皇位的贪欲。

相较之下,格雷戈里描述的角度略微不同。尽管他也是从君王之德的角度来进行评估的,但是,他所得的结论非常不同。跟阿加提亚斯一样,格雷戈里也赞成分国制度,而且将其美化为"公平"的分配制度,自己也身体力行地加以支持。但是,与拜占庭史家不同,他认为实际上法兰克

---

① 艾因哈德、圣高尔修道院僧侣:《查理大帝传》,A. J. 格兰特英译,戚国淦译,北京:商务印书馆,1979年,第5页。

诸王缺"德",而且这恰恰是因为他们充满了贪欲。为了钱财和土地,法兰克诸王互相争斗不休,导致内战频发,民不聊生。不仅评价不同,而且格雷戈里分析的原因也与阿加提亚斯不同。他认为法兰克诸王不能确保和平相处,也就无法得到上帝的恩宠。"因为你们不保持和平,你们得不到上帝的恩宠。"①为了实现和平,就需要王室成员的虔诚祈祷,以便通过圣徒的中保,获得上帝的恩典,从而确保和平。如同克洛维是格雷戈里心中的理想先王和榜样一样,克洛提尔德也是获得上帝恩典的理想王室成员。克洛提尔德三个孩子之间的内战和平结束,"谁也别怀疑神圣的马丁的威力在这里是通过王后的代祷而显现出来的。"②如果说阿加提亚斯带着传统政治哲学的烙印,那么格雷戈里则具有鲜明的基督教政治色彩。

当时东西部的史家都认可墨洛温王朝的长发王制度以及分而和平的分国治理政治。前面一章业已说明从罗马帝国向法兰克王国转化过程中所伴生的多元化政治格局。高卢地区盛产皇帝,因为有庞大的驻军。罗马帝国灭亡前夕,高卢地区存在着多元的军事力量,因此多军则多王。哥特王、图林根王、法兰克王、勃艮第王以及罗马王等。克洛维逐渐兼并了其他军事力量,但是他采取了开明的政策,不仅善于联合各种军事势力,而且允许各种军事力量在臣服于自己的前提下维持其固有的一套组织,以军队的多元化适应政治的多元化。这种军政格局可能是分割继承制度得以生成的现实土壤。

或许,这就是当时史家都未曾质疑过分国制度的原因。格雷戈里所严厉抨击的,是诸王没有恪守分国制度所伴生的分而和平原则。通过梳理《法兰克人史》中的相关战事记录,可以发现墨洛温诸王大体遵守分而和平的分国政治原则。从军事上而言,分而和平不仅意味着对内和平共处,而且在对外关系方面恪守克洛维采取的对外联军作战机制。

---

① 都尔教会主教格雷戈里:《法兰克人史》,O. M. 道尔顿英译,寿纪瑜、戚国淦译,北京:商务印书馆,1981年,第203页。
② 同上书,第132页。

在克洛维的儿子辈统治时期，共发生大的战事15起。从表面上看，这些战事似乎非常偶然，但是实际上却呈现出一种规律性，那就是，内战或内部阴谋与联合对外战争几乎交叉进行，二者互相调节，甚至可以说二者互为结束对方的缘由。其背后是克洛维所创立的调整王族关系的双重机制：联军作战与诛灭同宗王。这种奇怪的双重原则，在一夫一妻制下会促成墨洛温王朝回归统一。在没有外敌之时，或者说不发动对外战争的时候，国内似乎内战、阴谋谋杀不断，诸同宗王互相残杀，直至最后一位王被保留下来，国家统一。而当有外敌之时，或者想结束内战的时候，同宗王又会联合起来，互相帮助，联军作战，维持军事力量的联合。①

所谓爱之深而责之切，格雷戈里之谓矣！过于注重道德伦理素质，使得格雷戈里看不透墨洛温分国制度背后的双重机制，也只能从基督教伦理的角度来苛责墨洛温诸王。不仅如此，从这一狭窄的视角，格雷戈里还提供了今不如昔的历史退化图景。这一图景在约半个世纪之后，被总结为"一代不如一代"的墨洛温王室史观。

第二节 一代不如一代？

提乌德里克再传两代人之后绝嗣，而他的兄弟们中除了洛塔尔之外，也都没有了合法的继承人。这样一来，在558年，洛塔尔成为墨洛温王朝的唯一国王。尽管采取分割继承原则，法兰克王国竟然再度统一。561年，洛塔尔去世。按照都尔主教格雷戈里的叙述，洛塔尔在临终前按照父亲克洛维的分国方式，将王国一分为四，由自己的四个儿子分别继承，他们分别是卡里贝尔特（Charibert I，561—567年在位）、希尔佩里克（Chilperic I，561—584年在位）、西吉贝尔特（Sigibert I，561—575年在位）和贡特拉姆（Guntram，561—592年在位）。

---

① 李隆国：《释"异乡的旅人"——晚年克洛维对王国的处置》，载北京大学历史学系编：《北大史学 11》，北京：北京大学出版社，2005年。

克洛维之后的这两代法兰克王都野心勃勃,既互相争斗也竭力对外扩张。向东攻灭了图林根王国;向东南吞并了勃艮第王国,并进一步干涉意大利政局;向西南越过了比利牛斯山,威慑着西班牙的西哥特王国;向北,法兰克诸王压迫着丹麦人的政治空间。在克洛维的孙子们手中,法兰克王国演变为三足鼎立的局面:贡特拉姆的勃艮第王国(Burgundian Kingdom)、希尔佩里克的纽斯特拉西亚王国(Neustrasian Kingdom)和西吉贝尔特的奥斯特拉西亚王国(Austrasian Kingdom)。到下一代统治者的时候,墨洛温王朝则演变为纽斯特拉西亚王国与奥斯特拉西亚王国竞争的态势。希尔佩里克之子洛塔尔二世(Chlothar II,584—629年在位)和西吉贝尔特之子希尔德贝尔特二世(Childebert II,575—596年在位)两强对峙。

594年,都尔主教格雷戈里去世,我们的主要历史叙事发生中断。关于洛塔尔二世与希尔德贝尔特二世之间的争斗,在历史叙事方面我们不得不依赖于《弗莱德加编年史》。它由匿名作者于660年代左右编订,叙事至640年代。这部编年史是诸多历史资料的汇编,如谱系、史书摘录、历史叙事等。在"德意志文献集成"系列中该书被分为四卷,第三卷为都尔主教格雷戈里《历史十书》前6卷的简要摘编本,第4卷为续接格雷戈里的历史叙事。此后还有续编,一直叙事至768年。① 尽管这部作品第4卷以后的叙事离事件发生的时间较近,但也偏向于为加洛林家族中得胜的成员进行辩护,并对许多不利的现象都保持沉默。

613年,奥斯特拉西亚贵族发动政变,希尔德贝尔特之子提乌德里克二世(Theuderic II,596—613年在位)以及提乌德里克二世之子西吉贝尔特二世(Sigibert II,596—613年在位)被杀。政变之后,贵族们邀请洛塔尔二世前来统治,墨洛温诸王国再次统一在一位国王的治理之下。623年,在奥斯特拉西亚贵族的强烈要求下,洛塔尔二世立儿子达戈贝尔特为奥斯特拉西亚王,是为达戈贝尔特一世(Dagobert I,623—639年在位)。这一分割方式成为重要的政治分割先例,纽斯特拉西亚和勃艮第王国对

---

① 陈文海译注:《弗莱德加编年史》,北京:人民出版社,2017年。

奥斯特拉西亚王国的二分模式从此形成。洛塔尔二世去世之后，他的另一个儿子、达戈贝尔特的同父异母弟弟卡里贝尔特三世（Charibert III，629—632年在位）短暂地统治过阿奎丹（Aquitaine）。

洛塔尔二世和达戈贝尔特一世统治时期，号称是墨洛温王朝的鼎盛时期。[1] 与先辈相比，这两位国王更偏向于文治。他们除了履行国王的司法功能，还更加积极地利用基督教来打击对手，巩固自己的统治。洛塔尔利用圣徒科伦巴努斯（Columbanus）对奥斯特拉西亚的竞争对手进行污名化，借圣徒之口说他们的后代得不到王权。[2] 而达戈贝尔特则在父亲死后，为了控制纽斯特拉西亚王国，笼络巴黎的圣德尼修道院，极力提升其地位。达戈贝尔特死后就葬于圣德尼修道院。他的政策如此成功，以至于当他的儿子克洛维二世（Clovis II，639—657年在位）想分得一份圣德尼的遗骨之时，竟因此引起误会，被圣德尼修道院的修士们视为劫夺圣骨的行为。修士们说克洛维二世遭到了报应，为此发疯。[3]

达戈贝尔特一世之死，往往被视为墨洛温王朝的历史转折点，从此以后，墨洛温诸王似乎多庸碌无为。近年来，学者们业已在挑战这一陈说。贵族的势力诚然有了很大的扩张，尤其是宫相的影响力与日俱增；但是，王宫仍是政治向心力的焦点。[4] 在克洛维二世去世前夕，其兄弟西吉贝尔特三世（Sigibert III，632—约656年在位）统治的奥斯特拉西亚王国，就发生了宫相格里莫埃尔德（Grimoald）的宫廷政变。西吉贝尔特三世去

---

[1] J. Carpentier & F. Lebrun eds., *Histoire de France*, Paris: Editions du Seuil, 2000, p. 91.

[2] *Jonas of Bobbio: Life of Columbanus, Life of John of Réomé, and Life of Vedast*, vol. I, 19, trans. Alexander O'Hara & Ian Wood, Liverpool: Liverpool Unviersity Press, 2017, p. 134.

[3] "Gesta Dagoberti I. regis Francorum", 52, Bruno Krusch ed., *Fredegarii et aliorum Chronica. Vitae Sanctorum*, MGH, Scriptores rerum Merovingicarum, tomus II, Hannover: Hahn, 1888, p. 425.

[4] Ian Wood, *The Merovingian Kingdoms: 451—751*, p. 146; Paul Fouracre, "Francia in the Seventh Century", Idem ed., *The New Cambridge Medieval History*, Vol. I, c. 500—c. 700, Cambridge: Cambridge University Press, 2005, pp. 371—396.

世之后，他自己的儿子达戈贝尔特二世（Dagobert II，676—679 年在位）被流放到爱尔兰，取而代之的王位继承者是格里莫埃尔德之子希尔德贝尔特（Childebert，656—662 年在位）。尽管 657 年克洛维二世将格里莫埃尔德处死，但年幼的希尔德贝尔特仍在王位上。达戈贝尔特二世于 676 年复位，成为奥斯特拉西亚王，但在 3 年后又被谋杀。这个时候，其他几位墨洛温王也是命运多舛。希尔德里克二世（Childeric II，662—675 年在位）在 673 年成为三个王国的国王，但 2 年后被谋杀。希尔德里克二世的统治颇具有中兴的征兆，可能由于他过于强硬或者专横的统治，引起了纽斯特拉西亚贵族的不满，因此被杀。曾被废黜的提乌德里克三世（Theuderic III，673，675—690 年在位）重新继位，甚至成为三个王国的国王，墨洛温王国再次统一。

在墨洛温王室的权力相对软弱，地方贵族势力日益坐大的政治背景之下，墨洛温王室的能力也颇受怀疑。《弗莱德加编年史》甚至提供了一个墨洛温王室一代不如一代的传奇故事。当克洛维的父亲与王后巴西娜成亲的晚上，他曾先后几次走出房间，分别看到了四种不同的动物形象，即狮子、豹、豺狼、狗。按照一代不如一代的故事，克洛维之后的第四代国王正是 6 世纪末、7 世纪初处在血腥内战中的洛塔尔二世、提乌德里克二世和提乌德贝尔特二世。洛塔尔二世于 629 年去世，《弗莱德加编年史》叙事至 642 年，因此，当第四代墨洛温王全部去世之后，这个一代不如一代的故事就被人记录下来，写进了历史书中。墨洛温诸王似乎在祖先的荫庇之下统治着。但针对幼弱国王的状态而设计的长发王制度，在这种背景之下充分发挥其功能，使得王宫仍然是贵族们向往的权力中心。不仅如此，克洛维二世去世之后，墨洛温王室在王权的神圣化建设方面颇有进展。例如，《弗莱德加编年史》提供了墨洛温王室的谱系，这个谱系代代相承，不仅回溯到特洛伊时代，而且还继续向前回溯，直到人类的始祖亚当，上帝所造之第一人。① 墨洛温王权以谱系的方式，牢固地嵌入基督教

---

① 李隆国：《〈弗里德加编年史〉所见之墨洛温先公先王》，《史学史研究》2012 年第 4 期。

人类历史的进程之中。

此外,这部编年史还为墨洛温王室提供了一个神奇的祖源故事,讲述墨洛维——墨洛温王朝之所以得名的祖先——的神奇降生。墨洛维的母亲与海里的庞然大物发生关系之后生下了墨洛维。尽管对于这个故事的可靠性作者未置可否,叙述的语气有可能是反讽,表示作者并不迷信。然而,这个故事表明,在法兰克民间,有人相信并传播此类故事,旨在为墨洛温王朝的统治提供神秘的色彩或者神圣性。

今天,历史学家可以更加客观地分析史料,评估墨洛温晚期的政治局势。史家们已经取得共识,直到720年左右查理·马特(Charles Martel,714—741年在位)确立其控制权之前,墨洛温王室仍是王国政治活动的中心人物,也涌现了一些颇具文治武功的国王。① 从720年开始,政治舞台的中心仍然是王宫,但是聚光灯所照射的不再是国王,而是众多的加洛林宫相。751年丕平三世(Pippin III,俗称为"矮子丕平",741—768年在位。这个绰号其实从12世纪开始就出现了,丕平三世这个名号出现得比较晚,大概在18世纪)篡位,建立加洛林王朝,三十多年的时间,足以使得一代不如一代的墨洛温王室进一步沦为宫相控制下"有名无实"的傀儡。而现存相关叙事史料都来自加洛林王朝,前代王朝有名无实的现状又被编织进历史叙事的网络之中。

"有名无实"当然是加洛林王朝的污名化宣传策略之一。② 但有名无实的现状也与长发王的制度彼此并不矛盾。该制度使得墨洛温王室垄断着国王资格,成为王权的必要组成要素;然而这种制度也与宫相专权并行不悖。737年查理·马特扶植的傀儡国王提乌德里克四世(Theuderic IV,721—737年在位)去世,查理·马特并没有再立新王。这毫无疑问地彰显了查理·马特无与伦比的权力。741年,查理·马特去世,他的两个儿子卡洛曼(Carolmann,741—747年在位)和矮子丕平继承宫相职位。

---

① Paul Fouracre, "Francia in the Seventh Century", Idem ed., *The New Cambridge Medieval History*, Vol. I, c. 500 – c. 700, pp. 391–396.

② 朱君杙:《"墨洛温懒王"历史叙述的政治意图》,《经济社会史评论》2018年第1期。

迫于形势所需,在743年,他们不得不从修道院迎立了一位墨洛温王室成员为国王,是为希尔德里克三世(Childeric III,743—751年在位)。因此,即使到740年代,加洛林家族的权势也有起伏,对于宫相而言,墨洛温王室仍然是不可或缺的。要想取而代之,矮子丕平还得寻觅到另外的策略,以便破除墨洛温王室通过谱系和克洛维皈依正统基督教而建立起来的合法性。另一方面,加洛林家族要改造长发王制度,以便既继承分国制度,保障家族传承有序,又能使得雄强有力的家族成员能够在家族中占据优势,甚至居于领导地位。

第三节 最后的加洛林宫相

741年,查理·马特在圣德尼修道院去世,他如何处理宫相一职的继承问题,是比较隐晦的历史现象。据《法兰克王家年代记》(*Annales regni Francorum*)记载,742年他的两个儿子卡洛曼和矮子丕平将王国分割占有。给人的印象似乎这是查理·马特生前既定的安排。《法兰克王家年代记》最早是790年左右在查理曼宫廷中修订的,此后不断有续编和修订,叙事至829年。而修订本以前曾被称为艾因哈德本,因为它与艾因哈德所著《查理大帝传》的叙事多有重合之处。[1] 长期以来,这部史书被认为是法兰克官方认可的信史,具有相当的权威性,对史学叙事影响极其深远。自1990年代开始,历史学家经过仔细的文本分析,发现此书多有宣传色彩,读者使用时须谨慎。[2]《梅斯编年史前编》是在806年左右由匿名作者所编订,内容相当庞杂,广泛利用了《弗里德加编年史续编》。作者显然非常熟悉加洛林家族内情,为王朝鼎革提供了许多鲜为人知的详情。

---

[1] 陈文海译注:《法兰克王家年代记》,北京:人民出版社,2019年。

[2] Olaf Schneider, "Die Königserhebung Pippins 751 in der Erinnerung der karolingischen Quellen", Matthias Becher & Jörg Jarnut eds., *Der Dynastiewechsel von 751: vorgeschichte, Legitimationsstrategien und Erinnerung*, Münster: Scriptorium, 2004, pp. 243—275;李云飞:《从墨洛温到加洛林:有关751年丕平改朝换代的四个问题》,载《欧洲中世纪早期史研究学术研讨会论文集》,暨南大学,2013年,第50—91页。

这些信息在那个多有隐晦的年代弥足珍贵,但读者使用的时候尤其需要经过严格的检验。

据《梅斯编年史》记载,查理·马特在临终前又再一次分国。"查理还活着的时候,曾经将王国分配给卡洛曼和丕平,但是在他的侍妾斯瓦纳希尔德,即从巴伐利亚掳获的战俘的劝说之下,他也给后者所生的儿子格利佛分配了一个中间王国,即纽斯特里亚全部、奥斯特拉西亚和勃艮第各一部分。"① 有证据表明,查理·马特的两次分国被认为更符合实际。② 目前历史学家们也更倾向于承认,查理·马特临终前改变了分国方案。③ 可能正是因为查理·马特临终前改变了传承方案,导致随后兄弟阋墙。查理·马特尸骨未寒,卡洛曼和矮子丕平便联手将弟弟格利佛(Griffo,约726—754)及其母诱骗到琅城,监禁起来。于是遂有742年他们两人重新分割王国的举动。被囚禁的格利佛由卡洛曼负责看管,他所辖的王国落入两位长兄手中。

格利佛被软禁之后,卡洛曼与弟弟矮子丕平的关系似乎还不错。尽管不少历史学家试图证明二者关系可能并不那么友好,但还是缺少比较扎实的证据。至少从现存的有关教会改革的文件来看,似乎矮子丕平在模仿兄长,团结教会,努力依靠教会的力量来维持和巩固统治。而倾向于兄弟不和的学者会将这些证据解释为兄弟竞争。无论兄弟俩的关系如何,他们肯定面临着非常严峻的挑战,743年他们不得不再次把一位墨洛温

---

① B. De Simson ed., *Annales Mettenses priores*, MGH SS rer. Germ., Hannover: Hahn, 1905, A. 741, p. 32.

② "S. Bonfatii et Lulli Epistolae", No. 48, Ernest Dümmler ed., *Epistolae Merowingici et Karolini aevi*, tomus I, MGH, Berlin: Weidmann, 1892, pp. 296—297. 这封信的系年存在争议。"德意志文献集成"系列的编者杜穆勒认为是在741年年底,而普法勒尔等人将之系于747年。目前杜穆勒的观点成为主流。信中提到查理·马特生前将格利佛托付给卜尼法斯。卜尼法斯写信给格利佛,请求他保护图林根的神职人员和基督徒。

③ Hienz Joachim Schüssler, "Die fränkische Reichsteilung von Vieux-Poitiers (742) und die Reform der Kirche in den Teilreichen Karlsmanns und Pippins. Zu den Grenzen der Wirksamkeit des Bonifatius", *Francia*, Bd. 13 (1985), pp. 47—112; Ulrich Nonn, "Die Nachfolge Karl Martels und die Teilung von Vieux-Poitiers", Matthias Becher & Jörg Jarnut eds., *Die Dynstiewechsel von 751*, pp. 61—73.

王室成员请出修道院,并安排到国王的宝座上。是为希尔德里克三世。①737年之后,查理·马特没有再立墨洛温王,充分显示了自己不受挑战的强大权威。6年之后,历史再次回到墨洛温王为名义之主、宫相行统治之实的政治格局。

随后数年卡洛曼与矮子丕平要么兵分两路,要么合兵一处对王国边境地区的公爵进行武力威胁,攻打阿奎丹、阿拉曼尼亚、巴伐利亚等。据说,746年的堪斯达特战役(Canstatt)杀戮甚众,卡洛曼便开始思考退隐之事。747年,卡洛曼决定退隐。在退隐之前,他让儿子德罗戈继承宫相之位。② 现存一封美因茨主教卜尼法斯致某位安德鲁(Andhunum)的书信。"德意志文献集成"系列的编者将其系年于747年年底。信中写道:"烦请您告诉我们,我所辖的主教是该去参加西部行省公爵的宗教会议抑或参加卡洛曼之子主持的会议?"③在这封信中,德罗戈与丕平是并列而论的,他们都是公爵,也都是宫相。让局势进一步混乱的是,随后格利佛逃出监禁之所。格利佛也是宫相,而且他很有可能首先恢复了对图林根的控制。因为随后丕平首先占领了图林根,并以此为基地继续攻击格利佛。

因此,在卡洛曼退隐之后,法兰克政局就从双宫相协作又变回到三宫相竞争的格局。与查理·马特刚刚去世时的三宫相鼎立相比,差别在于德罗戈取代了他的父亲卡洛曼。《弗莱德加编年史(续编)》在提及卡洛曼退隐之时,特别作了说明:卡洛曼将德罗戈以及自己的王国托付

---

① Margarete Weidemann, "Chronologie der Merowinger im 7. und 8. Jahrhundert", *Francia*, Bd. 25/1 (1998), pp. 177—230. Weidemann 推算的即位日期为743年2月16至3月2日之间。

② 关于德罗戈的史料非常稀少。马提亚斯·贝歇尔曾考证出德罗戈继位之时业已成年,而且似乎一直在起作用。Matthias Becher, "Drogo und die Königserhebung Pippins", Hagen Keller & Joachim Wollasch eds., *Frühmittelalterliche Studien: Jahrbuch des Institute für Frühmittelalterforschung der Universität Münster*, Bd. 23, Berlin: De Gruyter, 1989, pp. 131—153.

③ "S. Bonifatii et Lulli Epistolae", Ernest Dümmler ed. *Epistolae Merowingici et Karolini aevi*, tomus I, No. 79, p. 356.

给丕平。不论是丕平阳奉阴违,在卡洛曼退隐之后立即控制了德罗戈,得到了王国的监护权,抑或是卡洛曼将儿子托付给丕平照顾,请他代为主政,其结果如《弗莱德加编年史(续编)》所言:"这一接管使得丕平的统治实力大增。"① 学者们一般认为,丕平采取这一决断,很有可能与他的长子查理曼的出生有关。丕平 745 年结婚,妻子贝尔特拉达一直未孕,但在 748 年顺利迎来了第一个孩子查理曼。这一添丁进口激励丕平改变宫相的身份,要独自控制政局。②

尽管《弗莱德加编年史(续编)》刻意避免提及格利佛,但其他史料表明格利佛其实是一位搅动政局的重要人物。《法兰克王家年代记》集中于 748 年,讲述了比较完整的格利佛叙事。747 年,刚脱离监禁的格利佛喘息未定,就被丕平追逐。格利佛先从图林根逃到萨克森尼亚。被击败之后,格利佛前往巴伐利亚。丕平再次打败弟弟,不计前嫌,赐予他勒芒公爵领;但是格利佛并不满足,而是反出了王国,逃亡到阿奎丹,并于 753/754 年再次逃亡试图前往意大利之时,兵败被杀。官方史书提供了一位不懂事的老幺形象。格利佛似乎屡次挑起争端,但每次都被打败。在失败逃脱惩罚之后,格利佛不仅屡教不改,还得寸进尺,最后在逃亡意大利的时候被伯爵们杀死。

官方史书的这些话,距离事情的发生已有半个多世纪,基本事实应该可靠,但是这些事件的顺序、年代及其细节,需要与其他史料进行比较考证。749 年,格利佛获得了巴伐利亚公爵一职。但他尚未坐热宝座,丕平就来攻打。根据《弗莱德加编年史(续编)》的说法,丕平出兵是因为巴伐利亚人再次受到不讲信用之辈(nefandorum iterum eorum)的蛊惑,反抗丕平的统治。这些不讲信用之辈中应该包括巴伐利亚公爵奥迪洛的妻

---

① "Chronicarum quae dicuntur Fredegarii Scholastici Continuationes", No. 30, Bruno Krusch ed., *Fredegarii et aliorum Chronica Vitae sanctorum*, MGH. SS. Rer. Mer. Hannover: Hahn, 1888, p. 181.

② Roger Collins, *The Early Medieval Europe: 300—1000*, New York: St. Martin's Press, 2nd ed., 1999, p. 254. 刘寅译:《劝谕青年查理曼:卡特伍尔夫书信译释》,载陈莹雪、李隆国主编:《西学研究》(总第三辑),北京:商务印书馆,2020 年,第 31—46 页。

子、查理·马特的女儿希尔特鲁德和格利佛,因为该编年史在前文提到查理·马特去世后,希尔特鲁德接受了"继母背信弃义(consilio nefario noverce sue)的建议,私自渡过莱茵河,与奥迪洛成亲"。① 从遣词造句来看,这段叙事是在刻意掩盖这次战争的正常经过,污名化对手方,使得战争变成了一段名正言顺的普通平叛过程。

这一点与其他带有强烈官方色彩的叙事如出一辙,尽管它们之间在措辞方面各有差异。《弗莱德加编年史(续编)》说,巴伐利亚之战,双方在伊恩河畔安营扎寨之后,巴伐利亚人开始议和,"献了人质,立下誓言,再不背叛。在上帝的指引下,丕平大胜而归"②。但其实际情形是,双方并没有交战。所谓大胜而归,不过是《弗莱德加编年史(续编)》的一面之词。

巴伐利亚和平对于丕平来说意义深远。《弗莱德加编年史(续编)》在和议结束之后说"此后两年,天下太平无战事",随后就说到了丕平称王。《法兰克王家年代记》将这次事件系年于 748 年,并提到,格利佛等人皆为丕平所擒获。随后,丕平从纽斯特里亚王国中割让 12 个伯爵领,赠给格利佛。但格利佛再次逃走,前往加斯科尼,并到阿奎丹面见公爵魏法尔。③ 修订版《法兰克王家年代记》则说明了赠予 12 个伯爵领意味着赐予一个公爵领,并补充说,格利佛对于这一赠予并不满足,于是逃走了。④ 随后,该编年史转入丕平称王的叙事,讲述丕平派遣两位使节前往罗马请求教宗扎迦利(Zacharias,741—752 年在位)的批准。加洛林早期史书都将丕平与格利佛达成的和平作为丕平称王的直接铺垫。

---

① "Chronicarum quae dicuntur Fredegarii Scholastici Continuationes", No. 25, Bruno Krusch ed., *Fredegarii et aliorum Chronica Vitae sanctorum*, MGH, SS. Rer. Mer. Hannover: Hahn, 1888, p. 180.

② "Chronicarum quae dicuntur Fredegarii Scholastici Continuationes", No. 32, Bruno Krusch ed., *Fredegarii et aliorum Chronica Vitae sanctorum*, MGH, SS. Rer. Mer. Hannover: Hahn, 1888, p. 182.

③ Friedrich Kurze & G. Pertz eds., *Annales regni Francorum inde ab A. 741 usque ad A. 829*, A. 748, MGH, in usum scholarum, Hannover: Hahn, 1905, p. 8.

④ Friedrich Kurze & G. Pertz eds., *Annales Q. D. Einhardi*, A. 748, p. 9.

我们其实并不知道格利佛在和谈之后于何时出逃。《加洛林史事长编》的编者缪尔巴赫将巴伐利亚之战系年于749年。① 缪尔巴赫认为在打败格利佛之后，丕平将12个伯爵领交给这位同父异母的弟弟。但格利佛不接受，并在同一年逃亡阿奎丹。在巴伐利亚，双方并没有实际交战，而是在议和之后罢兵休战。议和中的一项条件应该是丕平让渡12个伯爵领给格利佛。缪尔巴赫有点过于相信官方历史叙事。从丕平与格利佛二者的关系来看，只要格利佛在丕平的直接控制之外，丕平就难得安宁，反之则否。巴伐利亚议和使得此后两年得以实现和平，说明双方达成了比较稳定的共处关系。如果格利佛确实不满而随即逃走，依据当时的政治局势来看，不可能像《弗莱德加编年史（续编）》所说的那样，两年无战事，天下太平。通过和平谈判结束巴伐利亚战事，格利佛的力量并未受到重大的损失；如果他不满的话，应该在749年以后继续闹事，而不必等到753年再接着闹。格利佛并非孤家寡人，有一大批法兰克贵族在支持着他。"格利佛联络了许多贵族，一起逃走。渡过莱茵河来到萨克森尼亚。更多的年轻法兰克贵族并不安分，抛弃他们的主人（丕平抑或德罗戈），追随格利佛。"②安置格利佛就意味着要安置一大群贵族及其子弟，12个伯爵领其实就是勒芒公爵领，因此这个数字更多地反映的是格利佛的身份，他位同公爵，至于实际上谈判的筹码和内容，则需要通过其他更加原始的资料来窥知一二。

幸运的是，现存一封书信，是教宗扎迦利写给法兰克全体神职人员的。这份文献的最早抄本是9世纪初抄录的巴黎拉丁抄本第2777号，可惜的是此信年月不明。"德意志文献集成"系列的编者贡德拉赫认为此信写作于750—751年之间。在信中，扎迦利教宗说明了写作缘由。在接到卡西诺山的圣本尼迪克特修道院院长奥普塔图斯和"讨上帝喜欢的修

---

① J. F. Böhmer, E. Mühlbacher & J. Lechner eds., *Die Regesten des Kaiserreichs unter den Karolingern*: 751—918, Innsbruck: Verlag der Wagner'schen Universitäts-Buchhandlung, 1908, p. 30.

② Bernhard von Simson ed., *Annales Mettenses priores*, A. 748, p. 40.

士"、前宫相卡洛曼的请求之后,扎迦利请求法兰克全体教士,协助完成两件事情。第一是有人将卡西诺山上圣本尼迪克特修道院所藏之圣本尼迪克特圣骨偷走了,请他们代为追回并遣送回来;另一件事情就是请他们居中斡旋,以便丕平与格利佛重归于好。对于第一件事情,这次偷窃事件导致的圣骨转移,使得法兰克王国建立了著名的弗洛里(Fleury)修道院,留下了不少的传说故事,且不置论。第二件事情则最为清晰地说明了卡洛曼、家族内部争斗与法兰克王朝—罗马教宗联盟之间的关系。当矮子丕平与格利佛兄弟相残之时,卡洛曼出面,请求罗马教宗扎迦利出面进行干预,扎迦利进一步请求全体法兰克教会人士做说客,劝说兄弟俩不要互相争斗。这封信最有可能的背景,就是在巴伐利亚的格利佛与矮子丕平的长期隔河相持。迫于卡洛曼、扎迦利和"全体法兰克教士"的压力,丕平和格利佛不得不接受和平解决的方案,结束这一次兄弟之间的争斗。

和谈弭兵之事应该发生在751年之前、748年之后。而这3年应该就是教宗扎迦利这封书信写作的时间范围。在这三年间,和谈似乎确实发生过一次,即在巴伐利亚,丕平和格利佛率领两军对峙时期。《弗莱德加编年史(续编)》的相关叙事,是在751年前后记录下来的,在时间上距离历史事件最为接近。它将萨克森战争与巴伐利亚战争都定性为叛乱。但该书对二次战争的结局描写并不尽相同。萨克森人在战败之后,被迫纳贡。在巴伐利亚,不仅没有发生直接的冲突,而且双方对峙之后继之以赠礼、臣服,然后是发誓和缴纳人质。这一套程式表明对峙之后发生的更像一场和谈,互相起誓之后双方互相交纳人质。巴伐利亚战争是因为"邪恶之人的煽动",和谈的结果是以免"有人再次叛乱",但《弗莱德加编年史(续编)》并没有点明这些人是谁。谈判主体则是丕平与巴伐利亚人,符合其隐瞒有关格利佛史事的意图。

和谈达成的结果,是实现了两年的和平。两年之后丕平称王。因此,从时间上来算,和谈弭兵的背景似乎应该是丕平称王之前两年多的时候发生的,最有可能的选项是748年抑或749年发生的巴伐利亚战争。如果我们相信《加洛林史事长编》的推论,巴伐利亚战争发生于749年,和谈也发生在这一年,那么扎迦利教宗的这通书信,也就应该写作于 749 年。矮子丕平之所以与格利佛最终在巴伐利亚达成和平协议,教宗扎迦利、修士卡洛曼以及全体法兰克王国主教们功不可没。

卡洛曼巧妙地利用罗马教宗的号召力,动员全体教会力量,干预大获成功,以至于实现了《弗莱德加编年史(续编)》的"两年无战事"。这一次和平活动似乎实现了由大宫相矮子丕平主导,格利佛与德罗戈作为小宫相协助的加洛林家族共治的局面。在扎迦利的信中丕平的称号非常奇怪,为"杰出的宫相王"(excellentissimus reges maiori domus)。大概由于这个称号过于奇怪,所以抄本的拼写并不那么合语法。17 世纪的编者、著名的古文书学家马比荣以及编者希尔蒙德(Jacques Sirmond)都将"王"字删除了,将它读成了"杰出的宫相"。但是贡德拉赫尊重了抄本的书写方式,并在注释中做了语法校正,将其理解为"杰出的宫相王"(excellentissimi regis maioris domus)。不仅如此,在后文中他将"首先"(primum omnium)训读为"众人中第一人",并出注说明此处指代"丕平"。经过他的解释,这句话就变成了"以便法兰克全体教士们能够让众人中第一人与他的兄弟重归于好"(ut primum omnium cum suo fratre ad pacis redeant unitatem)。而马比荣则将这句话做了改写,变成了"兄弟之间重归于好"(ut frater ad fratrem pacis iure in unum redeat)。

贡德拉赫与马比荣对这两处文字的不同处理方式,似乎各对了一半。"宫相王"的处理,马比荣删节原文,略嫌鲁莽;而贡德拉赫尊重原文,更显谨严。贡德拉赫的处理方式似乎可以得到其他中古抄本的支持。12 世纪的史家雨果·弗勒里(Hugo of Fleury)在其编年史中也转抄了这一通书信。他在抄录之时,删除了宫相,仅保留了"杰出的(法兰克)王"[①]。雨果·弗勒里与马比荣的处理方式相似,但结果截然相反。他们的删改表明,原文确实比较独特。在"首先"处,尽管马比荣改写原文,但是,其理解

---

① Bernhard Rottendorff ed., *Hugonis Floriacensis Chronicon*, Monastery Westphalia: Bernard Raesfeld, 1638, p. 165.

却反而更胜一筹。因为在中古早期文献中,"primum omnium"最为常见的用法就是"首先"。而且在这封信中,该词与后文的"然后"(deinde)构成句式,说明教宗书信的两个意图——先帮助加洛林家族的兄弟和解,然后请求归还圣本笃的圣骨。

尽管两位伟大的文献学家在语法上的理解各有优劣,但贡德拉赫的理解还是颇有些现代化的味道。大多数教宗的书信,使用比较正规的称呼,宫相实际上是某某王的宫相,因此,王与宫相在一起出现的时候,并不非得意味着天下第一人。因此,马比荣的理解无误。而贡德拉赫似乎想强调丕平在位阶上比其他的兄弟要高一等,故对宫相做了字面上的比较拘泥的理解。宫相丕平不必非得是宫相王丕平。

和谈的具体细节不明。巴伐利亚和平实现之后,格利佛很有可能被安置于纽斯特里亚。这是《法兰克王家年代记》所给出的安置地点。《古本梅斯编年史》甚至认为格利佛领有勒芒公爵领。据《弗莱德加编年史(续编)》记载,格利佛去世的消息来自勃艮第。而纽斯特里亚全部和勃艮第一部都是查理·马特在临终前分给格利佛的地盘。看来,格利佛很有可能在和平之后恢复了父亲分配的中间王国。如果这一推测合适的话,那么在749年实现和平之时,法兰克王国局势似乎又回到查理·马特去世时天下三分的格局。矮子丕平、格利佛和德罗戈三足鼎立。

但为什么稍晚的官方史书都提到了12个伯爵领?12个伯爵领加起来还不如巴伐利亚公爵领面积广大,格利佛及其大批贵族支持者如何能够对此满足?因此主流官方叙事说格利佛不满是有道理的。但我怀疑,这个勒芒公爵领是丕平称王之后试图改变巴伐利亚和平协议而擅自改动的结果,而非巴伐利亚和平协议达成的领土安排。换言之,从巴伐利亚和平实现到丕平称王的两年间,格利佛的疆土从中间王国变为了12个伯爵领,所以引发他的强烈不满,再次出逃阿奎丹,躲避矮子丕平的威胁。如果格利佛在和议之后立即出逃,则意味着和平破裂,何来《弗莱德加编年史(续编)》所称的"两年无战事"?《梅斯编年史前编》提到,丕平称王之后的第一件事情,就是派遣使者前往阿奎丹面见公爵魏法尔,请求他将叛逃的格利佛遣返。"派遣使者去见阿奎丹公爵魏法尔,以便后者遣还潜逃到那里的他的兄弟。但魏法尔听信谗言,竟敢不从"①,事未果。这个说法似乎可以旁证,格利佛的出逃与矮子丕平称王联系在一起,而不是紧随巴伐利亚和平而发生。

　　幸运的是,我们似乎可以从现存丕平的赠地文书中,找到进一步的佐证,支持两年和平期之后丕平称王打破了三足鼎立格局的说法。现存丕平担任宫相时期的赠地文书凡8件,其中有4件涉及巴黎圣德尼修道院。从这4份文书来看,751年6月20日之前的3件都仅仅涉及某个地块和某个教堂的权益。称王之前的最后一件赠地文书,则涉及圣德尼修道院的众多地产。"长期以来由诸王赠礼、基督徒或者敬畏上帝之人,以及善人们赠予或者转让给圣德尼的财产,被充满邪恶欲望的邪恶无德之人,或者出于修道院院长们的失职和诡计,或者由于法官们的疏忽,从那座神圣的修道院而被攫取或剥夺。"经过审理,丕平和法官们决定将凡属于圣德尼修道院的财产都加以归还,为此派遣两位巡察钦差维钦格斯(Wichingus)和克劳迪奥(Chlodio)巡行各地以便"调查和探查,涉及圣德尼修道院的权益的一切地方,包括他们的合法建筑、衣物……应该归还之物"。文书列举了10个地区的48块地产之后,随后补充了一句:"散布于各个地区或大或小的地产,难以一一列举。"而这样做的目的,既是为修士们提供照明、衣物和其他需要,救济穷人,也是为了"我、我的儿子们和法兰克王国的稳定,他们日夜向我主祈祷;也每天在弥撒中和在圣德尼墓前的特别祈祷中念诵我的名字"。②

　　文书编者海德利奇提到法国学者斯托克勒的观点,斯托克勒认为这些地块可能一度属于格利佛的追随者们。这些地块基本上位于修士卡洛曼所曾经统治的王国,在巴伐利亚和谈之后,转归格利佛的追随者。751年的赠地文书表明,这个时候丕平牺牲了格利佛追随者的利益,满足了圣

---

① Bernhard von Simson ed., *Annales Mettenses priores*, A. 750, p. 42.
② 本段引文皆出自 Ingrid Heiderich, *Die Urkunden der Arnulfinger*, MGH, Diplomata, No. 23. Hannover: Hahn, 2011, pp. 52－53.

德尼修道院的需求。但德国学者拉尔夫·皮特斯对此观点不尽同意。他认为,这些地产位于卡洛曼的王国,丕平这个时候接管了这部分王国。这一转变与 25 年后的情况类似。772 年查理曼在弟弟卡洛曼去世之后,吞并了他的王国。在 775 年即查理曼吞并弟弟的王国之后 3 年,圣德尼修道院又再次请查理曼确认了这一赠地文书。这说明,在统治权发生转移之后,圣德尼修道院有必要分别重新向新的统治者丕平和查理曼确认其地产。这一行为与格利佛的追随者无关。①

尽管我们很难仅仅依据一份圣德尼修道院的赠地文书确定这些地产到底是从修士卡洛曼的继承者、德里戈的追随者,还是格利佛的追随者手中转移出来的,但是这份赠地文书的确从侧面印证了 751 年发生的政治大变动。由于丕平称王,导致加洛林家族内部的纷争再起,两年的和平期结束。近年来,德国学者贝歇尔提出,丕平称王是为了终结加洛林家族内部的纷争。② 此说渐成主流观点,为剑桥大学出版社的教材所采纳。③ 但这个观点还缺乏确凿的证据。丕平给圣德尼的上述赠地文书表明,丕平在称王前夕,就动手占据了德罗戈或者格利佛的王国,从而引发了格利佛的强烈不满和出逃。

按照《法兰克王家年代记》的叙事,格利佛一直在潜逃中。他出逃到阿奎丹之后,似乎颇不得意,只好继续潜逃,试图翻越阿尔卑斯山,前往意大利;但在叛逃出境的时候被击毙。

---

① Ralf Peters, *Die Entwicklung des Besitztums der Abtei Saint-Denis in Merowingischer und Karolingischer Zeit*, Hamburg: Diplomatica Verlag GMBH, 1991, pp. 126—128.

② Matthias Becher, *Merowinger und Karolinger*, Damstadt: WBG (Wissenschaftliche Buchgesellschaft), 2009, p. 64. 艾利甚至提出,正是通过一系列打击格利佛的军事行动,矮子丕平不仅征服了王国周边地区,而且将广大法兰克贵族团结在自己的身边,形成了所谓"加洛林贵族集团"。Stuart Airlie, "Towards a Carolingian Aristocracy", Matthias Becher & Jörg Jarnut eds., *Der Dynastiewechsel von 751: vorgeschichte, Legitimationsstrategien und Erinnerung*, pp. 109—127.

③ Marios Costambeys Matthew Innes & Simon Maclean, *The Carolingian World*, Cambridge: Cambridge University Press, 2011, p. 62. 类似的观点:Matthew Innes, *Introduction to Early Medieval Western Europe, 300—900: The Sword, the Plough and the Book*, London: Routledge, 2007, p. 405.

但格利佛从法兰克王国叛逃意大利的消息,大可置疑。在771年左右第一次编订的众多加洛林小编年史提醒我们,格利佛并非潜逃出境,而是在"入侵法兰克王国(in Franciam ingressus)的时候被杀"①。在格利佛被杀的时候,丕平正在北征萨克森人的进军途中,因为同一年,萨克森人杀死了科隆大主教希尔德加尔(Hildigarius)。因此,在753年不仅仅是萨克森人进犯,而且格利佛率领军队从阿奎丹入侵,杀死了丕平手下的两位伯爵。故《梅斯编年史前编》对此评论道:"交战双方的法兰克贵族都死伤惨重。"②格利佛与萨克森人形成南北夹击之势,对丕平再一次构成了严重的威胁。丕平也经受住了考验,杀死了同父异母兄弟。

格利佛被杀之后,丕平得以腾出手来,彻底解决另一位加洛林宫相德罗戈。与格利佛不同,德罗戈是名正言顺的宫相,名义上控制着半个法兰克王国。而且他的父亲卡洛曼与罗马教座关系密切。因此,丕平似乎选择了和平的方式,如《弗莱德加编年史(续编)》所言,德罗戈及其王国被托付给丕平照管。这一次,丕平邀罗马教宗斯蒂芬二世北上。在这个时候,罗马教宗斯蒂芬二世也迫切希望获得丕平的帮助。"(教宗)悄悄地委托一位游客将书信送给法兰克王丕平,讲述这个地方(罗马城)所受的灾难。他指示使者,请他不断地请求法兰克王,以便丕平最终能派遣他的信使来到罗马城,并通过信使邀请他本人。"③随后丕平三世的使者儒米利叶修道院院长德罗特冈(Drotgang of Jumière)前来拜访罗马教宗,带来了丕平的口信,并安排教宗北上事宜。随后,丕平派遣公爵奥特卡尔(Autchar)率队前来迎接斯蒂芬二世。在得知自己的使节与伦巴第方面的和谈毫无进展之后,教宗决定亲自北上,到帕维亚继续与伦巴第王谈判,谋求在罗马与伦巴第王国之间缔结和平条约。但经过一个多月的谈

---

① "Annales Laureshamenses", "Annales Alamannici", "Annales Guelferbutani", "Annales Nazariani", G. H. Pertz ed., *Scriptorum tomus I*, Hannover: Hahn, 1826, pp. 26–27.

② Bernhard von Simson ed., *Annales Mettenses priores*, A. 751, p. 43.

③ L. Duchesne ed., *Le Liber Pontificalis*, vol. I, "XCIIII. Stephanus II (752—757)", XV, Paris: Ernest Thorin, 1892, p. 444.

判,未果。斯蒂芬二世在奥特卡尔公爵和梅斯主教克洛德冈的催促和陪同之下继续北上,越过阿尔卑斯山,成为第一位访问法兰克王国的罗马教宗。754年1月,丕平与斯蒂芬二世开始了历史性的会见。随后,斯蒂芬二世被安排在巴黎的圣德尼修道院过冬。754年7月,教宗在圣德尼修道院大教堂为丕平、其妻贝尔特拉达、查理曼和卡洛曼举行祝圣膏立加冕仪式。借助于教宗的膏立加冕仪式,一方面矮子丕平通过教宗从圣彼得,从而从上帝那儿得到了神圣的王权,另一方面也确保王权在自己的支脉中传承。

也就在这个时候,德罗戈的父亲、前宫相、卡西诺山圣本尼迪克特修道院修士卡洛曼回国。据《法兰克王家年代记》修订版的说法,因为碍于院长的情面,他只能承接伦巴第王艾斯图尔夫吩咐的任务,回国阻挠丕平出兵意大利。① 而在757年斯蒂芬二世去世后不久编纂的《罗马教宗列传·斯蒂芬二世传》则说得更加直白:"无信的艾斯图尔夫奸诈地劝诱了卡洛曼——好心的丕平王的兄弟,离开他潜心修炼之所——圣本尼迪克特修道院,回到法兰克地区,以便阻止和反对归还土地和权益给罗马帝国的神圣教会。他们会面之后,卡洛曼贯彻暴君艾斯图尔夫的指示,顽固且强烈地反对神圣教会的事业。但是在上帝的支持下他不能动摇他的兄弟、虔诚的法兰克王丕平的坚定意志。在识别了艾斯图尔夫的邪恶诡计之后,杰出的法兰克王丕平启程为神圣教会而战斗,一如他对有福教宗所作的承诺那样。既然卡洛曼业已献身于修道生活,神圣教宗在与法兰克王协商之后,决定将他安置于当地的法兰克修道院。几天之后他就蒙神恩离开了人世。"② 与此同时,德罗戈与他未留下姓名的兄弟一起被削发成为修士。至此,丕平的家族内部竞争对手全部被清除。丕平称王不仅在仪式上圆满,而且他也实际上成为唯一的加洛林

---

① 原版只提及了卡洛曼去世。Friedrich Kurze & G. Pertz eds., *Annales regni Francorum inde ab A. 741 usque ad A. 829*, A. 755, pp. 12—13.

② "XCIII. Stephanus II (752—757)", L. Duschesne ed., *Le Liber Pontificalis*, vol. I, xxx, pp. 448—449.

国王。

与墨洛温家族一样,加洛林家族推行分割继承,由于资料留存相对较多的缘故,我们对加洛林宫相的活动有可能了解得更加深入,从而对因分割继承而带来的政治斗争可以略窥一二。家族分割传承权力,旨在确保权力在家族内部延续,但加洛林家族似乎尚未有类似于墨洛温王室的长发王制度,依据家族成员的独特身体发肤来维系分享权力的家族成员尤其是弱者的地位,从而实现权力在家族之内的和平传承。总体来看,当加洛林家族站在权力之巅的时候,面对如何处理家族权力的代际分享,他们似乎也并不是很成功。对于查理·马特与继母和侄子们的血腥斗争,我们所知甚少;而查理·马特死后所发生的兄弟阋墙则班班可考。卡洛曼与矮子丕平为一方,欺负继母及其孩子。围绕宫相权力,加洛林家族不同母亲所传承的支系之间展开了殊死的斗争。这一特点与墨洛温后期王室婚姻的基督教化相适应。从墨洛温后期到加洛林世代,王室或者宫相明媒正娶的妻子是其孩子合法继承权力的合法基础,换言之,权力的传承似乎逐渐遵循嫡出原则。与格雷戈里所总结的"国王的儿子都是国王"的原则有了很大的不同。这也意味着女性在选择家族继承人的时候,具有更大的发言权。矮子丕平的遗孀贝尔特拉达在矮子丕平死后,一度纵横捭阖,在伦巴第王、罗马教宗之间牵线搭桥,为儿子安排婚姻,也在加洛林历史舞台上留下了炫丽的痕迹。

从家族和平传承的角度而言,矮子丕平确实借助教宗的参与而明确地实现了这一继承原则的转化。他利用教会和罗马教宗举行的加冕仪式,垄断王冠和王位并排除其他家族成员的觊觎和潜在威胁,以这种方式来解决家族内部争端并实现和平。自称抄录于767年的《丕平王膏立记》最为鲜活生动地表达了这一原则:"这位可敬的教宗用王家的礼服(cicladibus),用7重恩典祝福高贵而虔诚的,并虔诚地支持圣殉道者们的王后贝尔特拉达,并且用圣灵的祝福恩典确认;凭借诅咒和绝罚之律的约束,法兰克王国的大公们,任何时候永不得从其他家族(lumbis)选择王,而只能从蒙受上帝恩典,通过圣使徒的中保,通过其代理人——有福的教宗之手加以确认和祝圣的这些人中加以选择。"①我姑且称之为"单支系模式",或者"矮子丕平模式"。这一模式诞生于 754 年,那个时候,矮子丕平的孩子们都还很小,年龄最大的查理曼其时只有 6 岁左右。从这个角度而言,单支系模式似乎也是为了保护年幼的继承者。从这个角度而言,该模式或者制度与长发王异曲同工。

虽然如此,这一模式并没有立即受到特别的重视,所以《弗莱德加编年史(续编)》没有记载 754 年的膏立加冕仪式,一如矮子丕平没有启用教宗授予他的罗马国老称号。但是十余年之后,到 767 年矮子丕平病重之际、加洛林家族再一次面临权力的代际传承之时,矮子丕平模式被系统总结,进入历史文献之中,凝结为备受争议的《丕平王膏立记》。② 这份文书明确表达了家族王位传承只能限定于矮子丕平和王后贝尔特拉达所生的男孩子们,成为矮子丕平模式的首次表达。

作为矮子丕平的继承者,查理曼以其天纵之才使得王国的面积扩大将近一倍。他妻妾较多,儿女不少。但他在 780 年代毅然决定以希尔德嘉德(Hildegarde,约 758—783)所生的孩子作为正式的王位分享者,单支系模式成为加洛林家族的主流王位传承模式。但这并不意味着多支系模式就完全没有得到应用。不论卡洛曼是否主动将儿子德罗戈托付给矮子丕平,在他退隐之后,三位不同支系的加洛林宫相构成的多支系传承模式见证了墨洛温王朝的消亡。卡洛曼和格利佛可能在继承模式上并没有持一致的立场,但他们的行为都偏向于多支系模式,或者说延续墨洛温王室继承方式,保证所有的继承者都能够和平共处,分享家族权力。

到了虔诚者路易统治时期,加洛林家族的两种王权继承方式备受考验。在登基伊始,他就设法剥夺了侄子伯纳德的家族传承王权,迫使后者

---

① "De Unctione Pippini Regis", Georg H. Pertz ed., MGH, *Scriptorum tomus XV*, pars I, Hannover: Hahn, 1887, p. 4. 英译文可以参见 Paul Edward Dutton ed., *Carolingian Civilization: A Reader*, Peterborough (Ontario): Broadview Press, 1993, p. 12.

② 具体内容和相关学术争论,参见李云飞:《从墨洛温到加洛林:有关 751 年丕平改朝换代的四个问题》,载《欧洲中世纪早期史研究学术研讨会论文集》,暨南大学,2013 年,第 50—91 页。李隆国:《加洛林早期史书中的丕平称王》,《历史研究》2017 年第 2 期。

于 819 年叛乱并因此遭受酷刑而亡。但是当他自己的第二任妻子——美丽的朱迪斯生下可爱的秃头查理之后,他又试图复兴多支系继承模式,让两任妻子的孩子平等地参与王权的分享。因为处理不慎,导致大规模长期的内战。但他并没有放弃,而且经过半个世纪的争夺,最终庶出的秃头查理(Charles the Bald,829—877 年在位)笑在了最后。

第六章 复兴罗马:加洛林帝国的建立

实现朝代鼎革,矮子丕平建立起加洛林王朝。为了证实自己的合法性,他继续其父查理·马特开创的功业,不断对外进行军事扩张,在巩固王位的过程中开疆拓土。在加洛林家族授意之下编写的史书《弗莱德加编年史(续编)》,将加洛林家族塑造为能打仗和能打胜仗的军事强者,带领法兰克人不断取得胜利,获得大量战利品。查理曼效法乃父,在弟弟卡洛曼死后决然剥夺侄子们的继承权,独立控制王国,并调动王国资源,南征北战,几乎年年征战。向南攻灭伦巴第王国,也把边区设置到了比利牛斯山南麓;向西迫使布列塔尼亚人称臣,令不列颠人纳贡;向北更是经过长达三十余年的交战将萨克森人征服;向东吞并巴伐利亚公爵领,更击溃阿瓦尔人。军事扩张的结果是查理曼将法兰克王国的疆土几乎扩大了一倍。查理曼的文治武功赫赫,似乎使得其称帝实至名归,但是,学术界的研究表明,作为历史事件,称帝远非必然会发生。名实之间,不仅关涉政治军事实力,帝王之德似乎更为重要。

第一节 矮子丕平的功业

751年,法兰克王国墨洛温王朝的宫相(maior domus)丕平三世发动宫廷政变,废黜末代墨洛温国王希尔德里克三世,自己称王,建立起加洛林王朝。在流行的教科书中,这一历史事件往往被誉为"加洛林革命"。加洛林革命说旨在将墨洛温王朝向加洛林王朝转变的更迭置于宏大的欧洲历史变革之中。顺应这些历史的重大变迁,加洛林家族创造了一系列新的政治军事制度,其中最为人乐道者,当数封建骑兵的兴起[1]和法兰克—罗马教宗联盟带来的基督教神圣政治。[2] 通过这些重大的改革措施,加洛林家族不仅获得了强大的军事政治实力,并最终收获了国王名分,取代墨洛温王朝,开创加洛林王朝,迎接了西欧历史的新局面。如亨利·皮朗的总结所言:"生活的轴心,历史上第一次,由地中海地区向北方地区转移。而这一转变过程的后果就是墨洛温王朝的衰落,从而导致了加洛林王朝的诞生。"因此,加洛林王朝的兴起标志着欧洲古代历史的终结和中古历史的真正开启。[3]

加洛林革命说将丕平称王事件视为一个名分与实力相符合的过程,换言之,加洛林宫相变成国王是一个将王名授予拥有王权的宫相的现象。用当时的话语来说,就是掌握实际王权的宫相丕平如何获得国王名分的过程。这一学术观点又以"名分理论"[4]而著称,它与1200年前的加洛林早期历史叙事一脉相承。加洛林早期历史叙事分别以8世纪中后期续编完成的《弗莱德加编年史及其续编》、8世纪末的《法兰克王家年代记》,以及于9世纪初完成的《查理大帝传》为代表。由于编订的时间不同,在回

---

[1] 或者被称为"怀特命题"(White Thesis)Lynn White, *Medieval Technology and Social Change*, Oxford: Clarendon Press, 1962, pp. 1—38.

[2] Thomas Noble, *The Republic of St. Peter: The Birth of the Papal State*, 680—825, Philadelphia: University of Pennsylvania Press, 1984, pp. 257—262;沃尔特·厄尔曼:《中世纪政治思想史》,夏洞奇译,南京:译林出版社,2011年;Janet L. Nelson, "The Lord's Anointed and the People's Choice: Carolingian Royal Ritual", Idem, *The Frankish World: 750—900*, London: The Hambledon Press, 1996, pp. 99—132.

[3] 亨利·皮朗:《穆罕默德和查理曼》,王晋新译,上海:上海三联书店,2011年,第302页。

[4] Helmut Beumann, "Nomen imperatoris: Studien zur Kaiseridee Karls des Grossen", *Historische Zeitschrift*, Bd. 185, pp. 515—549. 关于丕平称王的讨论在第529—532页。对该学术观点的总结,参见 Werner Affeldt, "Untersuchungen zur Königserhebung Pippins: Das Papsttum und die Begründung des karolingischen Königtums im Jahre 751", *Frühmittelalterliche Studien*, vol. 14, issue 1 (1980), pp. 95—187. 具体讨论参见第164—167页。

顾昔年的称王事件、进行古今对话之时，这些加洛林早期历史作品之间的具体观点难免会不尽一致，侧重点也各有不同，但是它们都将加洛林家族成员当作故事的主角，以加洛林家族的实力与扩张为历史变迁的主线。这说明加洛林先公、先王赢得了教俗贵族的拥戴并获得罗马教宗的支持，通过丕平称王而顺理成章地获得国王名分。

现代的名分理论则进一步探索名分理论的思想来源，并说明为了说服法兰克王公贵族，对抗墨洛温王室血脉承载的日耳曼蛮族的多神教王权神圣观念和卡利斯马遗产，加洛林家族提出名分理论，并借助罗马教会的神圣王权观，获得王位的合法性。在这个过程中，古代罗马的政治思想遗产、日耳曼蛮族和罗马教会的国家理论融合无间。名分理论主要依托于《法兰克王家年代记》，因此也有学者指出，与其说丕平发明了名分理论，还不如说《法兰克王公编年史》的作者们在 790 年代利用了名分理论来为丕平称王进行合法化解释。①

这一理论的核心是一对极不平衡的政治权力关系，即有名无实的墨洛温懒王与掌握军政实权的加洛林宫相。王朝更迭就是顺应实力对比而发生的名分改变，使得有类似于国王实权的宫相获得国王的名分，将颠倒了的政治秩序恢复正常。在这一理论之下，加洛林革命其实算不上革命，因为改朝换代似乎没有遇到多少阻力。如 1980 年代由剑桥大学出版社出版的教材《加洛林治下的法兰克王朝：751—987 年》所言："751 年的'王朝革命'获得了彻底成功。就我们所知，没有重新替希尔德里克复位的任何举动，他也于 753 年去世，他的子孙们也没有再担任过国王。格利佛也没能挑战他哥哥的权力，其他试图推翻加洛林家族的举动也都被镇压了……加洛林家族，一个出身高贵、野心勃勃且拥有强大权力的家族，拥有广袤的财富，才能出众，他们与其他贵族家族争夺法兰克高卢的控制权。他们与其他家族没有什么两样，但是拥有更具实力的强拳铁肘，维持

---

① Werner Affeldt, "Untersuchungen zur Königserhebung Pippins, Das Papsttum und die Begründung des karolingischen Königtums im Jahre 751", *Frühmittelalterliche Studien*, pp. 154—177.

第六章 复兴罗马:加洛林帝国的建立

统治达 2 个世纪。"①史家们相信矮子丕平拥有无与伦比的权威,代表了加洛林家族的强权铁肘。

但是,近年来,历史学家不再将矮子丕平视为加洛林家族力量理所当然的代表,并通过引入家族政治概念,挖掘家族内部争斗的证据,揭示了一个非常不同的王朝更迭故事。通过家族政治的视角,历史学家也揭示了加洛林早期史书分别通过有选择地记录等手法,试图掩盖诸多历史事件。例如,《弗莱德加编年史(续编)》隐瞒了 743 年墨洛温王希尔德里克三世被从修道院请出并送上王位的事实,该书与《法兰克王家年代记》也对加洛林家族内部残酷的权力斗争有意识地加以掩饰②,对格利佛及其母亲斯瓦纳希尔德进行恶意污蔑,认为她的贪欲是兄弟阋墙的罪魁祸首。③ 对于 741 年卡洛曼和丕平的妹妹希尔特鲁德(Hiltrudis)出逃,嫁给巴伐利亚公爵奥迪洛,它们也保持沉默;即使有些史料提到这件事情,也特地说明希尔特鲁德同样是受到了后妈斯瓦纳希尔德的蛊惑。④

学术界公认,加洛林家族确实实力强大,尤其是在查理·马特的领导之下,其权威性更是无人能够挑战,从而为王朝鼎革奠定了政治基础。737 年,墨洛温王提乌德里克四世去世,查理·马特并没有再拥立新的墨洛温王,直到 741 年查理·马特去世,这表明加洛林家族取代墨洛温家族就只是一个时间问题。从这个角度而言,737 年可以被视为加洛林王朝建立的真正起点,这也注定了王位问题会与加洛林家族内部的政治斗争纠缠在一起。

加洛林家族身处法兰克人政治传统之中,延续了墨洛温王室流行的

---

① Rosamond McKitterick, *The Frankish Kingdoms under the Carolingians*: 751—987, London: Longman, 1983, pp.35—38.

② 通过对《法兰克王家年代记》的两个不同版本之间的比较可以看得非常清楚:原版 741 年基本未提及格利佛,而修订版有比较清晰的介绍。Friedrich Kurze & G. Pertz eds., *Annales regni Francorum inde ab A. 741 usque ad A. 829*, pp.2—3.

③ Friedrich Kurze & G. Pertz eds., *Annales regni Francorum inde ab A. 741 usque ad A. 829*, p.3.

④ Bernhard von Simson ed., *Annales Mettenses priores*, A.742, p.33.

分国制度,采取分割继承的原则。采用分国的策略使得加洛林家族在代际更替之际,往往上演残酷的内部争斗甚至酿成内战。查理·马特临终前调整王国继承方案,说明查理·马特仍然无法逃脱加洛林家族代际传承之时会发生家族内部血腥冲突的"魔咒"。他也不得不留下一份自己继承人之间纷争的遗产。

家族政治的视角使得我们意识到,加洛林家族富有实力并不等于加洛林家族某位成员拥有家族的全部实力,每位家族成员都有可能利用家族的资源参与竞争。在墨洛温晚期,只有通过压服其他的家族成员,某位加洛林成员才会胜出,成为家族的领袖和法兰克王国的领袖。德国学者马提亚斯·贝歇尔甚至提出,丕平称王变成了家族内部争斗的一个必要手段①,而非矮子丕平博取王权进程中的巅峰。

在分割继承的家族政治中,手足相残必定依托于贵族集团之间的争斗。墨洛温晚期长期形成的地方贵族势力坐大,既为王朝鼎革之时的加洛林家族内斗提供了温厚的土壤,也对其激化起到了限制作用。近年来,随着群体传记法(prosopography)研究的深入,通过追溯各种人名录和文献资料,学者们发现,尽管查理·马特的统治带来了贵族阶层最为剧烈的变动,但是许多加洛林王朝贵族的家族历史非常悠久,有些家族甚至缘起于古代晚期。② 贵族群体的延续性也说明,加洛林家族成员的争斗与贵族们派系丛生互为表里。

在这种贵族政治结构中,加洛林家族成员得采取措施获得尽可能多的贵族支持,以便在权力斗争中胜出。贵族政治为加洛林家族成员的斗争提供了广阔的结构性政治基础。通过支持不同的加洛林家族成员,不同地域与具有不同利益的贵族集团可以获得在中央的利益表达机会。处

---

① Matthias Becher, *Merowinger und Karolinger*, p. 64.
② Karl F. Werner, "Important Noble Families in the Kingdom of Charlemagne", Timothy Reuter ed., *The Medieval Nobility: Studies on the Ruling Classes of France and Germany from the Sixth to the Twelfth Century*, Amsterdam: North-Holland Publishing Company, 1978, pp. 137—202. 引文出自第 146—148 页。

在墨洛温晚期贵族政治的结构之中,丕平还得面对现实,采取更为实用的策略,软硬兼施,不仅使用武力强迫贵族效忠,而且也利用和平手段来团结贵族们并获得合法性。如《弗莱德加编年史(续编)》所言:"在贵族们的支持下和在主教们的祝福中,丕平被推举为王。"

正是因为重视这一政治结构性运作机制,英国历史学家斯图亚特·艾利对丕平如何获得贵族支持的过程进行了新的理论总结。他认为,正是通过兄弟相争,尤其是格利佛的叛乱以及随之而来的丕平平叛,使得法兰克王国的贵族逐渐团结在丕平的周围,形成了所谓"加洛林贵族群体"①。在这个贵族群体的支持之下,丕平得以顺利地称王并取代墨洛温王朝,并巩固自己的王位。

艾利的解释突破了加洛林早期史书留给后人的静态图景,从动态演变的角度利用家族政治的研究成果来说明丕平获得贵族尤其是军事贵族支持的过程。尽管艾利也列举了一些个案,但毕竟只是涉及众多贵族中的极少数人物。德国历史学家约瑟夫·郑穆勒则试图通过调查各种赠地文书,来量化分析丕平的支持者。他得出的结论是丕平的支持者数量庞大,遍及整个王国。② 但是,他的结论也遭到其他历史学家的质疑,说明这种尝试及其结果还不能令人彻底信服。③

剑桥出版社出版的教材《加洛林世界》则综合了通过曲笔赢得合法性的史书视角和家族政治的视角,提出新的系统性解释。该书的作者们认为,丕平称王是为了战胜家族内部的竞争对手而采取的措施,但丕平749年根本没有派遣使团去罗马,751年丕平称王也没有获得教宗的批准。为了彻底胜出,丕平于754年利用罗马教宗的膏立祝圣仪式,以说服贵族们发动对伦巴第的战争。"事实上,丕平决定不惜一切代价称王,两年后

---

① Stuart Airlie, "Towards a Carolingian Aristocracy", Matthias Becher & Jörg Jarnut eds., *Der Dynastiewechsel von 751*, pp.109−127.

② Joseph Semmler, *Der Dynastiewechsel von 751 und die fränkishce Königssalbung*, p.86.

③ Florence Close, "Le sacre de Pépin de 751, Coulisses d'un coup d'état", *Revue belge de philologie et d'histoire*, tome 85 (2007), pp.835−582. 引文参见第843页。

又不惜解除与伦巴第的联盟关系以便获得罗马教座的支持,似乎并非为了战胜墨洛温王朝,而是为了在家族内部的斗争中胜出而不得不采取的决断……在查理·马特去世13年之后,丕平最终成为无人挑战的法兰克统治者。"①换言之,家族争斗比王朝鼎革更为重要,为了获胜,丕平于751年称王,但发现仅此尚不足以巩固王位,遂于754年与罗马教宗结盟,最终得以达成目的。有关丕平家族内部的争斗,上一章业已做过比较充分的分析,这里不赘述,略述矮子丕平的功业如次。

借助754年罗马教宗斯蒂芬二世主持的膏立祝圣仪式,丕平三世得以最终战胜家族内部的竞争对手,让自己的两个儿子也被膏立为王,获得了王位传承的排他性和世袭性。此后丕平三世改造了三月校场或者说五月校场,让教会贵族与世俗贵族一起开会。丕平三世充分利用墨洛温晚期以来长期形成的贵族政治,凝聚共识,将广大的贵族团结在自己的身边,并借此向外不断扩张。

754年或755年,丕平第一次召集新式三月校场,史称:"这位(丕平)王在三月校场(法兰克人的习俗——原文注)召集全体法兰克人来到贝尔尼王庄。在与贵族们商议之后,丕平王与斯蒂芬教宗和其他族群组成的辅助部队一道,在国王们惯常出征的日期,和法兰克大军取道里昂和维恩城,经过圣让-德莫里耶讷,抵达伦巴第地区。"②尽管丕平召集了三月校场,但是效果似乎并不理想。前来参与的贵族人数并不多。罗马教宗斯蒂芬回到罗马之后所写的书信中说:"上帝教会的敌人们,对自己的暴力自信满满,他们'升高压制',扑向你和你那数量很少的军队。但通过圣彼得之手,万能的主将胜利赐予你们,结果数量庞大的敌人被你们少数人所击败。"③《罗马教宗列传·斯蒂芬二世传》也有类似的说法。在阿尔卑斯

---

① Marios Costambeys Matthew Innes & Simon Maclean, *The Carolingian World*, Cambridge: Cambridge University Press, 2011, p. 62.

② "Chronicarum quae dicuntur Fredegarii Scholastici", B. Krusch ed., *Fredegarii et aliorum Chronica. Vitae Sanctorum*, No. 37, p. 183.

③ W. Gundlach ed., "Codex Carolinus", No. 7, Ernest Dümmler ed., *Epistolae Merowingici et Karolini aevi*, tomus I, p. 491.

山山口争夺战中,艾斯图尔夫发现法兰克军人数很少,就开关迎敌,试图以多取胜。①

不仅如此,丕平军中意见分歧,以至于时隔多年,艾因哈德还说起此事。"那时条件十分困难,因为有一些他经常咨询的法兰克首脑人物极力反对他的意图,他们竟至公然宣称要撇下国王转回家去。"②一方面,丕平的兄长卡洛曼离开修道院返回法兰克尼亚进行劝阻;另一方面,斯蒂芬二世想和平解决,而丕平主张动武,导致主帅意见不一,于是贵族各有主张。

第一次出征,双方势均力敌。伦巴第王艾斯图尔夫答应归还新近占领的罗马领土。但是,755 年年底,艾斯图尔夫再次率军猛攻罗马城,迫使罗马教宗斯蒂芬二世频频向丕平三世、查理曼和卡洛曼父子求援。他甚至以圣彼得的名义写信给他们,请求他们立即出兵。于是 756 年丕平第二次出征意大利。这一次,参与的贵族应该比第一次多,至少巴伐利亚公爵塔西洛率大军从另一面与丕平夹击伦巴第王国,双方会师于伦巴第王国首府帕维亚城下。这一次,艾斯图尔夫无奈投降,答应缴纳 1/3 的国库财产,并年年纳贡。丕平胜利回国。随后,艾斯图尔夫在狩猎之时被人暗杀去世。意大利局势大体稳定。

回到国内之后,丕平便大刀阔斧地整顿内政。《弗莱德加编年史(续编)》称此后"两年无战事"③。《梅斯编年史》则明确指出:"整顿王国内的秩序,包括教会事务以及公私事务。"④经过两次对外战争的胜利,丕平最终赢得了大部分贵族的支持,着手整顿王国的秩序,巩固新生的加洛林王权。

大约 759 年,丕平再次召集会议,不过这次不再是三月校场,而是五月校场。此后 8 年时间,6 次南征,讨伐阿奎丹公爵魏法尔。6 次征伐,互

---

① L. Duchesne ed., *Le Liber Pontificalis*, p. 450.
② 艾因哈德、圣高尔修道院僧侣:《查理大帝传》,A. J. 格兰特英译,戚国淦译,北京:商务印书馆,1979 年,第 10 页。
③ "Chronicarum quae dicuntur Fredegarii Scholastici continuationes", B. Krusch ed., *Fredegarii et aliorum Chronica. Vitae Sanctorum*, p. 186.
④ Bernhard von Simson ed., *Annales Mettenses priores*, p. 49.

有胜负。丕平采用设置军事据点的方式,维持征服的地区。例如 766 年"魏法尔拆毁城堡。丕平王闻讯之后,在奥尔良召集法兰克王国大会,然后赶到阿奎丹,将魏法尔拆毁的城堡重新建造,拆毁的城墙重新修复,并在那里布置守军,以便抵御魏法尔"①。

丕平采取的稳扎稳打、步步为营的战略,逐渐收到了成效。767 年,他饮马加龙河边,建设了阿里(Ally)、蒂雷纳(Turenne)和佩吕斯(Peyrusse)等城堡。次年,丕平最后一次南征,携带妻儿同行。大概是为了处理继承事宜。这次战役俘虏了魏法尔的妻女。这一年的 6 月 2 日,魏法尔去世。丕平也染病,他到都尔城的圣马丁教堂祈求圣徒保护和治疗,但效果不佳。随后他来到巴黎的圣德尼修道院,在那里按照家族习惯,将王国一分为二,分别由儿子查理和卡洛曼继承。"长子查理得到了奥斯特拉西亚王国,次子卡洛曼得到了勃艮第王国以及普罗旺斯、哥特地、阿尔萨斯和阿拉曼尼亚。至于国王本人所征服的阿奎丹地区,也在他们之间进行了分割。"②丕平三世于 768 年 9 月 24 日去世,葬于该修道院墓地。

在丕平去世前夕,9 月 18 日,查理和卡洛曼分别率领各自的贵族前往努瓦永和苏瓦松,在那里召集王国会议。10 月 9 日,查理和卡洛曼分别在上述两地举行称王仪式,开启了第二代加洛林王的统治。

第二节 查理曼的武功

查理曼出生于 748 年,而非加洛林经典史书所说的 742 年。卡洛曼约于 751 年出生。在继承王位之时,两兄弟都正血气方刚。而且在此之前,丕平三世特地派遣他们承担过重要的历史使命,接受了历练。例如,753 年,年仅 6 岁的查理曼就代表父亲前往蓬皮翁迎接第一次北上的罗马教宗斯蒂芬二世。754 年,查理曼和卡洛曼与父亲一道被教宗膏立为

---

① Bernhard von Simson ed., *Annales Mettenses priores*, A. 766, 767, p. 54.
② 陈文海译注:《弗莱德加编年史》,北京:人民出版社,2017 年,第 227 页。译文略有调整。

法兰克王。761年,丕平三世带着查理曼出征阿奎丹。次年,他再次带两位王子出征加斯科尼。763年,儿子们又陪同他召集沃尔姆斯王国大会。因此,两位王国的继承人都具有比较充分的王国治理经验。

丕平去世之后,阿奎丹再次起义。查理曼就联合弟弟,出兵阿奎丹,攻击魏法尔之子胡纳尔德(Hunald),胡纳尔德逃到加斯科尼伯爵府,随后被转交给查理曼。但在这个时候,查理曼与卡洛曼两人的关系开始紧张起来。加洛林家族在代际传承之际所固有的内部争斗再次上演。而他们的母亲也再次运用了丕平三世和卡洛曼时代运用过的老办法,贝尔特拉达前往罗马,请罗马教宗斯蒂芬三世出面,进行劝解,兄弟之间的紧张关系得以暂时缓解。为此,罗马教宗斯蒂芬三世(Stephen III,768—772年在位)特地写信祝贺:"我们很悲伤,因为不和——这个古老的魔鬼与和睦之敌——在你们兄弟友谊中制造了分裂。但是在上帝的帮助下,你们兄弟远离了那害人的妒忌,重归于友爱与和睦,令人喜悦。"[1]

对兄弟阋墙的干预,罗马教宗"意在沛公",他怕兄弟相争导致德西德里乌斯渔翁得利,肆无忌惮地威胁罗马。教宗希望查理曼和卡洛曼两兄弟携手,共同迫使伦巴第人归还土地给"罗马帝国的神圣教会"[2]。但是,王太后贝尔特拉达似乎继续贯彻亡夫的外交战略意图,一方面施压使得伦巴第王不得真正威胁到罗马教宗的安全;另一方面,则又与伦巴第王国维持比较友好的外交关系。770年,贝尔特拉达前往伦巴第,劝说伦巴第王德西德里乌斯归还部分城市和领土给罗马教宗;并请求德西德里乌斯将女儿嫁给查理曼。对此,罗马教宗斯蒂芬三世大为恼火,写了一封长信加以干预,提醒两位加洛林王不要与邪恶的伦巴第人发生任何姻亲关系。"我们的内心非常悲伤,因为伦巴第王德西德里乌斯劝说你们两位优秀之士,让你们兄弟中的某一个去娶她的女儿。可以确知的是,这如阴邪入内,而且这并非婚姻结合,而是邪恶意图的同谋;因为我们知道,如同神圣

---

[1] W. Gundlach ed., "Codex Carolinus", No. 44, Ernest Dümmler ed., *Epistolae Merowingici et Karolini aevi*, tomus I, pp. 558—560.

[2] Ibid.

经书之历史书所教导,通过外族的不义配偶,(以色列王)偏离了上帝的诫命,坠入大恶之中。"①

查理曼最终还是迎娶了这位可能名叫德西德拉达(Desiderada)的公主,并且可能让妻子怀上了未来的驼背丕平(Pippin the Hunchback)。771 年 12 月 4 日,身染重病的卡洛曼不治身亡。查理曼立即使出雷霆手段,拒绝承认弟妹和侄子们的王位,出兵占领了卡洛曼的王国,在琅城附近的科尔比贝尼庄(Corbeny),获得了卡洛曼王国大部分教俗贵族的支持,"他们将他膏立为王"②。卡洛曼的寡妻吉尔贝尔佳(Gerberga)带着两位年幼的王子和少数贵族前往意大利的帕维亚,请求德西德里乌斯替她主持正义。大约在这个时候查理曼抛弃了德西德拉达。我们并不能确知,查理曼离婚是否与德西德里乌斯庇护卡洛曼留下的孤儿寡母有关。令事情更加复杂的是,这个时候,教宗斯蒂芬三世去世,哈德良一世(Hadrian I,772—795 年在位)接替职位。

与斯蒂芬三世坚定地站在加洛林家族一方不同,哈德良更加务实。他与德西德里乌斯展开谈判,而不再仅仅把伦巴第王视为天生的敌手、邪恶的迫害者。大概是为了牵制查理曼,德西德里乌斯请哈德良为卡洛曼之子举行王位膏立祝圣仪式;而作为回报,教宗要求德西德里乌斯归还新近占领的罗马领土,即所谓"丕平献土"。由于在事关归还领土数量的关键问题上无法谈得拢,谈判最终破裂。德西德里乌斯试图使用武力威胁罗马方面。哈德良教宗于是写信给查理曼,请求他的援助。"使徒教宗哈德良老爷的使者彼得取道海路抵达马赛,从那里前来觐见国王查理老爷,以对上帝的应尽义务、圣彼得的权益或者保卫教会为由邀请光荣的国王和法兰克人攻击德西德里乌斯王和伦巴第人。"③

---

① W. Gundlach ed., "Codex Carolinus", No. 45, Ernest Dümmler ed., *Epistolae Merowingici et Karolini aevi*, tomus I, pp. 560—563.
② Bernhard von Simson ed., *Annales Mettenses priores*, A. 771, p. 57.
③ 陈文海译注:《法兰克王家年代记》,北京:人民出版社,2019 年,第 112 页。译文略有调整。Friedrich Kurze & G. Pertz eds., *Annales regni Francorum inde ab A. 741 usque ad A. 829*, A. 773, p. 34.

在哈德良死后编撰的《罗马教宗列传·哈德良教宗传》中,对查理曼出兵讲得更为详细,并提到查理曼派遣使节前往帕维亚,请求德西德里乌斯归还所占的领土,并提出愿意出巨资赎买和平和土地。但德西德里乌斯不为所动,故查理曼决定出兵。①

查理曼在召集王国大会之后,决定兵分两路,分别由自己和叔父伯纳德统帅。德西德里乌斯封锁阿尔卑斯山山口,但是最终不敌,退守帕维亚。这一次,令罗马和各方面吃惊的是,查理曼下定了决心,不将德西德里乌斯俘获决不罢休。如艾因哈德多年之后还津津乐道的那样:"虽然查理抱着和他的父亲类似的甚至是相同的理由去作战,他却以大不相同的精力把战争进行到底,并获得完全不同的战果。"②艾因哈德在表彰查理曼礼敬王太后贝尔特拉达的时候说过:"他们之间从未发生任何争执;只有一次例外,那是由于离弃德西德里乌斯国王的女儿所引起的,德西德里乌斯的女儿是他奉母命娶来的。"③这一次婚变反映了查理曼要脱离父亲丕平的外交方略,开始走自己独特的外交道路。

在军队围困帕维亚的间隙,查理曼乘机率军南下,前往罗马城,会见罗马教宗哈德良,与他一起共度774年的复活节,然后北上,继续围城。在罗马教宗的帮助下,查理曼不仅攻占了帕维亚,并且迅速控制了整个伦巴第王国,自称伦巴第王或意大利王。也是从这个时候开始,查理曼的称号由法兰克王变成了"蒙上帝恩典,法兰克王查理,因上帝的仁慈也是伦巴第王和罗马国老"。

征服意大利给查理曼带来了前所未有的荣耀和名声,但也给他带来了治理方面的巨大挑战:如何超越阿尔卑斯山天险带来的障碍,同时兼顾北方边境和南部边境的安全。就在查理曼统帅大军南下之际,北方的萨克森人再次越境。这一次的威胁如此严重,以至于在各种编年史中,都留

---

① L. Duchesne ed., *Le Liber Pontificalis*, vol. I, xxvi—xxix, pp. 494—495.
② 艾因哈德、圣高尔修道院僧侣:《查理大帝传》,A.J.格兰特英译,戚国淦译,北京:商务印书馆,1979年,第10页。
③ 同上书,第23页。

下了比较长篇的奇迹故事。据说这一年萨克森人来犯,因为兵力不足,法兰克人只能据守城堡,听任萨克森人肆意而为。直到最为危急的时刻,依靠着上帝的奇迹,萨克森人才被迫撤退。这一次经历促使查理曼改变传统的对萨克森战略。"法兰克人被这些事情激怒了,他们竟至认为不能再满足于报复,而应该向他们公开进行大战。"①

也是从战争转折的角度,艾因哈德说明了从意大利前线返回的查理曼要彻底征服萨克森尼亚。为此查理曼不惜投入重兵,且耗时长达33年。德国学者马提亚斯·贝歇尔曾经从萨克森人缺乏大型政治组织的角度来论述其漫长性。因为意大利有伦巴第王国,一战擒获了国王,则举国皆定。但是,萨克森人一盘散沙,必须一个部族一个部族、一个地区一个地区地逐一征服,所以费时费力。② 如同艾因哈德将战争持久归结为萨克森人背信弃义、不讲信用、随时叛乱一样,政治组织说也从另一个侧面反映了法兰克王国人力之不足。萨克森地区一马平川,无险可守,需要以人口移民来充实新占领地区,方能收到征服之长效。因此法兰克人从报复式策略转向征服占领式策略必须广建据点、实行移民方可奏效。经过查理曼统治时期长达数十年的长治久安,加洛林王国人口繁衍不息,不断向萨克森尼亚移民,才最终可以使得萨克森人与法兰克人充分融合为一个民族。

南北两线作战的战略以彼此攻守互换的方式得以贯彻。775年,伦巴第贵族、弗留利公爵洛特戈德(Rothgaud)叛乱。查理曼率军快速赶去平叛。这个时候,面对萨克森人的进攻,尽管有攻有守,但法兰克人还得再次依赖上帝的奇迹。查理曼平叛成功后立即回师,迫使萨克森人臣服。这一胜利使得法兰克人可以在南线再开辟一个新的战场,即高卢南部阿奎丹边境地区。778年,查理曼率大军经阿奎丹南征西班牙,试图像解决伦巴

---

① 艾因哈德、圣高尔修道院僧侣:《查理大帝传》,A. J. 格兰特英译,戚国淦译,北京:商务印书馆,1979年,第11页。译文略有调整。英格丽德·兰博尔德也从意大利战争与萨克森战争关联性的角度进行了论述。她认为意大利战争的胜利使得查理曼改变对萨克森人的战略,即从劫掠到基督教化萨克森人。Ingrid Rembold, *Conquest and Christianization: Saxony and the Carolingian World*, Cambridge: Cambridge University Press, 2017, p. 48.

② Matthias Becher, *Die Merowinger und Karolinger*, p. 69.

第王国那样解决西班牙问题。为此"大批军队从奥斯特拉西亚、勃艮第、巴伐利亚、普罗旺斯和伦巴第开拔,经过塞提马尼亚,直抵巴塞罗那"①。

但事与愿违,萨克森人再次叛乱,侵犯北部边境。查理曼迅速撤军,兼程赶回北方,讨伐萨克森人。在这次撤退的过程中,加斯科尼人袭击了断后的辎重部队,"加斯康人把他们的对手杀到最后一人,然后夺取了辎重……在交战中,御膳官埃吉哈德、宫伯安瑟尔姆、布列塔尼亚边防区长官罗兰和其他许多人一起被杀死了。这次袭击未能立即受到惩罚"②。经过大约六年的实践,两线作战的方略看来成效不错,但是代价也非常大,成本尤其高,查理曼甚至有点应付不过来。因此,查理曼不得不考虑新的战略部署。

781年,查理曼带着妻子希尔德嘉德(Hildegard)和儿子前往罗马。他敦请罗马教宗哈德良为6岁的儿子施洗。在施洗的时候,这位王子被改名为丕平,即意大利的丕平(Pippin of Italy,781—810年在位)。施洗之后,他又请哈德良替丕平和小儿子路易举行膏立祝圣仪式,分别立为伦巴第王和阿奎丹王。在《阿曼德修道院编年史》中,这一事件被称为分国:"查理曼在诸子中分割王国,为此赶往罗马。"③这一次分国,照例有罗马教宗参与。不仅如此,随后教宗哈德良派遣两位特使前往巴伐利亚,警告巴伐利亚公爵塔西洛,要他恪守效忠于丕平三世和查理曼的承诺。这似乎暗示巴伐利亚也可能被纳入查理曼王国征服计划之中,但由于罗马教宗哈德良的干预,查理曼有所妥协,只是让巴伐利亚公爵再次行了效忠礼。④

---

① Bernhard von Simson ed. , *Annales Mettenses priores*, A. 778, p. 66.
② 艾因哈德、圣高尔修道院僧侣:《查理大帝传》,A. J. 格兰特英译,戚国淦译,北京:商务印书馆,1979年,第13—14页。
③ "Annalium sancti Amandi continuatio altera", G. Pertz ed. *Chronica aevi Caroli*, MGH, Scriptorum vol. I, Hannover: Hahn, 1826, p. 3.
④ 近年来,历史学家们怀疑"再次"有问题,倾向于认为757年塔西洛给丕平三世所行的臣服礼一事只能存疑,很有可能是由史家在780年代编写历史之时回想起来的。参见施耐德的总结,Olaf Schneider, "Die Königserhebung Pippins 751 in der Erinnerung der karolingischen Quellen", Matthias Becher & Jörg Jarnut eds. , *Der Dynastiewechsel von 751: vorgeschichte, Legitimationsstrategien und Erinnerung*, pp. 243—275。

此后两年,法兰克王国与萨克森人发生了更为惨烈的战斗,双方死伤甚众。为了报复,查理曼在 782 年一次性屠杀了 4500 名萨克森人。783 年,查理曼的妻子希尔德嘉德(4 月 30 日)和母亲贝尔特拉达(7 月 12 日)先后去世。同年查理曼迎娶法斯特拉达(Fastrada)为妻。次年,查理曼与长子小查理各率大军出征,查理曼取道图林根攻击伊斯特伐利亚人,这位长子攻击威斯特伐利亚人。小查理大胜而归。785 年,萨克森首领维提金德和阿比勇请降,受洗皈依,全部萨克森尼亚复平。萨克森战役告一段落。

北方的战事甫一结束,查理曼就开始全面整顿和巩固边境。守卫疆土、发展内政的方略取代积极的对外军事扩张的方略,此后查理曼的对外扩张以军事行动为辅、外交攻势为主。向西迫使布列塔尼亚人称臣交纳人质。向南与拜占庭军队联合征剿伦巴第人的最后一个驻点——贝内文托公爵领,迫使公爵将儿子格里莫阿尔德作为人质交给查理曼。向东解决巴伐利亚问题,三路大军围逼,迫使巴伐利亚公爵塔西洛及其子削发为僧,从而彻底占领了巴伐利亚。与此同时与拜占庭方面缔结盟约,并准备将公主洛特鲁德嫁给拜占庭小皇帝君士坦丁六世(Constantine VI,780—797 年在位)。

占领巴伐利亚之后,查理曼以此为基地,积极备战,准备东征阿瓦尔人。为了方便指挥,免去后顾之忧,790 年他将"塞纳河以外的王国"①都赐给小查理。《梅斯编年史》说明,小查理的王国即勒芒公爵领。② 但《法兰克王家年代记》则未曾提及。这一事件可能触发了另一起家庭争斗。792 年,驼背丕平在巴伐利亚部分贵族的支持之下,阴谋叛乱。"那一年一场邪恶的图谋得到揭露,邪恶的阴谋分子与查理之子丕平参与其中。在得到证实之后,他们得到应有的下场。"③大批贵族被处死,驼背丕平被削发,成为普吕姆修道院的修士。时隔三十多年之后,艾因哈德曾对此有

---

① "Annalium sancti Amandi continuatio altera", G. Pertz ed., *Chronica aevi Caroli*, vol. I, p. 12.
② Bernhard von Simson ed., *Annales Mettenses priores*, p. 78.
③ "Annales Petaviani", A. 792, G. Pertz ed., *Chronica aevi Caroli* vol. I, p. 18.

过评述:"据信,两次阴谋案件之所以发生,都是由于他在残暴的妻子的教唆下,已经与其天生的善良和一贯的仁慈背道而驰了。"这段评论表明,艾因哈德时隔多年之后回想的时候,觉得查理曼对儿子驼背丕平有些过于严苛,寸土不给。为了避免加洛林家族内部的争斗,查理曼似乎有意识地将继承权限制在他与希尔德嘉德所生的三位王子身上。他赐予小查理勒芒公爵领,而并没有给驼背丕平相应的领土封赠。分割继承原则与为了限制继承人数而以某位王后所生男孩为嫡传继承者原则之间的矛盾运动,推动着加洛林王朝的王位继承制度改革。

  大概是因为巴伐利亚贵族叛乱,也有可能查理曼并没有想远征阿瓦尔人,他的目标只是"要向阿瓦尔人讨个说法"①。查理曼改变了战争策略,一方面挑拨阿瓦尔人内部的纷争,另一方面通过精心的战前准备,兵分几路夹击,以便以尽量少的牺牲战胜对手。因此,尽管对匈人和阿瓦尔人的战役耗时八载(788—796),但大规模的战争并不多,法兰克人也牺牲较少。795年至796年,利用阿瓦尔人爆发内战之机,意大利王丕平派兵北上,攻击潘诺尼亚,直捣黄龙,缴获了阿瓦尔人累世积存的大量财宝。如艾因哈德所言:"人们想不起来法兰克人所卷入的战争中有哪一次使得他们发了这样一笔大财,增加了这么多的财富。截至当时为止,法兰克人一向被认为差不多是个穷的部族,但是现在,在王宫里可以看到这样多的金银,在战争里他们掳到这样珍贵的战利品,以至于可以很公道地认为:法兰克人正义地夺来了匈人不义地从其他部族抢走的东西。"②

  790年之后,查理曼连续几年在雷根斯堡召集王国大会,部署对匈人的作战计划,但并没有大规模兴兵,而是整顿巴伐利亚和王国内的秩序,包括镇压嗣子说异端。这一宗教异端来自西班牙,因其首领为塞奥德乌赫尔主教费利克斯(Felix)而又被称为"费利克斯异端"(Heresies Feliciana)。792年在雷根斯堡王国大会上,查理曼谴责了这一异端,并且

---

① Bernhard von Simson ed., *Annales Mettenses priores*, A.791, p.78.
② 艾因哈德、圣高尔修道院僧侣:《查理大帝传》,A. J. 格兰特英译,戚国淦译,北京:商务印书馆,1979年,第16—17页。

让宫廷牧师、圣里基尔修道院院长安吉贝尔特(Angibert)将罪魁祸首押送到罗马,请教宗哈德良裁决。794年,查理曼在法兰克福召集王国大会,抵制第七次基督教大公会议即第二次尼西亚大公会议的决议,认为该决议在提倡拜偶像。奥尔良主教提奥多尔夫(Theodolf)奉命草拟批驳文件,送给罗马教宗哈德良,请他签字。但派了代表参加此次基督教大公会议的哈德良并没有表态,事遂寝。

795年12月15日,罗马教宗哈德良去世。查理曼非常悲痛,亲自命人撰写墓志铭并勒石铭刻,派人运到罗马城。随后利奥三世接替罗马教宗之位。这一人事更替,不仅引发了君士坦丁堡、罗马与亚琛之间外交关系的大规模调整,也刺激了罗马城内各方势力的紧张关系。799年春罗马城内发生了针对利奥三世的叛乱。利奥三世随后出逃,越过阿尔卑斯山,前往帕德博恩,请求查理曼主持正义。800年秋,查理曼在美因茨召集王国大会,决定率大军南下,恢复罗马教会的和平,并整顿意大利事务。在这次罗马之行中,查理曼被加冕为罗马皇帝。

第三节 查理曼称帝

公元800年的圣诞节(12月25日),法兰克王和伦巴第王、罗马国老查理曼在罗马的圣彼得大教堂被罗马教宗利奥三世(Leo III,795—816年在位)加冕,成为罗马皇帝。据810年左右在查理曼的宫廷中修订的《法兰克王家年代记》记载:"神圣的圣诞节那一天,国王到圣彼得大教堂的圣彼得墓前参加弥撒。当他在祈祷之后站起来的时候,利奥教宗给他戴上皇冠,所有罗马人民欢呼起来:'上帝所加冕的、伟大而和平的罗马皇帝、吾皇查理万岁、战无不胜!'礼赞之后,教宗按照古代列位皇帝登基的仪式进行祈祷。查理曼去掉'罗马国老'的名号,被称呼为'皇帝'和'奥古斯都'。"[①]

[①] Friedrich Kurze & Georg H. Pertz eds., *Annales regni Francorum inde ab A. 741 usque ad A. 829*, A. 800, 801, pp. 110—112.

第六章 复兴罗马:加洛林帝国的建立

从此在西部欧洲消失了长达三个多世纪的罗马皇帝,再次出现在历史舞台上,并以各种不同的方式继续存在到 1806 年。

"对中古史家而言,几乎没有什么历史事件,能够比查理曼加冕称帝更加耳熟能详。在公元 800 年的圣诞节由利奥三世在罗马旧圣彼得大教堂完成的事情,属于中古史上最为著名的事件之一。这并非仅仅因为它发生的时间令人印象深刻,更主要的是,它奠定了延续千余年的拉丁基督教世界。因此完全有理由将公元 800 年 12 月 25 日视为欧洲历史上最为重要的日子。"①查理曼所建立的帝国,被历史学家称为神圣的罗马帝国。亨利·皮朗将加洛林帝国视为中古欧洲的真正开始,认为它构成了中古时代的"基础框架"。② 虽然这个帝国在 18 世纪变得"既不是神圣的,也不是罗马的,更不是什么帝国"③,但是,诚如比利时史家弗朗索瓦·冈绍夫所言,考虑到帝国问题是中古法律、政治史上的基本问题,所以,如何理解公元 800 年圣诞节事件就变得至关重要了。④

从史料学的角度而言,历史事件越重要,留下来的史料就会越多。这是因为这一事件的发生能广泛地触动各方面的利益,从而刺激原本隐形的利益集团发表自己的看法,表达自己的利益诉求,从而使得对这一事件的表述非常多元化。查理曼加冕称帝也不能例外。用荷兰史家麦克·德容的话来说:"很少有历史事件像公元 800 年的称帝事件这样引发现代史家的争议。"⑤自称最有资格为查理曼作传的廷臣艾因哈德,在至少时隔

---

① Rudolf Schieffer, *Neues von der Kaiserkrönung Karls des Großen*, München: Verlag der Bazerischen Akademie der Wissenschaften, 2004, p. 3.
② 亨利·皮朗:《穆罕默德和查理曼》,王晋新译,上海:上海三联书店,2011 年,第 240 页。
③ 伏尔泰:《风俗论》(中册),梁守锵、吴模信、谢戊申等译,北京:商务印书馆,1997 年,第 150 页。
④ François Louis Ganshof, *The Imperial Coronation of Charlemagne: Theories and Facts*, Glasgow: Jackson Son & Company, 1949, p. 5.
⑤ Mayke de Jong, "The Empire That Was Always Decaying: The Carolingians (800—888)", *Medieval Worlds: Comparative & Interdisciplinary Studies*, vol. 1, issue 2 (2015), pp. 6—25. P. D. 金说:"很少有历史事件会受到如此深入彻底的研究,以及会引起如此多的争论;各式各样的论点充斥,多得甚至无法在此一一列举,更遑论要抓住它们的要点了。"P. D. 金:《查理大帝》,张仁译,上海:上海译文出版社,2001 年,第 72 页。

20年之后说，查理曼起初并不愿意称帝。与此相反，最为原始的记载——于称帝5年之后编订的《洛尔施修道院编年史》则明确提到公元800年圣诞节前，查理曼在罗马召集大会，商讨称帝事宜。而且该史料称，当大家劝进的时候，查理曼不愿意拒绝。其他几种当时的记录，都各有分歧。①

基于这些不同的史料，随着时事的发展，现代史学家们所得出的结论也各自不同。第二次世界大战之后，伴随着欧盟的发展，查理曼成为最受关注的中古早期人物之一。1950年设立了"查理曼国际奖"（International Charlemagne Prize），以奖励对欧洲统一做出贡献的人士。1965年，查理曼被封圣800周年，在当年的帝国首都亚琛举办了大型的纪念活动。此后各种纪念活动不断，尤以2000年查理曼称帝1200周年、2014年查理曼逝世1200周年的纪念活动最为隆重。在这些文化活动的刺激之下，学术界对查理曼称帝的讨论又达到了新高潮。

1928年，德国哈勒大学教授卡尔·赫尔德曼曾出版专著《查理曼的帝国：理论和实际》，系统梳理了自中古以来的各种相关学说，并总结出九大因素和流派。它们分别为：重视大背景的世界性追求说（Die universalistische Theorie），与之相对的、强调地方性因素的地方说（Die lokalistische Theorie），王朝视角下的解放论（Die Emanzipationstheorie），关注实质性动机的禁止流血理论（Die Blutbanntheorie，即司法审判权），重视礼仪程序的拥戴论（Die Ovationstheorie），考虑查理曼个人地位的模仿论（Die Simulationstheorie），帝国宪政角度的名分论（Die Titeltheorie），遗产视角下的帝权复兴论（Die Restaurationstheorie）以及强调帝国承袭的继承权论（Erbrechtstheorie，与拜占庭帝权之关系）。其中有代表性的观点有两种：世界主义派和地方主义派。世界主义派认为，查理曼称帝代表了其军事扩张后带来的帝国式统治及其诉求，为了实现世界性统

---

① 对这些史料的最新综合分析，参见 Janet Nelson, "Why Were There So Many Different Accounts of Charlemagne's Imperial Coronation?" Idem, *Courts, Elites and Gendered Power in the Early Middle Ages: Charlemagne and Others*, London: Routledge: 2007, No. XII.

治遂有称帝事件之发生。而地方主义派则坚持称帝属于意大利乃至罗马地区的事务,是为了克服那里特定的政治危机而引发的。赫尔德曼本人是"地方说"的支持者,而且他认为帝国仅仅包括原罗马帝国的残留地区,即以罗马为中心的意大利地区,称帝是这一地方性政治动荡的结果。①

1948年,比利时史家弗朗索瓦·冈绍夫在回应赫尔德曼的观点时,对1928年之后涌现的学术观点又做了一次总结。他区分了三大流派:世界主义派,以阿瑟·克莱因劳茨(Arthur Kleinlausz)、路易·哈尔芬(Louis Halphen)、莱昂·勒维兰(Léon Levillain)、汉斯·赫尔辛(Hans Hirsch)为代表。主张查理曼控制了罗马和西部基督教世界,积极保卫罗马教宗,捍卫信仰和教会,追求世界性统治权,故得以称帝,以便建设上帝之城。第二种观点以马丁·林泽尔(Martin Lintzel)、艾里希·卡斯珀尔(Erich Caspar)等为代表。他们认为罗马教宗为了寻找新的保护人,以脱离拜占庭皇帝的控制,故为查理曼加冕称帝,其帝号对应的地理范围是原罗马帝国地区。第三种解释强调了帝权观念的非罗马因素,即由于查理曼的赫赫武功,获得帝号是实至名归的;但该帝权观也带有浓厚的基督教帝国色彩,以基督教和日耳曼文化为内涵,配上了罗马的形式。冈绍夫本人倾向于第二种观点,并作了修正。他认为阿尔昆起到了关键性作用,是他说服了查理曼,查理曼又利用了教宗利奥三世;但利奥也在仪式上做了手脚,使得查理曼感到不高兴。在他看来,查理曼是罗马皇帝,也是基督教罗马皇帝的继承者,但其权力的基础仍是法兰克王国和伦巴第王国。②

1959年,为了说明查理曼称帝的历史意义,美国历史学家理查德·

---

① 除了"王朝解放论",其他8种观点都是彼此对应的关系。Karl Heldmann, *Das Kaisertum Karls des Großen: Theorien und Wirklichkeit*, Weimar: Hermann Böhlaus Nachfolger, 1928. 赫尔德曼的观点参见 pp. 438—439。

② François Louis Ganshof, *The Imperial Coronation of Charlemagne: Theories and Facts*, 学术总结参见 pp. 9—11,他本人的观点参见 pp. 20—28。

萨利文也曾编辑一册专书——《查理曼加冕称帝：为何意义重大？》，围绕事件的当事方——查理曼、罗马教宗、拜占庭帝国和阿拉伯帝国总结了比较流行的一些学术观点。据他总结，当时学术界最为关心的研究问题是："谁做出的决定？动机何在？他们这样做的目标又是什么？"[①]为此他将当时已有的学术观点区分为三大流派。一、查理曼主动说，其中包括三种观点：伯恩斯（C. Delisle Burns）等人强调查理曼的个人荣誉追求，路易·哈尔芬等学者强调查理曼的功业和世界性追求，布赖斯·詹姆斯（Bryce James）、克里斯托弗·道森（Christopher Dawson）等人强调查理曼团结各方力量共同达成称帝目标）。二、罗马教宗利奥主动说，以卡尔·赫尔德曼为代表，而费尔南·洛（Ferdinand Lot）和杰弗里·巴勒克拉夫（Geoffrey Barraclough）认为教宗为最大受益者，查理曼得不偿失；沃尔特·厄尔曼（Walter Ullmann）认为这是教权政治理论长期发展的结果；维尔纳·奥左尔根（Werner Ohnsorge）则认为称帝是查理曼与利奥联手对付拜占庭皇帝的结果。三、独树一帜的解释是皮朗命题，比利时史家亨利·皮朗认为阿拉伯人的兴起引发国际局势的大变动，使得查理曼帝国兴起。

萨利文的总结偏向于说明查理曼称帝的巨大历史意义，难免会将这一事件置于诸多历史巨变之中加以考察，通过结构性分析，有意无意之间凸显其历史必然性。在他看来，查理曼称帝是各种历史力量长期作用的结果，也是查理曼等人顺应历史大潮的变动而努力的结果，故其对历史的影响深远，意义也重大。归根结底，查理曼称帝标志着西欧的兴起。

萨利文的总结出版之后不久，德国学者彼得·克拉森发表了《查理曼、罗马教宗与拜占庭：加洛林帝国的奠基》。克拉森通过仔细考订排比各种原始资料，得出了与萨利文相反的结论。他认为查理曼称帝事件是由各种历史力量在 800 年突然汇聚碰撞的结果，事件过去之后，这些力量

---

① Richard E. Sullivan ed., *The Coronation of Charlemagne: What Did It Signify?* Boston: D. C. Heath and Company, 1959, pp. 1—2.

又沿着各自的发展轨迹分道扬镳。换言之,称帝是一次偶然性的历史事件。① 克拉森的研究如此经典以至于德语学术界形成了"克拉森共识"。② 从此,学术界对查理曼称帝事件的专门研究转入低潮。

借助于公元 2000 年查理曼称帝 1200 周年的纪念活动,20 世纪末重新繁荣的加洛林研究更加生机勃勃。查理曼称帝阐释中的三种传统解释各有进一步的进展。第一,查理曼的扩张导致称帝。例如英国学者迈尔-哈廷提出查理曼对萨克森人的征服使得他需要一个能统治多族群的、非罗马性质的帝号。③ 第二,与拜占庭的竞争导致称帝。如玛丽-瑟里诺·伊扎伊尔亚认为称帝是与拜占庭方面进行宗教政策斗争的结果。④ 第三,称帝是查理曼保护罗马教会的结果。如菲利普·德普罗和马提亚斯·贝歇尔都认为加洛林家族几代人勤勉保护罗马教会最终促成了查理曼称帝。⑤

但是,这些结构性的分析,仍然难以说服持偶然事件论的史家们。如罗杰·科林斯将迈尔-哈廷结提出的统治多族群之需要论加以改造,认为其更适用于 799 年的意大利,而非其他时期。⑥ 不仅如此,偶然事件论的支持者,更加强调查理曼称帝的个人意义。例如剑桥大学出版社出版的

---

① Peter Classen, *Karl der Große, das Papsttum und Byzanz. Die Begründung des karolingischen Kaisertums*, Sigmaringen: Jan Thorbecke Verlag, 1985, p. 80.

② Rudolf Schieffer, *Neues von der Kaiserkrönung Karls des Großen*, p. 3.

③ H. Mayr-Harting, "Charlemagne, the Saxons, and the Imperial Coronation of 800", *The English Historical Review*, vol. 111, No. 444 (Nov. 1996), pp. 1113—1133.

④ Marie-Céline Isaïa, *Histoire des Carolingiens VIIIe—Xe siècle*, Paris: Editions Points, 2014, pp. 128—132.

⑤ Philippe Depreux, *Charlemagne et la dynastie carolingienne*, Paris: Editions Tallandier, 2007, pp. 58—63. 贝歇尔的提法则是"家族 60 年来的追求"。Matthias Becher, "Das Kaisertum Karls des Großen zwischen Rückbesinnung und Neuerung", Harmut Leppin, Bernd Schneidmüller & Stefen Weinfurter eds., *Kaisertum im ersten Jahrtausend: wissenschaftlicher Begleitband zur Landesausstellung*, "Otto der Große und das Römische Reich. Kaisertum von der Antike zum Mittelalter", Regensburg: Schnell Steiner, 2012, pp. 250—270.

⑥ Roger Collins, *Charlemagne*, Houndmills: Macmillan Press, 1998, p. 148.

教科书《加罗林世界》明确提出称帝与王国治理无关,尽管含有宗教性质的使命,但归根结底只涉及查理曼个人的名誉提升。① 与此类似,法国学者乔治·米诺瓦更提醒研究者摆脱阿尔昆等教士们的蛊惑。在他看来,这些人的作品都是修辞性表述,不能当真。通过称帝,查理曼虽然也负有维持宗教秩序方面的义务,但帝号仅仅是一种个人的荣誉名号,而且及身而止。② 针对冈绍夫提出的称帝为查理曼治理史的一个转折点,珍妮弗·戴维斯则在系统地分析查理曼颁布的敕令之后,得出结论,否定称帝的意义,认为查理曼统治的真正转折点是在780年代末。③

1989年,萨利文就曾担忧繁荣的加洛林研究日益琐细化,徒增混乱。④ 2012年德国学者斯蒂芬·帕卓尔德在总结查理曼称帝的学术纷争时,则更加直白地承认结构性分析与偶然事件论之间的对立。"这一事件至今仍充满谜团:其历史和背景、意义和后果,几乎一切都存在着争议……时至今日皇帝加冕事件还在将史学界一分为二。"⑤

确实,我们可以将以往的学术研究大体一分为二。但以第二次世界大战为界,此前和此后的二分又略有变化。在大战之前,情愿派和不情愿派二分,此后则是偶然派和必然派竞争。

"不情愿派"的正式得名来自现代著名史家佩尔西·西拉姆(Percy

---

① Marios Costambeys Matthew Innes & Simon MacLean, *The Carolingian World*, pp. 266—270.

② Georges Minois, *Charlemagne*, Paris: Perrin, 2010, ch. "Empereur de quel empire? La nature incertaine du nouveau régime", p. 373.

③ Jennifer Davis, *Charlemagne's Practice of Empire*, Cambridge: Cambridge University Press, 2015, pp. 363—364.

④ Richard Sullivan, "The Carolingian Age: Reflections on Its Place in the History of the Middle Ages", *Speculum*, vol. 64, No. 2 (Apr., 1989), pp. 267—306.

⑤ Steffen Patzold, "Karl der Große: Geheimnis eines Weihnachtstages", *Der Spiegel*, "Geschichte", Heft 6, 2012-11-27, http://www.spiegel.de/spiegelgeschichte/karl-der-grosse-geheimnis-um-die-kroenung-zum-kaiser-im-jahr-800-a-872075.html, 访问日期:2016年7月2日。更多的学术观点,参见李隆国:《名实之间:学术棱镜中的查理曼称帝》,载王晴佳、李隆国主编:《断裂与转型:帝国之后的欧亚历史与史学》,上海:上海古籍出版社,2017年,第307—321页。

Schramm)在总结学术动态时的用法①,其渊源却非常久远。早在820年代,艾因哈德就奠定了这种观点的基石。在《查理大帝传》中,他是这样来说明称帝事件的:"他(查理曼)最后一次到罗马去的目的却不仅限于此;因为罗马人残酷地迫害了利奥教宗,把他的眼睛挖出,把他的舌头割掉,逼得他向国王寻求保护。因此国王去到罗马,以便使惨遭破坏的教会秩序得到恢复。他整个冬天都住在那里。就在那个时候,他接受了皇帝和奥古斯都的称号。他最初非常不喜欢这个称号,他肯定地说,假如他当初能够预见到教宗的意图,他那天是不会进教堂的,尽管那天是教堂的重要节日。"②

除了艾因哈德的证言之外,查理曼称帝之后的表现似乎也为此提供了另外的佐证。例如查理曼在敕令中强调自己是"统治罗马帝国的皇帝",而非如君士坦丁堡的皇帝那样,仅仅使用"皇帝"或者"罗马皇帝"作为名号。他也在称号中保留了"法兰克王和伦巴第王"的头衔。在806年著名的《分国诏书》(又称《806年分国诏书》)中,查理曼并没有提到帝号问题。813年查理曼最终决定将皇位传给唯一在世的合法继承人虔诚者路易,为此举行仪式的时候,他并没有邀请教宗利奥前来,而是自己完成了儿子的加冕仪式。似乎他对教宗主持的加冕称帝仪式表示了不满。中古盛期长期存在的教权与帝权之争,使得艾因哈德的意见备受重视,认为在西部帝国复兴之初,查理曼不愿意称帝,不愿意受到罗马教宗的管控。

而且,二战前流行的民族国家史学叙事模式,使得帝国并不怎么受到史学家们的青睐。法国史学家尼古拉·约尔加甚至否认加洛林帝国的存在,认为查理曼不过是"没有帝国的皇帝"。皮埃尔·勃纳西埃则认为,加

---

① Rudolf Schieffer, "Karl der Grosse, Eirene und der Ursprung des westlichen Kaisertums", Walter Pohl ed., *Die Suche nach den Ursprüngen: Von der Bedeutung des frühen Mittelalters*, Wien: Verlag der Österreichischen Akademie der Wissenschaften, 2004, pp. 151—158.

② 艾因哈德、圣高尔修道院僧侣:《查理大帝传》,A. J. 格兰特英译,戚国淦译,北京:商务印书馆,1979年,第30页。

洛林帝国的诞生本身就是"一个历史的错误"。① 加洛林帝国不怎么样,但是,查理曼本人又是非常伟大的。在这种矛盾的心态之下,史家们往往更看重艾因哈德的证言和上述相关证据,使得"不情愿派"长期占据学术主流,并不将艾因哈德的说法当作褒扬查理曼具有谦让美德的修辞手法。支持这一理论的史家们强调查理曼本不情愿称帝,而是由于教宗的安排,不得不称帝。第一版《剑桥中世纪史》的相关论述大体秉持这一观点。"毫无疑问,加冕是为了表达对强有力的国王热烈的感激之情。但利奥自欺欺人。根据可靠史料,查理对这一意料不到的事件并不高兴……在8世纪末他还没有做好变革的准备,也不认为时机业已成熟,而是觉得称帝有点不可告人,也包含未知因素,足以使他焦虑、犹豫。查理肯定不会拒绝上天的好礼,但他希望是自己开口,而不是通过外部的推动意想不到地获得。公元800年的加冕肯定出人意料,但并不一定就仅仅是个偶然性事件。它完全来自教宗的倡议,而对利奥而言却并不一定是一时兴起。称帝是一连串事件的结果,也是正常历史因素的作用所致。它必定会发生,但是在圣诞节的时候并以那种方式发生,却要依赖机遇和独特的境遇。"②

但是,《剑桥中世纪史》的这位作者也不得不承认,查理曼"不高兴的理由难以理解。他不喜欢皇冠是因为作为一位日耳曼统治者,具有日耳曼人的国家观,下意识地反对罗马的专制主义?抑或他对这个时机较为敏感,不想得罪东部帝国?还是他不想从教宗那里获得皇冠,因为他预见

---

① 孟广林:《战争巨人查理曼》,哈尔滨:黑龙江人民出版社,1999年,第249—250页;费尔南·布罗代尔:《法兰西的特性:人与物》(上),顾良、张泽乾译,北京:商务印书馆,1995年,第95—97页。二战前夕德法史家曾经围绕查理曼是哪个国家的人发生激烈"交火"。关于这一讨论的总结和反思,参见 Karl F. Werner, *Karl der Große oder Charlemagne?: von der Aktualität einer überholten Fragestellung*, München: Verlag der Bayerischen Akademie der Wissenschaften, 1995。

② Gerhard Seeliger, "Conquests and Imperial Coronation of Charles the Great", H. M. Gwatkin & J. P. Whitney eds., *Cambridge Medieval History*, vol. II, New York: The Macmillan Company, 1913, pp. 620—623.

到后者可以借此加冕权而宣告自己的至高无上"①?

与不情愿派相唱和的,则是所谓"地方化理论"(Die lokalistische Theorie),德国史家卡尔·赫尔德曼即其代表。通过强调特殊事件触发称帝的重要性,利用探究当事人实际动机的"禁止流血冲突理论"(Die Blutbanntheorie),赫尔德曼看重的是教宗的动机和主动性,认为罗马城内的政治斗争是称帝的症结之所在。正是由于罗马城内的局势,使得受到仇视的教宗迫切希望有更为高级的法官来审判对手。而称帝之后,查理曼就马上召开会议,以大逆罪审理那些攻击教宗利奥三世的罪犯。所以,称帝是为了解决罗马城内的政治危机而采取的措施。但是,随后赫尔德曼与罗森西多克之间爆发的论战则表明,该理论也引起了激烈的争论。②

关于教宗利奥三世被攻击和关押的历史事件,《罗马教宗列传·利奥三世传》所载最为详细。

> 这一天(799年4月25日),他(教宗利奥三世)按照惯例与人民一起参加奉献游行仪式,跟教士们一道举行一年一度的奉献和隆重的弥撒,人民向万能的上帝祈祷基督徒的得救。在那个奉献仪式上,按照惯例,在圣殉道士格奥尔吉乌斯的生日那天由圣罗马教会的书记(notario)在该圣徒的冠名教堂布道。虔诚的男女也聚集在圣殉道士劳伦图斯教堂举行庆祝。在这些布道完毕之后,这位可敬的教宗走出教堂,邪恶的书记官帕斯卡尔(primicerius Paschale)悄悄地迎

---

① Gerhard Seeliger, "Conquests and Imperial Coronation of Charles the Great", H. M. Gwatkin & J. P. Whitney eds., *Cambridge Medieval History*, vol. II, New York: The Macmillan Company, 1913, pp. 620—623.

② 争论则参见 Eugen Rosenstock, "Rezension", *Zeitschrift der Savigny-Stiftung für Rechtsgeschichte. Germanitische Abeitlung*, 49 (1) (1929), pp. 509—524; Karl Heldmann, "Karl der Große und sein Imperium christianum", *Zeitschrift der Savigny-Stiftung für Rechtsgeschichte. Germanitische Abteilung*, 50 (1) (1930), pp. 625—659; Eugen Rosenstock, "Erwiderung", *Zeitschrift der Savigny-Stiftung für Rechtsgeschichte. Germanistische Abteilung*, 50 (1) (1929), pp. 659—667。

向他,请求他的恩典,说:"我虚弱且悄悄而来。"圣洁的教宗赐给他恩典。与此同时,坎普卢斯(Campulus)像骗子一样跟着教宗,虚言假语地与他交谈。邪恶的、不公的、忘恩负义的、失足的基督徒,以及多神教徒,怀着邪恶的思想,集合在游行队伍中。当人们行进到由教宗圣保罗奠基的圣斯蒂芬和西尔维斯特修道院门前的时候,这些邪恶分子悄悄地武装起来,没有丝毫敬畏之心地跳出来,发动袭击,试图不敬地杀掉教宗。根据他们的邪恶计划,帕斯卡尔在前,坎普卢斯在后。事情发生后,所有站在教宗身边的人们,害怕武装分子,都逃走了。这帮坏家伙,像犹大一样,藐视神、人和教宗之职,抓住教宗并将他扔在地上,毫无仁慈、残忍地将他的眼睛挖出,试图弄瞎他。在割掉他的舌头之后,这帮坏分子伙同帕斯卡尔和坎普卢斯将又瞎又哑的教宗扔在街道中央。①

叛乱分子将教宗关押在圣斯蒂芬和西尔维斯特修道院,随后又将他转移到伊拉斯谟教堂。可能正是在这里,教宗得到了上帝所行的"奇迹",双眼复明,而且恢复讲话能力。随后,在罗马的法兰克人进行了干预,由斯波莱托公爵维尼吉斯(Winigis von Spoleto)和查理曼的特使萨布罗修道院院长威伦德(Wirund von Sablo)将教宗迎接到斯波莱托。查理曼得知袭击事件之后又派来特使、中书令、科隆大主教希尔德巴尔德和两位伯爵。两批人马汇合,护送教宗前往法兰克地区。查理曼随后与教宗在帕德博恩会面。两位西部欧洲的政治领袖会面的详情,不得而知。不过,此后教宗确实开始了为查理曼称帝而做的一应准备活动。同年11月,查理曼派遣特使希尔德巴尔德、新近设立的大主教区萨尔茨堡的大主教阿尔安(Arn von Salzburg)将教宗护送回罗马。教宗开始用查理曼统治意大利的时间给教廷文书纪年,在自己的办公场所拉特兰宫的墙壁上新制了两幅壁画,一幅描绘基督分别授权给圣彼得(一说为圣西尔维斯特教宗)和君士坦丁大帝,另一幅表现圣彼得分别授予披肩给教宗利奥、授予旗帜

---

① L. Duchesne ed., *Le Liber Pontificalis*: Leo III, p. 4.

给查理曼。公元800年11月,查理曼来到罗马的时候,利奥三世出城12里迎接。依据罗马帝国的惯例来看,这是按照皇帝的礼遇来迎接查理曼。这个时候,教宗利奥业已做好了查理曼称帝的准备活动。

查理曼抵达罗马之后,便着手处理罗马城内的事务。《洛尔施修道院编年史》描述了查理曼称帝前夕在罗马的准备活动。"在那里,他召集由主教、院长、教士、主祭、伯爵和其他基督徒参加的大会,那些想谴责使徒教宗的人也在场。当国王了解到他们并没有什么正当的理由,而是出于嫉妒而攻击教宗的时候,虔诚的王侯(princeps)查理和来自各地的主教、神圣的教父们都觉得,应该满足教宗的意愿和请求,不由他们来审判,而是让他进行自我洗冤……出席会议的使徒教宗利奥和全体神圣的教父们,以及其他基督徒们都认为,他们应该提请法兰克王查理为皇帝。因为他控制了罗马这座皇帝们曾经的驻跸之所,以及在意大利、高卢和日耳曼尼亚的其他驻跸之所。既然万能的上帝将这些驻跸之所赐予他,所以,在上帝的庇佑之下,在全体基督教人民的请求之下,他也就理所当然地拥有这个名分。国王查理本人不想拒绝他们的请求,而是谦卑地听从上帝,接受教士们、全体基督教人民的请求,在我主耶稣基督诞辰之日,通过我主利奥教宗的祝圣接受了皇帝之名。"[1]因此,查理曼事先知道,并且愿意称帝。

现在史家赞同这份编年史的这条记载为805年左右编写。《洛尔施修道院编年史》最早的抄本只是个残篇(Vienna, ÖNB cod. 515),一共8页。编年史被抄在第1页至第5页正面,记录794年至803年的史事;从第5页正面的中间部位开始抄录了《圣经》故事,其背面抄录的是仪式问答;其他几页为新基督徒教义指南。而现存的完整编年史抄本(St. Paul in Lavanttal, Stiftsarchiv cod. 8/1),叙事从703年至803年,则有可能最早于公元835年就已经存在了。[2]

由于这两份极富权威性的史料,以及中古盛期漫长的帝权与教权之

---

[1] "Annales Laureshamenses", George H. Pertz ed., *Scriptorum tomus I*, pp. 38—39.
[2] Rosamond McKitterick, *History and Memory in the Carolingian World*, Cambridge: Cambridge University Press, 2004, pp. 106—108.

争留下的思想史传统,学者们在各有自己的具体主张的同时,大体可以被纳入"不情愿派"和"情愿派"两大阵营中。

第四节　历史的必然与偶然

在第二次世界大战结束之后不久,一批著名史家从各自的角度论证了查理曼是愿意称帝的。路易斯·哈尔芬证明艾因哈德的证言需谨慎对待①；费希特瑙系统证明了查理曼通过模仿君士坦丁堡方面为称帝所做的准备②；冈绍夫彻底调查了查理曼的敕令和相关政策,证明查理曼对于称帝是认真的,在称帝之后采取了许多新政。③ 佩尔西·西拉姆虽然自谦没有新史料,但他确实利用了许多此前受到忽视的史料,尤其是使用的图像中含有"国家象征符号"的史料,证明在查理曼称帝之前,有许多图像史料将查理曼视为皇帝。④

而最有代表性的成果则是德国学者赫尔穆特·伯伊曼提出的名分理论(Nomentheorie),旨在说明以查理曼为首的加洛林家族运用了"名副其实"理论来获得各种名号。伯伊曼认为加洛林家族信奉"名分理论",即在拥有实权之后,在此基础上追求相应的"名分",以便名副其实。否则,名不副实,天下大乱。正是依托于这种"名分理论",查理曼的父亲矮子丕平要废黜墨洛温王朝的末代君王,自己加冕称王。也同样基于这种政治理

---

① Louis Halphen, "Einhard, histoirien de Charlemagne", *Revue historique*, tome CXXVI, pp. 271–314; Idem, "Etudes critiques sur L'*Histoire de Charlemagne*, vi. Le couronnement impérial de l'an 800", *Revue historique*, tome CXXXIIII, Fasc. 1 (1920), pp. 58–67.

② Heinrich Fichtenau, *The Carolingian Empire*, trans. Peter Munz, New York: Harper & Row Publishers, 1964, pp. 47–78.

③ François-Louis Ganshof, *Frankish Institutions under Charlemagne*, trans. Bryce & Mary Lyon, Providence: Brown University Press, 1968.

④ Percy Ernst Schramm, "Die Anerkennung Karls des Großen als Kaiser (bis 800)", Idem, *Kaiser Könige und Päpste: Gesammelte Aufsätze zur Geschichte des Mittelalters*, Bd. I, Stuttgart: Anton Hiersemann, 1968, pp. 215–246.

念,查理曼要称帝。但是,任何传统都不是从来就有的,具体到查理曼称帝,问题在于查理曼从什么时候开始决定性地关注帝王之名、从而开启名副其实的历史进程? 2006 年,奥地利史家托马斯·艾特尔对伯伊曼的理论加以修订,从观念史的角度,更加具体地探究查理曼及其宫廷是如何走向名分理论的。艾特尔认为,787 年的第二次尼西亚宗教会议是导火索,790 年由奥尔良主教提奥多尔夫起草的反驳会议决议的作品《加洛林书》,显示出有必要围绕名实关系发展出西部自身的逻辑理论,随后主要经过阿尔昆的阐发,加洛林宫廷初步提出了新的"名分"理论。但艾特尔也承认,还没有找到确证,表明查理曼何时开始考虑称帝。①

名分理论将查理曼称帝牢牢地安置于加洛林帝国建立的实际进程之中,使得查理曼称帝变成了名副其实的实现过程,从而具有了必然性。如前所述,这些学术成果体现在 1959 年萨利文的《查理曼加冕称帝:为何意义重大?》中,用以说明查理曼称帝的历史必然性和重大意义。这说明形势比人强,8 世纪欧洲发生的结构性政治变动推动了查理曼称帝。查理曼及其称帝处在一个庞大的政治结构之中。

但德国学者彼得·克拉森于 1965 年发表的论文《查理曼、教宗与拜占庭》,不仅成功地总结了已有的学术成果,成为集大成式的研究作品,而且更有力地证明了查理曼称帝是一次偶然事件。"经过一代人的争论,通过对为数不算特别稀少的,但包括罗马方面和法兰克方面的史料的综合利用,学术界最终达成了某种共识。就德语学界而言,当然是 1965 年彼得·克拉森发表的成果。"②克拉森后来将这篇名文发展成了一部学术名

---

① Thomas Ertel, "Byzantinischer Bilderstreit und fränkische Nomentheorie: Imperiales Handeln und dialektisches Denken im Umfeld der Kaiserkrönung Karls des Großen", *Frühmittelalterliche Studien*, 40 (2006), pp. 13—42.

② Rudolf Schieffer, *Neues von der Kaiserkrönung Karls des Großen*, p. 3. Gunther Wolf, "Einleitung", Idem ed., *Zum Kaisertum Karls des Großen: Beiträge und Aufsätz*, Darmstadt: Wissenschaftliche Buchgesellschaft, 1972, p. 1.中国学者对"不情愿派"的批评,参见孙宝国:《查理曼加冕历史真相之再思考》,《长春师范学院学报》2004 年第 5 期;贾平平:《查理曼的烦恼——皇帝加冕》,《世界文化》2014 年第 5 期。

著。他得出的结论是称帝符合诸多政治力量的利益:对利奥而言,有了合法的统治者和保护者以便对付对手;对阿尔昆而言,称帝是《圣经》中大卫王国的提升,尽管是以错误的罗马政治方式;对《洛尔施修道院编年史》所代表的法兰克人而言,因为东部基督教最高权力的空缺,在西部另外需要一个古代帝位的复兴;对查理而言,则是一个使名副其实的过程,以便对旧罗马帝国疆域上诸族群进行统治;而在拜占庭的眼中,一切还是没有改变,不过是出现了一位蛮族僭立者。① 诸多力量凑在一起使得称帝事件得以发生,但在称帝之后,各种力量回归到各自的演化轨道,使得称帝具有相当的偶然性。

不论必然派还是偶然派,都承认查理曼愿意称帝,他们的争论焦点转向了如何评估查理曼称帝事件与加洛林王朝的扩张之间的关系。几乎所有的学者都承认,查理曼称帝归根结底是查理曼长期东征西讨、法兰克王国不断扩张的结果,正是军事胜利确保了查理曼具有称帝的"实力"(potentia),而公元800年圣诞节的事件则使得查理曼进一步获得了"名号"(nomen imperatoris)。但是,查理曼本人是不是掌控了广袤的疆土,才因此称帝呢? 从辩证法的角度而言,必然性与偶然性是辩证的关系,必然性体现于偶然性之中。总体来看,拉丁基督教世界的形成、法兰克王国的扩张、对君士坦丁堡方面的挑战,是查理曼称帝的基础,而世界末日观、教宗利奥三世的当选、君士坦丁堡方面的宫廷政变以及罗马城的内乱,则直接导致在800年圣诞节发生称帝事件。从现代史学来观察,从为称帝奠定基础到称帝事件的发生,是一个从政治结构到政治事件的演化过程,用加洛林时代的术语来说,即为从实到名、使名副其实的过程。这也是加洛林时期的史学家们留给我们的一套解释框架。通过历史书写,以查理曼为首的加洛林统治者集团成功地说服了我们,查理曼称帝是历史发展的必然结果、征服战争的最终成果。称帝是实至名归的、名副其实的!

---

① Peter Classen, *Karl der Große, das Papst und Byzanz: Die Begründung des Karolingischen Kaisertums*, p. 80.

理固宜然,但对于历史学家而言,这种争论的背后还有一个帝国观念的概念。在加洛林王朝中后期,帝号与疆土的多少并没有实质性的联系,在此后的绝大多数时间里,帝号与疆土的广狭关系似乎也不大。

在主张称帝具有必然性的学者中,侧重点也各自不同;即使是偶然派,也有观点大相径庭者。帕卓尔德和亚努尔特都属于偶然派,但是,帕卓尔德颇有点坚持不情愿派的传统,认为查理曼称帝实属意外。帕卓尔德提醒学者们注意当时信息传递不便的现实条件,在这种状况下,"称帝实为未曾料到的、不曾期待的一系列事件、谣言和误会的好结局,也是诸多决断的意想不到的副产品"①。而亚努尔特则正好相反,认为称帝是查理曼策划的结果。他甚至推测,对教宗利奥的攻击都很有可能是查理曼授意的,至少是知情的。在799年,查理曼好几次特地将几位散在属国的儿子召集到自己的身边,应该也是为了讨论是否称帝的问题。② 言下之意,查理曼为了达到称帝的目的,甚至有些不择手段。亚努尔特的观点甚至颇有些阴谋派的味道。

必然派则似乎更加兼重必然性与诱发称帝的偶然性因素。法国学者里歇认为,征服战争使得加洛林家族成为基督教世界的首领,787年尼西亚宗教会议使得查理曼公开挑战君士坦丁堡的宗教权威。794年的法兰克福宗教会议就是对君士坦丁堡方面主持召开的第二次尼西亚宗教会议的总回答。此后两个事件加速了帝制的实现:795年利奥教宗的登基和797年君士坦丁堡方面的宫廷政变。但是里歇承认,查理曼还有足够的时间从称帝的道路上退缩。世界末日观的流行与800年的法兰克北部之行使得查理曼最终下定决心南下罗马,称帝不可避免。③

---

① Steffen Patzold, "Karl der Große: Geheimnis eines Weihnachtstages", *Der Spiegel*. "Geschichte", Heft 6, 2012-11-27.

② Jörg Jarnut, "799 und die Folgen. Fakten, Hypothesen und Spekulationen", Matthias Becher ed., *Herrschaft und Ethnogenese im Frühmittelalter: Gesammelte Aufsätze. Festgabe zum 60. Geburtstag*, Münster: Scriptorium, 2002, pp. 255—273.

③ Pierre Riché, *Die Karolinger: Eine Familie formt Europa*, trans. Cornelia & Ulf Dirlmeier, München: Deutscher Taschenbuch Verlag, 1991, pp. 174—180.

但是,必然性与偶然性之间的关系,仍然是刺激学术创新的敏感点。英国历史学家亨利·迈尔-哈尔廷试图跳出教权—王权的传统思路,认为萨克森战争的胜利,不仅标志着查理曼征服战争的结束,也最终促使查理曼寻求新的统治多民族的合法名号,从而走向称帝。① 英国学者罗杰·柯林斯补充了偶然性,在征服意大利的过程中,查理曼不得不面对诸多不同的政治实体,为此需要寻求合法性。因此,至少从799年开始,查理曼就业已着手安排称帝的活动。"总而言之,似乎有理由相信查理的罗马之行和圣诞节的加冕称帝至少在799年就开始策划,很有可能是在利奥三世到帕德博恩拜访查理曼的时候。除了艾因哈德的话之外,我们没有理由对此加以怀疑。"②

而从宗教观念的角度,法兰克福大学教授约翰·弗里德认为,随着基督教帝国观念的形成,基督教宗教观念成为关注的焦点。当时在法兰克尼亚流行的年代计算方式推定公元800年是世界末日来临的日子,因此,该年的圣诞节也就具有特别的象征性。查理曼的宗教顾问们觉得应该依据基督教世界末日理论,建立罗马帝国,以便建设和平和公正的新秩序,等待耶稣基督的再次降临。③ 弗里德重新解释了著名的《科隆注解》(Kölner Notiz)所提供的信息。这是一份于798—805年间编订的关于年代计算的小册子,其中提到:"依据杰罗姆所传承的希伯来算法,从世界被创造至今,即查理王统治的第31年[是年接纳三分之一的萨克森人为人质;从希腊方面来了使者,将帝权交给他(查理)],凡5998年。据七十子本则总共为6268年,即公元798年。"④弗里德认为,由于世界末日并没有如期来临,查理曼让经学家们寻找新的算法和解释(即英格兰

---

① Henry Mayr-Harting, "Charlemagne, the Saxons, and the Imperial Coronation of 800", pp. 1113—1133.

② Roger Collins, *Charlemagne*, p. 147.

③ Johannes Fried, "Papst Leo III. Besucht Karl den Großen in Paderborn oder Einhards Schweigen", *Historische Zeitschrift*, 272 (2001), pp. 281—326.

④ "Annales Sancti Petri Coloniensis", Georg H. Pertz ed., *Scriptorum tomus XVI*, MGH, Hannover: Hahn, 1859, p. 730.

的比德的算法）。他建立的帝国也就转变为让世界更新和延续的政治载体。

同样是强调必然性，但最新的研究似乎颇有意淡化军事和政治方面的背景，而从法兰克—罗马联盟的角度来考量，但更多地落脚于查理曼本人。"帝号主要涉及查理曼对'基督教'的关心，尤其是他本人与教宗的关系，而与针对罗马历史的任何政治设计无关。公元800年圣诞节事件的基础是法兰克宫廷与教宗制之间几代人的密切联系……利奥加冕查理曼只是对他承担的帝国使命的承认和认可而已。自9世纪以降，帝号仅仅意味着对罗马城和罗马教会的义务……称帝并没有在疆域方面带来任何变化……如果说帝号并没有特别改变查理曼统治的方式、统治的性质，那么也没有改变王朝的性质……对查理本人而言，我们只能说，成为皇帝是一项特别的荣耀，但也可能舍此无他。"①《加洛林世界》的这一解释又颇有消解称帝必然性的味道。

无论学术界的分歧如何大，目前的趋势则是聚焦于称帝发生的前夕来联系必然性与偶然性。这里再以著名的《德国史手册·加洛林帝国时代（714—887）》为例。这一卷由著名史家鲁多尔夫·希菲尔编写，他对查理曼称帝的事件描述如下："在查理及其顾问们的脑海中，与老牌强国拜占庭平起平坐的意识，既来自对西部大多数基督徒的统治这一事实，也来自博斯普鲁斯海峡那边出现危机的消息。797年太后海伦娜将自己的儿子君士坦丁六世废黜，弄瞎了他的双眼。这种意识也同样来自各地使节带回的获得'世界各国'承认的消息。在基督教世界，至少是在拉丁西部，阿尔昆于798年就在祈祷仪式中加入了'基督教帝国'的字眼。在罗马城，利奥三世取代哈德良成为教宗之后，由于受到内部反对派的攻击，他不得不找法兰克王寻求支持，使得查理的名位继续上升。798年与799年之交，查理曼是否因为受到拜占庭方面的鼓励而有复兴西部帝国的念

---

① Marios Costambeys et al., *The Carolingian World*, pp. 266−270; Matthew Innes, *Introduction to Early Medieval Western Europe*, *300—900：The Sword, the Plough and the Book*.

头,不得而知。无论如何,799年4月25日教宗利奥在罗马城受到攻击,在那个夏季他寻求查理的保护,使得形势继续发展下去……查理意识到,针对教宗的重罪事件使得自己作为罗马国老的作用受到了挑战……800年8月查理曼决定第四次南下罗马城,同时接受凯撒之尊。"① 希菲尔也承认,经过如此众多的研究之后,我们其实还是不知道称帝的想法来自何方,其理由何在。②

无论如何,新的学术研究在不断地消解称帝事件的巨大历史意义。是否如同冈绍夫所说的那样,查理曼称帝构成了其王国治理的一个转折点? 美国学者詹妮弗·戴维斯在2015年出版的新著《查理曼的帝国治理》中,通过梳理查理曼当政时期的各种敕令(Capitulary),认为查理曼治理帝国的真正开始是在789—790年间。从此以后,查理曼具有世界主义的帝国治理政策逐渐具象化。通过不断地克服治理危机,帝国治理的政策逐渐走向成熟。在此基础上,她修正了冈绍夫的结论,认为公元800年的称帝事件并没有给帝国治理带来值得关注的重大变化。③

在称帝之前的十余年间,查理曼的治理其实一直就是一种帝国治理模式。因此在英国剑桥大学教授罗萨蒙德·马克特里奇最近为查理曼撰写的长篇传记《查理大帝:欧洲认同的形成》中,竟然没有关于称帝的专门讨论。在她看来,这是还历史以真实。④ 以查理曼的帝国治理为背景,史家看到的是查理曼强有力的手臂以及治理天下的伟大。而艾因哈德所传递的查理曼不愿意称帝的信息就变成了一种写作修辞的策略。《新编剑桥中世纪史》便说道:"当艾因哈德说查理曼不愿意称帝的时候,事实上他不过

---

① Rudolf Schieffer, *Handbuch der Deutschen Geschichte: Die Zeit des karolingischen Großreichs, 714—887*, Stuttgart: Klett-Cotta, 2005, pp. 106—107.

② Rudolf Schieffer, "Karl der Grosse, Eirene und der Ursprung des westlichen Kaisertums", Walter Pohl ed., *Die Suche nach den Ursprüngen: Von der Bedeutung des frühen Mittelalters*, p. 151.

③ Jennifer Davis, *Charlemagne's Practice of Empire*, pp. 363—364.

④ Rosamond McKitterick, *Charlemagne: The Formation of a European Identity*, Cambridge: Cambridge University Press, 2008, p. xi.

在利用古老的文学程式,通过谦卑揭示查理曼的伟大和善良。"①

艾因哈德模仿苏维托尼乌斯写作《查理大帝传》,他当然也会注意到古代贤帝们留下的榜样,即不愿意称帝而不得不接受帝名。因此,将艾因哈德的论述视为一种修辞策略,未尝不可。但是,如果仅仅将其视为一种修辞策略,似乎也略显偏颇。因为获得帝名并不是某种私人的荣誉和德行,还涉及合法性问题,即要获得其他政治体的认可,尤其是君士坦丁堡的皇帝的认可。自查士丁尼以来,罗马帝国的正统传承在君士坦丁堡,这一观念可谓深入人心,6世纪末的《奥斯特拉西亚书信集》就反映了墨洛温王朝对这一政治观念的认同(详见第九章)。查理曼自775年开始启用"罗马国老"的称号,也是对这一传统政治观念的认可。在当时欧洲的政治世界中,帝位只有一个,在君士坦丁堡。但现实政治格局却是帝位的传统首都——罗马以及西部帝国都不再处在君士坦丁堡的皇帝的直接控制之下。正是这种政治现实与政治观念之间的矛盾,使得查理曼称帝变成了名与实之间的复杂纠葛。

查理曼称帝之后,他的帝名如何能够得到君士坦丁堡的皇帝的认可,还需要进一步通过政治、军事和外交手段来加以解决。为此查理曼又苦苦等待了十多年,最终于812年如愿以偿。② 即便如此,获得承认的仍然仅仅是"皇帝"这一称号,而非"罗马皇帝"。君士坦丁堡方面还不想偏离查士丁尼以来业已传承二百余年的一个帝国、一个帝位的政治传统。而查理曼君臣也在努力地从另外的政治思想传统中挖掘资源,为查理曼的帝号提供合法性辩护,寻找合适的帝名。这个长达十余年的寻觅过程,对

---

① Paul Fouracre, "Frankish Gaul to 814", Rosamond McKitterick ed., *New Cambridge Medieval History*, vol. II, p. 105.

② 关于君士坦丁堡方面的反应,参见 Constantine N. Tsirpanlis, "Byzantine Reactions to the Coronation of Charlemagne (780—813)", *Byzantina*, vol. 6 (1974), pp. 347—360; Milton V. Anastos, "Constantinople and Rome: A Survey of the Relations between the Byzantine and the Roman Churches", Idem, *Aspects of the Mind of Byzantium: Political Theory, Theology, and Ecclesiastical Relations with the See of Rome*, Farnham: Ashgate Pbulications, 2001, https://www.myriobiblos.gre/texts/english/milton1_inddex.htm,访问日期:2016年8月2日。

于查理曼君臣而言,也是一个"痛苦"的经历。查理曼不愿意称帝,也或多或少反映了这一历史经历所留下的思想烙印。

艾因哈德把称帝的责任推卸给罗马教宗,既是一种修辞策略,以便彰显查理曼具有谦卑的政治美德,也是为了表明查理曼的另一种政治胸怀。"在他接受了尊号以后,却能平心静气地容忍着由此引起的敌视和罗马皇帝的愤怒。他以他的豁达大度克服了他们的敌意,论起胸襟开阔来,他无疑是远远超过他们的。"经过这种处理,查理曼称帝之后如何获得君士坦丁堡方面认可的痛苦祈求过程就变成了一种值得赞赏的政治宽容。所以艾因哈德接下来说:"(查理曼)常常派使臣到他们那里去,称他们为他的弟兄。"[1]

艾因哈德所揭示的名实之辨,似乎并不仅仅是一个名副其实的过程。有实力与获得帝名之间的关系牵连甚广,也并非仅仅是查理曼与罗马教宗两人之间的事情。查理曼需要在称帝之前进行广泛的咨询并征求意见。大体决定之后还要召集王国大会。抵达罗马城之后,又连续召集大会,商讨了一周有余,最终于重大的基督教节日加冕称帝。称帝之后,一方面,经过漫长的等待和艰苦的努力,最终使得自己的帝号获得了君士坦丁堡方面的承认;另一方面,还要消解此前意识形态方面抹黑罗马皇帝所带来的对皇帝的负面认识。正是这种复杂的名实关系,推动查理曼的帝号不断地改变。

---

[1] 本段引文皆出自艾因哈德、圣高尔修道院僧侣:《查理大帝传》,A. J. 格兰特英译,戚国淦译,北京:商务印书馆,1979 年,第 30 页。

第七章　名实之间：查理曼的帝号

　　本书前文提到过，自查士丁尼一世以来，一个皇位的传统取代了东西部两个皇位的历史，帝国西部地区没有再出现皇位，原罗马帝国地区都遵奉君士坦丁堡的皇帝为最高政治权威。7世纪，拜占庭帝国再次急剧衰落，这一次阿拉伯人充当了新的"蛮族"，成为半铁半泥状态中的"泥"。与此同时，在意大利拉文纳地区重现西部罗马帝国灭亡的历史理念。8世纪初，身处不列颠北部贾罗修道院的比德不仅更加具体地重述了这一史观，而且用罗马教宗取代君士坦丁堡的皇帝，构建起一个以罗马为中心的基督教罗马世界，从而呼唤西部帝国的复兴。作为查理曼的重要政策顾问，比德的再传弟子阿尔昆有意识地将查理曼复兴罗马帝国置于这一历史观中，查理曼复兴的是古代罗马帝国，即查士丁尼之前的西部帝国，并想成为君士坦丁堡皇帝的兄弟。但是，离开790年代猛烈批评皇帝的意识形态氛围，转向称帝的轨辙，变化不可谓不迅捷。历史与现实的纠葛，使得加洛林君臣不仅对于是否称帝，而且对如何称帝充满了多元的诉求。有实力并不意味着就要称帝，如何以有德的方式称帝更需周密的探讨；在称帝之后，如何获得君士坦丁堡的"兄弟"的承认，亦颇费周折。以何种方式称帝、称帝之后如何确保帝号的合法性，这些考量使得查理曼的帝号处在变动之中。探讨帝号的变动，可以更加细腻地触摸到历史的深处。

第一节 称帝、帝号与帝国观念

自11世纪开始,教权与帝权之争延续数百年。为了寻找各自的历史支持,双方权益的支持者都会拿查理曼称帝说事,说明教权高于帝权或者帝权独立于教权。这一漫长的思想史运动给现代学术界投下了巨大的阴影。"这场争论对于我们理解整个中世纪政治进程的本质至关重要,其根源在于皇帝和教宗之间无法调和的矛盾。"①由奥地利裔英国学者沃尔特·厄尔曼所系统总结的经典性论述,就是从王权与教权冲突的角度,提出查理曼的帝国观念与教宗利奥三世的帝国观念不同。查理曼虽然由利奥加冕称帝,但是并没有接受利奥的皇帝观。厄尔曼说:"查理曼与教宗的分歧在于,成为何种皇帝。"具体而言,是成为代表世界性统治权的罗马皇帝,还是获得与君士坦丁堡的皇帝平起平坐的地位。②尽管查理曼想效法君士坦丁堡的凯撒教宗主义,但是,由教宗主导、自上而下的世界性帝权观最终占了上风,也主导了西欧的帝权。

现代天主教会的学者也并不再支持中古时期流行的教权至上观,但会强调罗马教会的独立性。从查理曼称帝开始,罗马教会就具有强烈的自治色彩。在《圣彼得的王国:教宗国的诞生,680—825年》中,美国学者托马斯·诺贝尔指出,德语学界认为教宗国从属于查理曼掌控的学术传统"在假设和推测方面贡献很大,但在具体而可靠的证明上很有欠缺"。因此"这个学术传统是错误的"。"他们使用默证法,来论证加洛林王朝统治着教宗国。""其实查理曼对于自己在罗马的权利并不清楚。他留给自己的儿子路易的,是一个非常不清晰的状况。""虔诚者路易登基后,要理清这种关系。816年的《路易条约》(Pactum Ludovicianum)使得教宗国的自治程度受到了一定的限制,但可能并非要将教宗国纳入

---

① 本段引文皆出自罗伯特·福西耶主编:《剑桥插图中世纪史(350—950年)》,陈志强、崔艳红、郭云艳等译,济南:山东画报出版社,2006年,第393页。

② 沃尔特·厄尔曼:《中世纪政治思想史》,夏洞奇译,南京:译林出版社,2011年,第61页。

帝国之中,而是要回到754年开创的传统。"查理曼的帝国是"基督教法兰克帝国"。①

20世纪90年代,珍妮·尼尔森回到德语学界的传统,用罗马式和非罗马式帝权观来解释查理曼称帝时期流行的两种主流性的帝权观念,重新解释了她的导师厄尔曼的观点。所谓罗马式帝国观念,是指帝号继承自古代罗马帝国,查理曼作为独一无二的罗马皇帝统治天下,其帝号具有世界性和唯一性。而非罗马式帝国观念则与此相反,属于日耳曼人的帝国观念,其核心要素是统治多个族群,被军队和族群拥戴为皇帝。这种帝号观具有比较强烈的实用主义色彩。② 非罗马式帝国观念最初由德国学者埃德蒙·斯坦厄尔于1910年提出,并于1939年进行了系统阐发。③

对此,卡尔·赫尔德曼并不表示赞同,他认为查理曼的帝号仅仅涉及以罗马为中心的意大利地区。④ 但是,他主要从法制史的角度考察查理曼对罗马和罗马宗座的司法权,所运用的材料也多涉及查理曼死后教宗与皇帝之间的关系,而且主要依靠9世纪末至10世纪中期撰写的匿名小册子《论罗马城的帝权》(*Libellus de imperatoria potestate in urbe Roma*)。赫尔德曼所使用的材料比较晚出,不够原始,后见之明颇让人联想起中古时代以降帝权与教权之争的学统,容易引人反感。⑤

---

① 本段引文皆出自 Thomas F. X. Noble, *The Republic of St. Peter: The Birth of the Papal State*, 680—825, pp. 277—300。

② 关于"罗马式"与"非罗马式"帝国观念的最新总结,参见 H. Mayr-Harting, "Charlemagne, the Saxons, and the Imperial Coronation of 800", *The English Historical Review*, pp. 1113—1133。

③ Edmund E. Stengel, "Kaisertitel und Soveränitätsidee: Studien zur Vorgeschichte des modernen Staatsbegriffs", *Deustches Archiv für Geschichte des Mittelalters*, 1939, pp. 1—56。

④ Karl Heldmann, *Das Kaisertum Karls des Großen: Theorien und Wirklichkeit*, pp. 347—362。

⑤ 托马斯·诺贝尔从正统基督教会的学术传统对赫尔德曼以及其他德语学界的学者提出了强烈的批判,参见 Thomas F. X. Noble, *The Republic of St. Peter: The Birth of the Papal State: 680—825*, pp. 280—287。

二战后，西格弗里德·艾伯尔莱茵进一步申发了非罗马式帝国观念①，但影响最为广泛的阐释模式，还是由奥地利裔英国学者沃尔特·厄尔曼提出来的。他认为，利奥三世通过加冕仪式拥立了一位罗马皇帝，而这个帝号是"一个专门的称谓"，它与古代的罗马帝位相似，体现的是"对全世界的最高统治权"。但是，查理曼不愿意接受这种帝国观念。他所追求的就是取得与拜占庭皇帝"对等的地位"而已。②

珍妮·尼尔森的不同之处在于，她将罗马与君士坦丁堡综合为罗马式。尽管罗马教宗的理论是罗马式的，但其仪式则模仿拜占庭方面。而查理曼的帝号则来自非罗马式，不是因为教宗加冕而获得，而是由在他统治下、承认他权力的各族人民所赋予。因此，这足以解释查理曼的帝号，他是身在亚琛而"统治着罗马帝国"。③

尽管现在学界普遍认可查理曼的帝国为基督教法兰克帝国，但学者们也承认查理曼的帝号来自以罗马为中心的意大利地区。2009年，德国史家艾克哈德·穆勒-梅尔藤斯再次明确指出，在查理曼的名号中，帝号与王号只是并列关系，尽管帝号的等级最高，但没有证据表明他统治的罗马帝国覆盖全部的统治领土。相反，查理曼治下的罗马帝国只包括"罗马城和皇帝—教宗共同控制的意大利中部地区"④。可惜的是，穆勒-梅尔藤斯只是基于查理曼的名号分析得出其结论，略嫌证据不足，而且他还忽略了帝号的可变动性。因此，2016年，他的观点便受到了劳瑞·萨尔提的反驳。萨尔提并没有提供新的证据来支撑帝国泛指查理曼所辖领土的

---

① Siegfried Epperlein, *Über das romfreie Kaisertum im frühen Mittelalter*, Berlin: Akademie-Verlag, 1967, pp. 307—342.

② 沃尔特·厄尔曼:《中世纪政治思想史》，南京:译林出版社，2011年，第52—70页。

③ Janet Nelson, "Kingship and Empire in the Carolingian World", Rosamond McKitterick ed., *Carolingian Culture: Emulation and Innovation*, Cambridge: Cambridge University Press, 1994, pp.52—87. 中译文可参见 Janet Nelson:《王权与帝国》，载 J. H. 伯恩斯主编:《剑桥中世纪政治思想史·上·350年至1450年》，程志敏、陈敬贤、徐昕等译，北京:生活·读书·新知三联书店，2009年，第314—315页。

④ Eckhard Müller-Mertens, "Römisches Reich im Frühmittelalter: kaiserlich-päpstliches Kondominat, salischer Herrschaftsverban", *Historische Zeitschriften*, 288 (2009), pp.50—92.

观点,而是从法兰克人罗马化的角度强调了查理曼利用帝号来治理整个王国,并于802年让所有臣民对新帝号宣誓效忠。①

由于受到中古盛期以降帝权与教权之争的学术传统影响,已有的帝号研究多涉及定性分析,它们试图确定到底查理曼的帝国观念是罗马式的抑或非罗马式的。这就导致这些研究或多或少颇有些静态化。查理曼称帝是件新事,查理曼不仅要面对拜占庭、罗马教宗等宫廷之外的不同观念的影响,而且即使在宫廷内部,廷臣们的意见也各有不同。因此之故,其帝号难免会存在不确定状态,也会随着历史的发展而发生改易。

第二节 "罗马皇帝"

前文提到,799年4月25日教宗利奥三世在罗马城举行大连祷游行,以祈祷丰收。当队伍走到台伯河边的圣斯蒂芬和西尔维斯特修道院教堂门前的时候,教士书记官帕斯卡尔和总务长康普卢斯事先安排埋伏在那里的人马袭击了利奥三世并将他关押起来。教宗卫队长阿尔比努斯(Cubicularius Albinus)率人悄悄将教宗救出,并乘夜色出城逃到圣彼得大教堂。在那里的加洛林巡察钦差和驻军将利奥三世保护起来,并在斯波莱托(Spoleto)公爵的接引之下,护送利奥三世北上,越过阿尔卑斯山,前往帕德博恩会见查理曼。

关于这次会见,法兰克方面非常重视,为此留下了专门颂扬这次会见的《查理曼与教宗利奥之颂诗》(*Carolus magnus et Leo Papa*)。但可惜的是,西欧政治领袖与宗教领袖会面的具体内容,我们不得而知。会面之后,查理曼派遣儿子小查理(Charles the Younger,800—811年在位)亲自带领巡察钦差和大军将利奥护送回罗马,他自己则回到亚琛。这个时候拜占庭帝国方面的使臣丹尼尔(Daniel)也在亚琛。法兰克方面则称其为

---

① Laury Sarti, "Frankish Romanness and Charlemagne's Empire", *Speculum*, 91/4 (Oct. 2016), pp. 1040–1058. 关于证据,参见 François-Louis Ganshof, *The Imperial Coronation of Charlemagne: Theories and Facts*, p.5.

西西里总督米哈伊尔（Michael）的使者，只有一部小编年史称其为（君士坦丁堡的）皇帝的使者。其具体使命不明。① 西西里总督是当时拜占庭帝国在西部地区的最高军政长官。

　　转过年来，查理曼启程前往巴黎地区和今法国西北部一带，巡视海防，并到重要的教堂礼拜，征求当地重要谋臣们的意见。是年 8 月，查理曼在美因茨（Mainz）召集王国大会，决定亲自率大军前往意大利。抵达拉文纳后，查理曼安排军队远征伦巴第人在意大利的最后驻点——贝内文托（Benevento）公爵领，自己则前往罗马。教宗利奥出城 12 哩（罗马长度计量单位）迎接。800 年 11 月 24 日，查理曼进入罗马城内，开始处理帕斯卡尔等人对利奥三世的起诉。12 月 24 日教宗通过手持福音书在圣彼得大教堂的祭坛上发誓，宣称自己无罪。次日即 12 月 25 日，发生了教宗为查理曼加冕称帝的事件。

　　很显然，在称帝现场人们是对"罗马皇帝"进行欢呼。于查理曼宫廷中编修的《法兰克王家年代记》如此叙述罗马人民的欢呼："上帝所加冕的、伟大且和平的罗马皇帝（imperator Romanorum），吾皇查理战无不胜！"②《罗马教宗列传·利奥三世传》（以下简称为《利奥三世传》）应该是在利奥三世去世前后（816 年左右）编辑而成，其中关于查理曼加冕仪式的表述也相类似，只是民众的欢呼来得更加激动人心一些。他们奉众多的圣徒之名高呼三次："上帝所加冕的、虔诚的奥古斯都，伟大且和平的皇帝查理万岁，战无不胜！"③ 虽然罗马人民只欢呼了"皇帝"和"奥古斯都"，但传记作者随后添加了一句说明："他被所有人拥立为罗马皇帝（imperator Romanorum）。"这表明查理曼是成为罗马皇帝，口语中使用的名号是"罗马皇帝"（imperator 或者 Augustus Romanorum）。所不同

---

① "Annalium Guelferbytanorum pars altera", G. H. Pertz ed., *Scriptorum tomus I*, p. 45.

② 关于查理曼称帝部分的叙事应该是在 807 年前后完成的。Friedrich Kurze & Georg H. Pertz eds., *Annales Regni Francorum inde ab A. 741 usque ad A. 829*, pp. 110—112.

③ L'Abbé L. Duchesne ed., *Le Liber Pontificalis*, vol. II, p. 7.

的是,《法兰克王家年代记》的作者地处亚琛,他们想当然地认为罗马民众欢呼的是"罗马皇帝",而身处罗马城的教宗传作者则认为欢呼的只是"皇帝"。这种差异应该是针对不同读者而使用的不同用法。

在称帝之后,查理曼以皇帝的名义主持了司法大审判,将利奥三世的对手们,即帕斯卡尔等人,判处了大逆罪。由于利奥三世的请求,他的对手们最终保住了性命,被流放到法兰克尼亚。利奥三世宣誓证明自己的清白、查理曼称帝和审判帕斯卡尔等人这三件事情是紧密相连地发生的,所以,罗马教座和拜占庭方面都将称帝视为罗马教宗的报恩行为。《利奥三世传》的提法是,罗马人民之所以拥立查理曼为罗马皇帝,是因为他"如此用心地保护和爱护神圣的罗马教会及其副手"。于813年编写完成的著名拜占庭史书《提奥法尼编年史》则称之为"利奥三世为了表示感恩",将查理曼立为"罗马皇帝(Basileus Romanorum)"。① 在拜占庭控制区那不勒斯,于9世纪末、10世纪初编纂的《那不勒斯主教列传》尊重历代教宗,但是对利奥三世却颇有微词。该书将查理曼称帝视为利奥三世报复对手的手段。"立即为他加冕,创造一个最高权威以反对教宗利奥的敌人。"②

作为新任罗马皇帝,查理曼是否立即启用了新的名号,不得而知。现存最早的、使用了新名号的文书来自801年3月4日签发的特许状(diploma)。它发布于罗马,旨在依据罗马教宗的建议,解决阿雷佐(Arezzo)主教与锡耶纳(Siena)主教之间关于圣阿姆山修道院的所有权纠纷,最终的裁决有利于阿雷佐主教。文书中提到了查理曼的帝号。"德意志文献集成"系列(Monumenta Germaniae Historica,简称为MGH)采用的正式读法是"蒙上帝恩典,法兰克王、伦巴第王和罗马国老查理",即

---

① Theophanes Confessor, *The Chronicle of Theophanes Confessor: Byzantine and Near Eastern History, AD 284—813*, trans. Cyril Mango & Roger Scott, pp. 651. 希腊文转引自 L. Duchesne, *Le Liber Pontificalis*, vol. II, p. 38, No. 34。

② "Johannis gesta Episcoporum Neapolitanorum", G. Waitz ed., *Scriptorum rerum Langobardicarum et Italicarum, saec. VI—IX*, Hannover: Hahn, 1878, p. 428.

查理曼的旧名号。这一读法使用的是833年虔诚者路易（Louis the Pious，814—840年在位）再次确认产权时写定的版本。而在注释中，编者说明，该文书的B抄本使用了另一个名号——"法兰克王、罗马皇帝和伦巴第王"。① 这个B抄本是在9世纪由当事一方——阿雷佐教堂的文书缮写室抄录。

B抄本中的"罗马皇帝"（rex Romanorum），一直被研究者们认可为真，但是很遗憾，却没有得到应有的重视。彼得·克拉森注意到学界的相关讨论，但他也一笔带过，视之为"只不过是过渡性的暂时性表述方式"②。如果带着后见之明，克拉森所说并不为错。确实，从4月份离开罗马，在罗马东北方的斯波莱托城堡小驻之后，查理曼继续北上，于801年5月份抵达拉文纳，在那里查理曼使用了此后最为常用的新名号："奉圣父圣子圣灵之名，为上帝所膏立的、尊贵的奥古斯都，统治罗马帝国的、伟大且和平的皇帝查理，在上帝的仁慈恩典下也是法兰克王和伦巴第王。"③随后，他从拉文纳取道帕维亚，于8月份返回法兰克尼亚。

在801年5月份之前、查理曼称帝之后，查理曼的名号尚未确定下来，但是，这些早期的名号不仅有助于了解"统治罗马帝国的皇帝"这一帝号的前史，更有助于深入地理解查理曼称帝这一历史事件。

前文提到，查理曼最初使用的帝号是"罗马皇帝"（rex Romanorum），乃拜占庭皇帝的名号"basileus Romanorum"的拉丁文对（直）译。如前文引用过的提奥法尼所使用的那样。但是，这一希腊名号还有另外一种译法，即"imperator Romanorum"，属于意译。尽管文书证据表明最早的使

---

① Engelbert Mühlbacher etc eds., *Die Urkunden Pippins, Karlmanns und Karls des Grossen*, 1st. Bd., p. 264.

② Peter Classein, "Romanum Gubernans imperium: Zur Vorgeschichte der Kaisertitulatur Karls des Großen", Josef Fleckenstein ed., *Vorträge und Forschungen: Ausgewählte Aufsätze von Peter Classen*, p. 199.

③ E. Mülbhacher et al. eds., *Die Urkunden Pippins, Karlmanns und Karls des Grossen*, pp. 265—266. 为了行文的方便，将查理曼的整个名号称为名号，将其不同的组成名号、具体政治体（王国）的统治名号称为名衔。

用日期是 3 月初,但是,如果从"rex Romanorum"的意译法"imperator Romanorum"来看,记录这次事件的各种历史叙事可以旁证这个名号是称帝之后就在使用。如上文提到的《法兰克王家年代记》和《利奥三世传》。

在中古早期的拉丁文献中,"imperator Romanorum"远比"Rex Romanorum"更常见,而最为流行的用法是单独使用的"imperator"。使用"德意志文献集成"数据库(DMGH)进行检索统计,"imperator"及其各种变体在 6 世纪出现了 671 次,在 7 世纪为 230 次,在 8 世纪则达到了 902 次。① 与"imperator"相比,"imperator Romanorum"及其各种变体出现的频率相对要少很多,在 8 世纪,仅出现过 10 次,而且它们全部来自法兰克方面的文献。② 这一现象与罗马教宗方面的用法相一致。《利奥三世传》提到罗马人民欢呼查理曼为"皇帝",这也是罗马人民称呼拜占庭皇帝的习惯用法。

该数据库提供的关于"rex Romanorum"的使用频率,在 8 世纪一共是 13 次。表面上看,"rex Romanorum"似乎比"imperator Romanorum"更为常见,但其中 7 次为称呼罗马王政时代诸王,另一例为英格兰的比德在《大编年纪》中说:"屋大维·凯撒是第二位罗马皇帝(Augustus),统治了 56 年零 6 个月,从他开始皇帝被称为'罗马皇帝'。"③而其他 5 次都来自主祭保罗(Paul the Deacon,?—799)。④ 他在意大利卡西诺山(Monte Cassino)隐修时创作了《罗马史》和《伦巴第史》,比较频繁地使用"rex Romanorum"。例如:"提比略·君士坦丁获得了统治权,为第 50 位罗马

---

① Brepolis Latin Complete (http://clt.brepolis.net/emgh/pages/QuickResults.aspx? qry=de3d039f-b1d5-4e02-91d3-34324f5cb654,访问日期:2020 年 1 月 7 日)。

② Brepolis Latin Complete (http://clt.brepolis.net/emgh/pages/QuickResults.aspx? qry=687b6ad0-c663-4cdb-a480-28f6f69cf5da,访问日期:2020 年 1 月 7 日)。

③ "Bedae Chronica maiora ad. A. dccxxv", Theodor Mommsen ed., *Chronica Minora saec. IV. V. VI. VII.*, vol. III, MGH, Auct. Ant. 13, Berlin: Weidmann, 1898, pp. 280-281.

④ "Brepolis Latin Complete", http://clt.brepolis.net/emgh/pages/QuickResults.aspx? qry=ba929780-79f4-4fb0-a231-c68b846a98bf,访问日期:2020 年 1 月 7 日。

皇帝(Romanorum regum)。"①看来深受拜占庭帝国文化影响的意大利人偏爱这一术语。因此,现存第一份使用新帝号的文书,既反映了查理曼对拜占庭皇帝所用名号的向往和模仿,也表明查理曼尊重了意大利的伦巴第人和拜占庭人的使用习惯。

尽管效仿拜占庭皇帝是一件很自然的事情,因为拜占庭皇帝是古代罗马皇帝的直接继承者,但是效仿拜占庭皇帝称"罗马皇帝"也就意味着查理曼的帝号需要得到拜占庭方面的认可,从而也使其合法性具有了一定的不确定性,并构成查理曼帝号屡变的外部性变数。如何应对这一合法性方面的局限性,查理曼君臣未能完全取得一致意见。这里仅列举几种有代表性的人物及其看法。

罗马教宗对拜占庭的认可与否未曾加以理会。《利奥三世传》将查理曼称帝的原因归结于他保护了罗马教会。对于罗马教宗有权替皇帝加冕,拜占庭教会人士亦未曾公开否认。如《那不勒斯主教列传》和《提奥法尼编年史》,它们都对罗马教宗的这一行为是否合法没有任何疑虑。因此,这一派似乎可以被称为称帝的"基督教化派",即罗马教会可以拥立皇帝,其核心术语就是"上帝所加冕的"。

作为查理曼晚年的宠臣,艾因哈德在《查理大帝传》中,显然非常重视拜占庭皇帝的认可。他反复强调,查理曼称帝引发了拜占庭方面的妒忌和敌视。但查理曼心胸开阔,对此采取宽容的态度。《法兰克王家年代记》也存在类似的倾向,为此专门记述拜占庭方面承认查理曼帝号的历史性时刻。812年君士坦丁堡的新皇帝米哈伊尔一世(Michael,811—813年在位)确认了前任皇帝尼基弗鲁斯(Nicephorus,802—811年在位)与查理曼达成的和约,并派遣外交使节来到亚琛觐见查理曼。"在教堂里,使节们按照他们的一贯方式,用希腊语赞美他,称他为皇帝和王

---

① "Excerpta ex Pauli Historia Romana codicum Bambergensisi Vaticani urbinatis", H. Droysen, ed. *Eutropi cum ab urbe condita cum versionibus graecis et Pauli Landolfique*, MGH, Auct. Ant. 2, Berlin: Weidmann, 1879, p. 398.

(Imperatorem et basileum)。"①上述作者代表了查理曼称帝事件中的"拜占庭认可派"。当然他们之间也存在细腻的差异,艾因哈德甚至觉得,称帝没有特别的必要性。所以他会说,查理曼不愿意称帝。②

以洛尔施(Lorsch)修道院为代表的一批人则认为查理曼称帝是复兴帝权的结果。805年左右在这座修道院编订的《洛尔施修道院编年史》③,详细地报道了称帝前夕查理曼在罗马召集的、讨论称帝事宜的大会。史书的作者强烈表达了称帝的合法性要求,说明因为希腊人送来了帝号,而查理曼控制了原(古代)皇帝在西部的众多首都,因此他功盖古代皇帝,应该称帝。④ 在他们的眼中,查理曼复兴了古代皇帝的帝权,所以应该得到帝号。我们姑且称这一派为"帝权复兴派"。复兴派的核心理念就是"帝权",既拥有帝权又被送来帝号,故在上帝的恩典之下,查理曼应该得到帝号。

这些历史叙事,反映的是政策顾问们在劝进时的不同意见。而查理曼当时留下的文书则提供了一窥查理曼本人思绪的机会。现存一份敕令,发布于801年的意大利,是查理曼逗留于意大利时针对意大利所颁布,因此被称为《意大利敕令》。该敕令旨在维护司法公正,确保意大利局势稳定。文书的签署日期非常有意思:"于基督第801年,第9小纪,我统治法兰克尼亚之第33年,统治意大利之第28年,以及任执政官第1年"⑤。"德意

---

① G. H. Pertz & F. Kurz eds., *Annales Regni Francorum inde ab A. 741 usque ad A. 829*, p.136. 中文的相关解释,参见陈秀凤:《政权"神圣化"?——以法兰克国王祝圣典礼为中心的探讨》,《新史学》2005年第4期。

② 艾因哈德、圣高尔修道院僧侣:《查理大帝传》,A. J. 格兰特英译,戚国淦译,北京:商务印书馆,1979年,第30页。

③ Roger Collins, "Charlemagne's Imperial Coronation and the Annals of Lorsch", Joanna Story ed., *Charlemagne: Empire and Society*, Manchester: Manchester University Press, 2005, pp. 52—70.

④ "Annales Laureshamenses", Georg H. Pertz ed., *Scriptorum tomus I*, p. 38.

⑤ Alfred Boretius ed., *Capitularia Regum Francorum*, tomus I, MGH, Legum sectio II, Hannover: Hahn, 1883, No. 98, p. 204. 基督纪年法(Anno Incarnationis 或 Anno Domini)是现代公元纪年法的前身,但计算的起点不太一样。中古的基督纪年法以基督诞生为起点,而在公元纪年法中,基督并非诞生于公元元年。小纪(Indiction),以十五年为一周期,是源自于古代罗马帝国晚期财政年的纪年法。

志文献集成"系列的编者阿尔弗里德·博莱修认为此文书发布于801年的意大利或者法兰克尼亚。如果从纪年方式来看,此文书应当是在查理曼采用常见的帝号纪年之前,即801年5月29日之前,因为没有随后文书中常见的帝号纪年方式。而且从行文来看,查理曼提到"我来到意大利",说明人在意大利。如果这一推论成立,那么该文书就在证据链条上占据了特别关键性的一环,可以借此窥见查理曼对帝号的最早调整。执政官纪年方式,反映了称帝之初浓厚的复古氛围,也可与上文所述复兴原西部帝国的观念相印证。作为最高行政职位,古代罗马帝国的执政官被罗马皇帝查士丁尼废除之后,业已消失了好几个世纪。恢复执政官意在恢复到查士丁尼之前的状态。

如果考虑到这一复古倾向,则可以更好地理解《法兰克王家年代记》中一句非常难懂的话语。在叙述称帝仪式的结束环节时,该编年史提到罗马教宗"按照古代帝王的方式对查理曼进行祝福"。费希特瑙等人认为这一方式可能是在君士坦丁堡流行的为皇帝祈福的方式。① 如果结合执政官纪年来看,"古代帝王"应当是查士丁尼之前的西部皇帝们。

在这个时候,如果将称帝前后的名号进行比较,可以发现查理曼对新帝号的处理相对简单。有两点值得注意。第一,"罗马皇帝"取代原来名号中的"罗马国老"。在称帝之前,自775年开始,查理曼的名号相当稳定地采用"蒙上帝恩典,法兰克王、伦巴第王和罗马国老查理"。称帝之后所用名号的数量不变,仍然包括3个具体名号,消失的是"罗马国老",新出现的是"罗马皇帝"。这一变化被加洛林叙事普遍视为荣誉升级。如《法兰克王家年代记》所说的那样:"在礼赞之后,教宗按照古代帝王的方式对查理曼进行祝福,他去掉罗马国老的名号,被称为皇帝和奥古斯都。"②

第二个变化是排位顺序的调整。原来的"罗马国老"排在三个具体名号的末位,在新的名号中,取代"罗马国老"的帝号"罗马皇帝"并没有排在

---

① Heinrich Fichtenau, *The Carolingian Empire*, trans. Peter Munz, p. 75.
② G. H. Pertz & F. Kurz eds. , *Annales regni Francorum inde ab A. 741 usque ad A. 829*, pp. 110—112.

第三位,而是升了一位,处于"法兰克王"之后、"伦巴第王"之前。似乎"罗马皇帝"不如"法兰克王"那么重要,但又比"伦巴第王"重要。这一排位的调整说明,查理曼并没有按照"名分"的高低次序来排列三个名号,而是把罗马皇帝与法兰克王和伦巴第王一样,视为某个"王国"(regnum)或者政治体的统治名号。三个"王国"或者政治体分别对应的是法兰克王国、罗马帝国和伦巴第王国。而且这种排序不仅反映了查理曼处理帝号时的务实态度,而且也提醒我们注意到帝号作为具体名号、帝国作为政治体的局限性。问题似乎是,罗马皇帝对应的政治体的实际控制范围到底有多大,以至于帝号最初只能排在三个具体名号的第二位?

第三节 罗马帝国之"轻"与帝号之"重"

尽管时人给我们留下了比较多的关于称帝事件的记载,但是,对于理解"罗马皇帝"以及帝号变迁至为关键的"罗马帝国",这些记载对其鲜有提及,更没有说明罗马帝国在西部地区到底包括哪些辖域。8世纪末,与古代罗马帝国相比,作为其继承者的拜占庭帝国所控制的地区范围大为缩减,在西部地区的实际控制范围就更加狭小,主要是意大利的东北部沿海地区、中南部及部分岛屿(还有部分北非岛屿)。在这一地理范围之内,除去阿拉伯人控制的部分岛屿之外,意大利分别由拜占庭帝国、法兰克王国、伦巴第王国和罗马教宗各控制了一部分。从实际控制区来看,拜占庭帝国控制着以巴里城(Bari)和西西里岛为中心的意大利南部地区,罗马教宗控制着罗马公爵领,查理曼控制了伦巴第王国、原拉文纳总督府及其辖地,包括斯波莱托公爵领。而由伦巴第人控制的贝内文托公爵领夹在法兰克意大利和拜占庭意大利之间,或接受拜占庭的领主权,或接受法兰克人的领主权。但在法权上,意大利其实分成两个部分:法兰克人控制下的意大利中北部和拜占庭人控制下的中南部及沿海据点。罗马成为教宗驻地,但城外的圣彼得大教堂附近有查理曼的行宫并由法兰克军队驻守。

除了非洲(岛屿)之外,帝国的西部地区疆土就是意大利诸行省及其岛屿。于这一时期伪造的历史文书《君士坦丁赠礼》对此提供了明确的说明。《君士坦丁赠礼》是中古欧洲最大的伪造文书之一,现存的最早抄本可以追溯到9世纪上半叶。而其最早的可能的伪造日期,不早于8世纪中叶。① 文书包括两个部分:一个部分是"申信"(confessio),旨在说明罗马皇帝君士坦丁一世给罗马教宗西尔维斯特(Silvester,314—335年在位)赠礼的宗教动机。"申信"讲述君士坦丁一世得了麻风病之后如何被洗礼治愈,如何宣布自己的信仰信条。另一个部分即是赠予部分。为了报答治愈其疾病的罗马教宗,君士坦丁将各地的教堂、财产捐赠给罗马教会。其中最受争议之处就是将西部帝国及其最高政治权威让渡给罗马教宗及其继承人。②

这份文书虽然为伪造,但是由于其伪造时间正好与查理曼生活的年代基本一致——从8世纪中叶到9世纪上半叶,故而可以用来为当时西部地区流行的帝国辖域观念提供佐证。伪《君士坦丁赠礼》不仅提到了帝国的地理范围,而且也明确表达了要赠予给教宗的西部帝国包括哪些地区。整个帝国包括"犹太地、希腊、亚洲、色雷斯、北非、意大利及其岛屿"③。这里的帝国不可能是古代的罗马帝国,因为西部缺了高卢、西班牙、日耳曼尼亚和不列颠。它所反映的是文书被伪造时的帝国地理常识。这里的北非是指仍然处在拜占庭帝国的控制之下,或者是仍由拜占庭帝国与阿拉伯帝国相互争夺的诸多北非岛屿。

至于要赠予教宗的全部西部帝国,其地理所指也非常明确。伪《君士坦丁赠礼》说:"将我们的行宫,也将罗马城和所有意大利或者西部地区的行省、地方和城市让渡给这位有福的教宗,我们的教父西尔维斯特。"④这段话中涉及的区域往往被理解为包括古代罗马帝国的全部西部地区。例

---

① Horst Fuhrmann ed., *Das Constitutum Constantini Text*, MGH, Fontes iuris germanici antiqui, in usum scholarum, X. Hannover: Hahn, 1968, p.7.
② 对文书内容的介绍,参见叶·阿·科斯敏斯基:《中世纪史学史》,郭守田等译,北京:商务印书馆,2011年,第58页;吕大年:《瓦拉和"君士坦丁赠礼"》,《国外文学》2002年第4期。
③ Horst Fuhrmann ed., *Das Constitutum Constantini Text*, pp.85—86.
④ Ibid., p.93.

如最近由德国历史学家约翰·弗里德出版的《〈君士坦丁赠礼〉与〈君士坦丁申信〉》,仍将这句话中涉及的区域理解为当时实际由拜占庭帝国和法兰克王国共同控制的原罗马帝国西部地区。"在伪造文书的时候,事实上西部行省只剩下法兰克王国和英格兰,最多还包括威尼斯、达尔马提亚、意大利南部和西西里。"①之所以发生这样的误读,固然有中古盛期和文艺复兴以降学术传统的消极影响,也在于弗里德将文书中的"或者"(seu)误读为"和"(et)。而且,如果我们将西部地区放到帝国全部疆域的范围之内来解读的话,这句话就会更加容易理解一些。从全部所属辖域中扣除东方地区,即"犹太地、希腊、亚洲、色雷斯",那么剩下的就只有"北非、意大利及其岛屿"了。

如果说《君士坦丁赠礼》这份伪造文书为我们提供了关于当时欧洲西部地区对罗马帝国实际辖域的地理常识,上文提到过的《意大利敕令》则从治理实践上印证了这一地理常识。

在这份敕令中,查理曼自称:"奉耶稣基督我主之名。查理,由神意加冕、统治罗马帝国的、尊贵的奥古斯都,致由我仁慈地加以任命、领导意大利诸行省的所有公爵、伯爵和王国的所有地方官(gastaldiis)……(纪年)……当我为了上帝的神圣教会和治理诸行省事务来到意大利时,各城中有各种各样的疑难案件被呈送至我面前,有的关于教会事务,有的关于世俗的公私事务。"②

《意大利敕令》有可能是在罗马发布的。查理曼在罗马一直待到801年4月25日。在罗马期间,查理曼"整饬罗马城、使徒教座和意大利的公私与教会事务"③。但这份敕令也有可能是在拉文纳发布的:"取道拉文

---

① Johannes Fried, *Donation of Constantine and Constitutum Constantini*, New York: De Gruyter, 2007, p. 43.

② "Capitularium Italicum", Alfred Boretius, *Capitularia regum Francorum*, tomus I, No. 98, p. 204. 感谢刘寅校正译文。

③ G. H. Pertz & F. Kurze eds. *Annales regni Francorum inde ab A. 741 usque ad A. 829*, p. 114.

纳地区,主持司法、维持稳定。"①但从"意大利的公私与教会事务"这一术语来看,似乎《意大利敕令》在罗马颁布的可能性要更大一些。《意大利敕令》只使用了皇帝这一具体名号,没有像其他敕令那样加上"法兰克王和伦巴第王"两个具体名号。作为皇帝,其行政治理的对应物是罗马帝国,在敕令中,指称帝国的术语既有"romanum imperium",又有"rempublicam"。"respublica"是从古罗马传承下来的罗马共和国的国名。随着政体的改变,共和国为帝国所取代,但罗马帝国的统治者们也一直使用这一术语来称呼罗马帝国。在中古早期,拜占庭帝国仍然沿袭不改,并且垄断了这一术语的使用。所以,这里出现的"respublica"与"romanum imperium"是一个意思,都指代罗马帝国。与此相应,敕令明确表示了帝国的具体所指,即"意大利诸行省"。

如果查理曼治下的罗马帝国对应于意大利诸行省,那么在实际治理的过程中,就面临了一个理论上似乎不存在的问题,作为一个政治体,罗马帝国与伦巴第王国或者意大利王国的关系是怎样的?换言之,统治罗马帝国的皇帝与意大利王或伦巴第王如何进行区分?称帝前的名号中的"罗马国老"是一个荣誉性具体名号,或者说是品位,与统治的政治体没有直接的关联。例如,查理曼与父亲丕平三世于754年获得此名号,但并没有控制任何罗马帝国的实际管控区域。称帝之后,取而代之的是作为政治实体的罗马帝国的统治者或皇帝,从实际管控地区而言,这个具体名号就与意大利王或伦巴第王几乎重合。其最大的差别仅仅在于皇帝掌握着由罗马教宗治理的"罗马公爵领"的最高司法权,而这是伦巴第王或者意大利王不能僭越的。这一治理方面的局限性使得第一个帝号——罗马皇帝作为一个政治实体的统治者,意义不大。

另一方面,作为这一狭小的政治实体的统治者,罗马皇帝也面对着受到称帝刺激而兴起的各种帝国观念的挑战。作为复古的帝国,古代的罗马帝国观念也随着查理曼称帝而复兴,并在查理曼的顾问中获得部分支

---

① "Annales Laureshamenses", G. H. Pertz ed., *Scriptroum tomus I*, p.38.

持。《洛尔施修道院编年史》的作者就明确地表达了这一观念。"他不仅控制了古代皇帝们通常驻跸的罗马城,而且还控制了位于意大利、高卢和日耳曼尼亚的其他首都。"① 与仅仅包括意大利诸行省及其岛屿的(西部)罗马帝国相比,复兴的罗马帝国不仅仅只是一个观念,它与查理曼的皇皇武功结合在一起,依附于查理曼的实际控制地盘而拥有了独特的地理内涵,使得这一旧帝国观焕发出强烈的现实感,成为一个新的旧观念。

另外,作为中古早期基督教会的世界历史观念中的一个关键性环节,罗马帝国还肩负着更加神圣的神学使命。在基督教俗史框架中,罗马帝国将是人类历史上的最后一个帝国,是她迎来基督的第二次降临和末日审判。按照高卢地区流行的世界历史年代推算术,公元800年被视为人类历史的一个终点。② 而查理曼称帝与这种宗教观念之关系,近来也备受史家的关注。③ 此处不赘述。

当查理曼称帝时,他不得不面对流行的各种不同的(西部)罗马帝国的观念。称帝使得各种帝国观念大行其道,观念中的帝国可以小到查理曼所控制的拜占庭帝国所辖意大利地区,大则与他控制的全部辖地等同,甚至与当时所知的基督教世界等同。因此,从观念而言,帝国又非常之"重"。但是作为政治体,他所控制的(西)罗马帝国实际上只包括以罗马城和拉文纳为中心的意大利中部地区,至多包括意大利诸行省。衡之以地域之大小,帝国其实很"轻"。而且在治理实践中,帝国辖地与伦巴第王国或意大利王国之间区分度并不那么明晰。因此,观念中的罗马帝国或者说帝号非常之重,而作为政治体的罗马帝国又非常之轻。这种轻重不均的现象,在内体现为帝号与政治体之间的矛盾,对外则表现为获得拜占庭皇帝认可的帝号合法性诉求与控制拜占庭帝国西部地区之实之间的矛

---

① "Annales Laureshamenses", G. H. Pertz ed., *Scriptroum tomus I*, p. 38.
② 李隆国:《外圣内王与中古早期编年史的叙述复兴》,《史学史研究》2019年第3期。
③ Johannes Fried, *Charlemagne*, trans. Peter Lewis, Cambridge, MA.: Harvard University Press, 2016, pp. 373—376; Janet Nelson, *King and Emperor: A New Life of Charlemagne*, Oakland, California: University of California Press, 2019, p. 223.

盾。因此,正是帝号之重与罗马帝国之轻(地理上)这一对名实矛盾推动了查理曼帝号的继续演变。

变化的总体趋势是"重"的帝号逐渐与"轻"的帝国适当分离,并与查理曼实际控制的广大地域融合起来,并推动帝号的词义发生泛化。而且,借助于基督教世界历史观,复兴的帝国观念推动着帝号在查理曼名号中的排序位置逐渐前移。

第四节 帝号的泛化

在《意大利敕令》中,通过治理实践查理曼开始根本性地改变自己的帝号。这里所用的帝号为"统治罗马帝国的皇帝(奥古斯都)"(Augustus Romanum regens imperium)。这个帝号与最初的帝号"rex Romanorum"业已不同,和随后常用的帝号——"统治罗马帝国的皇帝"(imperator Romanum gubernans imperium)也在用词上有异。这些名号的用法为我们提供了宝贵的证据,得以一窥查理曼帝号的最初演变轨迹。新帝号中不再使用表示所属性质的所有格限定词——"罗马人的",取而代之的是做同位语的动名词词组——"统治罗马帝国的"。动名词(regens),就是皇帝或国王(rex)的释义,所谓"王者,因统治而得名者也"[①]。查理曼是法兰克人,不是罗马人,这一调整更符合实际。用表示军事领袖身份的"皇帝"(Imperator)取代表示神圣的"皇帝"(Augustus),则似乎只是表达习惯的不同,但它表明查理曼使用常见帝号的日期比通常认为的 5 月底要更早一些。从"罗马皇帝"到"统治罗马帝国的皇帝",新的帝号不仅不再采用现存的拜占庭皇帝的名号,而且还意味着重大调整,查理曼将一个具体的帝号分割成两个不同的部分:帝号和政治体。调整的结果将查理曼这位拜占庭帝号的僭越者或者分享者变为罗马帝国的实际最高统治者

---

① W. M. Lindsay ed., *Etymologiarum sive Originum libri XX*, Oxford: Clarendon Press, 1911, lib. IX, cap. 3.

之一。因此,从加冕现场的"罗马皇帝"到"统治罗马帝国的皇帝"的变化,也可以被视为从仪式走向治理的转变。

发布《意大利敕令》之后,在文书中,查理曼的帝号继续进行适当的微调,仍是"统治罗马帝国的皇帝",语法形式也为表示皇帝的具体名号加上作为同位语的动名词词组。但新的帝号使用了不同的词汇:"统治"一语的用词从"regens"改为"gubernans","皇帝"一词从"Augustus"调整为"imperator"。这一名号最早于5月29日出现在一份于拉文纳颁布的赠地文书中。与《意大利敕令》单独使用帝号的方式不同,这里的帝号是与查理曼的其他两个具体名号一起出现的,使得我们可以一窥查理曼的整个名号的调整情况。"统治罗马帝国的伟大且和平的皇帝查理,在上帝的仁慈恩典下也是法兰克王和伦巴第王。"①而且帝号的排序从第二位升格到首位,这一排序变化反映了排序标准的改变,从政治体的大小变为名分或者荣誉的高低。新帝号既符合政治观念的等级秩序,又反映了统治的实际情况。从此,作为"名"的帝号开始超越作为"实"的帝国。

"统治罗马帝国的皇帝"并不算很新的提法。据彼得·克拉森考证,作为名号,"统治罗马帝国的皇帝"中的各个元素源自于意大利,特别是拉文纳地区对拜占庭皇帝的称呼。② 不仅如此,早在6世纪末,墨洛温王朝的奥斯特拉西亚王室致君士坦丁堡的皇帝莫里斯(Maurice,582—602年在位)的信函中,就称莫里斯为"统治罗马帝国的皇帝"(rempublicam gubernantis)。③ 不过其用来指代帝国的词汇是流传有序的"respublica",用"元首"(princeps)称呼皇帝。这部书信集唯一现存的抄本为梵蒂冈宫廷拉丁本第869号(Vatican, Palatine Latin, no. 869)。该抄本于9世纪被两位

---

① E. Mülbhacher etc eds., *Die Urkunden Pippins, Karlmanns und Karls des Grossen*, pp. 265—266.

② Peter Classen, "Romanum Gubernans imperium: Zur Vorgeschichte der Kaisertitulatur Karls des Großen", Josef Fleckenstein ed., *Vorträge und Forschungen: Ausgewählte Aufsätze von Peter Classen*, pp. 187—204.

③ "Epistolae Austrasicae", Ernest Dümmler ed., *Epistolae Merowingici et Karolini aevi I*, MGH, Epistolarum tomus III, p. 145.

写手抄录于洛尔施修道院。查理曼的重要谋臣——都尔城的圣马丁修道院院长也曾写信给查理曼，劝慰他帮助教宗利奥三世重获教宗宝座。其中提到过君士坦丁堡的废帝君士坦丁六世，称这位于 797 年被母后海伦娜废黜的皇帝为"其帝国的统治者"（gubernator imperii illius）。①

　　离开拉文纳，查理曼回到法兰克尼亚。转过年来（802），查理曼派出巡察钦差到各地主持正义，并让所有臣民对他的新帝号宣誓效忠。"他治下的所有人，无论教会还是世俗人士，如果原来已经宣誓效忠他的国王名号的，得按照原来的誓言和方式对他的帝号重新宣誓效忠。那些未曾宣誓者，若已年满 12 岁，也得同样宣誓效忠。"②从此以后，在正式文书中，查理曼自称的名号基本上是三个具体名号并用。而在历史叙事作品中，查理曼一般被称为"皇帝查理"（imperator Carolus）。在臣民们致查理曼的信函中，一般来说，查理曼的帝号也代表了他的名号，成为唯一的荣誉称号。寄信人往往在称呼查理曼时，只用"皇帝"这一个名号，并不提及"法兰克王"和"伦巴第王"。如在《查理曼统治时期信函录》中收录有称帝之后各地教会人士写给查理曼的信函凡 7 通。其中第 25 通为桑斯大主教马格努斯致查理函，里面称呼查理曼为"无比荣耀的皇帝"（Gloriosissime imperator）。③ 第 26 通为某人致查理函，称"皇帝"（imperatoris），行文中还使用呼语"无比荣耀的皇帝和基督徒的元首"（gloriosissime imperator et princeps populi christiani）。④ 第 27 通为阿奎利亚大主教马格森提乌斯致查理函，称呼为"元首、奥古斯都、皇帝和罗马帝国的统治者"（principi, Augusto, Imperatori atque romanum gubernanti imperium）。⑤ 第 28、29、30 通皆

---

　　① "Alcuini Epistolae", Ernest Dümmler ed., *Epistolarum tomus IV Karolini aevi II*, MGH, Epistolae, Berlin: Weidmann, 1895, p. 288.
　　② "Karoli Magni Capitularia", Alfred Boretius ed., *Capitularia Regum Francorum*, tomus I, p. 92.
　　③ "Epistolae variorum Carolo magno regnante scriptae", Ernest Dümmler ed., *Epistolarum tomus IV Karolini aevi II*, No. 25, p. 534.
　　④ Ibid., No. 26, p. 535.
　　⑤ Ibid., No. 27, p. 537.

为里昂大主教莱德哈德致查理曼函,称呼分别是"皇帝"(imperatori)、"皇帝和奥古斯都"和"皇帝"。①最后一通为第 33 通,是富尔达修道院修士写给查理曼的,里面称查理曼为"皇帝和奥古斯都"。② 这份书信集中另有一通比较特殊的信函,是致查理曼的廷臣们。信中称查理曼为"元首"。③因此,在日常生活中,查理曼的名号被简称为皇帝或者元首。

但是这种普遍的用法中也有明显的例外。艾因哈德似乎就代表了另一种极端态度,在查理曼死后他仍然坚持称呼查理曼为"法兰克王"。④而对查理曼称帝至为关心的顾问阿尔昆则为我们提供了难得的观察样本,可以一窥查理曼重要顾问们的鲜活应对。自从 800 年查理曼离开法兰克尼亚到 804 年阿尔昆去世,现存阿尔昆写给查理曼的书信有十多通,其中提到查理曼名号的信有 10 通。按照所使用的查理曼称谓,这 10 通书信大致可以分为三类。第一类包括 5 封信(No. 221,229,231,238,240),都写作于 800 年年底、801 年年初。在这些信件中阿尔昆坚持称呼查理曼为"大卫王"(David rex)。阿尔昆坚持使用这个化自《圣经》的独特名号,既是为了表示君臣之间关系的亲密,也是对神圣王权的期待。但也正因为坚持这个旧有的习惯昵称,在使用新的帝号之时,阿尔昆表现得颇为犹豫不决。称呼大卫王为皇帝,似乎显得别扭。在随后的几封书信中,他都在为此而努力折中。第 249 和 257 通书信写作于 801 年年底至 802 年间,它们分别称呼查理曼为"查理王、皇帝和奥古斯都"(Karoli regi imperatori Augusto)和"查理王、奥古斯都"(rex Augusto)。在感叹之时,也使用了"神圣的皇帝"(sancte imperator)的表述。在书信末尾的颂诗中,阿尔昆还念念不忘"大卫王"。⑤

---

① "Epistolae variorum Carolo magno regnante scriptae", Ernest Dümmler ed., *Epistolarum tomus IV Karolini aevi II*, No. 28, p. 539; No. 29, p. 540; No. 30, p. 542.

② Ibid., No. 30, p. 548.

③ Ibid., No. 36, p. 552.

④ G. H. Pertz, G. Waitz & O. Holder-Egger eds., *Einhardi vita Karoli Magni*, p. 1.

⑤ "Alcuini Epistolae", Ernest Dümmler ed., *Epistolarum tomus IV Karolini aevi II*, No. 249, pp. 401—404; No. 257, pp. 414—416.

最后三封信(No.306,307,308)中,第306封信称查理曼为"皇帝查理"(Augusto Karoli)。① 第307封信的抬头称查理为"我主大卫"(David, Christo Domini)。第308封信的抬头则为:"查理王、皇帝奥古斯都"(Karolo regi,imperatori augusto)。可惜这3通书信的日期都只能判定写作于801—804年之间。综合来看,阿尔昆使用查理曼的名号有强烈的个人习惯,但在查理曼称帝之后,他也得适应使用查理曼的帝号代表其称号的新情况,至少作为口头表达(感叹时的用法),一般会使用"皇帝"这一名号。如"神圣的皇帝""杰出的皇帝"(excellentissime imperator)等。②

查理曼的谋臣们对新帝号的复杂态度似乎并非仅仅习惯使然,他们也是在积极地应对政治术语的重大调整。名号的简称使得查理曼的名号在日常应用中发生了质变。在称帝之后的第一个名号中,排在第一位的是法兰克王,查理曼名号的简称就是法兰克王,其他名号被省略。这就意味着,查理曼的名号简称在称帝之后并没有立即发生变化。而在第二个名号中,皇帝升格为第一位,查理曼的简称就变成了"皇帝",其他名号被省略。这一变化就是从王号到帝号的深刻转变。但是查理曼名号的这种变化并不是基于查理曼的实力改变,查理曼的实力来自法兰克王,而名号来自对罗马帝国的统治。这就带来了名号的名实矛盾。艾因哈德对查理曼名号的极端态度、阿尔昆书信中的困难调适都在反映着查理曼名号中的名实矛盾。

800年,在查理曼加冕称帝的同时,他的长子小查理(Charles the Younger,800—811年在位)在罗马也被教宗加冕为法兰克王,实际上成为钦定的主要王位接班人。806年,查理曼最终颁布了《分国诏书》,将自己的辖地一分为三,分别传给自己与皇后希尔德嘉德(Hildegard,?—783)所生的三位王子。法兰克核心地区,即当年查理曼的父亲丕平三世的遗产,被完整地分给长子小查理;阿奎丹王国和意大利王国的地盘被

---

① "Alcuini Epistolae", Ernest Dümmler ed., *Epistolarum tomus IV Karolini aevi II*, No.249, pp.401—404; No.306, p.465.

② Ibid., No.307, p.466.

适当地加以扩充,分别由虔诚者路易和意大利王丕平统治。三子之间必须合作,共同保护罗马教会。而帝号由查理曼本人保留着,而且在他有生之年,三个孩子都要完全服从于他本人,"如同孩子服从父亲,臣民服从于皇帝"。①

帝国三分之后,地方贵族难免会集结在各位继承者王侯的身边,形成并强化各个王国的地方化认同。尤其是在莱茵河至卢瓦河之间的法兰克王国统治之核心地区,也是加洛林家族龙兴之所在,这一地区的法兰克人认同十分强烈。艾因哈德强调查理曼称帝之后所采取的措施,主要为仿效罗马文化,培养法兰克文化。他应该是这一政治认同的忠实鼓吹者。② 但按照《洛尔施修道院编年史》的主张,这种名实不符的矛盾并不存在,即查理曼治下的所有领土都可以算作古代罗马帝国曾经控制的地理范围。但是,这种复兴的理论,来时甚短,仍需与统治集团中固有的法兰克王国的认同形成竞争关系。③ 查理曼的政策则是尊重法兰克认同,但要以和睦协作为原则,维护辖域的统治。以前学者们认为806年的《分国诏书》旨在分国,而近年来通过梳理版本,发现分国只是诏书的前言,正文部分讨论的是为了达成兄弟和睦,三兄弟应该遵守的行为规则。约翰·弗里德甚至建议将806年的《分国诏书》改名为《和平敕令》,通过分国而维持和平是核心思想。④ 为此,查理曼有意识地经常同时委派几个儿子协同出兵作战,培养他们之间团结协作的合作精神。

到812年这种矛盾获得了根本性缓解。这一年,拜占庭皇帝最终承

---

① "Divisio regnorum", Alfred Boretius ed., *Capitularia Regum Francorum*, tomus I, pp. 126—130. 中译文参见李隆国译:《806年分国诏书》,载陈莹雪、李隆国主编:《西学研究》(总第三辑),北京:商务印书馆,2020年,第70—84页。

② 艾因哈德、圣高尔修道院僧侣:《查理大帝传》,A. J. 格兰特英译,戚国淦译,北京:商务印书馆,1979年,第30—31页。

③ 关于历史书写中的法兰克认同,参见 Helmut Reimitz, *History, Frankish Identity and the Framing of Western Ethnicity, 550—850*, Cambridge: Cambridge University Press, 2015。

④ Johannes Fried, "Erfahrung und Ordnung: Die Friedenskonstitution Karls des Großen vom Jahr 806", Brigitte Kasten ed., *Herrscher- und Fürstentestamente im westeuropäischen Mittelalter*, Köln: Böhlau Verlag, 2008, pp. 151—192.

认了查理曼的帝号。但被承认的并不是"罗马皇帝",而只是"皇帝"。这一点在拜占庭史家提奥法尼斯于 813 年完成的编年史中得到了明显的证实。他于 812 年改变了对查理曼的称呼,从此前的"法兰克王"(rega)变为"法兰克皇帝"(basileus)。① 与此相应,在 812 年之后,查理曼也在致君士坦丁堡的皇帝米哈伊尔一世的国书中改变了自己的帝号,不再称"统治罗马帝国的皇帝",而是仅称"皇帝"。查理曼自称:"奉圣父圣子圣灵之名,蒙神意恩典的皇帝和奥古斯都查理,他也是法兰克王和伦巴第王,致快乐尊贵的兄弟、光荣的奥古斯都和皇帝米哈伊尔以我主耶稣基督的永恒问候。"②

而为了以示区别,拜占庭皇帝随即在自己的名号中增加了"罗马人的"字样,变成了"罗马皇帝"。③ 对于查理曼而言,不带"统治罗马帝国的"限定语的"皇帝"名号也顺应了身边那股试图泛化帝号、以之指代全部统治辖域的顾问们。由于帝号的泛化,"统治罗马帝国"这个限定语也不再合适。这个时候,查理曼泛化的帝号,就不再受到"罗马帝国"实际辖地的限制,而是与他的实际统治地域相一致。

致米哈伊尔皇帝国书中使用的称号,很有可能是查理曼主动妥协的结果,也顺应了日常生活中简称名号为帝号的使用习惯。因为在《806 年分国诏书》中,查理曼就使用与 813 年致米哈伊尔一世国书中类似的帝号。在该诏书的抄本 2 和抄本 3 里,查理曼的名号为"皇帝、凯撒查理、战无不胜的法兰克王和罗马帝国的领导人、虔诚且快乐的胜利者和凯旋者、永远的奥古斯都"④。这里,帝号是被单独使用的,而"罗马帝国的领导人"这一名号,则置于法兰克王之后,取代了伦巴第王的位置。名号中的

---

① Constantine N. Tsirpanlis, "Byzantine Reactions to the Coronation of Charlemagne (780—813)", *Byzantina*, vol. 6 (1974), pp. 345 − 360. Carl de Boor ed., *Theophanis Chronographia*, vol. I, Leipzig: Teubner, 1883, p. 494.

② "Epistolae variorum Carolo Magno regnante scriptae", Ernest Dümmler ed., *Epistolarum tomus IV Karolini aevi II*, p. 556.

③ Rudolf Schiefer, *Die Karolinger*, Stuttgart: Verlag W. Kohlhammer, 2006, p. 105.

④ Alfred Boretius ed., *Capitularia Regum Francorum*, tomus I, p. 126.

三个具体名号分别是皇帝、法兰克王和罗马帝国的领导人。这个独特的名号表明,作为政治体,罗马帝国与伦巴第王国确实难以区分;而且,帝号的泛化,即以帝号指代查理曼的所辖地区,是名号变化的一大趋势。还应该指出的是查理曼灵活务实的态度,在帝号泛化的大趋势之下,他会针对具体的读者对象、具体的政治环境,使用独特的名号。帝号名实之间的矛盾,在其灵活实用的处理原则之下,得以消解。从这个角度而言,施莱辛格的经典研究将帝号的这一演变过程归结为去罗马化与法兰克化,似乎稍嫌片面。①

帝号的泛化,固然有使得帝号之名迁就于法兰克政治军事优势之实,也使得查理曼在晚年时,可以更多地在远离罗马的亚琛宫廷中处理帝号的传承。在查理曼的帝号获得承认的时候,查理曼的三位法定继承者中有两位业已去世,只剩下虔诚者路易一人。在帝号获得承认的次年(813),查理曼将唯一的王位继承人虔诚者路易从阿奎丹召来,在王国大会上将他立为"帝号的共享者",并将自己的孙子、意大利王丕平之子伯纳德立为意大利王。让意大利在皇帝的至尊权威之下单独地保留一位国王,既符合法兰克王国分而治之的习惯,也在某种程度上体现了查理曼泛化帝号的政治结果,即某种程度上的去罗马化。原本由罗马教宗主持仪式和罗马人欢呼而来的帝号,现在可以由亚琛的法兰克人皇帝自己处置。

法兰克认同的有力表达,是实际政治格局使然。但是,另一方面,帝号泛化却还是代表了罗马政治文化的影响。罗马化与法兰克认同之间固然有矛盾,但也有彼此相互促进之关系。作为蛮族,法兰克人是在进入罗马帝国境内之时,才有了为人所知的历史;加洛林王朝也是依靠罗马教宗和君士坦丁堡的皇帝而获得其合法性。丕平三世称王如此,查理曼称帝亦是如此。在查理曼的统治下,法兰克人拥有了强大的实力,通过南征北

---

① Walter Schlesinger, "Kaisertum und Reichsteilung: Zur Divisio regnorum von 806", Richard Dietrich & Gerhard Oestreich eds., *Forschungen zu Staat und Verfassung: Festgabe für Fritz Hartung*, Berlin: Duncker Humblot, 1958, pp. 9—51.

战,"版图几乎扩充了一倍"①。尤其是通过控制罗马帝国残存的西部疆土,加洛林法兰克王国强势地成长为世界性政治体,用阿尔昆的话来说,成为基督教世界三强中的最强者。② 但是,对于罗马帝国的继承者拜占庭帝国而言,法兰克人就从原来的好朋友变成了坏邻居。③ 在这种局势之下,法兰克人通过(西部)罗马帝国和罗马教宗获得了进入世界历史舞台中心的合法渠道。而且,新的帝号以及罗马人民的支持使得这个新的基督教强国能够更好地获得上帝的恩典,从而具有战无不胜的文化自信。

其实,从历史的长时段来看,帝号的名实矛盾从罗马帝国晚期以降就一直明显地存在。5世纪晚期,东部帝国业已失去了罗马城。6世纪中期以降,君士坦丁堡方面不以拉丁语为官方语言,希腊语成为官方语言,拜占庭帝国也面临着名实矛盾,为此君士坦丁堡方面仍然顽强地恪守着罗马人认同。查理曼在西部复兴的帝国,也面临名实之间的矛盾。帝国原本指拜占庭帝国在西部的残留地区,查理曼控制了意大利诸行省,被罗马人拥戴而成为"罗马皇帝"。由蛮族首领复兴的西部罗马帝国与当时残存的罗马帝国(拜占庭帝国)之间出现矛盾。但随着时间的推移,在名实矛盾的推动之下,查理曼将帝号改为"统治罗马帝国的皇帝",并将帝号提升到名号的首位,是为了符合帝号之世界性;添加"统治罗马帝国"的限定语,则有利于贴近统治的实际。这样折中的目的是使得帝号泛化,泛指他所统治的所有疆域。在日常生活中,他的名号简称为皇帝。到812年获得拜占庭方面承认的正是这个日常应用中的"皇帝"称号。但在这个时

---

① 艾因哈德、圣高尔修道院僧侣:《查理大帝传》,A. J. 格兰特英译,戚国淦译,北京:商务印书馆,1979年,第18页。

② Ernest Dümmler ed., *Epistolae Karolini Aevi*, tomus II, No. 174, p. 288. 李隆国:《重建"神圣的罗马帝国":中古早期欧洲的政治发展道路》,《历史研究》2020年第2期。

③ 艾因哈德、圣高尔修道院僧侣:《查理大帝传》,A. J. 格兰特英译,戚国淦译,北京:商务印书馆,1979年,第20页。相关解释,参见 Anne A. Latowsky, *Emperor of the World: Charlemagne and the Construction of Imperial Authority, 800—1229*, Ithaca: Cornell University Press, 2013, p. 20。

候,帝国之实不再仅仅是拜占庭帝国在西部的残留地区,而是泛指法兰克人控制下的全部地区。而且,查理曼晚年处理帝号传承的努力表明,他试图让泛化的帝号由皇帝来控制。但是,皇帝与罗马帝国之间的关系,远比他想象的要复杂。分国传统、拜占庭皇帝的态度使得帝号名实之间一直存在着较强的张力,推动着西部帝号继续演化。

第五节　称帝之谜

梳理查理曼最初的帝号及其演化历史,有助于我们更加完整地理解查理曼帝号所经历的转变。如果将查理曼最初的帝号与后来发生的帝号泛化适当分离,也就可以在作为事件的查理曼称帝与称帝之后的进一步历史演化之间进行一定的切割。这样处理会使查理曼称帝问题变得相对简单化一些,并能找到事件与结构变动之间新的联系环节。

强调查理曼称帝之必然性的结构分析,重视事件所涉及各方势力的此消彼长。随着阿拉伯帝国的崛起,拜占庭、罗马教宗和查理曼三方之间的力量对比发生变化,不仅防止拜占庭帝国主宰地中海地区的政局,也使得欧洲的地理中心从地中海北移,从而刺激了加洛林王朝的强势崛起。为了应对危机,君士坦丁堡的皇帝们采取了破坏圣像的宗教政策,导致皇帝与教宗之间发生严重的宗教冲突,从而迫使罗马教会日益谋求自身的独立自主。在这一进程之中,罗马教宗最终找到了法兰克人作为盟友,并在8世纪中叶逐渐建立起法兰克—教宗联盟,而查理曼称帝则标志着这一联盟的最终形成。从此中古西欧决定性地步入罗马人与法兰克人的联合之中,奠定了此后数百年历史演化的基本政治框架。查理曼称帝标志着结盟的高潮。《新编剑桥中古史》体现了这一主流解释。在交代了查理曼的扩张之后引入查理曼的称帝事件,保罗·弗拉克尔特地强调:"如果注意774年之后查理曼对意大利的统治,考虑到他与罗马宗座之间的密切关系,那么查理曼获得新的头衔以便满足自己那超越前人的功业,就变得可以想见了。"①

随着政治势力版图的改变,主流解释模式也发掘了政治思想领域的相应思想活动。查理曼的廷臣们提出了帝国思想②,罗马教宗的世界教权理念也在决定性地发酵,8世纪末大行其道的世界末世观刺激着教会改革。这些宗教思想的变动为称帝提供了思想氛围。而799年教宗利奥被攻击之后前往帕德博恩向查理曼求援,则提供了称帝的历史机遇,使得必然性的称帝活动最终以其独特的方式发生。③

上述结构性分析,强调查理曼扩张导致的世界性诉求,严格说来,是在解释查理曼的帝号为什么会泛化,即在简称中用皇帝取代国王,而没有解释查理曼为何称帝。这一解释的不足之处,在通行的中古史教科书中表现得非常明显。通过简化叙事,这些教材甚至在提供错误的解释,如"领土增加,国王之名,本已不称"④。又如:"国王的名号已不能使法兰克王感到满足了。查理只是等待有利时机宣称自己为皇帝。"⑤"查理曼一生南征北讨,建立一个自5世纪末之后西方所未见的帝国,公元800年的加冕不过是一件既成事实的说明。"⑥由美国学者霍利斯特编著、本内特修订的《欧洲中世纪史》的表述最为直白——"(查理曼)从国王升官为皇帝"⑦。

---

① Paul Fouracre, "Frankish Gaul to 814", Rosamond McKitterick ed., *The New Cambridge Medieval History*, vol. II, c. 700—900, p. 105.
② H. Mayr-Harting, "Charlemagne, the Saxons, and the Imperial Coronation of 800", *The English Historical Reivew*, pp. 1113—1133.
③ 虽然几乎所有的教材都会或多或少地采用这一解释模式,但布莱恩·蒂尔尼、西德尼·佩因特的《西欧中世纪史》(袁传伟译,北京:北京大学出版社,2011年,第183—191页),提供了最有代表性的叙事。
④ 何炳松:《中古欧洲史》,上海:上海古籍出版社,2012年,第53—54页。
⑤ 科斯敏斯基、斯卡斯金主编:《中世纪史》(第一卷),朱庆永等译,北京:生活·读书·新知三联书店,1957年,第131页。
⑥ 瑟诺博斯:《法国史》,沈炼之译,北京:商务印书馆,1964年,第61页。
⑦ 朱迪斯·M.本内特、C.沃伦·霍利斯特:《欧洲中世纪史》(第10版),杨宁、李韵译,上海:上海社会科学院出版社,2007年,第117页。

但查理曼并不是从国王升级为皇帝。称帝确实是一次名号升级,但却是从"罗马国老"升级为"皇帝"。① 如《法兰克王家年代记》所说的那样:"他去掉罗马国老的名号,被称为皇帝和奥古斯都。"② 基于名号的研究,可以发现,解释查理曼的称帝事件,就是分析:作为罗马帝国西部残存地区的统治者,查理曼为什么会称罗马皇帝。回答这个问题并不是要解释其疆域扩张。或者说,查理曼的扩张只是一个间接性的宏大政治背景而已。我们需要在某种程度上切断称帝与传统的世界性诉求之间的联系,重建对称帝事件及与其密切相关的政治结构变迁,尤其是查理曼对罗马帝国地区的治理变革的认识。

另一方面,强调偶然性的学者,重视地方性因素,可以说明叛乱以及由此而引发的称帝事情的突发性。但是由于叛乱事件的史料记载极其稀少,法兰克方面和拜占庭帝国方面几乎没有留下较为详细的记载,只有《利奥三世传》对此颇费了一些笔墨。而且,由于查理曼来到罗马是为了教会的和平,其处置的原则是让罗马教会"恢复和睦"(ad pacem et concordiam revocavit)。③ 所以,传记也将叛乱淡化为叛乱首领的一时冲动,以便大事化小,不伤及众多的叛乱者。受此影响,叛乱似乎也就成为突发的甚至没有来由的偶然性事件。因此问题的关键似乎在于围绕799年的叛乱,寻觅结构性变动与称帝事件之间的联系环节。

查理曼774年远征意大利,消灭伦巴第王国,自称伦巴第王,并启用"罗马国老"的名号,确实标志着他开始与罗马政治制度发生密切的接触。754年,查理曼尚幼之时,罗马教宗斯蒂芬三世(752—757年在位)就曾在巴黎的圣德尼大教堂授予他"罗马国老"的名号。但他一直没有启用这个具体名号。现存使用这一名号的最早文献证据是774年7月16日。自

---

① C. W. Previte-Orton, *The Shorter Cambridge Medieval History*, vol. I, Cambridge: Cambridge University Press, 1952, p. 315.
② F. Kurze & G. H. Pertz eds., *Annales regni Francorum inde ab A. 741 usque ad A. 829*, pp. 110—112.
③ "Annales Laureshamenses", G. H. Pertz ed., *Scriptorum tomus I*, p. 38.

775 年 11 月开始,查理曼就比较频繁地使用这一具体名号了。① 称伦巴第王和"罗马国老"意味着查理曼接受了两份意大利的政治遗产,一份是伦巴第王国与拜占庭帝国的敌对状态,另一个是服属于拜占庭皇帝的"罗马国老"的臣属身份。在这双重政治遗产之中,查理曼先攻灭伦巴第王国,"勤王"有功,因此,他与拜占庭帝国的关系不错。他还尝试与拜占庭皇室结为儿女亲家。这个时候,从查理曼与拜占庭皇帝的关系中很难明确看出查理曼有称帝的愿望。但是随着时间的推移,法兰克人由拜占庭的"好朋友"变成了"坏邻居"。786 年这一婚姻协议宣告作废,查理曼开始对君士坦丁堡方面展开紧锣密鼓的军事和文化斗争,并加紧向意大利的拜占庭实际控制区渗透和扩张。788 年,法兰克军队与贝内文托联军在卡拉布里亚(Calabria)击败由伦巴第流亡国王阿达尔吉斯(Adalchis,?—788)统帅的拜占庭军队。从此君士坦丁堡方面失去了从陆路与罗马城直接联络的任何可能性,罗马城第一次在历史上不在拜占庭帝国的直接掌控之下。780 年代末的这些变化,某种程度上标志着查理曼与拜占庭皇帝之间的关系发生了根本性变化。查理曼从皇帝的追随者变成了挑战者。

在拜占庭、罗马教宗和法兰克人的三方博弈中,教宗负责居间联络二者,所以教宗的态度和外交策略至关重要。② 这时的罗马教宗哈德良试图使东西方的关系变得和睦。787 年在拜占庭召开的第二次尼西亚宗教会议上,哈德良派遣 2 名代表参加。会议决定恢复圣像,获得哈德良的支持。但此次会议决议遭到查理曼的坚决反对,他命令奥尔良主教提奥多尔夫起草《加洛林书》加以彻底批驳。但哈德良委婉反对,这部业已草拟的书稿才没有发表出来。也就在此时,查理曼非常委婉地表达了要改变教宗选举制度并由法兰克人出任教宗的愿望,却遭到哈德良的断然拒绝:

---

① F. Ganshof, "Note sur les origines byzantines du titre 'Patricius Romanorum'", *Annuaire de L'institut de Philologie et d'Histoire Orientales et Slaves*, Bruxelles: Secrétariat de l'Institut, 1950, pp. 261—282. 文书校订本参见 E. Mühlbacher et al. eds., *Die Urkunden Pippins, Karlmanns und Karls des Grossen*, pp. 115—117.

② Michael McCormick, "Western Approaches (700—900)", Jonathan Shepard ed., *The Cambridge History of the Byzantine Empire*: c. 500—1492, pp. 414—417.

"(麦西亚王)奥法怂恿、劝说并向您建议,以便您将我从神圣的职位驱逐,另立一位法兰克人为教宗。让他别废话吧!"①

改变法兰克与拜占庭双方关系的机遇随着罗马教宗的更替而再次出现。795 年年末哈德良教宗去世,利奥教宗即位。我们并不知道利奥当选是否出于查理曼的干涉。但新教宗于接任之后的次年派遣外交使节来见查理曼,请求国王派遣巡察钦差到罗马,接受那里的所有居民的宣誓效忠。此举前所未有,引起了强烈的反响。797 年便有西西里总督派遣的使者携带皇帝的国书前来亚琛交涉。对此查理曼并没有认真理会,而是离开亚琛前往萨克森前线,战事结束回到亚琛之后才"隆重地"接待西西里来的使者,并很快就把使节打发走了。与此同时,查理曼加紧了对意大利中部和南部的渗透,通过派遣巡察钦差、控制大型教会组织及其管理者(主教和修道院院长),强化对该地区的管控。例如位于斯波莱托地区的法尔法(Farfa)修道院从这一年开始向王室的巡察钦差上诉并获得特许状,而不再找该地的公爵维尼吉斯(Wiginis,789—822 年在位)上诉。②也就在这一年,君士坦丁堡的皇太后海伦娜将自己的儿子君士坦丁六世废黜,自己称皇帝。次年即 798 年,海伦娜派遣使者前来亚琛,请求"教会的和平与和谐"(pro ecclesiastica pace et Concordia)③。这次外交使命可以确知的成果是,海伦娜承认了查理曼对意大利东北部伊斯里亚(Istria)和南部贝内文托公爵领的领主权。"教会的和平与和谐"正是查理曼于称帝之后处置叛乱首领时使用的字眼。从这个角度而言,在 798 年,拜占庭方面提出过其和平解决罗马教会问题的方案,但双方磋商的结果却不得而知。

随后,799 年 4 月在罗马城上演了袭击教宗利奥三世的事件。在提

---

① "Codex Carolini", Ernest Dümmler ed., *Epistolae Merowingici et Karolini aevi I*, p. 629.

② G. V. B. West, "Charlemagne's Involvement in Central and Southern Italy: Power and the Limits of Authority", *Early Medieval Europe*, 8 (3)(1999), pp. 341—367.

③ B. von Simson ed., *Annales Mettenses Priores*, p. 83.

供较为详细记载的《利奥三世传》中,叛乱分子的主要特征被总结为盲目与内讧。例如,当利奥被救走之后,叛乱分子不知道该如何行动,就想"自相残杀"。但事实上叛乱在罗马城内非常成功,几乎没有遇到任何抵抗;而且当教宗卫队长阿尔比努斯组织人"劫狱"成功后,他的家随即被叛乱者捣毁。在查理曼主持庭审时,按照传记的说法,叛乱者们所做的唯一事情,就是相互指责。《利奥三世传》似乎在有意识地将帕斯卡尔等人描述为自发的叛乱者。① 叛乱者埋伏和关押利奥三世的两处教堂都是希腊人教堂。当799年教宗前往帕德博恩的时候,拜占庭的使者也又一次来到了亚琛,仍然是由西西里总督派来的外交特使。我们并不能确知叛乱者是否奉了拜占庭皇帝的诏命,但叛乱应该是796年利奥三世配合查理曼试图改变罗马城的政治身份认同所导致的一系列反应之一。

从事后叛乱者被判处"大逆罪"来看,叛乱的解决是沿着称帝的方向来安排的。在称帝之前查理曼的名号是"罗马国老",这个职位的级别与西西里总督相同,位在拜占庭皇帝之下。在叛乱发生之时,利奥三世也是按照犯大逆罪被惩处的,要被挖掉双眼,割掉舌头。但查理曼称帝之后,犯大逆罪的就不是罗马教宗利奥三世,而是他的对手帕斯卡尔等人了。如《那不勒斯主教列传》所言,利奥三世"为查理曼加冕并创造一个最高权威以反对他的敌人"②。

为了晋级为罗马皇帝,查理曼还得在军事方面有所表示,为此在美因茨召集王国大会,然后亲率大军到罗马。他先后两次派遣儿子——意大利王丕平出兵贝内文托,试图征服这个伦巴第公爵领。但贝内文托地处南部山区,地势险要,易守难攻。从政治地理位置而言,它位于拜占庭意大利和法兰克意大利之间,又有罗马公爵领居间作为缓冲,所以这两次大规模的征讨,都收效甚微。801年查理曼离开罗马返回亚琛。但是,对贝

---

① L'Abbé L. Duchesne ed., *Le Liber Pontificalis*, vol. II, pp. 4—8.
② "Gesta Episcoporum Neapolitanorum", G. Waitz ed., *Scriptorum rerum Langobardicarum et Italicarum*, saec. VI—IX, p. 428.

内文托的战事一直在持续着,802年法兰克方面的指挥官斯波莱托公爵被俘。君士坦丁堡皇帝海伦娜再次遣使到亚琛,请求缔结和约,但没有承认查理曼的帝号。海伦娜的和平外交策略引发了帝国内部反对派的不满,他们认为海伦娜准备接受查理曼和教宗利奥的建议,嫁给查理曼,以便东西部统一。① 这些不同政见者以此为借口,将海伦娜废黜。803年双方缔约,结束战争。在经历了称帝时期的动荡之后,意大利局势恢复平静。

综合来看,查理曼称罗马皇帝以查理曼的扩张为大背景,尤其是他消灭了伦巴第王国。可以说,从774年开始,称帝的漫长旅程就在不自觉间缓缓开启。从774年到786年,为第一阶段。在此时期,查理曼的王国接替伦巴第王国,变成拜占庭帝国的"邻居"。双方试图延续原来的"好朋友"关系,查理曼继续追随拜占庭皇帝。在这一阶段,查理曼并没有表现出任何称帝的意愿,因此可以被称为称帝的史前期。从780年代末到795年,为第二阶段。这一时期查理曼试图加强对意大利中南部地区的管控,并与拜占庭在外交、宗教政策上展开了针锋相对的斗争。但由于罗马教宗哈德良的居中斡旋,东西方局势基本平稳。查理曼开始挑战拜占庭皇帝。这一阶段可以被称为"大国之名"时期,查理曼想与拜占庭皇帝平起平坐,是称帝的酝酿期。自796年之后至800年为第三阶段,查理曼称帝的大戏正式上演。借由罗马教宗的更替所提供的历史机遇,查理曼迫使罗马城及罗马人民宣誓效忠,接受巡察钦差的最高司法权等,使得这一地区的教会政治局势发生剧烈的变动,直接引发罗马城内的叛乱,并导致称帝的历史事件。拜占庭方面通过外交手段进行干预,但没有效果,查理曼态度强硬。欧洲东西部两大政治势力对原罗马帝国西部地区(罗马城和意大利中南部地区)的争夺,尤其是利奥三世积极迎合查理曼的意图,不仅改变了罗马宗座的外交政策,而且也调整了欧洲东西部的固有政

---

① Theophanes Confessor, *The Chronicle of Theophanes Confessor: Byzantine and Near Eastern History: AD 284—813*, trans. Cyril Mango & Roger Scott, p.654.

治格局,将查理曼送上了皇帝的宝座。

但因叛乱及其应对方式引发的称帝,还是具有一定的突发性。毕竟成功称帝,为三百余年欧洲西部未有之事。所以称帝极大地刺激了各种帝国观念的兴起。查理曼君臣尝试过执政官、拜占庭式皇帝名号等多种名号,反映了时人的兴奋之情和政治文化创新的冲动。但外有拜占庭方面对帝号不予认可,内有洛尔施修道院等反对将帝号仅仅适用于罗马帝国西部残存地区,强烈主张复兴古代帝权观念。帝号名实之间的张力日益强烈,推动帝号不断地泛化,即作为具体名号的帝号与作为政治体的帝国之间逐渐适当分离,帝号涵盖查理曼所辖的全部地区。与此相应,帝号也由"罗马皇帝"变为"统治罗马帝国的皇帝"。在日常用语中,查理曼的名号被简称为"皇帝",则使得查理曼由国王(法兰克王、伦巴第王)变成了皇帝。尽管帝号的泛化带来了法兰克认同的强烈反弹,但帝号泛化也是查理曼的帝号获得君士坦丁堡皇帝承认的唯一可行方式。812年"皇帝"名号最终获得拜占庭方面的承认,不是作为罗马皇帝而是作为一名皇帝,查理曼最终得以站在了基督教世界帝国的历史舞台上。

围绕以罗马城为中心的原罗马帝国在西部的残存领土,查理曼与君士坦丁堡的皇帝展开了激烈的争斗,并引发称帝事件。帝号的泛化与被承认则反映了查理曼和法兰克王国扩张的赫赫武功。在考辨了作为历史事件的查理曼称帝之后,我们可以进一步从长时段的历史进程来进行观察,并将这一历史事件置于从古代欧洲向中古欧洲转变的大变迁中加以理解。

第八章 基督教化与中古早期政治道路

查理曼称帝不仅标志着西部罗马帝国的复兴,也使我们得以一窥东西部欧洲历史发展中的某些共同性。因为查理曼的帝国不仅不是古代帝国的简单复兴,而且还是通过模仿东部皇帝而实现的。东部罗马帝国率先转型成功,从古代的罗马帝国变为中古神圣的罗马帝国。在模仿东部皇帝的同时,查理曼也假手于罗马教宗,利用西部业已形成的、以罗马教宗为中心的基督教罗马世界观念,复兴西部罗马帝国。这个被复兴的帝国也只能是神圣的罗马帝国。因此,加洛林帝国的建立,不仅将西部欧洲重新纳入南部和东部的关系网中,而且也标志着欧洲范围内从古代罗马帝国转向中古神圣的罗马帝国。

第一节 查理曼称帝与欧洲史的整体性

799年夏,罗马教宗利奥三世抵达帕德博恩,与查理曼会见。从此查理曼称帝的进程紧锣密鼓地开启,与之伴随的则是一系列的文学创作活动。由匿名作者在帕德博恩会面的时候或者之后立即创作的《帕德博恩颂诗》则为这一系列活动拉开了序幕。

创作《帕德博恩颂诗》的匿名作者并没有给自己的作品取名,因此后来就有众多不同的名称。除了《帕德博恩颂诗》之外,还有《亚琛的查理颂诗》(Aachener Karlsepos)、《查理曼赞歌》(Carmen de Carolo Magno)。"德意志文献集成"系列的《加洛林诗歌》一卷收入的一首诗,其标题是《查理曼与教宗利奥三世》(Karolus magnus et Leo Papa)。在这首篇幅不算短(536 行六步格诗行)的作品中,诗人在开篇对查理曼进行了狂热的吹捧,送给他许多顶"帽子":"查理王、世界的首领,深受人民的爱戴,也是人民的骄傲;可敬的欧洲首长,最好的父、神圣的英雄。"①

作者很明显地将查理曼与欧洲、世界和人民联系在一起。无独有偶,在查理曼抵达罗马之后,他的重要谋臣之一,都尔城的圣马丁修道院院长阿尔昆也在劝进信中,从世界政治格局的角度论述查理曼称帝的合理性。在阿尔昆看来,世界政治的权威三分为罗马教宗、君士坦丁堡的皇帝和法兰克王。② 因此,在查理曼的谋臣中,有相当多的人是从欧洲局势的视野来看待查理曼称帝事件的。这种看法也深深地影响着现代史学。③

但是比利时大史学家亨利·皮朗却否定了这种国际性联系,以他的名字命名的"皮朗命题",旨在解释查理曼的出现为何标志着欧洲中古史的真正开始,即在封闭化的国际背景下,西欧从此走上独特的发展道路。这里仅引用美国学者彼得·布朗对"皮朗命题"所做的总结:"简而言之,在此前不可想象的查理曼的帝国,是一个北部日耳曼帝国,它标志着中世纪的开始。皮朗坚持认为,变化不是来自南部的罗马性的缓慢失序,也不是源自于日耳曼北方的经济和人力优势,而是由于丧失了地中海的统一性,即阿拉伯海军将古代文明为西欧搏动所提供的温暖的血液用止血带

---

① "Karolus magnus et Leo papa", Ernest Dümmler ed., *Poetae latini aevi Carolini*, tomus I, No. VI, MGH, Poetae tomus I, Berlin: Weidmann, 1881, p. 368. 编者将"神圣的英雄"理解为"奥古斯都和英雄"。

② 阿尔昆认为这三种权力中的前两种都已经被毁坏,只有查理曼的权力超越前两者,成为上帝的最大恩赐。Ernest Dümmler ed., *Epistolae Karolini Aevi*, tomus II, MGH, Epistolarum tomus IV, Berlin: Weidmann, 1895, No. 174, p. 288.

③ 有关学术动态,请参见 Rosamond McKitterick, *Charlemagne: The Formation of a European Identity*, pp. 1—6.

扎死了。因此,可以绝对正确地说,没有穆罕默德,查理曼也是无法想象的。"①

皮朗命题留下了是非杂糅的学术遗产。一方面,随着古代晚期研究的兴起,古代世界一直延续到7世纪的说法得到了越来越多学者的认同,如1993—1998年间欧洲科学研究基金批准的大型项目"罗马世界的转型和中古早期欧洲的兴起"。该项目的首席协调员——利兹大学的伊恩·伍德教授在总结报告中指出:"一言以蔽之,项目在某种程度上成为对皮朗命题的再思考,即地中海古代世界不是在5至6世纪被日耳曼入侵者撕裂,而是由于伊斯兰教的兴起。"②受此影响,新教科书中也多采纳皮朗所说,例如由牛津大学出版社出版的《中古欧洲世界》一书中写道:"然而在7—8世纪,一系列新的现象打破了尚存的统一性。它们的出现导致了西方世界的分裂,即由拉丁欧洲、拜占庭和广袤的伊斯兰帝国拼合而成的文明。这是一个有些混乱的时期,但也是富有创造力的混乱,借此,罗马、基督教和日耳曼传统的融合最终完成。一个中古文明清晰地显现出来,而8世纪早期的加洛林世界则是它第一次清晰亮相的时刻。"③

另一方面,学术界不仅对皮朗所提出的原因分析存在颇多的争议④,而且对于加洛林王朝的封闭性也提出了严峻的挑战。越来越多的学者意识到,不仅拜占庭帝国,而且伊斯兰阿拉伯帝国都与拉丁西欧有着千丝万缕的联系。⑤ 近年来蓬勃发展的地中海史研究表明,阿拉伯人的到来,并

---

① Peter Brown,"Review on Mohammed and Charlemagne",*Daedalus*,vol. 103,No. 1 (Winter,1974),pp. 26—27. 中文介绍参见王晋新:《皮朗与"皮朗命题"——对西方文明形成时代的重新审视》,《世界历史》2008年第3期;亨利·皮朗:《穆罕默德和查理曼》,王晋新译,上海:上海三联书店,2011年。

② I. Wood," Report: The European Science Foundation's Programme on the Transformation of Roman World and Emergence of Early Medieval Europe",*Early Medieval Europe*,vol. VI,No. 2 (1997),pp. 217—227.

③ Clifford R. Backman,*The Worlds of Medieval Europe*,Oxford:Oxford University Press,2003,p. 86.

④ 向荣:《西方学者对"皮朗命题"的验证与再讨论》,《光明日报》2016年12月10日第11版。

⑤ 王晋新:《古典文明的终结与地中海世界的裂变:对西方文明形成的重新审视》,《东北师大学报(哲学社会科学版)》2010年第1期。

不会导致地中海贸易和统一性的丧失,而是导致一种新的贸易和交往方式替代原本由罗马帝国主宰的方式。① 诚如米哈伊尔·麦考密克所言,在8世纪,原本意大利与西部欧洲和拜占庭之间直接的贸易往来,日益变成一种间接的贸易往来,它们之间的联系越来越以伊斯兰控制地区作为中介。② 教科书也开始积极地回应这种挑战。新近由芭芭拉·罗森维恩编写的、为其主编的流行教材配套的《中世纪读本》开门见山地申明:"本读物与其他中古史料读本的主要区别在于:除了西方的材料之外还系统地纳入了伊斯兰和拜占庭方面的材料。第三版还增加了更多相应的资料,尤其是关于伊斯兰世界的。"③

第二节 拜占庭帝国是神圣的罗马帝国吗?

爱德华·吉本在18世纪出版的巨著《罗马帝国衰亡史》,在某种程度上是对拜占庭帝国的污名化。④ 1990年阿薇莉尔·卡麦伦发表《对拜占庭名称的使用和滥用》对此进行了系统回应。⑤ 近年来,在认同性研究的影响下,更有学者揭示拜占庭和拜占庭帝国的提法对拜占庭史研究的遮蔽

---

① 夏继果有多篇介绍和研究,这里仅举一例:《中世纪地中海史的特点》,《光明日报》2015年1月24日第11版;其他文献有:陈村富:《地中海文化圈概念的界定及其意义》,《中国社会科学》2007年第1期;裔昭印:《地中海史研究的回顾与展望》,《上海师范大学学报(哲学社会科学版)》2013年第6期;佩里格林·霍登、尼古拉斯·珀塞尔:《堕落之海:地中海史研究》(上下册),吕厚量译,北京:中信出版社,2018年;大卫·阿布拉菲亚:《伟大的海——地中海人类史》(全二册),徐家玲等译,北京:社会科学文献出版社,2018年。

② Michael McCormick, "Western Approaches (700—900)", Jonathan Shepard ed., The Cambridge History of the Byzantine Empire c. 500 – 1492, p. 407.

③ Barbara H. Rosenwein ed., Reading the Middle Ages: Sources from Europe, Byzantium, and the Islamic World, Toronto: University of Toronto Press, 3rd ed., 2018, p. 13.

④ 玛格丽特·马利特:《20世纪英国的拜占庭研究》,郭建淮、徐家玲编译,《古代文明》2007年第3期。

⑤ Averil Cameron, The Use & Abuse of Byzantium: An Essay on Reception: An Inaugural Lecture, London: King's College, 1992.

性。美国历史学家安东尼·卡尔德利斯先后出版了《拜占庭共和国:新罗马的人民和权力》和《罗马人的国家:拜占庭的族群认同与帝国》两部作品。前一部著作梳理拜占庭文献中使用的"共和国"等词汇,说明了古代共和传统的深远影响①;后一部著作则进一步指出拜占庭人的自我定位是"罗马人"②。

卡利德利斯其实以"罗马"与"共和国"两个关键词印证了学术界的共识,即拜占庭文明的保守性。③ 拜占庭人津津乐道的"罗马人""共和国"固然意味着一些古代罗马政治因素的保留,但是,我们并不能据此认为拜占庭帝国就是古代罗马共和国的简单延续。从奥古斯都·屋大维之后,尽管罗马人还是自称其政治体为"respublica",但最好的译法却是"罗马帝国",而非"罗马共和国"。同理,当君士坦丁堡的皇帝与西塞罗都使用"sacra respublica"的时候,其含义也非常不同。西塞罗指的是"神圣的罗马共和国",而君士坦丁堡的皇帝说"sacra respublica"时,译为"神圣的罗马帝国"更合适一些。

罗马人称呼罗马帝国的词汇主要是更具有历史渊源的词汇——"respublica",而"imperium"的使用频率相对较少。这种使用状况一直延续到中古早期。拜占庭帝国自称为"sacra respublica",与拉丁西部地区后来使用的"sacrum imperium Romanorum"或"sacrum imperium romanum",虽同为"神圣的罗马帝国",但并非同一词源。"imperium Romanum"(罗马帝国)并不是古代罗马人用来指称罗马帝国的常用术语。从字面意义上讲,这个词是"罗马人的统治"或者"罗马人的管辖"的

---

① Anthony Kaldellis, *The Byzantine Republic: People and Power in New Rome*, Cambridge, MA.: Harvard University Press, 2015.
② Anthony Kaldellis, *Romanland: Ethnicity and Empire in Byzantium*, Cambridge, MA.: The Belknap Press of Harvard University Press, 2019.
③ 陈志强:《拜占庭文化的特征》,《外国问题研究》2016年第4期。当然历史学家都承认拜占庭文明在经济、社会阶层、宗教文化等各方面的变革,尤其是在7世纪。参见哈尔顿的精彩研究:J. F. Haldon, *Byzantium in the Seventh Century: The Transformation of a Culture*, revised ed., Cambridge: Cambridge University Press, 1990, pp. 443-458。

意思。① 在《查士丁尼民法典》或《民法大全》中，6世纪中期的皇帝查士丁尼使用"imperium"的频率相当高，主要是与"nostrum"连用，意为"我的统治"，与"统辖"（sanctionem）意义接近。

在《民法大全》第1卷中，作为名词的"imperium"出现了21次，全部都可以被理解为"统治"。② 其中有5次与"罗马"连用，也可以被解释为"帝国"。例如"在神意支持下罗马帝国（Romanum imperium）被交给我"③。与"我""你"等人称代词连用14次，解释为"某人的统治"更为合适一些。例如"在我统治以前几乎无人能够做到"。又如："这是多么惊奇的事情，自建城以来直到我统治（nostril imperii tempora）的时候，罗马的统辖（Romanam sanctionem）……"当查士丁尼同时使用"imperium"和"respublica"这两个词的时候，它们之间的区分更加显而易见。例如："由上帝做主、在我的统治之下（nostrum gubernantes imperium），这种统治是上天所赐予的。我们乐意发动战争、装点和平并维持帝国的现状（statum rei publicae）。"④

在查士丁尼之后，君士坦丁堡方面或东部（拜占庭）罗马帝国继续使用"respublica"来自我称呼，而且经常是"sacra republica"，即"神圣的罗马帝国"。公元585—590年期间，墨洛温法兰克诸王国中的奥斯特拉西亚王国与君士坦丁堡之间举办了一场重要的外交活动。法兰克王希尔德贝尔特二世及其母后、西班牙公主布隆希尔德请求皇帝莫里斯照顾在君士坦丁堡做人质的外甥（对布隆希尔德而言是外孙），即西班牙王子，为此写了许多信件，致相关的帝国军政大员，包括皇帝和皇后。皇帝莫里斯及实际处理此事的官员也给希尔德贝尔特写了回信。这些信件随后被编入《奥斯特拉西亚书信集》（*Epistolae Austrasicae*）中。这些书信表明，墨洛温

---

① 关于"imperium"的含义演变，参见王悦：《由治权到帝国：从拉丁文"帝国"概念的衍生看罗马人的帝国观》，《古代文明》2016年第2期。

② Imperii, 5次；Imperium, 7次；Imperio, 9次。Paul Krueger ed., *Codex Iustinianus*, Corpus iuris civilis, vol. II, Berlin: Weidmann, 1892.

③ Paul Krueger ed., *Codex Iustinianus*, Corpus iuris civilis, vol. II, 1.29.5.

④ Ibid., vol. II, 1.17.1.

法兰克王侯和拜占庭皇帝都将拜占庭帝国称为"罗马帝国",使用的字眼仍是"respublica"及其各种变体——"Romanam rempulbicam""Romanae reipublicae"等。

皇帝莫里斯公开称其统治的政治体为"神圣的罗马帝国"(sacra respublica, Sanctae Romanae reipublicae)。他说:"上帝为神圣的罗马帝国恢复了诸多城市,其中包括帕尔马、雷焦艾米利亚(Regio)、皮亚琴察及其公爵领辖地和更多的伦巴第公爵领。作为报答,您王国的荣耀将继续增长。"①在另一封责怪法兰克人空口承诺、不见行动的信中,莫里斯使用了稍微不同的提法来表达同一个意思——自己统治的帝国是神圣的罗马帝国。"你们通过约孔德主教和宫室长阔特洛寄呈给我的大札收悉,你们要拯救我们的至为神圣的罗马帝国(sacratissimam rempulbicam nostram),表达了你们的友爱意愿和对我们的兄弟情谊。"②

而拉文纳总督罗曼努斯在给希尔德贝尔特二世的书信中,请求后者出兵,协助帝国军队征服罗马大区,因为伦巴第公爵们正在增兵援助那些城市。在信中,他也反反复复地提及神圣的罗马帝国。"我们相信你们曾经听说过蒙蒂娜(Montena)、阿尔提诺(Altino)和曼图亚诸城。它们得被交还给神圣的罗马帝国(sanctae reipulibicae)。"接着他提到伦巴第公爵们的援助:"他们全速赶到曼图亚城来增援我们,支援神圣的罗马帝国。在接纳了那些人为神圣的罗马帝国服役,也接受他们的孩子作为人质之后,我们返回拉文纳。"③

从历史进程来看,罗马帝国向神圣的罗马帝国转型是自君士坦丁一世宽容基督教正式启动的。而在格拉提安皇帝尤其是提奥多西一世统治时期,罗马帝国以基督教为国教,一方面确立起正统大公教的原则,另一方面

---

① W. Gundlach ed., "Epistolae Austrasicae", Ernest Dümmler ed., *Epistolae Merowingici et Karolini Aevi*, tomus I, No. 40, p. 147.

② Ibid., No. 42, p. 148.

③ 本段引文皆出自 Ernest Dümmler ed., *Epistolae Merowingici et Karolini Aevi*, tomus I, No. 41, p. 147。

则禁止非正统基督徒从事公务,帝国的基督教化全面展开。① 到6世纪中期,通过"收复运动",君士坦丁堡的皇帝重新掌控了西部地中海地区。在收复意大利的过程中,为了拉拢罗马教宗,以便于军队胜利进军,查士丁尼尊敬罗马宗座,但也在客观上加速了帝国政治的神圣化(基督教化)进程。

在553年于君士坦丁堡举行的第二次君士坦丁堡世界基督教全体主教公会议上,查士丁尼充满权谋而顽强地实现了他的真正目的:通过教宗来控制宗教信条。查士丁尼本人并没有主持这次宗教会议。但是当教宗维吉里乌斯(Vigilius,537—555年在位)与他意见相左之时,他就派遣官员前来劝说,甚至动用军队,迫使教宗最终在会议决议上签字。《罗马教宗列传·维吉里乌斯教宗传》中引用该教宗的话说:"他们不是让我来见虔诚的元首查士丁尼和提奥多拉皇后,而是戴克里先和伊洛伊特丽雅(Eleutheriam)。"②

对于查士丁尼时期的政教关系,长期流行着两种不同的解释。一种是"和谐主义",认为皇帝与罗马教宗和君士坦丁堡牧首彼此协作,实现宗教政策和教义上的统一;另一种则是"凯撒教宗主义"(caesaropapism, cäsaropapismus)。③ 马克斯·韦伯曾对凯撒教宗主义进行过经典性阐释。他认为该体制的核心特征就是世俗统治者掌控了教会。"世俗统治者不言自明地在宗教事务上拥有至高权威。"④但如理查德·普莱斯所言,这种概念属于时代错位类型,将教俗分离时代的观念套用到教俗不

---

① 徐家玲:《拜占庭的历史分期与早期拜占庭》,《东北师大学报(哲学社会科学版)》1999年第6期;徐家玲:《早期拜占庭和查士丁尼时代研究》,长春:东北师范大学出版社,1998年;陈志强:《拜占庭帝国史》,北京:商务印书馆,2017年,第111—150页。

② L. Duchesne ed., *Le Liber Pontificalis*, "LXI. Vigilius", p. 298. 编者杜申说戴克里先的妻子并不叫Eleutheria。

③ 例如Gilbert Dagron, *Emperor and Priest: The Imperial Office in Byzantium*, trans. Jean Birrell, Cambridge: Cambridge University Press, 2003. 两种观点的最新总结参见Daniela Kalkandjieva, "A Comparative Analysis on Church-State Relations in Eastern Orthodoxy: Concepts, Models and Principles", *Journal of Church and State*, vol. 53, No. 4 (Nov. 2011), pp. 587—614. 徐家玲:《论早期拜占庭的宗教争论问题》,《史学集刊》2000年第3期。

④ Richard Swedberg ed., *The Max Weber Dictionary: Key Words and Central Concepts*, Stanford: Stanford Social Science, 2005, p. 22.

分的时代,徒增对教会史的误解。①可以肯定的是,通过罗马教宗和君士坦丁堡牧首的协助,查士丁尼利用基督教会重新收复了大量失地,全面系统地确立了以君士坦丁堡的皇帝为主导,罗马教宗和君士坦丁堡牧首有时积极协助,有时又顽强抗争,从而达成宗教政策相对统一的格局。

现代学者往往称查士丁尼所塑造的拜占庭帝国为"基督教罗马帝国",并引用查士丁尼颁布的《新律》第六条作为其经典性表述。"源于仁慈,上帝赠予人礼物,其中最大的礼物就是教士和帝国。一个管理宗教,另一个管理人事;他们同源且都管理人事。如果教士们不断地向上帝为国王祈祷,那么国王得优先尊重教士。如果一方是圣洁的且能接近上帝,而另一方合理适宜地进行征服,那么就会营造一种充分和谐的氛围,促使一切有利于人类的事情的发生。因此我们特别关注上帝的真正教义以及教士的荣耀,我们相信上帝通过他们赐予我们恩典,以便我们能够确保我们已拥有的一切,并获得我们尚未拥有的。"②这段话表达了"教士为国王祈祷"与"国王优先尊重教士"这样一种交换关系。③秉持这样的理念,以查士丁尼为代表的拜占庭皇帝推动帝国的基督教化,并建设着神圣的罗马帝国。

尽管以查士丁尼为代表的君士坦丁堡皇权毫无疑问地控制着罗马教宗;但是正如皇帝莫里斯致希尔德贝尔特王的书信中所言,由于君士坦丁

---

① Richard Price trans., *The Acts of the Council of Constantinople of 553*, Liverpool: Liverpool University Press, 2009, pp. 36—37. 其实,教俗关系一直处在变动之中。Hans-Georg Beck, *Geschichte der orthodoxen Kirche im byzantinischen Reich*, Göttingen: Vandenhoeck & Ruprecht, 1980, pp. D4—D5. 武鹏:《论5—6世纪拜占庭史料中君士坦丁大帝的形象分歧》,《古代文明》2017年第4期。

② 查士丁尼通过基督教化来复兴罗马帝国,参见 Andrew Louth, "The Eastern Empire in the Sixth Century", Paul Fouracre ed., *New Cambridge Medieval History*, vol. 1, c. 500—c. 700, pp. 100—101。

③ Hans-Georg Beck, "Kirche und Klerus im Staatlichen Leben von Byzanz", *Revue des études byzantines*, tome 24 (1966), pp. 1—24; J. M. Hussey, *The Orthodox Church in the Byzantine Empire*, Oxford: Clarendon Press, 1986, p. 1.

堡与西部地区之间山海远隔,罗马教宗与君士坦丁堡的皇帝在地理上的这种分离为罗马教宗发展其自身的政治利益创造了条件。在皇帝莫里斯与法兰克王国的外交往来中,罗马教宗并没有显露其身影。但到8世纪,拜占庭帝国的实力急剧中衰之时,面对伦巴第王国咄咄逼人的军事和政治逼迫,为了保护帝国在意大利的利益,君士坦丁堡的皇帝命令教宗走上政治舞台的前沿。在这一过程中,罗马宗座逐渐将其宗教权威转化为政治权威,并扩张自身的政治利益。与此相应,罗马宗座在这一时期发展出独特的神圣政治理论,积极利用西部新兴的加洛林王朝来保护自己的政治利益,甚至试图取代皇帝管理帝国的西部地区。

第三节　罗马教宗与查理曼称帝

当6世纪晚期君士坦丁堡的皇帝自称其帝国为神圣的罗马帝国的时候,罗马教宗的反应也是非常积极的。教宗格雷戈里一世(Greogry I, 590—604年在位)比较乐于使用"神圣的罗马帝国"(sancta respublica)这个名称,在他的书信集中一共使用了6次。① 可惜的是,此后的教宗如何看待这个称呼,并不是很清楚。似乎格雷戈里的继承者们并不那么愿意使用这一术语。

7世纪初,教宗霍诺留(Honorius I,625—638年在位)处置格拉多(gradensem)大主教福尔图纳图斯异端问题时,给拉文纳总督伊萨提乌斯(Hysatio)及相关主教们写信,称帝国为"基督教罗马帝国":"我们派遣我们的人与杰出的伦巴第王汇合,以便毫不延迟地通缉那位叛国(relicta ab eo republica)、投靠异族、拒绝和谐统一、背叛上帝、不敬的福尔图纳图斯,追缴他所携带的一切财产,以便这些财产的拥有者,可以从基督教罗

---

① Paul Ewald & Ludwig Hartmann eds., *Gregorii I Papae Registrum Epistolarum*, tomus I, lib. I—VII, MGH, Epitstolarum tomus I, Berlin: Weidmann, 1891, Lib. I, No. 16a, p. 18; No. 73, p. 94, Lib. II, 34, p. 130.

马帝国(christianissimae reipublicae)方面获得同样的权益。"①

在《伦巴第书信集》(Epistolae langobardicae collectae)中被归为教宗格雷戈里二世或者三世、标号为11的书信中,教宗要求威尼斯公爵协助拉文纳总督,以便夺回拉文纳城:"那座拉文纳城恢复了臣属于神圣的罗马帝国的状态,再次服属于我们的儿子利奥和君士坦丁两位大皇帝的管辖之下。"②由于这封信的真伪存在争议,我们很难用它来证明这位教宗对"神圣的罗马帝国"这个名号感兴趣。③ 从目前所能掌握的证据来看,似乎7世纪以后罗马教宗方面使用"神圣的罗马帝国"术语的次数偏少了。

从8世纪开始,具有崇高宗教权威的罗马宗座被迫越来越多地卷入政治漩涡中,甚至在726年发生的称帝叛乱就是被教宗格雷戈里二世所劝阻。④ 涉足于政治的现象非常生动地体现在《罗马教宗列传》中相应教宗传的内容结构中。按照教宗传的体例,其记述的主要内容为教宗的宗教事务管理活动,例如维修教堂、装饰教堂、教士任命等。但8世纪上半叶的教宗传几乎都有很长的篇幅,介绍教宗在政治事务上的活动和成绩。

然而极为吊诡的现象是,罗马教宗是应拜占庭皇帝之命日益深入地涉足政治领域的;但正是在这一过程中,罗马教宗逐渐摆脱君士坦丁堡皇帝的政治控制。个中缘由,研究教会史的学者往往强调两种因素:一方面皇帝们推行了与教宗不同的宗教政策,即破坏圣像运动;另一方面拜占庭

---

① W. Grundlach ed., "Epistolae langobardicae collectae", Ernest Dümmler ed., *Epistolae Merowingici et Karolini Aevi*, tomus I, No. 3, pp. 695—696. 如何用中文对译"Christianissimus"一词,还有待进一步讨论。

② W. Grundlach ed., "Epistolae langobardicae collectae", Ernest Dümmler ed., *Epistolae Merowingici et Karolini Aevi*, tomus I, No. 11, p. 702.

③ 格隆德拉赫在注释中对正反双方有简单的介绍。W. Grundlach, "Epistolae langobardicae collectae", Ernest Dümmler ed., *Epistolae Merowingici et Karolini Aevi*, tomus I, p. 702, No. 1.

④ Peter Classen, "Der erste Römerzug in der Weltgeschichte: Zur Geschichte des Kaisertums im Westen und der Kaiserkrönung in Rom zwischen Theoderich und Karl dem Großen", Josef Fleckenstein ed., *Ausgewählte Aufsätze von Peter Classen*, pp. 23—44.

的皇帝无法提供切实的军事援助。① 但不论其原因为何,在8世纪中叶,罗马宗座开始在西部寻找政治帮手。② 739年,教宗格雷戈里三世(Gregory III,731—741年在位)决定请求时任法兰克宫相的查理·马特干预意大利事务,劝阻伦巴第人南下。加洛林家族成员编写的《弗莱德加编年史(续编)》对此做了如下描述:"(教宗)祈求订立盟约以便放弃皇帝那一方,并保证查理王爷出任罗马执政官。"③ 双方彼此接近,最终导致"罗马(宗座)—法兰克联盟"的形成。753年教宗斯蒂芬北上访问法兰克尼亚,与查理·马特之子丕平三世达成"丕平献土"协定。

751年,伦巴第王艾斯图尔夫攻占拉文纳,拜占庭帝国管辖意大利的拉文纳总督府失去根据地。753年冬君士坦丁堡的皇帝派遣使者来到意大利,与教宗斯蒂芬二世一起找艾斯图尔夫谈判,请求续签和平条约或缔结新的和平条约。谈判历时一个多月,最终宣告破裂,艾斯图尔夫同意教宗继续北上,前往法兰克王国,但阻止了帝国的外交使节。帝国外交使节只得绕道海路从马赛去见丕平,请求法兰克人的帮助。

当斯蒂芬二世入境之时,矮子丕平派儿子查理曼代表自己迎接。查理曼那时还只有6岁。尔后丕平亲自为罗马教宗执马坠镫,欢迎教宗的来访;并将斯蒂芬二世安置于巴黎的圣德尼修道院。应教宗的请求,丕平派遣使者前往帕维亚,劝说艾斯图尔夫与教宗达成和平协议,未果。754年抑或755年丕平出兵意大利,迫使艾斯图尔夫称臣纳贡,答应归还所攻

---

① Thomas Noble,*The Republic of St. Peter: The Birth of the Papal State*,680—825,pp. 15—23.

② 张楠:《在拜占廷和法兰克之间:教宗扎迦利的伦巴德道路》,《北方论丛》2018年第3期。关于罗马宗座—法兰克联盟的总体介绍,参见王亚平:《论加洛林王朝时期政教联盟的基础》,《东北师大学报(哲学社会科学版)》1993年第6期。

③ "Chronicarum quae dicuntur Fredegarii Scholastici Continuationes",No. (22),Bruno Krusch ed.,*Fredegarii et aliorum Chronica. Vitae Sanctorum*,p. 179. 译文还可以参考 *The Fourth Book of The Chronicle of Fredegar and Continuations*,trans. J. M. Wallace-Hadrill,London: Thomas Nelson and Sons Ltd.,1960,p. 96,No. 6. 此处布鲁诺·克鲁西有修改,将"consultato"换成"consulto",文意改变较大。瓦莱斯-哈锥尔是根据修改后的文字翻译的。另参见陈文海译注:《弗莱德加编年史》,北京:人民出版社,2017年,第200页。

占的土地。史称"丕平献土"。丕平留下巴黎的圣德尼修道院院长弗尔拉德作为外交特使,负责处理意大利方面的善后事务,自己率军回国。在教宗返回罗马之后写给丕平的第一封信中,斯蒂芬二世明确提到了"丕平献土":"你努力保障圣彼得的权益,通过你的一纸捐赠文书(donacionis paginam)你善意地确定那些东西要予以归还。"但教宗也承认这位艾斯图尔夫王"还没有归还哪怕是一片领土给圣彼得和罗马帝国(reipublice Romanorum)的神圣教会"。①

755年底至756年春,艾斯图尔夫再次出兵围攻罗马城。教宗斯蒂芬二世只能派遣外交使节从海路前往法兰克王国,请求丕平及法兰克人出兵。这个时候,斯蒂芬代表的是"我们和全体罗马人民的灵魂",并"将神圣教会和我们罗马帝国人民的保护委托给丕平、其子和全体法兰克人"。随着军情日益紧急,教宗竟然给丕平及全体法兰克人送去了一封圣彼得"写"的信函,要求他们保护罗马城和城中的罗马人民。同年,丕平第二次出兵意大利,艾斯图尔夫彻底屈服称臣,随后去世。从教宗斯蒂芬二世的书信来看,在这次出征之后,斯蒂芬以"维持原有的统一管辖"为由劝说丕平将伦巴第人攻占的其他城市也交还给圣彼得及其人民,也就是罗马教会。"让曾经被统一管辖的其他城市,包括边界、土地、据点和林地完整地归还给你的精神之母——圣教会。"②

艾斯图尔夫去世之后,伦巴第王国围绕王位发生纷争,德西德里乌斯(Desiderius,757—774年在位)为了获得王位,争取教宗的支持,许诺归还攻占的领土。在致丕平的书信中教宗保罗一世对此有所报道:"(德西德里乌斯)在弗尔拉德面前发誓将下述城市归还给圣彼得:法恩莎(Vaventia)、伊莫拉(Imulas)、费拉拉(Ferraria)及其辖域、林地及其属地(territoria),包括奥西莫(Ausimum)、安科纳(Ancona)和休马纳(Humana)诸城及其林地。他提议此后让加林诺德(Garrinodus)和格里

---

① W. Grundlach ed., "Codex Carolinus", Ernest Dümmler ed., *Epistolae Merowingici et Karolini Aevi*, tomus I, No. 6, p. 489.

② Ibid., No. 11, p. 505.

莫阿尔德(Grimoaldum)公爵将博洛尼亚(Bononia)城及其辖域归还给我们,并承诺将一直与圣教会和我们的人民保持和平。"①

尽管此后这些土地反复得而复失,但通过"丕平献土"的方式,罗马宗座于法权上将原帝国控制的意大利中部地区攫为己有。这一转变在《罗马教宗列传·斯蒂芬二世传》中有更加直白的表达。当帝国的外交特使约翰跟丕平交涉的时候,请求将艾斯图尔夫占据的那些意大利城市和领土归还给帝国,该传记征引了丕平的答复:"根本就不可能将这些城市从圣彼得、罗马宗座和教宗的手中夺走。(丕平)已经发誓了,他如此频繁地战斗可不是为了讨好什么凡人,而是出于对圣彼得的爱,也使他本人的罪得到宽恕。"②

但是,罗马教宗与拜占庭的皇帝之间存在利益冲突,并不意味着他们之间的关系发生了根本性的变化。③ 因为罗马教宗既有控制意大利中部辖地的利益,也有作为世界宗教领袖的宗教政治追求。教宗保罗一世虽然将皇帝的使节称为希腊人,但也称君士坦丁堡为"帝都"(regia urbe)。在765年致丕平的信中,保罗教宗明确地表达了其核心利益诉求——对"丕平献土"的权利以及罗马宗座的至尊权。"舍此无他,即尊崇神圣的教会、您的精神之母、上帝全体教会和正统信仰之首;与此同时,对于那些为了得到永生您所献给圣彼得的东西,也没有什么考虑能够将您与圣彼得的权益和权力分开。"④

---

① W. Grundlach ed., "Codex Carolinus", Ernest Dümmler ed., *Epistolae Merowingici et Karolini Aevi*, tomus I, No. 11, p. 506.

② L. Duchesne ed., *Le Liber Pontificalis*, XLV, p. 453. 到9世纪,就有罗马方面的史书说这些城市原本就属于罗马教会。L. Bethmann & G. Waitz eds., "Continuatio Romana", Idem eds., *Scriptores rerum Langobardicarum et Italicarum saec. VI—IX*, p. 201.

③ 研究拜占庭史的学者对此看得更加清楚。Steven Runciman, *The Eastern Schism: A Study of the Papacy and the Eastern Churches during the XIth and XIIth Centuries*, Oxford: Clarendon Press, 1955, p. 20—21. 麦考密克指出,尽管有教义之争,但罗马教宗仍忠实地贯彻着皇帝的行政命令。Michael McCormick, "Western Approaches (700—900)", Jonathan Shepard ed., *The Cambridge History of the Byzantine Empire c. 500—1492*, p. 412.

④ W. Grundlach ed., "Codex Carolinus", Ernest Dümmler ed., *Epistolae Merowingici et Karolini Aevi*, tomus I, No. 37, p. 549.

经过750年代的战火与外交，罗马宗座不仅明确了其核心利益诉求，而且也为此形成了一套新的神圣政治观。其基本框架是：保护教会——政治神圣性——胜利与永生。政治的神圣性来自教宗的膏立祝圣礼，而举行膏立祝圣礼的条件是君王要保护教会的权益，如此一来，君王才能在现世获得胜利并在来世得到永生。"我请求你们，上帝保佑的、出色的孩子们，凭主宰一切的、万能的上帝，凭我们的女主人、永远的贞女、光荣的圣母玛利亚，凭天国的荣耀，凭圣使徒之首彼得和保罗，以及凭我们所有人都得为我们的所作所为还账且无人幸免的末日审判，请马上并毫无迟滞地将你们许诺给圣彼得的捐赠，请将许诺的捐赠中包括城市、地区、所有人质和俘虏在内的一切归还给圣彼得。因为在圣彼得的协调下，我主通过卑微的我将你们膏立祝圣为王，以便借你们之手，教会和使徒之首能够获得其权益。"①

在这种政治交换的神学逻辑中，罗马教会与法兰克王室是权益相关者。通过他们的结盟，教会赐予法兰克王以神圣权威，而法兰克王则要保护罗马教会。神圣权威主要通过膏立祝圣仪式来实现，而法兰克王的保护不仅包括提供武力，而且包括赠土。这一套神权政治话语就不仅属于理论层面，也落实到了一种政治实体之上，即教宗领导的罗马人民、神圣的罗马教会及其辖地或"圣彼得的界"。此即教宗国②作为交换，罗马教宗斯蒂芬以神圣的罗马教会和圣彼得乃至上帝的名义，赐予保护罗马宗座权益的"强壮的右臂"——法兰克人各种政治名号，包括从"罗马国老"（Patricius）到"奥古斯都"的称号。

到法兰克尼亚的时候，教宗斯蒂芬二世也随身带着一些政治礼物。754年7月在巴黎的圣德尼修道院，他膏立丕平、其妻、其子为王，并赠与

---

① W. Grundlach ed.，"Codex Carolinus", Ernest Dümmler ed.，*Epistolae Merowingici et Karolini Aevi*，tomus I, No. 7, p. 493.

② 语出查理曼颁布的《806年分国诏书》。Alfred Boretius ed.，*Capitularia regum Francorum*，tomus I, No. 45, p. 128. 这里不采用"圣彼得的国"的提法，是因为这个"国"的概念在当时的文献中还没有出现过。

他们"罗马国老"的称号。诚如比利时学者冈绍夫所言,学术界对这个称号争议甚多。例如,这个称号是罗马教宗单独赐予的,还是由他代表东部的皇帝赐给丕平家族的。彼得·克拉森认为这一称号不可能来自罗马帝国方面,因为皇帝不会同时赐予"罗马国老"称号给蛮族王父子,而约瑟夫·德雅则认为完全有此可能。[1] 从具体的历史语境看,这个时候教宗既代表罗马教会也代表拜占庭帝国。由罗马教宗代表罗马帝国尤其是西部罗马帝国,影响到西部神圣的罗马帝国之建设道路。

"罗马国老"是罗马帝国时代的一个荣誉职衔。[2] 在5世纪初颁布的《提奥多西法典》中,这一名号已经与执政官等名号同为帝国授予公民的最高荣誉,其中有关于执政官与国老位次的说明。6世纪的《查士丁尼民法典》,保留了《提奥多西法典》中的这一条文,并补充了此后其他皇帝的规定。如芝诺皇帝规定:除非先获得了执政官品位,或者被任命为伊利里库姆大区大法官或首都大法官,或者担任三军统帅或者执事官,任何人不得被授予这一较其他品位都位尊的国老品位。查士丁尼皇帝本人也进一步提升了国老的荣誉地位,规定受皇帝所赐、享有国老品位者得成为一家之主,以便在家里不会再受其他人指使。[3]

当"国老"这一品位越来越显要之时,它也大量出现在法兰克王国的文献之中。都尔主教格雷戈里的《历史十书》有10次提及这一品位,在7世纪中期编订的《弗莱德加编年史(续编)》中,"国老"一共出现了59次。似乎6世纪末、7世纪初法兰克王国境内获得"国老"品位者更多了。这一现象与《奥斯特拉西亚书信集》中体现的奥斯特拉西亚和勃艮第王国积极主动地与帝国保持密切的外交关系、帮助帝国攻击伦巴第王国的政治

---

[1] Josef Deér, "Zur Praxis der Verleihung des auswärtigen Patriziats durch den byzantinischen Kaiser", Idem ed., *Byanz und das abenländische Herrschertum*, Sigmaringen: Jan Thorbecke, Bd. XXI, pp. 424—438.

[2] 简要解释参见 H. Michels, "Patricius", *Lexikon des Mittelalters*, vol. 6, Stuttgart: Verlag J. B. Metzier, 1999, cols 1789—1790。

[3] 以上内容均出自于 Paul Krueger ed., *Codex Iustinianus*, lib. XII, 3.1—5, pp. 454—455。

外交态势相吻合。就拉丁语文献的整体而言,"罗马国老"在 6 世纪的使用也非常频繁。依据"德意志文献集成"数据库,在 6 世纪"国老"一共出现了 248 次,但这一数字在 7 世纪则降到了 85 次。

7 世纪初,随着奥斯特拉西亚王国(希尔德贝尔特王族)灭亡,法兰克方面文献中涉及意大利和帝国的叙述变得越来越少①,"国老"一词逐渐从法兰克方面的文献中淡出。《弗莱德加编年史(续编)》所提及的最后一位法兰克出身的"国老"是维勒巴德(Willebad)。在当地贵族的支持下,这位勃艮第王国的宫相率兵抗击奥斯特拉西亚军队,于 642 年战死。此后,高卢北部鲜有法兰克人获得"国老"品位,直到一个世纪之后。

"国老"这一品位在法兰克王国宫廷的再现是 754 年。现存教宗斯蒂芬二世写给丕平的书信最早提及丕平的"罗马国老"名号。在"德意志文献集成"系列的《加洛林书信集》中,该信的标号为第 6 号,写作时间约为 755 年下半年。书信使用的称谓是:"罗马教宗斯蒂芬致杰出的孩子、老爷、我的结义兄弟丕平王,以及同为国王和罗马国老的查理和卡洛曼"。②

最早提及这一名号的法兰克方面的文献是《丕平王膏立记》,这份自称写作于 767 年的单页说明,用罗马国老的名号进行纪年:"这份文书写作于基督第 767 年,即奉上帝之名、快乐、平静、正统的法兰克王和罗马国老丕平统治的第 16 年。"该文书也提到在 754 年"奉圣三位一体之名,教宗将丕平及其子查理和卡洛曼膏立并祝福为王和罗马国老"。③

丕平终生都没有使用这一名号。在他去世之后,768 年继立的查理

---

① Ian Wood, *The Merowingian Kingdoms*: 451—751, p. 169. 近年来学术界对于墨洛温王朝后期与地中海东部地区的继续交流表现出了浓厚的兴趣,最新的成果为 Stefan Esders et al. eds., *East and West in the Early Middle Ages: The Merovingian Kingdoms in Mediterranean Perspective*, Cambrige: Cambrige University Press, 2019。

② W. Grundlach ed., "Codex Carolinus", Ernest Dümmler ed., *Epistolae Merowingici et Karolini Aevi*, tomus I, No. 6, p. 488. 这位教宗此后书信使用的称谓也都包括"罗马国老"。

③ 以上引文均出自 G. Waitz ed., "De unctione Pippini regis nota monachi sancti Dionysii", W. Wattenbach ed., *Supplementa tomorum I—XII*, pars III, MGH, Scriptorum tomi XV, pars I, Hannover: Hahn, 1887, p. 1. 关于这份文书的真伪讨论,参见李隆国:《加洛林早期史书中的丕平称王》,《历史研究》2017 年第 2 期。

曼和卡洛曼也没有立即启用"国老"称号。6年后,查理曼远征意大利,攻灭伦巴第王国,自称意大利王。在与教宗哈德良会面之后,查理曼开始使用国老称号。现存最早的文献证据来自查理曼给圣德尼修道院的赠地文书,可能签发于774年年底或775年年初。自775年11月开始,查理曼就比较频繁地使用这一名号了。① 而775年12月份查理曼给圣德尼修道院的赠地文书则开启了查理曼称帝前的经典名号——"蒙上帝恩典,法兰克王和伦巴第王以及罗马国老、名人查理"。据"德意志文献集成"数据库,查理曼一共使用了145次"罗马国老"名号,而罗马教宗在致查理曼的信函中也使用了近百次。总体来看,在查理曼控制了意大利王国之后,他就开始自觉地使用"罗马国老"称号了。

由于这一称号来自拜占庭帝国方面,查理曼采用这一名号,就意味着他有意识地回归到以罗马帝国为最高政治权威和目标的轨道上来,自觉不自觉地重启了中断达百余年之久的、承认君士坦丁堡或拜占庭的皇帝为最高政治权威的历史进程。而且随着查理曼对庞大地域统治的巩固和实力的增强,他自然会得陇望蜀,感受到"皇帝"名号的诱惑。从780年代中期开始,以对抗787年由女皇海伦娜主持召开的第二次尼西亚基督教全体主教公会议为导火索,查理曼越来越自觉地与东部皇帝较量,最终于800年在罗马称帝。② 可以说,774年或者775年查理曼大规模地使用"罗马国老"称号,标志着他自觉地接受拜占庭皇帝掌控的一套名号系统,并开始朝向最高名号"奥古斯都"迈进。

对于查理曼何时开始意识到帝号的问题,诚如鲍尔斯所言是个"荆棘

---

① F. Ganshof, "Note sur les origines byzantines du titre 'Patricius Romanorum'", *Annuaire de l'institut de philologie et d'histoire orientales et slaves*, pp. 261—282. 早在774年7月16日查理曼在帕维亚签署的给都尔的圣马丁修道院的赠地文书就已经使用了"罗马国老"这一称号,但这一文书的可靠性稍存疑问。

② Jan Clauß, "Imports and Embargos of Imperial Concepts in the Frankish Kingdom: The Promotion of Charlemagne's Imperial Coronation in Carolingian Courtly Culture", Christian Scholl et al. eds., *Transcultural Approaches to the Concept of Imperial Rule in the Middle Ages*, Frankfurt am Main: Peter Lang AG, 2017, pp. 77—116.

丛生之地"①。一部分学者试图证明艾因哈德所言不虚,查理曼并非蓄谋已久地称帝,800年圣诞节发生的罗马加冕称帝行为属于偶然性事件,是诸多意料不到的突发事件凑合之后的结局。另一部分学者则有意识地追寻查理曼对帝号的自觉追求,从更长的时段来考察。②保罗·弗拉克里认为尽管从790年代末有诸多征兆表明查理曼要称帝,但是当查理曼征服意大利的时候,称帝就已经不难想象了。③而伯纳德·巴赫拉赫则从军事史的角度指出:"很早就有征兆可以预见到查理曼的称帝了。例如,从774年开始他就明确表示自己统治着一个以上的王国。"④而最近剑桥大学出版社出版的教材《加洛林世界》则说:"尽管称帝是胆大包天的行为,但是后见之明使之几乎成为不可避免之事,是750年代缔结的法兰克—罗马(宗座)联盟的必然结果。"⑤

让我们回到在查理曼宫中编纂的史书。《法兰克王家年代记》的"称帝叙事"以如下话语结尾:"他去掉'罗马国老'的名号,被称呼为'皇帝'和'奥古斯都'。"⑥换言之,编年史的作者们是将称帝事件理解为一种名号的替代行为,即用"皇帝"的名号取代"罗马国老"。如果从这一角度视之,那么从"国老"到"奥古斯都"的过程其实就是名号的"升级"。这一延续二十多年的演化过程就突破了偶然性事件的时间维度,彰显出某种人为的

---

① Charles R. Bowlus, "Italia—Bavaria—Avaria: The Grand Strategy behind Charlemagne's Renovatio Imperii in the West", *Journal of Medieval Military History*, vol. I, Woodbridge: The Boydell Press, 2002, p. 46.

② 相关学术综述,参见李隆国:《名实之间:学术棱镜中的查理曼称帝》,载王晴佳、李隆国主编:《断裂与转型:帝国之后的欧亚历史与史学》,上海:上海古籍出版社,2017年,第307—321页。

③ Paul Fouracre, "Frankish Gaul to 814", Rosamond McKitterick ed., *New Cambridge Medieval History*, vol. II, p. 105.

④ Bernard Bachrach, "Pirenne and Charlemagne", Alexander C. Murray ed., *After Rome's Fall: Narrators and Sources of Early Medieval History Essays Presented to Walter Goffart*, Toronto: University of Toronto Press, 1998, p. 219.

⑤ M. Costambeys, M. Innes & S. MacLean, *The Carolingian World*, p. 160.

⑥ G. H. Pertz & F. Kurze eds., *Annales regni Francorum inde ab A. 741 usque ad A. 829*, A. 801, pp. 112—113.

能动性和自觉性,揭示了查理曼从进入拜占庭帝国的名号系统到对君士坦丁堡的皇帝进行模仿的转变。

在升级名号的过程中,查理曼也对其权力的神圣性进行过一定的思考。795年教宗哈德良去世,利奥三世接任,在由阿尔昆执笔、哀悼哈德良和祝贺利奥的书信中,查理曼表达了自己对神圣政治的看法,这种政治的实质延续了其父丕平与罗马宗座订立的盟约(inviolabile foedus)中法兰克王与罗马教宗之间的合作精神:"在神意恩典之下,凭借你神圣使徒般的祈祷,使徒般的祝福将围绕着我;而且在神的恩典下,神圣的罗马宗座将一直由虔诚的我来捍卫。"接下来讨论各自的职责分工:"我的职责是:凭借神圣的虔诚,对外以武力保卫基督的神圣教会,防止多神教徒的入侵和不敬者的劫掠;对内巩固正统信仰。圣洁的教父啊,你的职责是:以摩西般的双手伸向上帝,帮助我们的军事行动;在神的指引和赐予下,通过你的祈求,奉神圣之名的基督教人民总是在各地都对敌人获得胜利,以便我主耶稣基督之名响亮地传遍世界。"①

查理曼与教宗之间的关系颇类似于外交盟约。其核心是以祈祷换保卫;在此基础上二者又各有职司。查理曼负责对外以武力保卫教会和传播基督教,对内确保正统信仰;而教宗则是通过祈祷帮助查理曼和法兰克人在战场上获得胜利。查理曼对罗马教宗的预期,与查士丁尼基本一致;但查理曼与罗马宗座之间的关系,则互相更加独立一些。这种独立性将预示着东西部神圣的罗马帝国在未来发展中有同有异。

第四节 东—西与南—北

虽然查理曼在去世之前最终获得了东部皇帝的承认,但如何认识并建设这一新兴的帝权,在他的廷臣们中却并没有形成共识。诚如英国学

---

① "Alcuini Epistolae", No. 93, Ernest Dümmler ed., *Epistolae Karolini aevi*, tomus II, pp. 137—138.

者珍妮·尼尔森所言:关于查理曼称帝缘何有如此多的不同版本?① 尼尔森的导师、奥地利裔英国学者沃尔特·厄尔曼对查理曼的帝权进行过经典性的分析。他从教权与帝权之间关系的角度,将当时主要的帝权观区分为三种。它们分别是罗马教宗的、君士坦丁堡的皇帝的以及查理曼本人的。厄尔曼认为,从古代直接传承下来的拜占庭帝国,其帝国观念就是前文提及过的"凯撒教宗主义",皇帝对宗教事务具有至高无上的政治权威。而罗马宗座则针锋相对地提出了"教宗至上"原则。教宗之所以膏立法兰克王查理曼为罗马皇帝,只是因为他保护了罗马教会。而查理曼本人虽然颇想得到类似于东部皇帝的那种权力,而非罗马教宗所主张的帝权,但是,后来的发展却是教宗至上原则的胜利,因为西部的帝权是由教宗所创造的。②

厄尔曼的理论在广泛流布的同时,也受到了严厉的批评。③ 到 1990 年代,珍妮·尼尔森进一步将乃师的理论加以修正,重返有关中古帝权的罗马与非罗马两种政治思想类型。④ 某种程度上,尼尔森的修正可以被视为一种倒退。因为她丧失了厄尔曼所具有的欧洲视野。如果从地理方

---

① Janet Nelson,"Why Were There So Many Different Accounts of Charlemagne's Imperial Coronation?" Idem, *Courts, Elites and Gendered Power in the Early Middle Ages: Charlemagne and Others*, No. XII.

② 沃尔特·厄尔曼:《中世纪政治思想史》,南京:译林出版社,2011年,第 52—59 页。更为简要的说明,参见 W. Ullmann,"Reflections on the Medieval Empire", *Transactions of the Royal Historical Society*, 5th. Ser., vol. 14, 1964, pp. 89—108。

③ 肯普夫认为厄尔曼在讲理论,而且是有争议的理论而非历史事实。Friedrich Kempf,"Die Päpstliche Gewalt in der mittelalterlichen Welt: Eine Auseinandersetzung mit Walter Ullmann", *Saggi Storici Intorno al Papato*, Roma: Pontificia Università Gregoriana, 1959, pp. 117—169. 而澳克莱也指责厄尔曼主观色彩浓且观点不正确。Francis Oakley,"Celestial Hierachies revisited Walter Ullmann's Vision of Medieval Politics", *Past & Present*, 60 (Aug. 1973), pp. 3—48. 更为客观的评价参见侯树栋:《沃尔特·乌尔曼的西欧中世纪史研究》,《史学史研究》2010 年第 3 期。

④ Janet Nelson,"Kingship and Empire in the Carolingian World", Rosamond McKitterick ed., *Carolingian Culture: Emulation and Innovation*, pp. 52—87. 尼尔森主要吸纳了德国学术界的研究成果,如 Siegfrid Epperlein,"Über das romfreie Kaisertum im frühen Mittelalter", *Sondderdruck aus Jahrbuch für Geschichte*, Bd. II, Berlin: Akademie-Verlag, 1967, pp. 307—342。

位而言,似乎可以将查理曼称帝牢固地定位于由东—西与南—北两条轴线构成的坐标之中(参见表8.1)。所谓东—西轴线即东部欧洲与西部欧洲的关系,尤其是法兰克王国与拜占庭帝国之间。南—北轴线对应的则是罗马与亚琛之间,涉及罗马教会或罗马人民与法兰克王国的关系。这两条轴分别对应于神圣性与正统性。大体说来,神圣性属于南—北视角,而正统性对应于东—西关系。

表8.1　查理曼称帝时期主要史书中的东—西与南—北关系

史书	南北关系	东西关系	神圣性/正统性
《查理大帝传》	√	√	√ / ×
《法兰克王家年代记》	√	√	√ / ×
《洛尔施修道院编年史》	√	√	√ / √
《罗马教宗列传》	√	—	√ / ×
《提奥法尼编年史》	√	—	× / ×

仅仅从南—北视角来描述的材料主要来自罗马宗座和拜占庭方面的历史书写。《利奥三世传》说:"在上帝的默许下,也在天国钥匙的持有者圣彼得的默许下,全体罗马的忠臣们发现他如此地偏爱并保护神圣的罗马教会及其代表,就齐声高呼:'为上帝所加冕的虔诚皇帝、伟大而和平的皇帝查理万岁,战无不胜!'在举行使徒圣彼得的神圣弥撒之前,也奉了诸多圣徒之名,他被所有人拥立为罗马皇帝。同一天,神圣的教士和教宗用油膏立了神圣的查理,他的杰出的教子和国王。"① 作为保护罗马教会的报酬,查理曼获得了帝号。

拜占庭帝国的圣徒提奥法尼(Theophnes Confessor,约760—818)在其编年史中将教宗膏立查理、为他加冕也视为教宗利奥的个人感恩行为:"利奥到法兰克王查理那里寻求庇护,查理就替他报仇雪恨,恢复了他的宝座。罗马从此处在法兰克人的掌控之下。作为对查理的报答,在第9

---

① L. Duchesne ed., *Le Liber Pontificalis*: Leo III, p. 7.

小纪的 12 月 25 日,利奥在圣彼得教堂将他加冕为罗马人的皇帝,从头膏到脚,披上帝袍,戴上皇冠。"①虽然提奥法尼也是从南—北轴线的角度来思考,但是与教宗方面的叙事不同的是,他仅仅将称帝视为教宗个人为了保住自己的职位与查理曼之间发生的感恩行为。因此他的行文也有较为强烈的反讽意味:"从头膏到脚"。

其他版本的叙事多同时含有南—北与东—西两个面向。其中最为晚出也最为系统的叙述出自艾因哈德的笔下。在说到查理曼的虔诚时,艾因哈德插入了称帝事件,说明查理曼称帝是在他履行宗教虔诚义务中顺带发生的历史事件。为了展示宗教虔诚,查理曼四次去罗马,而称帝就是在他最后一次去罗马时发生的。在艾因哈德看来,查理曼之所以不愿意称帝,固然是因为他拥有谦卑的政治美德,更是因为他拥有大度恕人的宽广胸怀。"但是在他接受了尊号以后,却能平心静气地容忍着由此引起的敌视和罗马皇帝的愤怒。他以他的豁达大度克服了他们的敌意,论起胸襟开阔来,他无疑是远远超过他们的,他常常派使臣到他们那里去,称他们为他的弟兄。"②欧洲东西部皇帝之间的关系体现了外交合法性维度,以实现查理曼新获帝号的正统化。

《法兰克王家年代记》分别在 801 年和 812 年的条目中提到了南—北关系和东—西关系。它的表述比较偏于事实记载,颇为不偏不倚。③ 而成文更早的《洛尔施修道院编年史》则明确地提出了"帝权转移"的观点:"希腊方面让出了皇帝之名,因为他们让女性为帝。"④据说由查理曼的中

---

① Theophanes Confessor, *The Chronicle of Theoophanes Confessor: Byzantine and Near Eastern History*, AD 284—813, trans. Cyril Mango & Roger Scott, AM. 6289, p. 473.

② 艾因哈德、圣高尔修道院僧侣:《查理大帝传》,A. J. 格兰特英译,戚国淦译,北京:商务印书馆,1979 年,第 30 页。

③ Friedrich Kurze & Georg H. Pertz eds., *Annales regni Francorum inde ab A. 741 usque ad A. 829*, A. 801, pp. 111—112 以及 A. 812, p. 136.

④ "Annales Laureshamenses", George H. Pertz ed., *Scriptorum tomus I*, p. 38. 凡·登·巴尔认为这只是暗示了帝权的转移,见 P. A. Van Den Baar, *Die kirchliche Lehre der Tranlsatio imperii Romani: bis zur Mitte des 13. Jahrhunderts*, Rome: Universitas Gregoriana, 1956, pp. 7—17。

书令——科隆大主教授意编订的一部历书,也同时出现了类似的帝权转移说。在这部历法书的末尾,提到希腊人送来了帝权:"依据由杰罗姆所传承的希伯来算法,从世界肇始至今,即查理王统治的第 31 年,接纳三分之一的萨克森人为人质之年,也是希腊来的使者将帝权交给他(查理)(traderent ei imperium)之年,凡 5998 年。"①

与艾因哈德和《法兰克王家年代记》相比,洛尔施修道院的这位作者显然更具有正统意识,他假定只有一个正统的帝权,通过帝权转移的方式,该帝权从希腊方面转移到西部地区。这一时期还存在其他的帝权转移观。于 8 世纪中期到 9 世纪初伪造的《君士坦丁赠礼》也可以被算作一种,它提出君士坦丁一世将西部的帝权转让给罗马教宗。② 而在 9 世纪末的意大利中部地区也出现了我们更为熟知的帝权转移理论。③ 一份被命名为《论罗马城的帝权》(*De imperatorial potestate in urbe Roma libellus*)的小册子从罗马城的角度纵论帝权之转移。尽管这位作者的历史知识不算准确,但他指出了两种早期的帝权转移过程。第一次是"罗马帝权被转移到拜占庭",即君士坦丁堡。罗马城由国老们统治着,但与此同时,"接受了耶稣赐予的特权而对所有基督徒拥有统治权"。伦巴第人入侵之后,引发了第二次转移:"希腊人被赶走了,帝权从罗马城转移到法兰克人那里。"④

《论罗马城的帝权》并不关心拜占庭的帝权为何物,而是着力描述加

---

① "Annales sancti Petri Coloniensis", George H. Pertz ed., *Scriptorum tomus XVI*, MGH, Hannover: Hahn, 1859, p.730.

② 关于这份文书的中译文以及复杂的研究状况,参见孙沐乔:《伪〈君士坦丁赠与〉平议》,北京大学未刊硕士论文,2019 年。

③ 关于中古时期帝权转移理论,详细的综合性研究仍为 Werner Goez, *Translatio Imperii: Ein Beitrag zur Geschichte des Geschichtsdenkens und der politischen Theorien im Mittelalter und in der fruehen Neuzeit*, Tuebingen: J.C.B. Mohr Verlag, 1958。他总结说,中古帝权转移理论的核心是某个民族将获得的霸权交给另一个民族,而且在转变时需要有个人来执行。(第 3—15 页)中文研究参见朱君杙、王晋新:《长存多变的"巨兽"——论中古西欧史家"四大帝国"结构原则的运用》,《历史教学》2016 年第 4 期,第 35—42 页。

④ George H. Pertz ed., *Scriptorum tomus III*, pp.719—720.

洛林皇帝路易二世（Louis II, 850—875年在位）自从得到帝位之后，如何在意大利行使皇帝权威，整顿意大利的秩序。"罗退尔之子——伟大的路易皇帝花了更多的时间驻跸于意大利，在离罗马城更近的地方，以便更加频繁地运用权力……除为了礼敬圣使徒们他不得不放弃的地区之外，对其他的地区他都切实地执行统治……他想将整个王国边界之内的地域全部掌控起来。"①

作为第一位长期生活在意大利的加洛林皇帝，在整顿帝国、掌控整个意大利地区的过程中，路易二世难免会与罗马教宗发生冲突②，也与拜占庭皇帝发生了争执。870年代初，他给东部皇帝巴西尔一世（Basil I., 867—886年在位）回信，指责对方不是正统皇帝，而他本人才拥有正宗的基督教帝权，西部的帝国才是货真价实的神圣罗马帝国。③ 随着路易二世的去世，《论罗马城的帝权》的作者哀叹意大利再次丧失其帝权。

帝权转移理论只是反映了东西关系的一个面向，即东部皇帝和帝权与西部皇帝和帝权之间的竞争关系。④ 但是，这两位皇帝之间还有合作的一面。用艾因哈德的话来讲，两位皇帝是兄弟关系。艾因哈德这么说是有根据的，查理曼致东部皇帝的国书的开篇云："奉圣父、圣子和圣灵之名，蒙神意仁慈恩典，查理皇帝和奥古斯都、法兰克王和伦巴第王，以我主耶稣基督的永恒之名，问候尊贵的兄弟、荣耀的皇帝和奥古斯都米哈伊尔。"⑤其实，称兄道弟是此后东西部皇帝之间国书的基本格式。前引路易二世驳斥巴西尔一世的国书，也是如此。

这种兄弟称谓固然是遵循基督教会信函的公文格式，但也与政治观

---

① George H. Pertz ed., *Scriptorum tomus III*, pp. 720—721.

② L. Duchesne ed., *Le Liber Pontificalis*, CV. Leo III, CX-CXII, p. 134.

③ "Ludovici II. Imperatoris Epistola", P. Kehr ed., *Epistolae Karolini aevi V*, Berlin: Weidemann, 1928, pp. 388—390.

④ 朱君杙:《论查理曼加冕与拉丁西方—拜占庭之间的政治疏离》，《外国问题研究》2017年第3期。

⑤ "Epistolae variorum Carolo Magno Regante Scriptae", Ernest Dümmler ed., *Epistolae Carolini aevi*, tomus II, No. 37, p. 556.

念相关，即东西部皇帝共享着一个罗马帝国的思想。皇帝和帝位有两个，而帝国只有一个。缘此，两位皇帝之间应该尽可能地在重大政策上保持沟通并尽可能达成一致。825 年，虔诚者路易（Louis the Pious，814—840 年在位）在巴黎召开宗教大会讨论礼拜圣像的问题，这次会议便是部分回应东部皇帝的请求。① 现存会议决议中，收录了东部皇帝米哈伊尔和提奥菲鲁斯致虔诚者路易的长篇信函，里面列举了圣像崇拜所带来的各种渎神现象。

从欧洲整体性角度来看，查理曼称帝似乎并不只是意味着西欧从此走上了独立的中古史发展道路。这一历史事件也可以被视为法兰克王国对南—北关系和东—西关系的拓展，查理曼君臣有意识地将法兰克王国的历史置于欧洲整体局势之中。这里面既有与罗马宗座的联盟，也有对拜占庭帝国的模仿。称帝之后，东西部之间使者往来频繁。据麦考密克的统计，仅 756—840 年之间，双方派遣使者就达 55 次。在当时的交通条件下，反映了双方比较密切的外交关系。

从历史的纵向发展来看，自 476 年西部皇帝消失之后，东西部欧洲进入不同的发展轨道。② 东部帝国继续成功地转型为神圣的罗马帝国，而西部地区为名义上附属于东部帝国的各蛮族王国。50 年后，查士丁尼发起收复运动，重新控制西地中海滨海区域并将西部地区纳入东部帝国的霸权影响之下，东西部地区重回以君士坦丁堡为政治中心的基督教化政治发展道路。在 7 世纪，随着阿拉伯帝国的崛起，拜占庭帝国的实力急剧衰退，阿尔卑斯山以北地区确实与欧洲东部地区的直接联系相对较少。但是从 8 世纪开始，通过罗马教宗联络东西部的尝试日益增多。查理曼征服意大利之后，遂逐渐有意识地接受原拜占庭帝国控制地区的影响，使

---

① Marie-France Auzépy, "State of Emergency (700—850)", Jonathan Shepard ed., *The Cambridge History of the Byzantine Empire c. 500—1492*, p. 282. 信函内容参见"Concilium Parisiense A. 825", Albertus Werminghoff ed., *Concilia aevi Karolini*, tomus I, pars II, MGH, Legum section, III, Concilia. tomi II, pars II, Hannover: Hahn, 1908, pp. 475—480.

② 马克垚：《"西欧奴隶制向封建制过渡"的再认识》，《社会经济史评论》2018 年第 3 期。

用"罗马国老"的称号,并积极与东部帝国开展外交关系,逐渐走上升级自己名号的旅程,最终通过模仿君士坦丁堡的皇帝,在罗马加冕称帝。

从这个角度而言,中古早期欧洲范围内政治历史的发展趋势就是从古代的罗马帝国向中古的神圣罗马帝国转型。这个转型率先由东部帝国成功实现,西部地区在时隔三百余年之后,成功地模仿拜占庭帝国的政治发展,在西部建立起神圣的罗马帝国①,尽管东西部倾向于使用不同的语汇:"imperium Romanorum"和"respublica"。② 从罗马帝国到神圣的罗马帝国的转型,实质上就是中古早期欧洲政治基督教化的发展历程。不管是否存在东部帝国的霸权,这一发展趋势是在东西部互相影响、各自发展中呈现出来的共同性。

其实,中古时期的史家在叙述中古早期历史发展的时候,也将古代罗马帝国、拜占庭帝国和查理曼的加洛林帝国联系而观。如 12 世纪著名的史学家弗赖辛的奥托(Otto of Freising,约 1114—1158)在其《双城史》中,如此描述查理曼称帝:"公元 801 年,建城以来第 1552 年,在其统治的第 33 年,查理的国老名号被教宗取消,查理加冕称帝,所有的人民欢呼 3 次:'愿查理、上帝所立的奥古斯都、伟大而和平的罗马皇帝,万岁、战无不胜!'他被称为从奥古斯都·屋大维以来的第 69 位皇帝和奥古斯都。从君士坦丁时期开始,在当时的王城即君士坦丁堡的罗马帝权(regnum Romanorum)被转移到(derivatum est)法兰克人手中。"③

---

① "严格说来,神圣罗马帝国开端的日子应当从公元 800 年法兰克国王由教宗利奥三世加冕为罗马皇帝时算起。"詹姆斯·布赖斯:《神圣罗马帝国》,孙秉莹、谢德风、赵世瑜译,北京:商务印书馆,1998 年,第 2 页。

② 神圣的罗马帝国这个名称源自于拉丁文的"sacrum Romanorum imperium"。这个名称中的"神圣的帝国"字眼最早出现于皇帝弗里德里希一世于 1157 年颁发的文书中,有时也使用最高级,如"无比神圣的帝国"(sacratissimum imperium)。1184 年皇帝弗里德里希·巴巴罗萨在文书中第一次使用了"神圣的罗马帝国"这一名称,此后至 1254 年再次出现,并从此成为较为固定的名称。Jürgen Petersohn, *Rom und der Reichstitel "sacrum Romanorum imperium"*, Stuttgart: Franz Steiner Verlag, 1994, pp. 11—12.

③ Adolf Hofmeister ed., *Ottonis Episcopi Frisingensis Chronica sive Historia de duabus civitatibus*, lib. V. XXXI, p. 256.

历史学家奥托不仅承认在西部神圣的罗马帝国之前的正宗帝权在君士坦丁堡,而且君士坦丁堡的帝权与西部帝权一样是神圣的,它们都来自4世纪晚期的罗马帝权。"在上帝的教会中有王位和教职两个位格,但没有人认为我们应该将基督教帝国与教会分割开来。事实上,自从提奥多西皇帝一世执政以来,就不再是双城史,而是一城史,即合二为一的教会史。"①尽管这位大史学家所用的术语与我们今日所使用的话语明显不同,但是它们表达的含义却是非常接近的,即罗马帝国的基督教化。我们不一定赞同奥托提出的"上帝之城"与"人世之城"二分的历史话语,但是,他所叙述的中古早期帝国和政治的基督教化的历史趋势,却还大体不错。亨利·皮朗正确地观察到了7世纪欧洲与古代世界的巨大差异,但他却错误地强调了加洛林王国的封闭性和西欧独特的发展道路。如果从欧洲整体的角度来看,8世纪开始,欧洲东西部、地中海南北方都在新的形势下,开展着更为密切的互动发展,其共同的发展趋势就是政治的神圣化。这一趋势在查理曼的继承人手中,进一步展开。

---

① Adolf Hofmeister ed., *Ottonis Episcopi Frisingensis Chronica sive Historia de duabus civitatibus*, p. 309.

第九章 神圣家族与神圣的罗马帝国

罗马不是一天建成的,中古神圣的罗马帝国也是历史长期发展的产物。800年查理曼称帝,开启了欧洲西部的神圣的罗马帝国之旅,并在东西南北关系之中进一步得到形塑。尽管帝国和皇帝代表了大一统和世界主义政治,但是,不仅查理曼保留了加洛林王室分割继承的传统,而且由于帝号长期得不到东部皇帝的承认,在称帝之前声势浩大的反帝国、反皇帝的舆论运动继续发挥着历史影响力。大一统原则与分割继承制度之间的矛盾运动驱动着西欧中古早期的神圣的罗马帝国。

第一节 神圣的罗马帝国的奠基

毫无疑问,神圣的罗马帝国是曾经在中古欧洲起着决定性作用的政治体。但是,关于这个重要政治体的兴起时间,学术界却并没有特别明确一致的意见。早在1964年李祖训先生出版《神圣罗马帝国》之时,便对此有所说明。他说:"在史学界中,对神圣罗马帝国开始的年代有公元800年和公元962年两说。"李祖训先生本人采取了后一种说法:"神圣罗马帝国从公元962年开始建立。"①其实,在民国时期,就业已两说并行。例如何炳松

---

① 李祖训:《神圣罗马帝国》,北京:商务印书馆,1964年,第3页。

先生在最早的中文欧洲中古史教材中，采取的是962年说①，而1934年由胡涵真先生翻译的《神圣罗马帝国》则采取800年说②。采取962年说，是以奥托王朝的奥托一世（Otto the Great，936—973年在位）于962年在罗马加冕称帝为标志性事件，而800年说则是以查理曼于800年圣诞节在罗马称帝为帝国之开始。目前，962年说是国内学术界最广为接受的说法。③

奥托一世称帝之后，皇帝主要来自德意志地区，与此前皇帝出自加洛林家族，不尽相同。从与德意志民族的关系来看，962年的称帝事件似乎改变了历史发展的方向。但是，962年的奥托称帝不仅与德意志民族相关，而且与加洛林家族的联系也非常密切，奥托本人有意识地继承查理曼于800年建立的加洛林帝国。例如，936年他在查理曼营建的新都亚琛加冕称王，951年到意大利迎娶加洛林帝国的意大利王罗退尔二世的遗孀阿德莱德为妻。但是也要看到，在随后的几个世纪中，帝权长期被德意志人出身的皇帝所掌控，这一事实影响到后来人们的历史认识。

到12世纪初，便有人认为奥托一世开创了新的德意志王国，与此前的法兰克王国迥然有别。当时的著名史学家弗赖辛的奥托，在其名著《双城史》中提到了这一观点。据他说："920年，康拉德去世，在他本人的建议之下，奥托公爵之子亨利（920—936年在位）被推举为王。有人据此推断德意志王国替代了法兰克王国。他们说，利奥教宗在敕令中将这位亨利的儿子奥托（即奥托一世）称为第一位德意志王。"对此观点，该书作者并不赞成。他紧接着上文说："但在我看来，今天控制着罗马的德意志王

---

① 何炳松：《中古欧洲史》。此书版本众多，这里选择商务印书馆出版的由刘寅生、房鑫亮编的《何炳松文集》（第一卷），1996年，第109—110页。
② 雅各：《神圣罗马帝国》，胡涵真译，上海：商务印书馆，1934年，第3页。
③ 最近被译成中文的几部经典英文教材的修订版，也还在坚持此说。参见布莱恩·蒂尔尼、西德尼·佩因特：《西欧中世纪史》，袁传伟译，北京：北京大学出版社，2011年，第202页；朱迪斯·M.本内特、C.沃伦·霍利斯特：《欧洲中世纪史》（第10版），杨宁、李韵译，上海：上海社会科学出版社，2007年，第150页。

国只是法兰克王国的一部分……奥托被称为第一位德意志王,与其说是因为他是第一位统治王国的德意志人,毋宁说是因为他来自另一个家族,是为德意志法兰克人将帝权(从意大利人那里)夺回的第一人。正如墨洛温家族衰败后加洛林家族继起,王国还是法兰克王国。同理,加洛林家族衰败后,来自另一个家族、操着不同语言的奥托家族掌控王位,但是王国还是原来的那个王国。"①史家奥托甚至认为,这些史家之所以看不到两个王国之间的连续性和统一性,是由于王国分裂,史家各为其主,导致叙事相互歧异。②

奥托的观点,颇近于一种折中的看法,在法兰克历史延续性基础之上,他将962年的历史事件视为不同家族代兴导致的王朝变革,而非不同王国之间的更替。大多数中古通史作品跟奥托的处理方式非常类似,将神圣的罗马帝国的皇帝谱系一直追溯到查理曼,通过东部皇帝上承古代罗马帝国诸帝。到近代民族主义滥觞的时候,尤其是1870年德意志第二帝国建立的时候,对这段历史的认识中,不同民族取代了不同的王国成为史家们关注的焦点,962年成为历史的转折点之一,奥托被视为德意志(民族)神圣的罗马帝国(Das heilige römische Reich deutscher Nation)的真正缔造者。查理曼和奥托之间的历史延续性虽然仍然得到承认,但是,奥托被视为新的民族帝国的开创者。"德国是9世纪加洛林极其混乱时代之后的第一个帝国,这首先得感谢亨利一世和奥托一世时代的萨克森王室。奥托是跟查理曼一样伟大而富有理想的人物,在他的统治下有关新西部帝国的思想觉醒了。在他征服意大利和罗马之后,作为第二位奠基者,他赢得了帝国。"③从民族国家的角度来观察神圣的罗马帝国的创建,当时的历史学家就不得不正视一对矛盾——德意志民族与帝国。"其

---

① Adolf Hofmeister ed. , *Ottonis Episcopi Frisingensis Chronica sive Historia de duabus civitatibus*, pp. 276—278.

② Ibid.

③ Octavius Clason, *Deutschland und Die Kaiseridee: Eine historisch-politische Untersuchung*, Bonn: Adolph Mark, 1870, p. 11.

名号(德意志民族的罗马皇帝)存在着自相矛盾:德意志人推选的德意志民族之王却应该是外国的、罗马帝国的继承者。"①

也正是在德意志第二帝国建立的刺激之下,英国政治家詹姆斯·布赖斯发表了成名作《神圣罗马帝国》。布赖斯调低了奥托称帝的历史转折意义。尽管他承认神圣帝国是以奥托的统治为开始标志的一种新政治现象,但他更加明确地承认这个帝国是由查理曼建立的,由奥托加以复兴的。② 对于布赖斯的观点,著名的德裔英籍历史学家杰弗里·巴勒克劳夫曾做出尖锐的批评:"布赖斯认为,查理曼加冕称帝乃神圣罗马帝国之开始。正确答案是,这一称帝活动确实开启了这一进程,但仍属于'前史',而非其自身之史。其帝国也随着查理曼本人进入了坟墓,他既没有奠基帝国,他的帝国也不是由奥托一世复兴的。"③

近年来,随着民族主义史观的退潮,帝国史研究重新走红,从查理曼到奥托之间的历史延续性受到了学术界更多的重视。德国学者马提亚斯·贝歇尔认为:"800 年圣诞节发生的历史事件令人印象非常深刻,具有深远的历史影响力。中古帝国由此奠基,它以德意志神圣的罗马帝国的方式一直延续到了 1806 年。"④在英语世界,《欧洲的中心:神圣的罗马帝国史》也深刻地体现了这一变化。作者彼得·威尔逊主张:"法兰克王查理曼在 800 年圣诞节被加冕为第一位神圣的罗马帝国皇帝。""神圣的罗马帝国的建立源自于教宗授予查理曼帝号。"⑤上述两位史家都强调了

---

① Heinrich Class, *Deutsche Geschichte von Einhart*, Leipzig: Dieterich'sche Verlagsbuchhandlung, 1914, p. 26. 德文普通辞书中至今仍使用类似的说法,如 *Dtv Lexikon*,"神圣的罗马帝国乃是于 1806 年终止的老帝国,凭借 962 年奥托一世建立的帝国与罗马帝国的传统联系起来。""Heiliges römisches Reich", *Dtv Lexikon*, München: Deutscher Taschenbuch Verlag, 1999, Bd. 8, p. 39.

② 詹姆斯·布赖斯:《神圣罗马帝国》,孙秉莹、谢德风、赵世瑜译,北京:商务印书馆,1998 年,第 45、91 页。

③ Geoffrey Barraclough, *History in a Changing World*, Oxford: Basil Blackwell, 1955, p. 109.

④ Matthias Becher, *Karl der Große*, München: Verlag C. H. Beck, 2008, p. 13.

⑤ Peter H. Wilson, *Heart of Europe: A History of the Holy Roman Empire*, Cambridge, MA.: The Belknap Press, 2016, pp. 2, 26.

法兰克人与罗马教宗之间的联合、塑造神圣的罗马帝国这一重大政治体的意义，从而将查理曼与奥托的统治贯穿起来。而《新编剑桥中古史》的相关作者，却也找到了联络二者的另外一条通道。通过使用"帝权式王权"（Imperial Kingship），填补加洛林帝国末期的帝权空缺时期，从而将加洛林帝权与奥托帝国的帝权一以贯之。①

上述两种视角或偏重于帝国的草创，或偏重于帝国的第二次奠基，但相对忽略了从查理曼加冕为帝到奥托在罗马得到皇冠之间一百六十余年的历史进程。已有的研究聚焦于两位雄才大略的"实力型"帝王，不仅忽略了查理曼和奥托的合法性诉求，更没有重视处在他们之间的普通皇帝们针对现实需要所进行的各种合法性建设。我们甚至可以说，正是基于合法性诉求，加洛林帝国才逐渐演变为神圣的罗马帝国。因此，颇有必要从获得合法性的角度来观察中古早期西部帝国之创建过程，说明神圣的罗马帝国之诸项特征在此期间如何逐步得到形塑。

18 世纪的大学者伏尔泰曾在《风俗论》中非常经典地用三个关键词概括了当时神圣的罗马帝国的状态："这个国家过去称为神圣罗马帝国，现在还是这样称呼，但它既不是神圣的，也不是罗马的，更不是什么帝国。"②伏尔泰做出这番总结之时，神圣的罗马帝国业已濒临其结束之日，反映了当时帝国的实际生存状态。但是，他将中古时期的神圣的罗马帝国也贬斥为古代罗马帝国的幽灵，则失之偏颇。当西部罗马帝国复兴之时，世易时移，不可能再是古代罗马帝国的简单复兴，而是在新的历史条件之下开始的新政治体形态。查理曼及其后继者们为了获得合法之帝名，在百余年间使得帝权逐渐演变为"罗马的"和"神圣的"，从而顺利地消解新帝国的合法性困境，获得帝权的正统性和世界性，使帝国演变为神圣的罗马帝国。

---

① Timothy Reuter ed., *New Cambridge Medieval History*, Vol. III, c. 900—c. 1024, Cambridge: Cambridge University Press, 1999, pp. 250—251.

② 伏尔泰：《风俗论》（中册），梁守锵、吴模信、谢戊申等译，北京：商务印书馆，1997 年，第 150 页。

对加洛林时期神圣的罗马帝国的发展趋势,奥地利裔英国学者沃尔特·厄尔曼做过非常经典的总结。他认为9世纪的教宗在摆脱君士坦丁堡皇帝的控制并寻求独立性的过程中,发展出了一套伸张教权的政治理论。该理论以基督教共同体为基础,而作为一切教会之母,罗马教座享有对该共同体的最高统治权;王权是上帝赋予各位国王的,旨在保护基督教社会;而作为使徒之首的继承人,罗马教宗可以合法地拥立国王和皇帝,并通过膏立礼将他们的权力合法化并神圣化。厄尔曼还认为,整个9世纪的政治史几乎就是教宗用这套方案去迫使政治事实低头的过程。①

厄尔曼的分析在一些重要方面犯下了时代颠倒的错误。在论述东西部关系的时候,厄尔曼将罗马教宗与拜占庭方面的复杂关系简单化为教宗的独立运动,将君士坦丁堡、罗马和亚琛之间的多元互动单面化,将其仅仅看作是由教宗主导以实现教宗至上的目标。从教权与帝权的关系来说,厄尔曼将这个时期的教俗关系仅仅视为几个世纪后趋于激烈的教权与帝权之争的渊源,忽略了罗马教宗与法兰克帝王之间合作的时局,乃至完全看不到利奥三世与查理曼结好共赢的意图。

罗马教宗确实从法兰克—罗马(宗座)同盟关系的角度来为查理曼的帝号提供合法性。《利奥三世传》以查理曼保护了罗马教会及其首领罗马教宗为由,主持帝位加冕仪式,推举查理曼为罗马皇帝。而查理曼的廷臣中有一派基于名实理论,认为查理曼应该得到帝号。查理曼最终选择的帝号更多的是基于政治方面的考量,进行适当的折中。"统治罗马帝国的皇帝",是以君士坦丁堡的皇帝为参照而提出来的一个术语。这个名号不仅表达了查理曼统治罗马帝国的实力和既成事实,更极其恰当地反映了查理曼在面对东部帝号之时的矛盾心态。一方面他很谦卑,并没有像东

---

① 沃尔特·厄尔曼:《中世纪政治思想史》,南京:译林出版社,2011年,第52—59页。厄尔曼的观点最近被西蒙·格罗特进一步深化。他认为教宗约翰八世是教宗权威合法性的关键推动者,约翰八世强硬地坚持,皇帝的职责乃是"保护基督教会",因此作为基督教会的最高首领教宗可以任免皇帝。参见 Simon Groth, "How to Become Emperor: John VIII and the Role of the Papacy in the 9th Century", Christian Scholl et al. eds., *Transcultural Approaches to the Concept of Imperial Rule in the Middle Ages*, pp. 117-138. 感谢刘寅提供这份资料。

部皇帝那样径直自称皇帝,而是自称为"统治罗马帝国的皇帝"。另一方面这个称号也隐隐透露出面对拜占庭皇帝的存在之时,查理曼充满了傲慢之情。这个称号暗示,查理曼才是帝国的实际统治者,拥有帝国的实际权力,而在君士坦丁堡的皇帝只是空有名号而已。查理曼的态度大抵折中于名实之间,在推崇自己的实力的同时,又承认了称号的临时状态。但如何使得自己名副其实地、理所当然地成为皇帝,获得满意的合法性,还是一件令查理曼头疼的事情。这就是查理曼皇帝的合法性焦虑。这种焦虑来自名不副实,帝王的实力、教宗的感恩、全体基督徒的推举,都不能让查理曼消除心中的这种焦虑。在治国理政的时候,这种名实不符的焦虑感一直伴随着查理曼。

只有获得君士坦丁堡方面的承认,才能消除查理曼的合法性焦虑。为此,查理曼坚持不懈地派遣使者前往君士坦丁堡,与那里的皇帝谈判,执着地寻求对方的承认。艾因哈德说:"在他接受了尊号以后,却能平心静气地容忍着由此引起的敌视和罗马皇帝的愤怒。他以他的豁达大度克服了他们的敌意,论起胸襟开阔来,他无疑是远远超过他们的,他常常派使臣到他们那里去,称他们为他的弟兄。"[①]不管查理曼是否真如艾因哈德所言的那样胸襟开阔,但为了能够成为东部皇帝的"兄弟",获得他们的认可,他确实经常派遣使节前往并不承认自己的"兄弟"那里去。

这一持续不懈的努力在称帝之后的第 11 个年头终于迎来了转机。811 年,君士坦丁堡方面派遣使者到意大利,求见查理曼的儿子——意大利王丕平,请求和平。丕平将使节送往亚琛,面见查理曼。

这个使团至关重要,因为它最终使查理曼的帝号获得了君士坦丁堡方面的承认。可能这一结局并非君士坦丁堡方面的原意,因为使臣只是被派遣到意大利王丕平那里去的。诚如查理曼在致东部皇帝的国书中所言:"尽管他并不是被派到我这里来的,但就如同派到我这里来的一样,我

---

① 艾因哈德、圣高尔修道院僧侣:《查理大帝传》,A.J.格兰特英译,戚国淦译,北京:商务印书馆,1979 年,第 30 页。

非常高兴地听取他的来意,非常慎重地加以关注,与他进行了交谈。"①换言之,君士坦丁堡方面只准备与意大利王丕平协商和平事宜,并不准备承认查理曼的帝位。但是,加洛林方面刻意将和平与帝位认可捆绑在一起。

为了达成协议,查理曼派出了一个高级代表团回访君士坦丁堡,成员包括巴塞尔主教海铎(Haido)、都尔伯爵胡格(Hug)、斯巴达人利奥、出生于西西里的伦巴第人艾奥(Aio),以及威尼斯公爵维勒里(Willeri)。812年君士坦丁堡的尼塞弗鲁斯皇帝战死,米哈伊尔继位,他也派遣了高级代表团回访查理曼,确认和平条约。君士坦丁堡方面正式认可了查理曼的帝号,"在教堂里面,他们从他手中接过和平条约,用他们的方式,即希腊语,向他致敬,称他为'皇帝'和'国王'(imperatorem et basileum)"②。

813年年初,在致君士坦丁堡皇帝米哈伊尔的国书中,查理曼改变了自己的称号:"奉圣父、圣子和圣灵之名,查理,蒙上帝仁慈之恩典,皇帝和奥古斯都,法兰克王和伦巴第王,奉我主永恒的耶稣基督之名问候尊贵的兄弟,荣耀的皇帝和奥古斯都米哈伊尔。"③查理曼仅仅保留了"奥古斯都和皇帝",去掉了"统治罗马帝国",与东部皇帝平起平坐,从而为多年的合法性追求画上了一个圆满的句号。同年,查理曼将唯一在世的儿子、阿奎丹王路易(即虔诚者路易)招到亚琛,为他举行帝王加冕仪式,亲手将皇冠放到儿子的头上,立他为共治皇帝。

因此,查理曼在称帝之后使自己名副其实的关键性环节,还是在于君士坦丁堡方面的认可,即那个古代罗马帝国的直接继承者的承认。这个获得认可的过程相当的漫长,直到12年之后才最终结成正果。傲慢的、有实力的查理曼在谦卑地苦苦等待空有帝名的君士坦丁堡方面的承认之时,难免会时有不耐之感。只有在这种背景之下,我们才可以理解查理曼

---

① "Leidradi et Caroli Magni Epistolae", Ernest Dümmler ed., *Epistolae Aevi Carolini*, tomus II, No. 32, pp. 546—547.

② F. Kurze & G. H. Pertz eds., *Annales Regni Francorum inde ab A. 741 usque ad A. 829*, A. 812, p. 136.

③ "Epistolae variorum Carolo Magno regnante scriptae", Ernest Dümmler ed., *Epistolae Aevi Carolini*, tomus II, No. 37, p. 556.

称帝事件中最难以解释的那句重要话语,即艾因哈德转述的查理曼不愿意称帝的说法。看来,即使是政治军事强人如查理曼,也有他独特而强烈的合法性焦虑和诉求,为此他忍受了漫长的苦苦等待。

第二节　家族政治

在等待帝号获得东部皇帝承认的漫长年月里,查理曼也在考虑王国的传承问题。806年,他最终决定了传国计划,并颁布了《806年分国诏书》(*Divisio regnorum 806*)。《法兰克王家年代记》记载道:"当这些事情解决之后,皇帝与法兰克贵族和首领们召集大会,商议如何在诸子间确立和平与恪守和平,并如何将王国一分为三,以便他们每个人都知晓:如果他们能够在他之后幸存的话,自己应该照顾和统治的是哪一部分。随后对此次分割记录在案,让法兰克的领袖们发誓恪守。为了恪守和平而颁布的宪令,在被记录下来后,由艾因哈德送给教宗利奥,以便他能亲手签署。教宗在读过之后,表示同意,并亲手加以签署。"①在这次大会上,查理曼将自己的国土一分为三,分别由三位王子在自己死后继承统治。

对于这次分国计划,现代学术界最为关注的焦点分别为查理曼的帝国观念与分国原则。在《806年分国诏书中的帝国与帝国分割》这篇名文中,施莱辛格对帝国观念做出了经典性阐释。通过对《806年分国诏书》的导言部分所使用的关键性术语进行系统的比较和分析,施莱辛格得出的结论是,查理曼将皇帝视为教会的保护者的观念源自于其父丕平三世,也与伪《君士坦丁赠礼》这份文献中的措辞类似。通过将来自日耳曼的效忠观扩展为效忠于教会,这些文献实现了日耳曼因素与罗马因素的融合。作为基督徒,所有臣民都得效忠于作为基督教世界首领的加洛林家族。虽然查理曼将自己视为君士坦丁的继承者,但在获得东部皇帝承认的漫

---

① Frideric Kurze & G. H. Pertz eds., *Annales regni Francorum inde ab A. 741 usque ad A. 829*, A. 806, p. 121.

长等待中,罗马因素逐渐消退,法兰克因素增长。812年其帝号获得君士坦丁堡的承认之后,查理曼最终将帝号与法兰克王号合二为一,并取代君士坦丁堡的皇帝,成为正统的罗马皇帝。作为整个基督教世界最高统治者的帝号的统一性与法兰克王国分割继承的传统发生着矛盾,这一矛盾最终导向817年虔诚者路易的分国计划。①

彼得·克拉森在施莱辛格的基础上进一步对分国原则做了经典性分析。通过梳理《806年分国诏书》的政治背景和文化传统,克拉森指出,分国计划源自于781年。这一年查理曼将6岁的丕平和4岁的路易分别立为意大利王和阿奎丹王,而将法兰克王国留给年纪大的儿子驼背丕平和小查理,拟遵循法兰克人的分国传统将核心地区在两位大儿子之间加以分割。但792年驼背丕平叛乱,使得查理曼有了革新传统的可能性,将法兰克王国核心地区留给小查理一人继承。当806年分割帝国的时候,通过分别增加丕平和路易的份额使得三兄弟在经济、军事、政治上基本相等,形成均分之局。而作为长兄,小查理拥有帝权之威,凌驾于弟弟们之上。到817年虔诚者路易分国之时,他也进一步维持了由乃父确立的法兰克王国核心地区不分的基本策略。但历史的发展证明,这一基本策略恰恰是兄弟阋墙的根源。几经纷争,到843年《凡尔登条约》才最终回到瓜分法兰克王国核心地区的历史格局。②

克拉森的观点提出之后,关于诸子财富上均分,但权威上小查理独大的观点遭到了一定的质疑。克拉森的衡量标准不是地理面积,而是财富、政治重要性和权威的大小,这是相当主观的估计,难以服众。学者们认为,三块被分割之地,在重要性上其实是难分轩轾的。对于帝国而言,意大利至关重要,因为不仅教宗在那里,而且它位于与东罗马帝国打交道的

---

① Walter Schlesinger, "Kaisertum und Reichsteilung: Zur Divisio regnorum von 806", Richard Dietrich & Gerhard Oestreich eds., *Forschungen zu Staat und Verfassung: Festgabe für Fritz Hartung*, pp. 9–51.

② Peter Classen, "Karl der Große und die Thronfolge im Frankenreich", Josef Fleckenstein ed., *Ausgewählte Aufsätze von Peter Classen*, pp. 205–229.

前线。而阿奎丹王国则是抵御另一个当时的超级大国——阿拉伯帝国的前线。这两个王国难道就不是跟法兰克王国故土同样重要吗?①

2006年,为了纪念《806年分国诏书》颁行1200周年,在萨尔布吕肯大学举办了纪念盛会。克拉森的学生约翰·弗里德发表主题演讲:《经验与秩序:806年查理曼的和平敕令》,大力发展了克拉森的分国是为了维持和平的观点。弗里德指出,分国并不是这份敕令的中心思想,和平、兄弟友爱和统一性才是查理曼追求的核心目标,因此,他将这份《806年分国诏书》称为《和平敕令》。为了保证自己过世之后的和平,查理曼突破了法兰克人均分法兰克王国核心地区的原则,依据三位王子对此和平与帝国的贡献,依据权力大小和权威的范围来进行适当的分割。即使在意大利王丕平和小查理先后辞世之后,于812/813年查理曼再次坚决地贯彻了法兰克王国核心地区不被分割的原则,让虔诚者路易获得小查理的份额,并将丕平之子伯纳德立为意大利王。虔诚者路易在继位之后继续执行此原则,但是,为了消灭伯纳德,确保帝国疆土在自己的直系后裔中传承,他不惜破坏誓言,重分帝国,导致背叛他在查理曼生前立下的誓言,信誉扫地,为后面的内战埋下了伏笔。②

弗里德对《806年分国诏书》的更名,反映了近年来在版本学上取得的重大进展。在施莱辛格对诏书的经典性分析中,他曾肯定现存的这份诏书为真实的。但是施莱辛格也指出,由阿尔弗里德·博勒修(Alfred Boretius)为德意志文献集成研究所编订的该诏书的现代精校精注本并不可靠。博勒修所依据的版本有4个,即1. 大英图书馆的Eyerton Manuscript 269残页(第15页);2. Gothano 11 抄本残页(第5页正面);3. Vaticano 3922 抄本为全篇,但抄录于16或17世纪;4. 皮窦(Pierre Pithou)于16世纪所编订的《法兰克年代记和历史作品12篇》中所收录的

---

① Matthias Becher, *Merowinger und Karolinger*, p. 69.
② Johannes Fried, "Erfahrung und Ordnung: Die Friedenskonstitution Karls des Großen vom Jahr 806", Brigitte Kasten ed., *Herrscher- und Fürstentestamente im westeuropäischen Mittelalter*, Köln: Böhlau Verlag, 2008, pp. 151—192.

抄本。施莱辛格在新发现的抄本——Damstadter Handschrift 231（他标记为第 5 个抄本）的基础上，梳理版本源流，提出了两个版本系统说：2、4、5 为一个系统，其他为一个系统。而且，比较文本的分段之后，施莱辛格认为这份诏书包括两个部分：前言（1—5 段）和文书部分（6—20 段）。只有抄本 1 使用了与众不同的查理曼的名号："奉圣父圣子圣灵之名。查理、尊贵的奥古斯都，上帝所膏立的、统治罗马帝国的、伟大和平的皇帝，蒙上帝的仁慈也是法兰克王和伦巴第王。"而其他抄本所载的名号为："皇帝、凯撒查理、战无不胜的法兰克王和罗马帝国的领导者，虔诚、快乐的征服者和胜利者，永远的奥古斯都"。他推断抄本 1 是在莱茵河以东地区即法兰克王国核心地区流行的版本，而其他抄本则很有可能源自于送给教宗的版本。

在施莱辛格之后，学者们搜罗了更多的版本。呼贝尔特·莫阿德克（Hubert Mordek）在生前找到了 1 份新的抄本，此后经过马修·提席勒的努力，又找到了 6 份新的抄本、1 份残篇以及少量新的印刷本。2006 年，提席勒发表《抄本传承与历史书写中的〈806 年分国诏书〉》。他理清了各种本子之间的关系，列举了各个主要现代版本的不足，为进一步利用《806 年分国诏书》提供了清晰的版本源流和基础。① 提席勒新发现的抄本不仅大致为施莱辛格的版本类型学提供了版本文献方面的支持，而且使得抄本 1 源自于科尔比修道院的观点几乎得到了确证，这个孤本一般被称为"巡查钦差本"，即在会议之后由查理曼的巡查钦差带到帝国各地区的版本。另外两种现存最为古老的版本都应该是艾因哈德送给教宗利奥三世的文书的抄本。这个版本可以被称为罗马本，即供教宗审阅签字之版本。14 世纪，这个版本的抄本被迪特里希·冯·尼海姆（Dietrich von Nieheim）在萨克森地区的科尔比修道院发现并抄录进他的《皇帝查理曼传》中。提席勒指出，所有的古本似乎都与查理曼的宫廷

---

① Matthias H. Tischler, "Die 'divisio regnorum' von 806 zwischen handschriftlicher Überlieferung und historiographischer Rezeption", Brigitte Kasten ed., *Herrscher- und Fürstentestamente im westeuropäischen Mittelalter*, pp. 193—258.

学者密切相关,这些古本通过10世纪的抄本残篇才得以一窥其原貌。

《806年分国诏书》的现代定本是由皮埃尔·皮窦于1588年出版的,他所依据的底本,应该是源自于瓦拉夫里德·斯特拉博(Walafrid Strabo)从亚琛皇宫抄录的抄本。另一种现代流行的本子由康拉德·伯伊廷格(Konrad Peutinger)出版(16世纪初),也是间接来自斯特拉博的抄本。与皮窦的本子相比,这后一个抄本分支系统的质量相对较差。正是基于这一质量较差的抄本分支,图宾根的教会史家约翰·劳科勒鲁斯(Johannes Nauclerus,1430—1510)将《806年分国诏书》收入自己的世界编年史中,使得《806年分国诏书》随着《劳科勒鲁斯编年史》而成为近代早期最为流行的读物之一。1883年由博勒修编辑的精校精注本基于1835年佩茨编订的本子,而这后一个本子则是在上述第3个抄本的基础上编校而成。①

《806年分国诏书》本无标题,流传的抄本标题有:《分国诏书》《皇帝查理的敕令》《皇帝查理曼的遗嘱》《查理曼的遗嘱》《据说是查理曼的帝国分割特许状》《法兰克帝国分割特许状》《806年的特许权》《确立和平与诸子分国的宪令》等等。文书的形式是加洛林时代的敕令,但第一部分像特许状。在现代的精校精注本中,这一部分包括前言和第1—5款,内容为分国。另一部分为确保和平与诸子恪守自己的王国的命令,体裁更像敕令。提席勒尔推测,很有可能最初的抄本在1—5款之前不分段,而是从现代精校精注本的第6款开始分段,故总共只有15段。②

不仅如此,第16段明显是一个分段段落,总结前文,说明这些条文都须得到恪守。第19—20段则是对本诏书的公文式说明,本诏书要被抄录下来,诸位继承人及臣民得加以遵守。因此,整个诏书可以被大略分为第

---

① "Divisio imperii A. 806", George H. Pertz ed., *Capitularia regni Francorum*, p. 140. 李隆国译:《806年分国诏书》,载陈莹雪、李隆国主编:《西学研究》(总第三辑),北京:商务印书馆,2020年,第70—84页。

② 以上关于版本的介绍,来自 Matthias Tischler, "Die 'divisio regnorum von 806' zwischen handschriftlicher Überlieferung und historiographischer Rezeption", Brigitte Kasten ed., *Herrscher- und Fürstentestamente im westeuropäischen Mittelalter*, pp. 195−208。

1—5 段的序言和第 6—20 段的和平规定，也可以被细分为 6 个部分：第 1 部分为签发人和抄送人；第 2 部分为关于事由的说明；第 3 部分为分国的说明（第 1—5 段）；第 4 个部分是这份诏书的核心内容，要维持和平（第 6—16 段）；第 5 部分为第 17—18 段，涉及非继承人后裔的安全和自由；此后为第 6 部分，乃关于恪守诏书的训示。

其实，早在 781 年，查理曼前往罗马，请罗马教宗哈德良一世为 6 岁的儿子卡洛曼和他的弟弟路易施洗，两天后这两个孩子又分别由教宗加冕为王。卡洛曼施洗后易名为丕平，担任意大利王，路易则前往阿奎丹为王。因此，在 806 年之前的 25 年，查理曼就试图将自己控制的疆土加以分割了。但是在这个过程中，对于如何挑选继承人，他还是做了非常重大的改革。

前文曾经论述过，加洛林家族实行分国继承的原则。但是，在代际更替的实际过程中，他们一方面引入教会特别是罗马教宗的力量，尝试和平解决家族内部的纷争；另一方面，则在探索继承原则，逐渐地以某位妻子所生的儿子作为合法的王国继承人。与父亲矮子丕平仅娶过一次不同，查理曼一生有近十位妻妾，儿子十余个。如何选定继承人，就是一个非常严肃的政治问题了。当 781 年他决定立意大利的丕平和虔诚者路易为王的时候，大抵选定了四位继承人。他们分别是查理曼与希米尔特鲁德（Himiltrude）所生的儿子丕平，即驼背丕平，以及他与希尔德嘉尔德王后所生的三个儿子，即小查理、意大利的丕平和虔诚者路易。784 年左右，来自意大利卡西诺山圣本尼迪克特修道院的主祭保罗，曾撰写《梅斯主教列传》，其中提到加洛林家族的历史与现状。保罗特地提到葬于梅斯的王后希尔德嘉尔德，以及她所生的四个儿子（虔诚者路易的孪生兄弟罗退尔夭折），但在这之前，特地提到了由非法婚姻所生的儿子驼背丕平。① 这说明在 784 年的时候，这四个儿子被视为王国的继承人。

---

① "Pauli Warnefridi Liber de episcopis Mettensibus", G. H. Pertz ed., *Scriptores tomus II*, MGH, Hannover: Hahn, 1829, p. 265; W. Goffart, "Paul the Deacon's 'Gesta episcorum Mettensium' and the Early Design of Charlemagne's Succession", *Traditio*, 42 (1986), pp. 59—93.

但是，783 年希尔德嘉尔德去世，查理曼迎娶了法斯特拉达（Fastrada，783—794 年在位）为妻。正是在这 10 年间，查理曼决定最终以希尔德嘉尔德王后所生的三位王子为王国的继承人。792 年，驼背丕平在巴伐利亚叛乱，使得查理曼将驼背丕平排除在继承人之外的年份限定于 784—791 年之间。鉴于查理曼于 790 年左右将小查理立为王，掌管自己年幼时的封地勒芒公爵领，而没有安排驼背丕平的封土，因此，最终剥夺驼背丕平王国继承权的时间应该是在这个时候。但最早很有可能是在 787 年，查理曼第三次前往罗马，与教宗哈德良会面之时。因为按照惯例，继承问题需要征求罗马教宗的意见。艾因哈德后来对这个决定并不赞同。他在评论驼背丕平叛乱的时候，认为事情的起因在于"人们相信，王后法斯特拉达的残暴是这些阴谋案件的原因和根源。据信，两次阴谋案件之所以发生，都是由于他在残暴的妻子的教唆下，已经与其天生的善良和一贯的仁慈背道而驰了"①。

从个人感情而论，查理曼或许过于铁石心肠，但在论述查理曼成功之时，艾因哈德又盛赞查理曼坚定的意志力。但不论艾因哈德如何评述，他本人也是赞同分国的。在 810 年意大利的丕平去世、811 年小查理去世之后，查理曼将在富尔达求学的伯纳德——意大利的丕平之子送回意大利，接替他父亲的王位。因此，查理曼对于分国的原则是坚持的，但是，也没有再更改某位王后之子参与王位传承的原则。这两个原则的结合，是为了保持达到"分而和平"的王国传承计划。

查理曼对帝国或者王国的统一性是具有明显的自觉意识的，在行文中，他使用的是单数的王国（regnum）和帝国（imperium）。被分割的部分被诏书称为"部分"（partes）或者"王国"（regnum）。查理曼最为关切的问题，自然是如何维持三位继承者之间的和平与合作关系，为此而涉及的事项中以驻军、不动产、叛国罪的审判和保护教会四者最为关键。查理曼对

---

① 艾因哈德、圣高尔修道院僧侣：《查理大帝传》，A. J. 格兰特英译，戚国淦译，北京：商务印书馆，1979 年，第 25 页。

政治统一性的理解并不是维持一家独大，也不仅仅是依靠罗马教会来维系，而是依赖于各位继承人之间的相互协作而维系和平。我们姑且称之为"分而协作，期于和平"的原则。因此，为了维持大一统，他刻意地排除驼背丕平，使得小查理拥有全部的"祖业"，即他的父亲矮子丕平的全部土地。这样的安排使得小查理拥有的土地数量等于两位弟弟之和。不仅如此，在每个王国交界的地方，都要对一个固有的地区或地方行政单位做出分割，以便形成由诸子共同拥有一个省份或地区的现状，促使他们之间合作。

从地理来讲，阿尔卑斯山的阻隔对帝国的统一性构成了最大的障碍。这也是查理曼在《806年分国诏书》中考虑的焦点问题。在这份诏书的第3条，他说明了对帝国进行三分的缘故："如此安排，为的是在需要的时候，查理和路易能够拥有进入意大利的道路以便为他的兄弟提供帮助，查理有了通过属于他的王国的奥格斯堡（Augustanam）山谷，路易有了通过弗尔（Feurs）山谷，而丕平则有了通过诺里克（Noricas）和库尔（Curiam）山口穿越阿尔卑斯山的出入通道。"查理曼让他的三个儿子三分天下，但是每个人都拥有一条主要的通过阿尔卑斯山的通道，以便互相援助，确保军力的统一性，从而保障了帝国的统一性。这一机制在查理曼称帝之后经常得到实践，小查理与弟弟路易（即虔诚者路易）和小丕平（即意大利王丕平）三兄弟多次各自率军，前往前线；然后兵合一处，一起投入战斗。

为了维持三兄弟之间的和平统一，查理曼设计的关系准则是防止各个王国之间的人员自由流动，以免引起争端，导致内乱。《806年分国诏书》第7条规定："他们也不得出于任何理由或者过失接纳他兄弟的手下作为难民，也不得为他求情，因为我们希望任何罪人和上诉者到他的主人的王国之内的圣地或者名人（honoratos homines）那里寻求庇护，并从那里进行公正的上诉。"随后的第8、9、10、11、12、13、14款也作了进一步的规定，确保各个王国之内的人员只能效忠于本国的国王。①

---

① "Divisio regnorum 806", Alfred Boretius ed., *Capitularia regum Francorum*, tomus primus, No. 45, pp. 126－130.

查理曼虽然成为皇帝，获得了帝权，建立起帝国，但是他的治国原则还是分而治之。当查理曼得到君士坦丁堡方面的正式承认的时候，上述三个儿子只剩下虔诚者路易还活着。813年他将虔诚者路易和王国贵族召集到亚琛，经过王国大会协商同意，查理曼亲自给儿子加冕，立虔诚者路易为共治皇帝、未来的接班人，但也在同一年，他又将孙子——意大利王丕平之子伯纳德（Bernald，813—817年在位）立为意大利王，使得帝国还是沿着阿尔卑斯山被一分为二。作为皇帝的虔诚者路易并不直接控制罗马城和意大利。看来，此时查理曼并不想让帝位与罗马城发生必然的联系。

第三节 加洛林帝国的罗马性

公元814年查理曼去世，虔诚者路易继位。即位之初，虔诚者路易首先处理的就是各国派来的使节。其中包括东部皇帝利奥五世（Leo V，813—820年在位）派来的使者。前任皇帝米哈伊尔因为战败被废，利奥也是新近登基。利奥的使者克里斯托弗和格雷戈里"带着和平盟约的确认函件来了。在接待他们之后，路易老爷派遣自己的使者，包括雷吉奥主教诺德伯特、帕多瓦伯爵里歇万，去见利奥皇帝，重订友谊并确认和平条约"①。次年利奥的使者再次来访，带来了签过字的盟约文书。一如查理曼时期，虔诚者路易获得承认的帝号仍然只是"皇帝"，而非"罗马皇帝"。现存825年东部皇帝米哈伊尔和提奥菲卢斯致虔诚者路易的国书表明，虔诚者路易获得承认的仍然只是一个"皇帝"的名号："奉圣父、圣子和圣灵、唯一的真上帝之名，信奉上帝的虔诚的罗马皇帝米哈伊尔和提奥菲卢斯致可爱的又可敬的兄弟、光荣的法兰克王和伦巴第王，以及他们称为皇

---

① 陈文海译注：《法兰克王家年代记》，北京：人民出版社，2019年，第188页，译文略有调整。原文见 F. Kurze & G. H. Pertz eds., *Annales Regni Francorum inde ab A. 741 usque ad A. 829*, A. 814, pp. 140—141.

帝的路易。"①从此虔诚者路易与东部基本上维持着和平关系,互相尊重,约为兄弟。

815年的罗马却非常地不平静,那里爆发了动乱。就在教宗利奥三世去世前夕,在罗马教宗所辖各地爆发了大规模的烧杀抢劫行为。公元816年,罗马教宗斯蒂芬四世(Stephen IV,816—817年在位)接任,为了得到虔诚者路易的支持,表示自己的忠诚,他先派遣使者报讯,请求允许他亲自北上面见虔诚者路易。"皇帝听说之后,遣使迎接,并命令他前往兰斯城,在那里与他会面。"受到隆重接待之后,斯蒂芬模仿自己的前任利奥三世,"在主持隆重的弥撒仪式的时候,给路易戴上皇冠",加冕膏立他为帝。② 虔诚者路易邀请教宗北上兰斯,为自己加冕,而不是自己到罗马去,可能是由于这个时候罗马并没有处在自己的直接控制之下,而是由侄子伯纳德统治,也有可能是查理曼的遗愿。不论出于何种考虑,帝位与罗马城之间的关系继续保持着分离,但与罗马教宗的关联却一直得到了延续和维护。

817年4月9日,在参加宗教仪式之后离开教堂的时候,虔诚者路易被倒塌的拱门砸伤。这促使他在这一年仿效乃父,颁布分国诏书。一如他的父亲当年为自己加冕那样,虔诚者路易在亚琛召集全民大会,"为自己的长子罗退尔(Lothar I,817—855年在位)加冕,立他为共治皇帝。并立其他的儿子为王,将其中一位派遣到阿奎丹,另一位到巴伐利亚"③。为了慎重起见,虔诚者路易发布《帝国御制》(*Ordinatio Imperii*),用文书的形式将这一次分国安排确定下来,这是继806年查理曼的分国诏书之后的又一份重要的继承安排上的文书。《帝国御制》的基本精神秉承《806

---

① "Michaelis et Theophili imperatorum constantinopolitanorum epistola ad Hludowicum imperatorem directa","Concilium Parisiense A. 825",Albert Werminghoff ed.,*Concilia aevi Karolini*,I. *pars II*,MGH,Legume section III,Concilia,tomi II,pars II,Hannover:Hahn,1908,p. 475.

② F. Kurze & G. H. Pertz ed.,*Annales Regni Francorum inde ab A. 741 usque ad A. 829*,A. 816,p. 144.

③ Ibid.,A. 817,p. 146.

年分国诏书》,维持帝国的统一性,为此恪守老大一家独大的分国原则。查理曼似乎更加重视军事上的统一,重点考虑如何克服阿尔卑斯山脉的障碍,使得帝国的三个组成部分能彼此在军事上联络畅通、行动一致。而虔诚者路易则重点发展了由兄长主导的"兄弟之爱"原则。不仅在领土分配上,赋予老大罗退尔以一家独大的特权,而且让罗退尔承担起长兄似父的功能,通过他来照顾两位年幼的、获得较小份额的弟弟,并维系诸子之间的和谐关系,实现帝国的统一。①

在《帝国御制》的序言中,虔诚者路易强调了自己亲手加冕立罗退尔为帝:"因此神意施展,我和我的全体人民很高兴,如果我主愿意,按照惯常的方式由我将罗退尔用帝王冠冕膏立,并接受大家的宣誓拥戴,成为帝国的共治者和继承人。"与父亲不一样的是,虔诚者路易将巴伐利亚作为分割份额之一,分配给自己的儿子日耳曼路易。由于伯纳德接替父亲统治意大利王国,乃是查理曼临终之前亲自安排的,所以,虔诚者路易并没有取缔这一王国,但伯纳德不得将王国传承给自己的子孙。

虽然如此,817年的分国安排,还是给伯纳德带来了非常大的压力。同年签署的《路易条约》(Pactum Ludovicianum)更让他感受到威胁。关于这份文书之真伪,学术界存在着争议。主流的看法是这份文书中有后来添加的内容。② 在这份文书中,虔诚者路易极其慷慨大方地将意大利一大批城市及其所属领土赠与教宗帕斯卡尔(Paschal I,817—824年在位),严重损害了意大利王的利益。面对这份文书的挑战,伯纳德试图采取反制措施,让那些城市重新对自己宣誓效忠。而在虔诚者路易看来,这就是叛国之举。"他的侄子——意大利王伯纳德,在某些邪恶之人的怂恿之下,试图控制通往意大利的一切山口,安排守军,并让所有意大利城市

---

① 李云飞:《诸子均分与帝国一体:817年虔诚者路易的传国计划》,载王晴佳、李隆国主编:《断裂与转型:帝国之后的欧亚历史与史学》,上海:上海古籍出版社,2017年,第125—151页。
② 文书参见"Pactum Hludowici Pii cum Paschali Pontifice", Alfred Boretius ed., *Capitularia regum Francorum*, tomus 1, No. 168, pp. 352—355。学术综述参见 Thomas Noble, *The Republic of St. Peter: The Birth of the Papal State*, 680—825, pp. 149—152。

对他宣誓效忠,其中有真有假。"①得此消息之后,虔诚者路易立即集合大军,南征意大利。见此情形,伯纳德被迫北上投降,并被虔诚者路易囚禁、刺瞎双眼,因此致死。此后的几年,意大利并不平静,教廷内部反法兰克势力骚动,潘诺尼亚叛乱,撒丁岛失陷于阿拉伯人之手。虔诚者路易派大军平叛也不是很成功。821年,皇帝宽恕参与伯纳德叛乱之臣。822年,虔诚者路易举行大型悔罪仪式,整个帝国实现大和解。意大利的平叛行动也接近尾声,罗退尔被父亲派往意大利。

次年,罗退尔在"按照父亲的旨意整顿意大利之后,准备返回法兰克尼亚。他到罗马咨询教宗帕斯卡尔,受到教宗的隆重接待,于神圣的复活节在圣彼得大教堂,被教宗加冕为王(regni coronam),接受奥古斯都和皇帝之名"②。罗马城再次与帝位发生了密切的联系,但是要通过罗马教宗作为中介。

虔诚者路易续弦之后,老来得子。他将这位聪慧漂亮的儿子取名为查理,是为秃头查理(Charles the Bald,840—877年在位)。829年,虔诚者路易试图改变《帝国御制》,从儿子罗退尔和阿奎丹的丕平(Pippin of Aquitaine I,817—838年在位)的土地中各取一部分,组成单独的王国,分配给秃头查理。此举引发儿子们的不满,导致罗退尔邀请罗马教宗并亲率大军前来实行兵谏。两军对峙之时,虔诚者路易失败,被迫退位,秃头查理及其母亲朱迪斯被分别送入修道院,削发修行。此后虔诚者路易在儿子日耳曼路易的帮助下复出,并取得胜利。但是,随后两次大规模的内战爆发,他本人也在内战中去世。虽然虔诚者路易也执行分而和平的传国原则,贯彻老大一家独大的惯例,但是,他缺乏乃父查理曼那般的决策定力,后来要改变已成国策的分配方案。如果虔诚者路易能够争取罗马

---

① F. Kurze & G. H. Pertz eds., *Annales Regni Francorum inde ab A. 741 usque ad A. 829*, A. 817, p. 147. 学术界一般认为伯纳德叛乱是因为817年的《帝国御制》,参见 Rosamond McKitterick ed., *New Cambridge Medieval History*, vol. II, Cambridge: Cambridge University Press, 1995, p. 112. 但《路易条约》的影响应该更为直接一些。

② F. Kurze & G. H. Pertz eds., *Annales Regni Francorum inde ab A. 741 usque ad A. 829*, MGH, A. 823, p. 161.

教宗的支持，说服家人和主教们接受他对传国方案的调整，他也有可能避免内战悲剧的发生。但如后文将要论述到的那样，虔诚者路易将自己视为教会的最高领袖，利用和控制教会，推行政治改革，取得了巨大的政治成就，但也导致部分教会贵族的不满，使得他们利用罗马教宗对抗皇帝虔诚者路易。

此后两次内战表明，817年通过的以罗退尔为核心的帝国统一局面无法得到维持，而帝国分裂为势均力敌的独立王国的趋势，无法阻挡。在父亲虔诚者路易去世之后，诸子之间的兄弟阋墙也没有停止。843年几个兄弟最终达成《凡尔登条约》，三分帝国。罗退尔承认现状，尊重兄弟们与自己在地盘上几乎不相上下的局面，与兄弟们重叙兄弟之好。根据条约，罗退尔得到莱茵河和谢德尔河之间的地区（即包括首都亚琛在内的加洛林家族龙兴之所）和意大利。

在父亲死后内战正酣的三年期间，罗退尔主要驻扎在意大利。待局势稳定下来之后，844年他将长子路易二世"和梅斯主教德罗戈派往罗马，调查新教宗被祝圣是否符合规定，即必须在接到罗退尔的命令和在他的代表出席的前提下，新教宗才能被祝圣。他们抵达罗马之后，受到教宗塞尔吉乌斯（Sergius II，844—847年在位）的隆重接待。在处理完事务之后，教宗将路易膏立为王，并授予他一柄宝剑"①。这柄剑即所谓"圣彼得之剑"，表明这位新任意大利王是罗马教会的保护者。

此后有路易二世驻扎在意大利，罗退尔基本上待在阿尔卑斯山以北地区，主要是亚琛，但作为皇帝控制着罗马城和意大利。850年罗退尔让教宗利奥四世（Leo IV，847—855年在位）将路易二世加冕为帝。855年罗退尔在临终前夕，将自己的帝国正式分割。路易二世得到意大利，罗退尔二世得到莱茵河和谢德尔河之间的地区，幼子查理得到勃艮第王国。分割完毕之后，罗退尔在亚琛附近的普吕姆修道院出家，随后去世。尽管

---

① Janet Nelson trans., *The Annals of St. Bertin*, A. 844, Manchester: Manchester University Press, 1992, p.799.

路易二世总是向两位叔叔抱怨分配不公,但是,他还是只能满足于在意大利活动。皇帝同时也是意大利王,帝位与加洛林的传统帝都亚琛之间发生分离,与罗马城和意大利的关系变得更加密切。罗退尔的分国策略使得意大利王成为称帝的最为重要的中间环节之一,换言之,必须先称意大利王,然后再通过教宗加冕膏立成为皇帝。帝号与意大利和罗马城紧密地联系在一起了。

875年,路易二世在意大利首府帕维亚去世,没有留下男性合法继承人。尽管他指定自己的堂兄弟、日耳曼路易的长子——巴伐利亚王卡洛曼(Carlomann of Bavaria,876—879年在位)为继承人,但罗马教宗和他的妻子都中意于西法兰克王秃头查理,并邀请秃头查理来意大利。秃头查理率兵进入意大利,在帕维亚被拥立为意大利王和皇帝,随后在罗马由教宗约翰八世加冕膏立。秃头查理让自己的妻兄波索(Boso of Provence,850—887)娶路易二世的独生女埃尔曼加尔德为妻,并留下来保卫意大利,自己返回高卢。到意大利称帝,在罗马城加冕膏立就此成为惯例,并在这一次变动之中显示其作为惯例的约束力来。

877年卡洛曼进军意大利。得知这一消息之后,秃头查理再次前往意大利。抵达帕维亚之后,由于国内发生叛乱,秃头查理的忠臣们不愿出兵意大利,拒不前来,他只能撤退,并在归国途中去世。880年,日耳曼路易之子、卡洛曼的弟弟胖子查理,进军意大利,抵达罗马之后,被教宗约翰八世(John VIII,872—882年在位)加冕为帝。887年,胖子查理被侄子阿努尔夫(Arnulf of Carinthia,887—899年在位)废黜。当时加洛林王国的史家里吉诺认为加洛林家族的嫡系绝嗣,进入后加洛林时代。① 各地诸侯互不相让,纷争不已。但加洛林家族成员更有号召力。在意大利这些拥有加洛林家族血统者开始争相进军罗马,控制教宗,加冕称帝,如斯波莱托伯爵盖伊(Guy of Spoleto,889—894年在位)、弗留利

---

① Simon Maclean trans., *History and Politics in Late Carolingian and Ottonian Europe*, Manchester: Manchester University Press, 2009, p.199.

公爵贝伦阁(Berenger,887—924年在位)。在这一政治纷争中,得罗马者得帝号,成为新的政治惯例。西部帝国事实上转化为"罗马(城)的"帝国。

学者们往往认为从路易二世开始,称帝的主动性就被罗马教宗所掌控。[①] 确实在加洛林王位与帝位传承中,罗马教宗起着非常重要的作用,而且教宗参与的制度仍然是以维护加洛林家族传承为其主要功能。路易二世之后的帝位争夺也以极端的方式说明这一原则的作用,也证明查理曼对帝位传承安排的巨大影响力。不仅所有的这些帝位争夺者都可以从血缘上追溯到查理曼,而且查理曼的称帝原则也一直在被遵守,即"统治罗马帝国的皇帝",换言之,加洛林家族成员控制了罗马城,就有资格称帝。即使924年之后帝位空缺了四十多年,奥托一世也是因为在名义上具备了这两种条件,才能于962年在罗马城加冕称帝,恢复帝统。

虽然说"罗马城是古代罗马帝国的中心,是使徒之首彼得和保罗的埋骨之所,是教宗的驻地,是罗马人民的城市,这一切都给西方新的帝国赋予了古老的合法性基础"[②],但只有从8世纪中期开始,在罗马教宗与加洛林王朝互相帮助的过程中,教宗才逐渐从君士坦丁堡的罗马皇帝的代表转变为罗马帝国的代表,使得教宗驻跸之所罗马城重新代表了罗马帝国。并且只有在查理曼复兴帝国之后,经过加洛林家族百余年间的帝位传承、罗马城与帝位之间的分分合合,罗马城代表罗马帝国的合法性才在实践中落实,成为中古神圣罗马帝国的立国原则。

罗马城代表帝国,并不是一个新概念。但是在5世纪中叶之后,随着西部皇帝的消失,这个概念也就逐渐被人遗忘了。当8世纪查理曼复兴帝国的时候,罗马城业已为教宗所牢牢地掌控,在西部欧洲代表罗马帝国

---

① Christian Scholl et al. eds., *Transcultural Approaches to the Concept of Imperial Rule in the Middle Ages*, pp. 117—138.

② Bernd Schneider, *Die Kaiser des Mittelalters: von Karl dem Großen bis Maximilian I*, Muenchen: Verlag C. H. Beck, 2006, p. 9.

的不再是皇帝，而是罗马教宗及其直接管辖的罗马人民。正是借助于与加洛林王国的合作，尤其是通过"丕平献土"，建立"教宗国"，罗马教宗不仅从宗教上代表罗马帝国，而且也从法理上代表罗马帝国。从而使得帝国的"罗马性"与"神圣性"得以合二为一。

公元753年作为越过阿尔卑斯山的第一位罗马教宗，教宗斯蒂芬二世亲自邀请刚刚登基的加洛林王矮子丕平伸出援助之手，劝说伦巴第王艾斯图尔夫与教宗和帝国方面缔结和约，进而归还新近占领的拉文纳等城。后来丕平经过精心策划，发动大军出征意大利，迫使伦巴第王满足教宗的要求，归还拉文纳等城市，史称"丕平献土"。

正是在接受"丕平献土"的过程中，出于利益之争，本来代表帝国出使的教宗，要求丕平将那些城市归还给罗马教座而非帝国。为此，有必要在术语上动手脚，将使徒教座与帝国两个并列的词语当作一个单独的词组来使用，从而使得罗马教宗取代君士坦丁堡的皇帝成为帝国的合法代表。据《罗马教宗列传·斯蒂芬二世传》讲述，帝国派来的特使们前去面见丕平，请求他将拉文纳及该都督府辖地归还给帝国。但是教宗的使者对此作了斩钉截铁的回答："根本就不可能将这些城市从圣彼得和罗马教座和教宗的手中夺走，他(丕平王)已经发誓了，他如此频繁地战斗可不是为了讨好什么凡人，而是出于对圣彼得的爱和宽恕丕平王的罪。他还说，没有什么财宝能够诱使他偷窃业已赠给圣彼得的东西。"①

加洛林王朝早期的编年史《弗莱德加编年史（续编）》记载755年丕平王率领法兰克人出师时说，伦巴第王是在"捍卫其非法攻击帝国和罗马使徒教座的权力"(contra rem publicam et sedem Romanam apostolicam)。而战斗的结果是使艾斯图尔夫许诺"绝不脱离法兰克人的统治，不再敌意地侵略罗马使徒教座和帝国"②。教宗格雷戈里三世于726—735年间分

---

① L. Duchesne ed., *Le Liber Pontificalis*, vol. I, "Vita Stephani, XLV", p.453.
② James Wallace-Hadrill ed. & trans., *Fredegarii Chronicorum Liber Quartus cum Continuationibus (The Fourth Book of the Chronicle of Fredegar and Its Continuations)*, No.36, London: Thomas Nelson, 1960, p.104.

别写给威尼斯公爵乌尔苏斯（Ursus，726—737年在位）和格拉多（Gradensem）大主教安东尼（Antonius）的两封信中也使用了"罗马使徒教座和帝国"这一术语。"凭借我们的儿子、老爷利奥和君士坦丁皇帝的服务恢复神圣帝国从前的状态（statum sanctae rei publicae et imperiali servicio 和 statu rei publicae et imperiali servicio）"。① 但在教宗的巧妙处理之下，这一表达在教宗斯蒂芬二世致丕平王的书信中变成了"圣彼得和罗马帝国的上帝的神圣教会（beati Petri sanctaeque Dei ecclesiae rei publice）"与"上帝和圣使徒托付给我们加以保护的上帝的神圣教会和我们罗马帝国的人民（sanctam Dei ecclesiam et nostrum Romanorum rei publice populum）"。②

在早期罗马教宗的文书和法兰克史书中原本为两个并列单位的词汇——圣彼得的教会和罗马帝国合二为一，成为"圣彼得的国""圣彼得的教会"或者"圣彼得的人民"。圣彼得的国，即是教宗国。通过这样一种转化，地处以君士坦丁堡为首都的拜占庭罗马帝国边陲的罗马城，重新成为由教宗主导的神圣的罗马帝国的首府，罗马城再次华丽转身，代表了一种世界性的统治，在中古政治话语中，就是罗马帝国。由于以罗马教宗为代表，帝国的罗马性与神圣性就不可分解地联系在一起了。

第四节　罗马教宗与帝国之神圣性

查理曼重视教会的作用，他沿袭和发展了父亲矮子丕平的政策，重视发挥大主教的作用，完善教阶制，将继位时的4个大主教区发展到以罗马教座为首的21个大主教区。让各地教堂兴修新的教堂代替原来的城墙，

---

① W. Gundlach ed., "Epistolae Langobardicae Collectae", Ernest Dümmler ed., *Epistolae Merowingici et Karolini aevi*, tomus I, No. 11, 12, p. 702.

② W. Gundlach ed., "Codex Carolinus", Ernest Dümmler ed., *Epistolae Merowingici et Karolini aevi*, tomus I, No. 6, 8., pp. 489－497.

作为防护据点。① 更为重要的是,查理曼以法律的方式确立了什一税和九一税(nonam)交给教会,帮助教会掌握了中古早期最为稳定也是份额最大的公共税收。② 借助于管理国家,法兰克教会很快就成长为势力庞大的集体组织。与世俗贵族相比,教会还拥有巨大的跨地区性。世俗贵族跨地区地拥有财富,受到了查理曼有意识的限制,而教会贵族则不受此限制。在《806 年分国诏书》中,这一点表现得至为明显。"三兄弟应共同对圣彼得的教会进行照顾和保护,就如同从我的祖父查理、我那值得纪念的生父丕平王那里和从我手中接过时的样子。你们要在上帝的帮助之下保护教会,赐予属于他们的合理权益。同理,关于在教会掌控之下的其他教堂,我们指示,得保有他们的权益和品位,让各个礼拜堂的牧师和领导人享有属于该圣地的财产权,无论他们的财产属于哪个王国。"③ 可以说,查理曼是有意识地利用教会来保障帝国的统一性。国虽然分了,但诸王要协作,维持帝国的和平;军队要联合作战,共同对外扩张并共同保护教会,而帝国教会也成为将各个王国连接起来的纽带。

依靠教会组织来治国理政,维持帝国的统一性,自然会带来罗马教宗地位的提升。罗马教宗和教会贵族也积极地维护加洛林帝国或者说复兴的西部帝国的合法性。罗马教宗不仅为加洛林帝王举行加冕膏立仪式,积极支持加洛林政权,将帝国神圣化;而且也从理论上,通过伪造古代文书,提升教会的代表——罗马教宗的神圣性和至尊性来为帝国的合法性提供辩护。其中有著名的伪造文书《君士坦丁赠礼》。

伪《君士坦丁赠礼》的正式名称为《君士坦丁敕令》(Constitutum

---

① 艾因哈德、圣高尔修道院僧侣:《查理大帝传》,A. J. 格兰特英译,戚国淦译,北京:商务印书馆,1979 年,第 34—6 页。

② 例如 810—813 年颁布的教会敕令的第 10 款规定:"任何教堂得有边界,从属于它的村庄接受什一税。"Alfred Boretius, *Capitularia regum Francorum*, tomus I, No. 81, p. 178. 查理曼派遣巡按使专门督查。Alfred Boretius, *Capitularia regum Francorum* tomus I, No. 34, p. 101. 关于什一税的研究,参见 Jean-Pierre Devroey, "L'introduction de la dîme obligation en öccident: entre espaces ecclésiaux et territoires seigneuriaux à l'époque carolingienne", Michel Lauwers ed., *La dîme, l'église et la société féodale*, Turnhout: Brepols, 2012, pp. 87—106。

③ Alfred Boretius ed., *Capitularia regum Francorum*, tomus I, No. 45, p. 129.

Constantini)。对这份文书前文已有介绍,这里再略作说明。第一部分是申信,基于创作于6世纪的《西尔维斯特教宗行传》加以改编而成。这一部分的行文采用第一人称,作为君士坦丁的自述,用精练的语言讲述了君士坦丁皇帝遭遇的奇迹。故事以君士坦丁皇帝如何患了麻风病开篇,讲述他如何遍求灵药不果,但因为行善而得到圣彼得和圣保罗的眷顾,受到两位使徒的指引去求教宗西尔维斯特施洗礼,从而通过上帝的奇迹得以治愈所患的麻风病。

第二部分则是新增加的赠礼部分,强调了教宗无与伦比的无上权威:"既然我知道,通过上述圣西尔维斯特和圣彼得的恩典,我自己完全恢复了健康,那么,我与我们所有的行省总督们、全体元老院、贵族们和臣属于我们光荣的统治的全体罗马人民一道,颁布有益的命令。既然在人间,圣徒之首是人子的副手,教宗们又是他的副手,他和教宗们应该从我们和帝国获得更大的领导权让渡,获得比我们人间帝国通常拥有的统治权更大的领导权。我们选择使徒之首和他坚强的副手们作为在上帝面前的保护人。既然我们拥有的是人间帝国的权力,我们下令尊崇神圣的罗马教会的权力,圣彼得的神圣教座应该得到更多的荣耀,得到比我们的帝权和人间王位更大的礼遇,要被赋予有权力的、有尊严的帝权。"①

随后是一系列的赠与条款,从确立罗马教座高于其他教会,兴建教堂,赠与礼物,到皇帝为教宗牵马坠镫和让渡全部西部罗马帝国的统治权。"通过我们的这纸神圣的帝国敕令和实际的指令,我们下令:前面提到的所有位于罗马城的我们的宫殿,意大利和西部地区的所有行省、据点和城市,将移交并留赠给上述有福的主教、我们的教父——教宗西尔维斯特;并通过这一纸神圣的帝国敕令和明确的帝国指令,我们让渡给他的教座继承人以权力和管辖权,并使它们永久地由神圣的罗马教会管辖和

---

① Horst Fuhrmann ed., *Das Constitutum Constantini Text*, No. 11, pp. 81—82.

处置。"①

关于这份文书的具体来源和创作时间,学术界远没有取得一致意见,但是大家都承认这份文书应该是在8世纪中叶至9世纪中叶出现的,而且肯定有罗马教廷人士的参与。② 至于这份文书的功用,学者们往往分别将它与丕平称王(751)、随后的"丕平献土"(754)、查理曼称帝(800)和虔诚者路易的加冕礼(816)联系起来,在这些政治事件的背景下来解释它被伪造的目的。③ 这份文书的最早抄本,被收录在伪《伊西多尔教令集》中。虽然这部教令集现存最早的抄本出现于11世纪,但至迟在9世纪中后期就被兰斯大主教辛克马尔(Hincmar of Rheims,845—882年在位)等教会人士引用过。④

罗马教宗权威的提高,并不是什么新鲜事,自从5世纪开始罗马教宗一直在宣称自己拥有最高宗教权威,即所谓至尊权。但伪《君士坦丁赠礼》的新颖之处,在于它明目张胆地鼓吹教宗对帝国的最高政治权威。对此,加洛林君臣的反应是非常复杂的。一方面,加洛林家族需要迎合教会势力的增长趋势,利用伪《君士坦丁赠礼》强化治国理政的神圣性与合法性,另一方面则大力加强对罗马教宗的控制。早在790年左右,英国麦西亚王奥法曾向查理曼献策,建议用法兰克人取代罗马人担任教宗。查理曼特意将此议转给教宗哈德良一世,但遭到后者的拒绝。⑤

虔诚者路易在直接控制意大利之前,对教宗极为慷慨,大方地赠送意

---

① Horst Fuhrmann ed., *Das Constitutum Constantini Text*, No. 17, pp. 93—94.
② 最近德国历史学家约翰尼斯·弗里德认为,该文书不是来自罗马,而是法兰克王国。Johannes Fried, "Zu Herkunft und Entstehungszeit des 'Constitutum Constantini': Zugleich eine Selbstanzeige", *Deustsches Archiv für Erforschung des Mittelalters*, 63 (2007), pp. 603—611.
③ Horst Fuhrmann, "Konstantinische Schenkung und Silvesterlegende in neuer Sicht", *Deutsches Archiv für Erforschung des Mittelalters*, Bd. 15 (1959), pp. 523—540.
④ Steffen Patzold, *Gefälschtes Recht aus dem Frühmittelalter: Untersuchungen zur Herstellung und Überlieferung der pseudoisidorischen Dekretalen*, Heidelberg: Universitätsverlag, 2015, pp. 47—51.
⑤ H. R. Lyon & John Percival eds., *The Reign of Charlemagne: Documents on Carolingian Government and Administration*, London: Edward Arnold, 1975, No. 39, p. 133.

大利领土给罗马教座。但是当他直接掌控意大利之后,就重新调整与罗马教宗的关系,尤其是从严控制教宗的选举。823年,他派遣长子罗退尔前往意大利,并随后与罗马教宗签署《罗马法规》(Constitutio Romana)。新法规规定,教宗选举之后,必须得到皇帝或皇帝代表的认可才能被祝圣就职。① 827年,教宗瓦伦提尼去世,格雷戈里(Gregory IV,827—844年在位)继任,上述法令第一次得到贯彻。"只有在皇帝的使节来到罗马,核查人民进行选举的实际情况之后,格雷戈里才被祝圣"②,正式任职。

因此,对教宗的任免进行更加严格的控制,是与罗马教宗在理论上受到更高的推崇携手并进的。而在政治冲突发生之时,利用罗马教宗会给利用者带来巨大的政治利益。这在833年虔诚者路易与罗退尔之间爆发的父子之争中表现得特别明显。作为意大利的实际掌控者,罗退尔请来教宗格雷戈里四世助阵,结果在父子对峙中,贵族们纷纷离开虔诚者路易的阵营,加入罗退尔的阵营,导致虔诚者路易投降退位。教宗功劳可谓不小。③

皇帝与教宗互相帮助、皇帝对教宗的有意识的利用和扶持,其直接后果是罗马教宗在政治生活中的作用越来越大,间接的后果便是帝国逐渐神圣化。甚至可以说,皇帝对教宗的依赖与帝国的神圣化成正比。大体说来,在9世纪前半叶,加洛林诸帝王能征惯战,可以尽可能地团结广大教俗贵族集团,对外征服,对内维持法律和正义。帝权对教宗的依赖程度较低,如查理曼不满意教宗为自己的帝名提供合法性,虔诚者路易将教宗招到兰斯为自己加冕为帝等。帝国神圣化的进程也相对缓慢。到路易二世统治时期,随着加洛林诸帝所能控制的实际地盘和资源相对减少,贵族不奉征召以及诸侯独立、各自为政的现象越来越严重。在这种政治背景

---

① "Constitutio Romana", Alfred Boretius ed., *Capitularia regum Francorum*, tomus I, No. 161, pp. 323—324.

② F. Kurze & G. H. Pertz eds., *Annales Regni Francorum inde ab A. 741 usque ad A. 829*, A. 827, pp. 173—174.

③ Rosamond McKitterick ed., *New Cambridge Medieval History*, vol. II, p. 143.

之下,随着皇帝对罗马教宗的依赖性增加,帝权神圣化的进程明显加快。

公元853年路易二世欲迎娶拜占庭公主被拒,引发他的强烈不满,其帝位也得不到东部皇帝的承认。869—870年,在君士坦丁堡举行第八次泛宗教会议,罗马教宗哈德良二世派遣代表参加。在最终形成的大会决议中,罗马教宗代表所要求的为路易二世祈祷的那些段落被悉数删除。教宗代表对此强烈抗议,拒不签字。与会的希腊代表解释说,大会只为荣耀上帝,而非皇帝,《罗马教宗列传·哈德良二世传》在讲述事情经过的时候,另外增加了一句话:"他们特别憎恶我们皇帝的帝名。"①

东西部帝国之间的这种互不信任,导致路易二世采取了更加强硬的外交宣传策略,通过贬斥东部皇帝来争夺代表罗马帝国的正统地位。871年他公开写信责骂东部皇帝巴西尔一世,宣布罗马帝国不再属于希腊人,而是属于法兰克人。

> 兄弟你可能很惊讶,我们不叫法兰克皇帝而是罗马皇帝,你须知晓,除非我们是罗马皇帝,否则我们也不是法兰克皇帝。从罗马人那里我们获得了这个名分和仪仗。在他们那里这种最高的尊严和称谓放射着光芒。通过对基督的信仰,我们成为亚伯拉罕的后裔;而由于背信,犹太人不再是亚伯拉罕的传人。与此类似,由于我们良好的正统教义,我们蒙神恩统治着罗马族和罗马城,保护属于神的一切教会之母,并加以发扬光大,从她那里我们的家族先获得王权,然后获得了帝权。因为法兰克的王侯首先是王,然后被称为皇帝。他们被罗马教宗通过圣洁的橄榄油膏立。其中我们的祖先查理曼,是我们种族和家族中第一个被教宗如此膏立者。他因充满虔诚而称帝,成为主的基督徒。但有些人缺乏教宗的神圣仪式,仅仅依靠元老院和人民,而获得帝位。有些人甚至连这些都没有,而仅仅由军队欢呼就开始统治,以致有些女性甚至也以这种或那种方式掌握了罗马帝权……通

---

① Raymond Davis trans., *The Lives of the Ninth-Century Popes* (*Liber pontificalis*), Liverpool: Liverpool University Press, 1995, Hadrian II, 42—43, p.281.

过基督的信仰，我们被称为亚伯拉罕的苗裔，犹太人则因为背信而不再是亚伯拉罕的传人。同样由于我们良好的、正统的教义，我们获得了罗马帝国；而希腊人由于 kakodosiam，即坏的教义，不再成为罗马皇帝。他们不仅放弃了罗马城和帝国诸首府，而且也几乎失去了罗马人和罗马语言，彻底转变为另一种族和另一种语言。①

为了全面系统地批判东部帝国的合法性，树立起自己的合法性，这封信以宗教信仰作为标准，依据罗马教宗主持的加冕膏立礼仪，运用当时拉丁世界流行的"犹太人"与"基督徒"的二元对比，将君士坦丁堡的皇帝和帝国贬斥为"犹太人"，背主忘约，不配被称为罗马帝国；而认为以罗马城为中心的神圣的罗马帝国统治者才是真正的"基督徒"，拥有理所当然的帝国正统。至此，依靠宗教获得帝国的合法性和正统性，加洛林帝国从理论上转变为神圣的罗马帝国。

在进行外交斗争的同时，路易二世还率兵南征拜占庭新近获得的意大利南部堡垒巴里城。但是事与愿违，出师败绩，他本人也被对方俘虏。经过贝内文托主教的斡旋，在发下永不再来的誓言之后，路易获释平安归来。为了洗清耻辱，次年5月，路易二世请求教宗哈德良二世再次为他加冕，并废除于被俘期间所发的誓言，委托妻子再次率军进攻巴里城。帝权依靠教宗而"复生"。路易二世的这次行为实际上是神圣帝权的一次具体实践。加洛林帝国的治理从此越来越宗教化，也越来越神圣化。

帝国治理的神圣化，不仅体现在帝权要依靠教宗举行仪式而获得或者失而复得，而且还表现在教俗不分，甚至按照教会法来治国理政的宗教化倾向上。在阿努尔夫皇帝于895年5月通过的帝国敕令中，明确规定："对王国和对基督教会的照顾被托付给我们，除非我们以虔诚的信仰遵循这些教会的教令，否则我们就不能按照教会法（iure ecclesiastico）来领导和统治帝国……我们不是为了扩张权力，而是为了展示正义而发号施令，

---

① "Ludovici II. Imperatoris Epistola", P. Kehr ed., *Epistolae Karolini aevi*, tomus V, pp. 388-390.

用我们的权威命令所有伯爵们,将那些被主教们开除教籍之后仍然不愿悔罪者抓捕起来,押送到我们的面前,以便让这些不尊重神法裁决的家伙,接受人法的宣判。"①

诚如大史学家弗赖辛的奥托在讨论帝权与教权的此消彼长之时所言:"尽管在上帝的教会中有王位和教职两个位格,但没有人认为我们应该将基督教帝国与教会分割开来,事实上自从老提奥多西皇帝以来,不再是双城史,而是一城史,即混合为一的教会史。"②罗马帝国的神圣化其实从帝国以基督教为国教就开始了。帝国的神圣化,其实包括两个方面,一方面帝权日益基督教化从而神圣化,另一方面,教会也在此过程中日益向政权靠拢,掌握政治权力并干涉世俗政治事务。从这个角度而言,我们所考察的这一段历史还只是罗马帝国神圣化这个大历史中的一个阶段而已。

如果我们能够将视野放得更宽一些,像我们的中古前辈奥托那样,将晚期罗马帝国和早期拜占庭帝国纳入考察范围之内,我们就会发现罗马帝国的神圣化是西方历史中的一种长时段现象。从提奥多西王朝,中经查士丁尼的改革、圣像摧毁运动、教宗国的肇建、查理曼称帝,再到奥托称帝,历史变迁的总趋势是政治与宗教的关系越来越密切。这种大趋势往往被称为基督教化,但是不仅在上述每个阶段基督教化的内容和方向是不一样的,而且每位帝王的基督教化政策也各有特色。宽泛而言,上述各个时期都具有标志神圣的罗马帝国开始的资格,我们所需要调整的只是判定帝国神圣化的具体标准。

在加洛林时期,帝国神圣化的特色在于实现了名副其实的"罗马化"和罗马教宗主导的"神圣化"。查理曼称帝之时,他选择自己的帝号为"统治罗马帝国的皇帝",其后还得添加"法兰克王"和"伦巴第王"这两

---

① "Arnulfi concilium triburiense", Georg Heinrich Pertz ed., *Capitularia regum francorum*, MGH, Legum tomus I, Hannover: Hahn, 1835, p. 561.

② Adolf Hofmeister ed., *Ottonis Episcopi Frisingensis Chronica sive Historia de duabus civitatibus*, p. 309.

个头衔。这表明他对罗马帝国的认识,就是意大利或者原拉文纳总督府及其辖地,尤其是以罗马城为中心的意大利地区。西部罗马帝国复兴时候的这一独特局势,对这一阶段的帝国神圣化起到了至关重要的地理制约作用。

虽然对查理曼而言,帝号合法性的根本来自遥远的君士坦丁堡皇帝的承认,但是,他采取的维持帝国统一性的策略(即分而和平的传国原则)与罗马教宗参与传国计划,慢慢地导致帝位的合法性系于罗马城,即以罗马城及其辖区为罗马帝国的地理基础。这一阶段的历史变迁的结果,是帝位的合法性系于罗马城这一原则的实现。

由于依托于罗马城及其辖地,加洛林晚期诸帝有意无意地也越来越依赖于这一地区的"地主"——罗马教宗。路易二世将帝权的合法性牢固地建立在基督教信仰之上,在实现帝权神圣化的同时,使得罗马教宗取得了法理上的决定帝号的权威性。此后对帝号争夺的混乱时局,也在促使这一权威性不断地得到应用,并日益深入人心。正是在加洛林晚期诸帝的实际行动中,加洛林帝国的"罗马性"和"神圣性"逐渐发展起来,加洛林帝国转变为神圣的罗马帝国。换言之,在加洛林帝国衰落时期,神圣的罗马帝国得到了真正的形塑,出现在西部欧洲的历史舞台上。

第十章 保护穷人：加洛林王朝的帝王之道

当查理曼称帝、复兴西部帝权的时候，其空前的政治成就不仅刺激了各种对帝国观念的理论反思，也鼓励学者们总结加洛林王朝的帝王之道（via regia）或者"王道"。这些政治理论作品，就构成了加洛林文艺复兴的一个重要面向。总结王道的作品，除了专门的"君王镜鉴"（speculum principis）之外，还有许多其他的文体形式。例如，君王与重要政治顾问之间的信件，都会或多或少地谈及帝王之道，甚至有专门为王道而作的信函。再如诔辞（funeral oration）或墓志铭（epitaph），在帝王去世的悼念场合加以诵读的作品，基本内容都是对已故帝王功绩的记忆，缅怀其功德。与此体裁类似但适用于另一类场合的是颂词（panegyric），多为帝王即位或者各种纪念活动而作。在诔辞和颂词的基础上会发展出传记（vita, gesta），通过讲述已故帝王的生平事迹，表彰帝王良好的人品和德行。传记虽然属于叙事，但是也包含着对理想君王类型的阐发。

司马迁引用孔子的话说："我欲载之空言，不如见之于行事之深切而著明也。"对于加洛林帝王之道的探讨，除了集中于传记之外，这里还将从帝王所颁发的政策敕令中加以总结。庶几可以将政治理论与治理实践比照而观，更加深切地理解加洛林王朝的帝王之道。

第一节　加洛林王朝之前的帝王传记及其功能

当艾因哈德于820年代提笔写作《查理大帝传》的时候，他决定用极简之笔（brevitate）来写作。① 相比较而言，在传记开篇那篇幅不短的前言中，艾因哈德使用了较为繁复的修辞技巧，用以说明写作确属必要，从而使得前言与正文之间形成了较为强烈的反差。这种反差以及前言都在提醒读者，艾因哈德的写作非同寻常，需要特别地加以说明。毫无疑问，艾因哈德自认为《查理大帝传》具有开创之功，因此，决定"冒险一试"（periculum facere）。

在《查理大帝传》之后，帝王传记接踵而起，查理大帝之子——皇帝虔诚者路易（Louis the Pious）就成为两部传记和一部长篇纪功史诗（Ermodus Nigellus, *In honorem Hludowici christianissimi Caesaris Augusti*）的描述对象。但是，除了9世纪晚期圣高尔修道院僧侣诺特克（Notker the Stammerer）的《查理大帝传》（*Gesta Caroli Magni*）之外，加洛林时期的传记似乎并没有较为严格地遵循艾因哈德所采用的"依类叙事"体例，而是普遍以编年为纲，按照时间的先后顺序进行叙述。其极端的例子就是艾瑟（Asser）的《阿尔弗雷德王传》（*Gesta regis Aelfredi*），因为其严格遵循编年格式，大量内容与《盎格鲁-撒克逊编年史》（*Anglo-Saxon Chronicle*）雷同，从而被不少史家视为后来人依托编年史伪造而成。②

传记是最早的史书体裁之一，源自于人对神的表白，或为帝王纪功之

---

①　关于这篇传记的写作日期，学术界存在着争议。最新综述，请参考 Paul Edward Dutton ed. & trans., *Charlemagne's Courtier: The Complete Einhard*, Toronto: University of Toronto Press, 1998, pp. xviii—xx。

②　早期的讨论，请参考 W. H. Stephenson ed., *Asser's Life of King Alfred*, Oxford: Clarendon Press, 1959, pp. 61—89。关于其真伪的较新的总结，请参考 S. Keynes, "Introduction", trans. Idem & M. Lapidge, *Alfred the Great: Asser's Life of King Alfred and Other Comtemporary Sources*, Harmondsworth: Penguin Books, 1983, pp. 50—51。

辞,或为墓穴自表之语,历史叙事色彩浓厚。在欧洲古典时期,约公元前1世纪,传记与历史之间的体裁区分逐渐严格起来。拉丁作家奈波斯(Cornelius Nepos)在《佩洛皮达斯传》开篇表达了这一观点:"佩洛皮达斯,底比斯人,在历史上比在今天更为有名,对于如何论述其德行,我颇有些犹豫。因为我担心,如果着手叙事,恐怕不是在讲述他的生平,而是在写作历史。如果过于简略,则又似乎使得此人名不副实。"①

约百年之后,著名的传记作家普鲁塔克(Plutarch,约65—120)在其作品中重申了这一区分,且论述更加细密。他说:"本卷叙述亚历山大国王和凯撒——战胜庞培的那个——的生平,我事先申明或者请求读者,我们不是堆砌那些久为人知的重大事件,也不是无遗漏地揭示所有的丰功伟绩;不是提供,而是删削了其中的大部分。余非撰史,乃作传。亦非根据丰功伟绩来揭示德行和恶行,乃是通过习惯性小事、辞令和玩笑(作传),表现其性格。文中可能没有残酷的战斗、宏大的列阵和围城。正如画家抓住脸部和眼神——透过这些可以展示性格——以图对象之神似,而相对忽略其余部位。同样我也要收集这些心灵的遗迹,据此来创作每一部传记,而将宏大叙事和战争留待其他作者。"②

古典传记以特定人物为中心,依据日常生活中的琐事和部分丰功伟绩,或彰显其嘉言懿行,或进而刻画其性格。其史源多来自文学作品,如戏剧、小说、文艺评论等。因此,传记虽然也是以历史人物为描述对象,但又与普通历史写作不同。历史写作以战争或者军国大事为题材,描述人类的功业。③ 古典传记的这一特色,与普鲁塔克几乎同时代的苏埃托尼

---

① Nepos, "Pelopidas 1.1", K. Halm & A. Fleckeisen eds., *Cornelii Nepotis Vitae*, Leipzig: Teubner, 1890. 中译文可参考奈波斯:《外族名将传》,刘君玲等译,上海:上海人民出版社,2005年,第158页。

② J. R. Hamilton ed., *Plutarch: Alexander: A Commentary*, 1.1, Oxford: Clarendon Press, 1969.

③ 对这一区分的最新总结,参见 Thomas J. Heffernan, "Christian Biography: Foundation to Maturity", Deborah Mauskopf Deliyannis ed., *Historiography in the Middle Ages*, Leiden: Brill, 2002, pp. 117−118. 而关于古典传记的经典研究,请参考 Arnaldo Momigliano, *The Development of Greek Biography*, Cambridge, MA.: Harvard University Press, 1993。

乌斯经典性地在《罗马十二帝王传》中进行了展示。其典型叙事结构为：首尾之处分别讲述传主的生与死，其间依照战争、内政、私生活等方面依类叙事。

罗马帝国晚期，随着基督教的兴起，宗教题材逐渐压倒了世俗题材，成为历史书写的核心内容。与之相应，基督教传记也逐渐取代了古典传记。基督教传记继承古典和犹太历史写作传统，分别发展出两类传记。其一是神职人员列传，其二为圣徒传（Hagiography）。神职人员列传又大抵可分为两小类，一类继承了古代哲人传写作传统，尤其是拉尔修（Diogenes Laertius）的《希腊名哲言行录》(De Vitis Philosophorum)。其早期名作为杰罗姆的《基督教名作家列传》(De Viris Illustribus)，以及塞维利亚的伊西多尔（Isidore of Seville）的同名作品。这些列传篇幅不长，关于个人生平的信息非常简短，而主要胪列传主的作品。

另一类则为教会领袖列传，包括主教和院长两大系列。其早期名作为成书于7世纪的《罗马教宗列传》(Liber Pontificalis)。这些列传一般也比较简要，关于传主的生平更是简短，主要是依类叙事，叙述教宗在位时的军国大事、传主的名言和作品以及如何处理教务，关于传主如何装点教堂的描写，甚至达到了不厌其烦的程度。到8世纪之后，每个教宗传的篇幅都大幅增加，但叙述格式则大体雷同。教宗利奥二世（Leo II，681—683年在位）的传记可以算是一个真正的转折点，传主的德行在开篇就有专门的交代，说传主"极其能说会道，在经书方面受过良好的教育，精通希腊语和拉丁语，尤其擅长唱诗和诗篇，辨析精辟。熟谙教育、经文记诵娴熟，提倡一切善功，了解民间疾苦，爱护穷人，因此不仅关心心灵的虔诚，也努力向学"[1]。这表达了人们对宗教政治领袖的期许。

在俗人传中，罗马皇帝君士坦丁一世的传记具有典范意义。君士坦丁往往被视为欧洲皈依基督教的关键性人物之一。君士坦丁不仅宽容基

---

[1] "XII Leo II", T. Mommsen ed., *Libri pontificalis*, pars I, Gestorum pontificum Romanorum, vol. I, MGH, Berlin: Weidmann, 1898, p. 200.

督教，而且在统治后期，越来越有意识地扶持基督教会，337年他临终前受洗。从此以后，几乎所有的罗马皇帝都是基督徒（除了叛教者朱利安皇帝之外）。在君士坦丁登基的纪念日，一直就有各种颂词被撰写并当众诵读，凯撒里亚主教尤西比乌斯也创作过类似的作品。在君士坦丁去世时，尤西比乌斯又创作了诔辞，并随后将其扩充发展为专门的传记。

在传记中，尤西比乌斯基于对君士坦丁的怀念和歌颂，总结了一套基督教君王的帝王之道。其核心价值观是统治者要成为"上帝之友"和"蒙上帝赐福之人"。因为他礼敬上帝，所以得到上帝的赐福，不仅使得他战胜对手，重新统一了罗马帝国，而且还让他的统治永恒持久，子孙顺利接掌帝国。借他之手，上帝使罗马帝国都礼敬上帝，而利用上帝的眷顾，如何使得整个世界都臣服于基督徒皇帝，并将基督教传播于天地之间，则是他的继承者们应该进一步承担的使命。① 传播信仰与获得统治权之间的关联，是尤西比乌斯观察到的基督教帝王伦理。这一政治伦理与古希腊的哲学王似乎有着千丝万缕的联系，但以基督教规范加以表现。帝王的首要德行是虔诚，礼敬教士，积极参加宗教仪式，慷慨捐献，照顾穷人、孤寡，并积极支持对外传教。

尤西比乌斯之后，古代罗马帝国再也没有专门的帝王传记。但历史写作也越来越采取帝王列传的形式，例如尤特罗庇乌斯的《罗马国史大纲》、维克多的《凯撒列传》等。这些历史叙事多为皇帝小传的汇编。尤特罗庇乌斯基本上从对内与对外两个方面对每位帝王进行评价。对内应维持和平，为了达成这一目标，帝王需要自我克制、奉公守法、慷慨大方、宽恕待人、知人善用等；对外不仅要扩张帝国，而且要怀柔远人，为此帝王须作战勇猛、严肃军纪等。

从历史长时段来看，随着基督教的兴起，俗人政治家必须称圣才能入传。此外，帝王诔辞仍然流行。罗马帝国晚期仍然有不少诔辞在帝王葬礼上宣讲，力颂帝王之德。例如米兰主教安布罗斯为提奥多西和瓦伦提

---

① 尤西比乌斯：《君士坦丁传》，林中泽译，北京：商务印书馆，2015年。

尼皇帝撰写了谀辞。此类作品的核心命题聚焦于战争胜利的根源在哪里。在他看来,罗马皇帝的胜利只能来自基督教信仰。① 安布罗斯的帝王之道,前承尤西比乌斯时代的主题,而继续与时俱进。总体来说,基督教帝王之道,还是以秉持基督教信仰为核心,偏重于帝王与基督教会的关系,而对于王国治理着墨并不多。

可能是由于这个原因,在中古早期传记(Vita)一词几乎成为圣徒的专享,与神职人员传记相分离。都尔主教格雷戈里写作了大量的圣徒传。他在《教父列传》(Liber Patrorum)中说:"我只记录那些发生在有福的殉道者和忏悔者的墓前的神圣的事情。"格雷戈里接下来讨论应该使用圣徒传(Vita)还是列传(Vitae)。② 事实上,所有非圣徒,包括教会领袖的传记,都没有使用"传"(Vita)这个字眼。例如上面提到的《罗马教宗列传》,又如比德所著《修道院长列传》。比德本人用的术语是"史"(Historia Abbatum)。因此,在约公元 400 年之后,俗人基本上失去了享有"传"的权利。但是在历史作品中,格雷戈里仍然以赞助教会为标准来衡量帝王的德行。虔诚皈依、积极听从教士的规劝、传播正统教义、扶植正统教会的克洛维被奉为法兰克王的典范。后来的墨洛温诸王则因为贪财好色,备受他的斥责。而且,帝王德行不足,内战频仍,只有理想的王后如克洛提尔德方能通过虔诚的祈祷,获得中保圣人的垂青,行奇迹阻止内战。

第二节 加洛林帝王传记的兴起

公元 800 年,查理曼在罗马加冕,成为罗马皇帝,但是无人为他作传。《法兰克王家年代记》基本上是以加洛林君王为中心,尤其是查理曼的行

---

① "Oration on the Death of Theodosius", trans. J. H. W. G. Liebeschuetz, *Ambrose of Milan: Political Letters and Speeches*, Liverpool: Liverpool University Press, 2005, pp. 174—203.

② "Gregorii Episcopi Turonensis *Liber Vitae Patrum*", W. Arndt & Br. Krusch eds., *Gregorii Turonensis Opera*, pars II, MGH, Hannover: Hahn, 1885, p. 662; James Edward trans., *Gregory of Tours: Life of the Fathers*, Liverpool: Liverpool University Press, 1991.

止,对他进行了热情的歌颂。但是,限于体例,不能对查理曼的性格和个人生活进行描写。在《法兰克王家年代记》的众多抄本中,有一些抄本偏向于将编年史与传记结合起来。例如 D1 本,即 Vindobonensis n. 473,抄录于 9 世纪,里面有些特别的插入语。在 768 年矮子丕平去世的那一年之末尾,插入"下面开始查理大帝和他的兄弟卡洛曼的事迹(Gesta)"①。该本在 814 年叙事之末,同样有插入语:"我主查理大帝和杰出的法兰克皇帝的事迹结束……查理大帝之子路易皇帝的事迹开始。"

不仅如此,这部手稿将传记与编年史混编一处,甚至将传记杂糅到编年史中。里面包含《罗马教宗列传》(*Gesta Pontificum Romanorum*,即 *Liber Pontificalis*);然后分别是《法兰克人史书》《弗莱德加编年史(续编)》《法兰克王家年代记》,在《法兰克王家年代记》的 814 年处,插入了《查理大帝传》的后半部分;另外还有《加洛林王室谱系》(*Genealogiam Domus Carolingicae*)。

类似的例子还有许多,例如 Vindobonensis n. 510 稿本,包括《查理大帝传》,然后是节录《法兰克王家年代记》。抄录于 10 世纪的 Petropolitanus L. F. Otd. IV. n. 4. 收入了《法兰克人史书》、《弗莱德加编年史(续编)》、《法兰克王家年代记》、《Bawaricos 编年史简本》(Bawaricos Breves)、《查理大帝传》、《路易皇帝传》(Vitam Hludowici)以及《法兰克诸王谱系》(Genealogiam Regum Francorum)。②

编年史从帝王纪年,改易为公元纪年。自上帝道成肉身以来多少年,成为每一年叙事之开始,而以帝王参加复活节、圣诞节等宗教仪式为叙事的终结。原本以军国大事为主,教会事务受到忽视的叙事结构得以改易。这些军国大事开始被纳入基督教的时间节奏和宗教仪式的框架之中。编年史的主要内容从讲述帝王功业,转化为帝王在教俗顾问们的协助之下,治理基督教社会。新的帝王传记与编年史在内容和形式上的界限淡化,

---

① F. Kurze & G. H. Pertz eds., *Annales Regni Francorum inde ab A. 741 usque ad A. 829*, A. 768, p. 26.

② Ibid., pp. x–xiii.

二者逐渐合流。

814年查理曼在亚琛去世，并无人为他作传。到了822年，查理曼的继承人虔诚者路易公开替父亲和自己忏悔。"是年，皇帝在与主教和他的贵族们商量如何处置他的兄弟们……决定公开忏悔和悔罪……无论是他本人还是他的父亲犯下的类似过错，虔诚地请求弥补。"①在这种情形之下，如何看待查理大帝的功过，成为热点政治问题。而且随着虔诚者路易的成功，新的帝王德行也随之兴起。如何看待查理曼的帝王之道，也备受关注。在这种政治文化背景之下，艾因哈德要"冒险"写作《查理大帝传》。

艾因哈德所针对的对手，应该是他不想冒犯的那些人："我不想冒犯那些对新的长篇叙事不耐烦的人们。但是无论如何，也要使这部新作避免冒犯这些人，因为他们对过去的作品和博学明辨之士的巨著也不甚耐烦。"②这些人大概对古典传记不太感冒。艾因哈德还提到了另外一个作家群体，他们喜欢在非传记作品中插入名人传记性质的内容，借此使自己的名字附骥于名人之尾，以便行远。这些人的存在，一方面表明俗人传的广阔潜在市场，以及帝王事迹与传记之间的密切联系；另一方面也表明这些人并不愿意去尝试独立的传记写作。而艾因哈德则准备单独写作这部传记，而且要用"西塞罗式的才华"来写作。换言之，他要竭尽所能地达到自己的传记写作目的。通过这两段文字，艾因哈德虽然旨在强调自己的独创性，却也暗示了俗人传记作品拥有广大的读者群。

或许因为艾因哈德的文学成就，他被推举代表一班老臣提笔写作。艾因哈德在生前，便以博学著称，死后很快就被尊称为"最为博学者"。若

---

① F. Kurze & G. H. Pertz eds., *Annales Regni Francorum inde ab A. 741 usque ad A. 829*, p. 158. 英译文请参考 B. W. Scholz & Barbara Rogers trans., *Carolingian Chronicles: Royal Frankish Annals & Nitshard's Histories*, Ann Arbor: The University of Michigan Press, 1970, p. 111. 中译文可参考陈文海译注：《法兰克王家年代记》，北京：人民出版社，2019年。

② G. H. Pertz & G. Waitz eds., *Einhardi Vita Karoli Magni*, p. 1. 英译文请参考 Thomas F. X. Noble trans., *Charlemagne and Louis the Pious: The Lives by Einhard, Notker, Ermold, Thegan and the Astronomer*, University Park: Pennsylvania State University Press, 2009, p. 22.

干年后瓦拉夫里德(Walahfrid Strabo)为《查理大帝传》作序的时候,不仅将艾因哈德视为查理曼治下文化繁荣时期最为著名的代表人物之一,而且也非常直白地表达了对艾因哈德参与虔诚者路易时期复杂政治斗争的赞许。"在更为奇怪的年代,即路易皇帝治下,充满各种动荡和衰败之时,在上帝眷顾之下,他以令人惊异的神赐之能自我保护,使自己熟练地保持尊贵的名誉,摆脱各种几乎无法补救的危险。"①接下来,瓦拉夫里德进一步表明自己如此言说的目的,即相信艾因哈德笔下的叙述属实:"我们不要对此有丝毫的怀疑。"②瓦拉夫里德承认,在虔诚者路易一派和艾因哈德一派关于查理大帝历史地位的文化较量中,他是站在艾因哈德这一边的。③

当艾因哈德使用了四百余年俗人不敢奢望的"传"作为书名的时候,他不仅将查理大帝媲美于古代罗马的神圣帝王,而且也将自己的恩主展现为圣徒一般。尽管书中没有奇迹,但却描述了一位勇猛而虔诚的大帝的完美人生和宗教生活。然而,没有缺陷的查理大帝与虔诚者路易承认父亲错误的历史观点,皆属各执一词。也正是这一完美形象,使得艾因哈德根本性地与他的模仿对象苏埃托尼乌斯区别开来。在苏埃托尼乌斯笔下,每位皇帝都是有瑕疵的,对每位帝王,廷臣苏埃托尼乌斯都不乏冷嘲热讽。因此,从写作形式上来说,《查理大帝传》模仿了《罗马十二帝王传》的格式,但是在写作目的方面,《查理大帝传》更多地沿袭了古代晚期的《君士坦丁传》《提奥多西皇帝诔辞》等基督教传记类作品的传统,更积极地接受中古早期圣徒传的影响,对传主进行毫无保留的赞美和歌颂。

但与早期基督教帝王传记类作品不同,艾因哈德对于信仰似乎并不

---

① F. Kurze & G. H. Pertz eds., *Annales regni Francorum inde ab A. 741 usque ad A. 829*, p. xxix.

② Ibid.

③ 瓦拉夫里德年轻的时候曾经将老师的作品译成韵文,即《韦提尼之梦》(*Visio Wettini*),其中暗示查理曼因为好色,死后被动物咬生殖器。Peter Godman, *Poetry of the Carolingian Renaissance*, London: Duckworth, 1985, pp. 214—215. 但是,诗歌其实是为查理曼辩解的。多谢刘寅提示我关注这一史料。

那么热衷。他对虔诚感兴趣,但是这只是帝王生活的一个方面,而且主要体现于查理曼的慷慨捐赠、对罗马教会的保护以及对罗马教宗的爱护和感情。帝王还需要在军事上作战勇猛并获得胜利。但与其说胜利来自信仰,毋宁说来自君王良好的军事素质与军事指挥才能。查理曼身上有古代罗马优秀帝王的一切品德和能力,加上虔诚的基督徒素质,似乎就构成了一个理想的基督教君主。

在特殊政治斗争形势下写作传记,也使得艾因哈德走向了赞美。出于捍卫查理大帝名誉的考虑,他拿起笔来。在他看来,捍卫查理大帝的最好策略,就是提供一部真实的传记。因此,在写作的过程中,他重视确立自己作为传记作者的权威性和真实性。他相信自己最有资格写作这部传记,没有人会比自己写得更加真实,因为"我当时在场并且确知,即所谓亲身经历"。在行文中,对于某些内容,他不想对其说什么的时候,例如对于查理曼的童年,他会说:"关于他的出生、婴儿或者孩提时代的事情,没有任何记录,而且能够提供信息的人也都作古。因此略过我所不知道的。"①

《查理大帝传》对于查理个人的某些缺陷,加以刻意维护。例如,查理曼好色,也不将女儿们嫁出宫廷,导致女儿有私生子,闹出宫廷丑闻。艾因哈德则说,查理曼这么做是出于对女儿们的深爱,舍不得她们。当提及发生的两次叛乱时,艾因哈德将责任推到了皇后的身上,认为是由于"妻子的残忍"(uxoris crudelitati)所致。因此,对于他的这部传记,史家应该保持适当的警惕。作品中也包含着政治派别的利益诉求,虽然作者标榜其是真实的。

在艾因哈德的笔下,查理曼被描绘成世人难以企及的帝王。但是,也就是这场政治变革,使得帝王先被"圣徒化",具有优秀帝王所需要的一切美德以及虔诚的信仰,此后才有可能具备获得传记的资格。帝王重新成为传主,是以皇帝改换其政治职能为前提的。皇帝需要从军事领袖转化

---

① 本段引文皆出自 F. Kurze & G. H. Pertz eds., *Annales regni Francorum inde ab A. 741 usque ad A. 829*, p. xxix. 关于其不实之处,请参考 Janet Nelson, "Writing Early Medieval Biography", *History Workshop Journal*, vol. 50, issue 1 (October, 2000), pp. 129−136.

为捍卫教会、虔诚信仰、听从教会教导的基督教君王。艾因哈德总结说，作为帝王，查理曼有他的治国之道。对外一方面要扩张疆土，为此查理曼具有坚强的意志和毅力，不获胜绝不罢休；另一方面是要慷慨大度，提升自己和王国的国际荣耀。对内兴建工程，方便交通，并做好一应的防御工作。除了作为帝王之外，查理曼还是一家之长，照顾着成群的妻妾和儿女。他不仅让儿子熟悉法兰克的贵族传统技艺，让女儿们学会持家，而且还以身作则，他虔诚慷慨，重友谊亲情，教俗合作愉快，处事决断明快。加洛林家族这一古老的法兰克名门贵胄，在查理曼的带领下，空前繁盛。通过谨慎的安排，查理曼将家族顺利平稳地传承给儿子虔诚者路易。

虔诚者路易在820年代的变革非常成功，但也为他的统治发生转折埋下了伏笔。从830年开始，他的统治时期充满了纷争和内乱。这种两极化的统治经历反映了虔诚者路易的政治改革非同寻常。这种政治变革不仅刺激了艾因哈德写作《查理大帝传》，也刺激了其他作家写作虔诚者路易的传记，即特甘（Thegan）的《路易皇帝传》（*Gesta Imperatoris Hludovici*）和所谓"天文学家"（Astronomer）所写的《路易皇帝传》（*Vita Imperatoris Hludovici*）。至于埃尔莫尔德（Ermoldus）的长篇颂诗《路易礼赞》（*Carmina in Honorem Hluduvici*），模仿罗马帝国晚期的帝王颂诗，为特定的庆祝仪式而创作，限于体裁，这里略过。

特甘的传记作于830年代，从虔诚者路易出生，大体按照编年的顺序，叙事至他统治的第22年（835）止。很明显，作者深受圣徒传的影响。传记开篇套用圣徒传的一贯叙事套路，强调传主天生就会成为圣徒。他强调，虔诚者路易从小就"敬畏并爱上帝"，在行文终结之时，这种意图更是表露无遗，他说："这是无比虔诚的皇帝路易治下第22年。愿永远受到礼拜的主，保佑和保护他在世时统治长久；在此生结束之后，接引他进入圣徒的行列。阿门！"[①]

[①] Ernst Tremp ed., *Thegan: Die Taten Kaiser Ludwigs; Astronomus: Das Leben Kaiser Ludwigs*, MGH, Hannover: Hahn, 1995, p. 277.

从内容来看,特甘似乎也深受艾因哈德的影响。例如开篇提供了加洛林家族的谱系,但与艾因哈德强调其家族权势略有不同,他看重的是虔诚,将梅斯主教圣阿努尔夫(St. Arnulf)作为最早的祖先。再如,他也特地交代虔诚者路易的容貌特征,以及如何治理帝国。然而,与艾因哈德突出查理大帝的文治武功不同,特甘强调的是查理大帝以宗教虔诚治国和善选政策顾问。

虽然还是讲述帝王的一生,但是从体裁上,特甘进行了大胆的革新。他基本按照编年的顺序安排叙事。这一点业已为斯特拉波所注意到。特甘所用的时间顺序很独特,他首先将查理曼去世的年代用当时正在流行开来的基督纪年(公元纪年的前身)加以确定,即公元813年。此后他基本按照虔诚者路易的统治年数进行纪年,直至其统治的第22年。但是在行文中,他并没有给出每年的基督纪年,而是使用"下一年"来联络。这说明,在传记中,基督纪年还主要是表述历史事件的时间坐标,尚未成为纪年方式。

至于为什么特甘要做出如此重大的改变,似乎并没有直接的证据。可能性的考虑包括:第一,诚如作者的书名所示,他并不是要写作类似于《查理大帝传》的传记,而是写作帝王事迹(Gesta)。① 第二,虔诚者路易还在统治大位上,人生尚未结束。采用传记体裁不太合适。第三,可能作者想强调虔诚者路易继承了查理曼的政策。他开篇即说明,虔诚者路易是诸子之中最像查理大帝的儿子,暗示他注定要继承大统,成为帝国的皇帝。接着讲述在查理曼去世前一年,虔诚者路易到查理曼的宫廷之中,耐心听取查理曼传授治国之道。随后讲到查理曼去世,虔诚者路易如何忠实执行查理曼的遗嘱。之后的叙事中,虔诚者路易年复一年,似乎没有什么改弦易辙之处,直到行文结束。可以说,特甘对虔诚者路易的政策以及因袭乃父的政策,与艾因哈德的立场较为接近。或许这也是斯特拉波称

---

① 关于书名的讨论,请参考 Ernst Tremp ed., *Thegan: Die Taten Kaiser Ludwigs; Astronomus: Das Leben Kaiser Ludwigs*, pp.12—14。

赞他的描述"信实"的原因。

大约十年之后,"天文学家"采用编年体写作了一部更为详尽的《路易皇帝传》,叙述了虔诚者路易的一生。在前言中,他明确表示要写作路易皇帝的"事迹"和"生平"。在前言之后,他先简短地交代查理曼为基督教世界建立了帝国,然后从虔诚者路易的出生讲起,是年为基督第778年。这也是此书中出现的唯一一次公元纪年。与特甘相似,"天文学家"也是用基督纪年作为历史事件的时间坐标,此后较为严格地按照时间的先后顺序,叙事直至路易去世。与特甘一样,他也用"下一年"来联络全文。这部传记的出现,使得特甘的作品具有某种中间状态的特征——从艾因哈德的"依类叙事"到"天文学家"的编年体传记的过渡性作品。

但是,"天文学家"所展现的虔诚者路易的形象,却与特甘所言非常不同。有时更与《查理大帝传》针锋相对,反映出他对路易的改革政策的基本认同。他并不强调查理曼对路易的训导,而是说明路易独自统治阿奎丹王国,深受查理曼的首肯和赞同。路易继承大统之前的事迹竟然占到全书三分之一的篇幅。当查理曼去世之后,"天文学家"说明路易继位之不易,而非如特甘所言的众望所归。入主亚琛皇宫之后,路易虽然也执行查理曼的遗嘱,但却有所保留,自作主张将皇室用品扣留下来。不仅如此,他还一改查理曼的政策,将他所有的宫廷女子驱逐出宫,将自己的姐妹们遣送到查理曼遗留的相应地产上。虔诚者路易似乎依靠自己个人的努力,勇敢担当,最终成为有鲜明统治风格的皇帝。

因此,查理曼并不是路易心目中的模仿对象,他的模仿对象是他的叔祖父、矮子丕平的兄弟卡洛曼(Carlomann)。卡洛曼在统治了约七年之后,便前往罗马,削发为僧修行去了。作者说,当查理曼尚在统治大位上,路易还在阿奎丹王宫的时候,就"想仿效叔祖父卡洛曼的光辉榜样,去过崇高的修士生活"[①]。而这位卡洛曼不在特甘所列的加洛林家族谱系之

---

① E. Tremp ed., *Thegan: Die Taten Kaiser Ludwigs*; *Astronomus: Das Leben Kaiser Ludwigs*, p. 336.

中。在"天文学家"笔下,虔诚者路易就是一位虔诚无比的皇帝,乃至身披皇袍的修士。

编年体也许特别适合"天文学家"的写作意图。他似乎想表现一位生活极其富有规律的帝王。自路易继承皇位之后,他每年的生活行止非常有规律。一般春季开大会,安排国家大事,并派遣军队或者使节;秋冬季打猎。这样一位生活有规律的、羡慕修士生活的圣洁皇帝,似乎也应该像修士那样,安享心灵的平静和天下太平。但是事与愿违,"魔鬼却不能忍受皇帝的圣洁和虔敬,而是处处压迫他,煽动各级教会人士攻击他。魔鬼正是要与他作对,用尽心力假手于皇帝的亲随来伤害这位基督的勇敢战士"①。因此,不断发生各种意想不到的"事情",从而中断这种有规律的宁静生活。似乎路易统治后期的动荡不宁与皇帝有规律的虔诚生活形成强烈对比,从而表明皇帝不是导致政局动荡的原因。年复一年的重复,不仅表明了圣洁皇帝与魔鬼的反复战斗,而且构成了行文的紧张关系,让读者在习以为常和突发灾难之间不断往返。以这种方式,通过编年史叙事,"天文学家"从独特的角度塑造了一位令人印象深刻的虔诚皇帝的形象,实现了传记刻画人物性格的目的。

在帝王传记中的虔诚者路易具有其丰富的多面性,不同的史家和廷臣会提供不同的虔诚者路易的形象。我们得将这些丰富的形象进一步与帝王的自我认同进行比较,方可更加全面地了解加洛林时期的帝王之道。

第三节 虔诚者路易的帝王之道

虔诚者路易是查理曼与希尔德嘉德王后所生三男中最幼者,他还有两位亲兄弟,分别是小查理和卡洛曼。当路易刚出生的时候,查理曼就联系罗马教宗哈德良,计划到罗马去一趟,让教宗给路易施洗。但不知由于

---

① E. Tremp ed., *Thegan*: *Die Taten Kaiser Ludwigs*; *Astronomus*: *Das Leben Kaiser Ludwigs*, pp. 378—380.

什么缘故,查理曼未能立即成行,对此,教宗哈德良还写信给查理曼,表示自己的失望。但到781年路易4岁的时候,查理曼最终带着路易和他的二哥——6岁的卡洛曼来到罗马,让哈德良为两位王子施洗,将卡洛曼改名为丕平,并分别膏立兄弟俩为意大利王和阿奎丹王。随后路易就在查理曼安排的廷臣们的簇拥下远离父母,来到了封国,独立承担起捍卫帝国西南部边疆的重任。

来到阿奎丹之后的虔诚者路易,表现出非常强烈的好学精神,查理曼的大谋士——来自不列颠的阿尔昆为我们提供了令人印象深刻的证言。阿尔昆在800年写信祝贺路易的大哥小查理在罗马被教宗利奥三世膏立为法兰克王的时候,曾建议这位新法兰克王要善于学习,听从顾问们的建议。在这封信件的末尾,阿尔昆如是写道:"我会经常将建议的短柬寄呈给您,一如您那高贵的弟弟路易请我经常把教导的书信寄给他一般。我按照上帝的意愿向他提出的劝谏和进言,他都谦卑地加以阅读。"①

阿尔昆给小查理提供的帝王之道并不深奥,总结起来大体有如下几点。第一是追随他的父亲查理曼,时刻牢记上帝的荣耀,以便获得上帝的恩典和祝福;第二是保护弱小者,不允许法官受贿和收取额外的报酬;第三是礼敬真正的基督的仆人,远离那些披着羊皮的豺狼和马屁精;第四是要谨言慎行,将希望寄托在上帝的身上。

虔诚者路易好学,其结果之一便是催生了西欧中古时期的第一部帝王镜鉴类作品——《王道》。虽然作者是匿名的,针对的对象没有专门点明,但学术界判断,最有可能的作者是圣米哈伊尔修道院院长阿玛兰德,而且应该是为虔诚者路易而作。该书分成36节,每节讨论帝王的一种美德,分别是:爱上帝和邻居、恪守上帝的戒律、敬畏、智慧、谨慎、诚实、宽容、公正、决断、怜悯、观其行、什一税、天上的财宝、侍死如生储财于天、不敬、敬圣德、安宁、正行、仁慈、纳谏、约束狂傲之辈、觊觎、不以恶报恶、释

---

① "Alcuini epistola", Ernest Dümmler ed., *Epistolae Carolini aevi*, tomus II, No. 188, p. 316.

怒、摒弃诌媚者、制服贪欲、戒夺取他人财物营建宫室、不得受贿以致宣判不公、不得度量衡不均、禁奴役、公平对待仆役、哪种人可得上帝保佑、哪种人会遭上帝惩罚、上帝赐予胜利、安享天堂以及祈祷。①

　　阿玛兰德所理解的王道，是一种隐喻，指通向天国的道路。作为肉食者的国王，为了踏上王道，必得模仿素食者，在言行上培养诸多美德，践行王道，如此不仅能国泰民安，而且可以获得永恒的天国。王道是一种人生的生活方式和修炼，重在立德。从这个角度而言，王道不过是完美人生在国王身上的一种缩略版，这种完美人生完整版来自素食者，即修道士的理想人生。因此，阿玛兰德的《王道》也是《修士冠冕》的缩略版。《修士冠冕》是指导修士生活的小册子，凡100节，从各个方面讨论了理想的修士生活，即修士如何获得永恒的天国。作为通向天国的王道，属于获得永恒天国的一种特殊方式，其根基在于基督教修行。因此，《王道》全篇几乎就是观点加上《圣经》的引文。从这个角度而言，《王道》是生活在修道院高墙之内的修士对于国王人生的一种规劝和建议，理想性色彩极浓。

　　其实在阿玛兰德的《王道》之前，还有理想色彩浓厚，但从批判角度批评罗马帝国的类似作品。例如前文曾提及的马赛教士萨尔维安，在西部罗马帝国消失前夕，草拟长篇作品《论上帝的统治》。作者通过比较蛮族与基督教罗马人，批判了罗马官员尤其是市议员的贪婪，以及由此导致的横征暴敛和社会不公。少数人的腐败使得大多数人穷困不堪，甚至不得不逃入蛮族统治地区。萨尔维安从消极的角度，说明了因为信仰的不纯和不道德的生活，上帝对罗马人施加了惩罚。"罗马人彼此相斗，哪个公民不妒忌？又有哪位公民帮助邻居？"更为糟糕的是即使亲戚之间，也彼此冷漠，似乎只有变得邪恶才能使生活有保障。作为补救，罗马人必须改

---

① Roland Black,"Royal Advice and Religious Authority in Smaragdus of St. Mihiel's Via regia: An Analysis and Critical Edition"(2016), Western Michigan University Master's Theses, p. 679, https://scholarworks.wmich.edu/cgi/viewcontent.cgi?article=1689&context=masters_theses, 访问日期：2022年10月5日。

弦更张,过上虔诚的生活。①

虔诚者路易自幼便独立执掌王权,在边疆长期摸爬滚打,具有极其丰富的统治经验,深知如何协调基督教道德规范与国家治理的实际。《806年分国诏书》几乎将他治理的王国扩大了一倍:"整个阿奎丹和除了都尔城外的加斯科尼地区,以及从那里往西和往西班牙去的所有地区,从位于卢瓦河上的纳韦尔城(Nivernis)以及纳韦尔区、阿瓦隆(Avalensem)区、奥克苏瓦(Alsensem)区、夏龙(Cabilionensem)区、马孔(Matisconensem)区、里昂(Lugdunensem)、萨沃伊(Saboiam)、莫里耶讷(Moriennam)、塔朗斯泰(Tarentasiam)、瑟尼山口(Cinisium)、苏萨(Segusianam)山谷直到阿尔卑斯山诸山口,从那里沿意大利阿尔卑斯山脉的界线直到大海,这些地区及其所属城市,以及一切向南、向西直抵大海或者直抵西班牙的部分,即勃艮第部分地区、普罗旺斯、塞普提曼尼亚和哥特地(Gothiam),我将这部分分配给我的爱子路易。"②

尽管如此,路易仍然不过是地处边地的封国之君,帝国的核心地区归大哥小查理继承。但4年之后,小查理去世,再一年二哥意大利王丕平去世。812年查理曼的帝号最终获得拜占庭帝国皇帝的认可。813年,虔诚者路易被父亲召请到亚琛王宫,经过全国会议商议通过,他被立为父亲的"共治者"。次年年初,查理曼去世。虔诚者路易接管亚琛王宫,成为皇帝。

虔诚者路易感到"天命攸归"(divina ordinante providential imperator augustus),自在情理之中。他自称:"当我的父亲离开人世之时,尽管我不值一提,但神意提拔我统治帝国,从我一出生就受基督的感召渴望敬神,并在神的支持下得以成功。"③因此,他上台之后,积极召开宗教会议,于

---

① Salvien de Marseille, *De Gubernatione Dei*, *Salvien de Marseille Œuvres*, tome II, trans. Georges Lagarrigue, lib. V, 16, Paris: Edition du Cerf, 1971—1975, p. 322.

② "Divisio regnorum 806", Alfred Boretius ed., *Capitularia regum Francorum*, tomus I, No. 45, p. 127.

③ "Hludowici prooemium generale ad capitularia tam ecclesiastica quam mundane", Alfred Boretius ed., *Capitularia regum Francorum*, tomus I, No. 137, p. 274.

816年和817年在亚琛召集教士和修道院院长大会,开展教会改革。近年来,关于虔诚者路易如何在教会贵族的出谋划策之下,将治国原则基督教化,已经有了非常深入的研究。米哈伊尔·摩尔在最新的总结性作品中指出,虔诚者路易即位后,听取深受西班牙基督教传统文化影响的教士们的建议,服膺并维护基督教信仰的大一统原则,维持帝国的统一性,视王国为基督徒的王国,将施政策略的根本原则确立为保护穷人,从而大力融合教俗两界,使其合一,以便在自己的统治下实现美好的神圣王国。①

摩尔的结论具有启发性,他从正面积极评价了虔诚者路易王国治理中的基督教化色彩。但是,我们还需要结合当时的政治决策机制和政策实施方式,进行更加全面的讨论。宗教会议是加洛林时期非常有特色的一项重要政治制度,也确实有力地推动了基督教教义对王国治理的指导作用。但宗教会议与王国大会是两个独立的会议制度,例如813年,查理曼召集王国大会确立虔诚者路易为帝国的共治者。但随后下令在5座城市分别召集宗教会议,"矫正整个高卢地区的教会事务"②。只有王国会议通过的决议才会以敕令的形式,承载适用于王国所有臣民的政策。但诚如摩尔所言,基督教会是理解虔诚者路易王国治理策略的一把锁匙。

虔诚者路易建立神圣帝国的意愿也非常强烈。他甚至开创性地引入了"忏悔"这一教会仪式,作为帝国治理的一种工具,并于822年亲自实行,"公开认错并做了悔罪",也"非常虔诚地做了弥补"。③ 但这并不必然意味着帝国治理就像治理教会一样。例如,基督教会强调兄弟之爱,阿玛兰德的王道第一条原则就是爱上帝和邻居。在虔诚者路易成为帝国共治

---

① Michael Edward Moore, *A Sacred Kingdom*:*Bishops and the Rise of Frankish Kingship*, 300—850, Washington, D. C.:The Catholic University of America Press, 2011.

② F. Kurze & G. H. Pertz eds., *Annales regni Francorum inde ab A. 741 usque ad A. 829*, A. 813, p. 138.

③ Ibid., A. 822, p. 158.

者的同时,他的父亲查理曼也同时立路易的侄子、意大利王丕平的儿子伯纳德为意大利王。在查理曼去世时,伯纳德尚未成年,他于814年应召前往亚琛,对叔父称臣。回来后,用虔诚者路易的帝号纪年,并在此后年年朝觐。① 但在817年,虔诚者路易在所谓"天意的"名义下,突然公布帝国继承方案,剥夺了伯纳德将王国传承给自己后人的机会,接着又以伯纳德叛乱的名义征集大军南征。伯纳德北上投降之后,又被判处大逆罪,刺瞎双眼,因此而亡。822年,虔诚者路易为此举行忏悔。从这个角度而言,基督教仪式被用作巩固王国团结的工具,但这并不意味着虔诚者路易就不再手足相残,相反,830年之后的十年中,他一直在与儿子们展开激烈的内战。

虔诚者路易的统治鲜明地展示了治理理论与实践之间的张力。虔诚者路易特别服膺基督教的一套政治哲学,认为人的一生不过如人间之过客,而且得在末日审判时为自己的所作所为负责。作为帝王,虔诚者路易与所有信徒平等,但其统治责任更为重大,因此要夙兴夜寐,兢兢业业。一方面他要尽力帮助那些好人,另一方面要弥补不足,以便实现公平的统治。为此他对自己的道德修养提出了很高的要求——"正义、虔诚和谦卑"。以这些美德配上苦干和良好的治国原则,虔诚者路易便可以达成基督教的政治目标——"以便我配得上与上帝一起永远统治"②。

备受"天意攸归"鼓舞的虔诚者路易具有强烈的使命感,决心让自己成为建设理想政治的"第一推动力"。他说:"尽管我个人要对治理负起最大的责任,但是,神的权威和人的命令,必须适当地加以分割,以便你们每个人在你们的位置和级别上要分担一部分我的管理之责;因此很明显,我应该是你们所有人的督促者,而你们所有人都应做我的助手。事实上我既没有忽略你们每个人应尽的那份职责,我也没有坐视,而是根据你们的

---

① Johann F. Böhmer, Engelbert Mühlbacher & Johan Lechner eds., *Die Regesten des Kaiserreichs unter den Karolingern*: 751—918, p. 232.

② "Hludowici prooemium generale ad capitularia tam ecclesiastica quam mundane", Alfred Boretius ed., *Capitularia regum Francorum*, tomus I, No. 137, pp. 273—275.

职责来督促你们每个人。"①

　　这位雄心勃勃的皇帝,把治理的重点放在了严明法制上,每年召集全国大会和宗教大会,讨论出台各种政策法规。"在全体投票和全体同意的前提下咨询各个等级,哪些规则适合于在堂修士,哪些又是修士该恪守的;哪些民法要增补,哪些敕令待添补;我们要将它们记录在案并逐一发布给每个等级的臣民,在上帝的同意下,既要考虑到现在,也要考虑到将来,以便它们能够永远原封不动地被保留下去。"②

　　跟所有中古早期西欧的君王一样,虔诚者路易并不拥有复杂的中央官僚系统。除了管理宫廷及国王地产的仆役之外,最为重要的官员就是自己的中书省属员。他们负责出谋划策并处理各种文书的上传下达,职责最为繁忙。为确保令行禁止,虔诚者路易决心确保文件下发到各级管理人员的手中。"我希望,在不同时间由我的忠臣们协商之后由我发布的敕令,来自各大城市的大主教和他们的伯爵们,或者本人或者通过我的巡察钦差从我的中书令那里得到相关文件。通过各主教区这些文件进一步被抄送给其他主教、院长、伯爵和我的其他忠臣。伯爵要当着大家的面宣读文件,以便我们的规定和意愿能为所有人知晓。请我的中书令记下取得了敕令文本的所有主教和伯爵的名字,报送给我,以便我确知没有遗漏。"③

　　虽然没有庞大的中央官僚群体,但如中古早期的蛮族君王一样,虔诚者路易拥有巡察钦差队伍,他们被派往帝国各地,负责督察地方执行宫廷政策的情况。调查的事项格外细致,所以,虔诚者路易的巡察钦差队伍格外庞大。虔诚者路易别出心裁地将巡察钦差评价各地社会生活状况的标

---

　　① "Admonitio ad omnes regni ordines", Alfred Boretius ed., *Capitularia regum Francorum*, tomus I, No. 150, p. 303.

　　② "Hludowici prooemium generale ad capitularia tam ecclesiastica quam mundane", Alfred Boretius ed., *Capitularia regum Francorum*, tomus I, No. 137, p. 275.

　　③ 如果不单独注出,本书以下引文皆来自虔诚者路易于 823—825 年颁发的《致各阶层的训示》。"Admonitio ad omnes regni ordines", Alfred Boretius ed., *Capitularia regum Francorum*, tomus I, No. 150, pp. 304—307.

准分为三种：开局良好者、意愿良好但处置不当者以及缺乏必备条件者。"开局良好者，在上帝帮助下会有良好的结果；如果有良好意愿但因处置不当导致了各种挫折，请仔细检查并尽可能地有针对性地改正；如果缺少所需之物，在上帝的帮助下加以搜寻并加以获得。这样我们的工作就不会被任何人理直气壮地加以指责，现在和将来大家就会得到许多救赎并维持稳定。"①

巡察钦差广泛调查的目的有两个：看教会是否得到了保护和人民是否得到安宁和正义。"保护和改善上帝的神圣教会及其所有仆人的原则要得到彻底的维护，我治下的全体人民要恪守安宁与确保权益。"以便所有人都生活在"友爱和安宁"之中。为此虔诚者路易要求所有臣民都要坚决服从并积极协助巡察钦差的工作。"出于对我的敬重，所有人都要坚决遵守我的通令（generalem iussionem），对于我们派出的执行涉及教会、公共利益和私人利益的任何公务的巡察钦差，你们要礼敬；出于尊重我的权威，我所命令的一切事项皆由他们贯彻，你们都要不加疏忽地执行。"

调查的方式，就是由巡察钦差咨询各种人员，让他们彼此互相做证，保证得到真实的调查结果。"通过共同的证词，即主教为伯爵提供证词，伯爵为主教提供证词，以便知晓伯爵们是否认真地履行了正义，主教是否虔诚地生活和布道。通过他们双方的报告了解他们所属的其他忠臣们是否实现了平等、安宁与和谐。同理，我希望，当我问及公共关系和状况时，所有人要为他们（主教和伯爵），他们也为所有人提供真实的证言。"

因此，要调查的对象包括所有人，但重点是各级管理人员。对于各种教会组织的管理人员，要调查他们是否积极地管理辖区的宗教生活。首先是主教："主教们的专门职责是承担起做圣事的表率作用，从事宗教管理，过着良好的生活以及正确地布道，为托付给他照顾的人民提供生活的榜样；在他管辖教区里的修道院也要恪守神圣的宗教，确保认真按照其誓

---

① "Hludowici prooemium generale ad capitularia tam ecclesiastica quam mundane", Alfred Boretius ed., *Capitularia regum Francorum*, tomus I, No. 137, pp. 274—275.

言生活的每个修士都受到了照料。"

其次是隶属于主教的神职人员。"你们要满怀热情,教导他们当如何生活,并让他们为隶属于他们的人民提供言行上的良好榜样。你们须精心教导和督促,如果他们愿意上进,你们要以你们的主教权威加以培养;如果他们中有人受到人民的公正抱怨,你们不要忽视,须以合适的行为规范加以矫正。"除了做生活的榜样,基层神职人员的主要职责是维持好自己管理的教堂。他们的主要任务也很具体,就是"在经济条件许可的前提下修理教堂和为教堂提供照明"。为此虔诚者路易要求主教们"应该加以精心调查;要阻止他人,以免支付教堂照明的地产被他们取得,以致你们和你们的主祭从这些地产上一无所得"。不仅如此,教士们还受到鼓励,努力经营地产:"要积极照料所得地产以便出产更多,你们当努力提高其产出,并使之用于修理教堂和为教堂提供照明。"

主教的另外一项重要职责就是兴办教育。"要在学校里合理地教育教会的孩子们和管理人员;如果教师出现空缺,就要为了公益和个人的完善,任用新的教师。"

巡察钦差调查的另一个重点对象是伯爵。虔诚者路易要求伯爵们恪守治理的原则,与当地主教合作,以便切实执行自己所吩咐的任务。"你们要恪于职守,礼敬上帝神圣教会的荣誉,与你们的主教团结一致地生活,你们要始终对他们的管理提供建议,以便通过你们的管理,我们为他们提供安宁和正义;而且以我的公共权威宣布须公开贯彻的事项,你们都要加以注意,以便能够精心贯彻。"

伯爵的主要管理内容是司法。虔诚者路易要求他们司法公正,不畏强权。"在和平时履行正义,在上帝和人前你们要好好表现,以便确实配得上做我的真正助手和人民的照顾者。不论由于接受贿赂,抑或出于友谊和憎恨,还是表达敬畏和感恩,都不能使你们从正道上偏离,而是要在邻里之间进行公平的审理。你们要尽你们所能地帮助和保护孤儿寡母和其他穷人,礼敬神圣教会及其仆人。对于那些恐吓、威胁并偷窃、抢劫、强奸、扰乱人民的公共安全(commune pacem)的人,你们要努力加以制止和纠正。如果有人以其他方式妨碍你们,使得你们不能完成我的吩咐,你们要及时禀告我,以便在我的权威帮助下你们能够得体地完成你们的职责。"

第三类考察对象是平信徒。虔诚者路易对他们的期待就是服从,服从主教,服从伯爵。平信徒"要保持教会的荣誉(honorem ecclesiasticum)、礼敬主教和上帝的教士,对他们的布道要虔诚地接受。教士指定的斋戒规定,(平信徒)要充满敬意地恪守,并教导和督促你们的手下加以恪守。按照规定应该进行礼拜的礼拜日,你们要努力全部恪守。在那一天伯爵们要禁止交易和打官司,以便大家能抽出时间出席"。

尽管虔诚者路易标榜自己效法乃父,他也很慷慨大方,但他应该是中古时期第一位控制货币发行的西方君王。他取消了众多城市的铸币特权,只保留了一座。此外,在接待外交特使的驿站的建设和维持并保护外交使节的安全、对税卡的设置和管理、桥梁的维修、九一税和什一税,以及行军途中的司法争讼等方面,虔诚者路易都做了具体的规定。

巡察钦差分享了虔诚者路易的帝王权威,对于无法处理的案件,他们得马上报送给虔诚者路易,请他亲自做出裁决。我们可以通过一份这样的裁决来了解虔诚者路易的帝王之道。

1. 永远祝福祈祷者。

2. 对于杰伊尔弗里德(Gehirfred)主教向柳特里古斯(Liutrigus)伯爵索要的房舍:如果我的巡察钦差发现主教拥有权利,则不得允许柳特里古斯以查理老爷的权利证书妨碍主教的权利。

3. 关于奥塔利乌斯(Autharius)伯爵想拥有的林地,据说起初并不存在过:我希望我的巡察钦差调查该财产的真相,依据他们发现的真相凭借我的权威加以裁决。

4. 关于罗特蒙德(Hruotmund)伯爵的事由:由他在宫中发誓,为了完成我交付的任务,他不能参加在家乡召开的会议(palcitum)。

5. 关于提供证词的两位妇女,应该询问海密努斯(Heiminus,主教)和莫洛阿尔德(Monoaldus),她们到底是隶属于教会还是王室。

6. 要询问侍酒官（Buticularius, picernis）奥托（Odo）有关他的林地的状况。

7. 关于在边区交给博索之子和其他人的财产：我希望接受者应获得他们的权利证书并得到确认。

8. 关于某位女士交给（查理曼的）王后希尔德嘉尔德的财产，她自己保留的那一部分据说被不当剥夺了：我希望你们找到转让特许状并加以检视，看她是否应该持有，然后再作决定。

9. 关于赫利扎卡尔（Helisachar）和海密努斯之间关于马基纳里乌姆（Maginarium）的争议：我希望我的巡察钦差依法公平裁决。

10. 关于希尔德布兰德（Hildebrand）伯爵的争议，他辖下的村庄拒绝提供驿马：我希望我的巡察钦差调查该伯爵区的居民和邻近的伯爵们，如果证明他应该提供驿马，他们就应该指示他按照我的指令提供驿马。①

这份敕令是虔诚者路易给巡察钦差的答复，被作为附录收入著名的《条令汇编》中。安瑟吉（Ansegisus）是丰特奈尔修道院院长，823年他接替艾因哈德出任院长。在随后的几年里，他编订了这部敕令集。安瑟吉所收录的虔诚者路易之批复生动地揭示了虔诚者路易如何治理国家。从答复的内容来看，虔诚者路易治理的实际内容聚焦于财产纠纷。从这个角度而言，虔诚者路易相当于最高人民法院院长。这种形象远绍古代罗马帝王，近承加洛林先公先王。

在查理曼统治后期，他开始注意文治。学术界对于查理曼开始这种转变的年代有争议。以冈绍夫为代表的学者倾向于称帝带动了文治的展开。近年来则有越来越多的学者认为自790年代，随着查理曼大规模向外扩张的中止，王国治理从集中于武功转向于文治。尽管具体年代不易确定，但查理曼晚年确实开始大力推动教会改革，以便带动臣民奔向"上

---

① Gerhard Schmitz ed., *Collectio capitularium Ansegisi*, MGH. Capit. N. S., Hannover: Hahn, 1996, pp. 680-681.

帝之城"。从这个角度而言，喜欢倾听教会领袖教诲、努力学习王道的虔诚者路易最终得以独自继承帝位，确实颇有点"天命攸归"的必然性。

虔诚者路易继续推动改革，除了沿着父亲开辟的政治方向，建设一个"互相友爱、安宁"的王国之外，他还有着强烈的神圣使命感和与之伴随的强烈的历史紧迫感。在要见上帝的时候，虔诚者路易认为自己要为自己和臣民的所作所为负责。为此虔诚者路易在身边团结了一大批教会的有志之士，马不停蹄地召集会议，出台各种政策，并经全国大会确立为法令，以敕令的形式下发。这些日新月异的王国法令，旨在保护教会、保护穷人、推动司法公正。

为了确保新的政策人所共知，他下令及时发布相应的敕令文本，重要贵族人手一份，伯爵要当众宣读，以便普通人了解新的法令。为了检验地方上贯彻落实的效果，虔诚者路易派出大量的巡察钦差，一个地方不漏地进行督察。根据钦差们的汇报，虔诚者路易及时反馈，并随时将新的决策法制化。因此，他的敕令往往都相互联系，下一个敕令经常包含上一个敕令中的某些内容，或者依据新的形势和经验做出调整，或者针对有令不行的状况，加以重申。虔诚者路易的政策具有很强的即时性和连续性。

虔诚者路易的改革目标是建立善治，目标直指人心。因此他也主要依托于教会来实现善治。主教、院长是治理的主力，他们不仅贯彻和落实政策，而且也是辖区人民生活良好的榜样。伯爵不仅是协助教会管理人员的得力助手，而且也得为辖区平信徒提供帮助，做保护教会的榜样。而平信徒则人人有责，积极配合各级管理人员的指导和督促，力争成为乐于受教、自觉守法的好信徒。巡察钦差既是帝王与臣民联络的纽带，是确保这一治理体系运作良好的帝王之手，赏善罚恶，也充当帝王之耳目的功能，帮助宫廷中的帝王及时了解下情、政策的落实情况以及对政策的反馈。这套治理系统，最终的保障是虔诚者路易，尤其是他本人要做善治的表率。

因为是借鉴自教会治理体系，如同教会治理一样，这套王国治理方略和系统的运作，端赖作为枢纽的帝王自身的人品和德行。正如阿玛兰德

第十章 保护穷人：加洛林王朝的帝王之道 329

在《王道》中所揭示的那样，这套体系发源于修士，只有具备修士之德的帝王才能驾驭这套体系。这就是为什么虔诚者路易最想效法的家族祖先是出家修行的伯祖父卡洛曼。这种帝王之德是一种修士之德，所以带有浓厚的激进主义色彩。但其实虔诚者路易在丧偶之后，不仅再娶，而且还为此公开举办选美活动，迎娶了极为漂亮的朱迪斯。因此虔诚者路易不是修士，他并不能像修士那样进行强烈的自我克制，并执着地、强硬地加以贯彻。虔诚者路易为一批激进的教会精英所包围，出台了一系列激进的、带有浓厚基督教理想色彩的治国政策。但虔诚者路易对此虽然心向往之，但他缺乏践行王道所要求的素质，尤其是强烈的自我克制这一基督教修士的必备素质，也就注定了他无法实现修士们指示的王道。他沿袭了乃父晚年的教会改革方略，但他缺乏查理曼的政策定力。作为弥补，他采用忏悔制度，但其效果却难以估算。830年是其统治的拐点，可谓没有善始善终。

中古早期政治是一种家族政治，如何治家仍是政治的核心命题之一。在加洛林家族推行分封政策的制度时，如何处理家族成员之间的关系特别重要。虔诚者路易将治国等同于齐家，试图以兄弟之爱相号召，培养继承者之间的和谐关系，更使得重大的政治问题以家庭矛盾和冲突的方式表现出来。虔诚者路易，一如其先公先王，千方百计剪除旁系亲属。即位之初，他成功地处置了父亲留下来的"旧家"，将堂兄弟姐妹们逐出宫廷。与此同时，他积极营建新的"政治家族"，将所有旁系亲属排除在王权之外。这一处置以817年的《帝国御制》为核心，作为"新家族"成立的最大障碍、旁系亲属、他的侄子，查理曼临终前安置的意大利王伯纳德得以被铲除。一个以虔诚者路易本人为端点的新神圣家族确立。为了进行补偿，虔诚者于822年在阿提涅城公开忏悔，召回被流放的伯纳德昔日的辅弼之臣，比较顺利地实现了家族和解。

但是，关于如何维护自己的嫡系继承人，虔诚者路易并没有查理曼那样的政策定力，面对自己的后妻和爱子，他心肠太软，出尔反尔，导致家庭危机的爆发。821年，在后妻朱迪斯尚未生育秃头查理之前，虔诚者路易召集王国大会,让全体贵族宣誓,将恪守817年的《帝国御制》。但是,823年"漂亮儿子"秃头查理出生,虔诚者路易试图撕毁《帝国御制》。伴随秃头查理的长大,家庭问题再次变成极其敏感的政治问题。829年,虔诚者路易试图从长子、共治皇帝罗退尔、阿奎丹王丕平的地盘分割一部分,作为秃头查理的封国,招致他们的强烈反对。罗退尔和丕平趁虔诚者路易出征布列塔尼亚之际,发动政变,将继母和秃头查理软禁起来,迫使她退位。虽然由于罗马教宗的干预,这些政治冲突和平结束,但并没有从根本上解决家庭政治问题。此后两次大规模的武装冲突,虔诚者路易失位复位,最终于840年在内战中去世。

对于虔诚者路易的改革政策和统治,以前的史家评价比较消极,认为这是虔诚者路易缺乏帝王之能的表现;而现在的趋势则是从教会影响王国治理的角度加以积极肯定,认为通过这一宗教仪式的借鉴,虔诚者路易凝聚了人心,为随后的王国改革奠定了良好的社会基础。820年代,虔诚者路易雷厉风行地推行各种改革措施,声名如日中天,文治大兴,相形之下,武功赫赫的乃父查理曼也显得黯然失色。虔诚者路易的帝王之道似乎宽阔而平坦。

虔诚者路易的政治改革虽然失败了,但是,这并不意味着基督教的王国理想就此消失。他的继承人们虽然彼此争斗,但是在各自的封国之内,仍然在越来越强大的教会势力支持下继续进行着类似的政治改革。加洛林王朝的帝王之道,不仅是加洛林家族的历史传统,也为中古西欧政治留下了理想和现实杂糅的政治遗产。在基督教教义的指引下,对神圣王国的渴望和追求,不仅有激进派教会精英构成庞大的政治改革大潮的海体,而且富有改革精神的帝王往往为之裹挟,不时掀起绚丽的政治浪花。

第十一章　上帝之城：加洛林帝国后期的帝国观念

　　加洛林帝国的建立，名义上是对西部罗马帝国的复兴，但实际上却是时隔三百多年，通过法兰克王国的扩张，帝国在欧洲西部重建。尽管作为(拜占庭)罗马帝国的"好朋友"，法兰克人长期协助帝国军队夹击意大利和西班牙的蛮族王国，但是以复古相号召的(拜占庭)罗马帝国拒不承认查理曼及其后继诸帝为罗马皇帝。路易二世去世之后，帝位离开意大利，回到阿尔卑斯山以北。但是，在这个时候，加洛林帝权业已决定性地步入下坡路。号称堪比查理曼的胖子查理重新统一加洛林帝国的时候，所凭借的是合法的家族继承权。换言之，加洛林家族人员凋敝零落，缺乏继承者了。不仅如此，胖子查理自己不仅身体虚弱，而且也还没有合法的继承人。外表强大无比，而实际虚弱不堪的加洛林帝国迫切需要新的理论和意识形态对自己进行包装。正是在这种背景之下，在罗马加冕之后北返途中短暂驻跸于圣高尔修道院的胖子查理，邀请该修道院的著名学者结巴诺特克撰写查理大帝传，供自己学习模仿。结巴诺特克对加洛林王室的危殆形势洞若观火，也深感自己动笔的责任重大。在这种矛盾之中，借鉴《但以理书》的桥段，他大胆提出新的帝国观念，祈愿加洛林帝权永恒久远。

第一节 加洛林王朝的帝位传承

前面已经提到过,查理曼称帝尽管被视为名副其实的历史事件,但是这个帝名究竟为何物,还是引爆了法兰克君臣有关帝国观念的思考。帝国复兴观(renovatio imperii Romanorum)、帝权转移(Translatio imperii)、包围罗马教会等观念流行起来。尽管在罗马城,查理曼由罗马国老升格为罗马皇帝,但是,实际上通行、最终为君士坦丁堡的皇帝所承认的帝号只是"皇帝"。不仅如此,自从有了两位皇帝,西部的每任皇帝都面临如何获得东部皇帝承认的外交问题。813年,查理曼将虔诚者路易从阿奎丹召来,并召开王国大会,将这位唯一的合法继承者立为共治皇帝。从此,西部皇帝在有生之年立共治皇帝成为一项被恪守的先例。

814年1月,查理曼去世。虔诚者路易得信之后,立即从阿奎丹启程,30天内兼程赶往亚琛。甫一赶到亚琛,他便立即接见君士坦丁堡派来的使节。随后虔诚者路易派遣雷吉奥主教诺德伯特和帕维亚伯爵里歇万去拜见利奥皇帝,"以便续订友谊和确认和平协议"。

前文已经提及,虔诚者路易最终被东部皇帝认可的称号仍然只是"皇帝"。因此,尽管虔诚者路易偶尔也会使用"统治罗马帝国的皇帝",但总体来说,他最为经常使用的称号还是"皇帝"。

817年,虔诚者路易便立长子罗退尔为共治皇帝,并将其他两个儿子分别送到巴伐利亚和阿奎丹担任国王。当年召开的王国大会上通过了《帝国御制》,明确规定了帝国的继承方案。作为共治皇帝,罗退尔要每年接受弟弟们的朝觐,弟弟们采取的重大外交策略和宣战都要事先征求兄长的意见。但是,作为共治皇帝,罗退尔还没有自己具体负责治理的王国和宫廷。

823年,罗退尔一世(Lothar I,823—855年在位)被罗马教宗帕斯卡尔(Paschal I,817—824年在位)加冕膏立。"当罗退尔准备(从意大利)返回之际,他却收到来在教宗帕斯卡尔的邀请,于是,他前往罗马,并在那里受到隆重的接待。在神圣的复活节那一天,(在圣彼得大教堂)他领受了意大利王国王冠,并被赋予皇帝和奥古斯都之尊号。"①尽管罗退尔在817年就业已成为共治皇帝,但是,他所颁赠的文书表明,其统治年号皆从823年,即他成为意大利王那年开始算起。例如,现存其第一份赠地文书签署为"在上帝的扶持下,路易老爷、虔诚的奥古斯都统治的第9年,罗退尔老爷、虔诚的皇帝统治意大利的第1年"②。第二份文书的署名为"在基督的扶持下,路易老爷,尊贵的皇帝统治的第10年,光荣的奥古斯都罗退尔统治意大利的第1年"③。尽管由于岁首算法之不同,这两份跨年的赠地文书都被计算为罗退尔统治意大利的第一年,这两份文书表明,在817年罗退尔只是得到了一个皇帝称号,而没有自己的宫廷和领地。到822年、823年他组建了自己的宫廷,来到意大利接受王冠,才将皇帝的名号落到了实处。因此,这两份文书开篇都是"奉我主耶稣基督、永恒的上帝之名,罗退尔奥古斯都、不可战胜的皇帝、路易老爷之子"④。

833年,罗退尔一世率领两位亲弟弟——日耳曼路易和阿奎丹的丕平——在洛特菲尔德(Rotfeld)不战而胜,击败了父亲虔诚者路易,"夺取了王权"⑤。从这一年开始,罗退尔单独治国,并使用了新的名号:"奉我主耶稣基督、永恒的上帝之名,罗退尔、天意所立的皇帝、奥古斯都。"因此,对于加洛林家族的第三代皇帝罗退尔而言,走出父亲的阴影,开始独立行使帝权需要经历一段相当漫长的等待期。使用新名号的第一份现存赠地文书也签署了新的纪年方式:"在基督的扶持下,罗退尔老爷、

---

① 陈文海译注:《法兰克王家年代记》,北京:人民出版社,2019年,第211页。括号中文字依据拉丁文本添加。

② Theodore Schieffer ed., *Diplomatum Karolinorum tomus III Lotharii I. et Lotharii II. Diplomata*, MGH, Berlin: Weidmann, 1966, No.1, p.52.

③ Theodore Schieffer ed., *Diplomatum Karolinorum tomus III Lotharii I. et Lotharii II. Diplomata*, No.2, p.54.

④ Theodor Schieffer ed., *Die Urkunden Lothars I und Lothars II*, MGH, Die Urkunden der Karolinger, Bd. III, Berlin: Weidmann, 1966, pp.51—53.

⑤ G. Waitz ed., *Annales Bertiniani*, pars I, A. 833, MGH, in usum Scholarum, Hannvoer: Hahn, 1883, p.6.

虔诚的奥古斯都统治法兰克尼亚的第 1 年，统治意大利的第 13 年，第 11 小纪。"①

844 年，罗退尔将儿子路易立为意大利王。"他们抵达罗马之后，受到隆重接待，经过协商，罗马教宗将路易膏立为王，并单独祝圣。"②尽管出于与兄弟们征战的需要，罗退尔很少到意大利来，实际上由路易治理意大利。但是，现存路易二世的赠地文书，基本上都是 850 年以后由路易二世签发。这一年，路易二世被罗马教宗利奥（Leo IV，847—855 年在位）膏立为皇帝。"罗退尔将儿子路易派到罗马。他受到了教宗利奥的隆重接待，并将他膏立为皇帝。"③

现存路易二世的第一份赠地文书为 851 年 1 月 10 日所签发。他自称为"路易，奉上帝恩典，皇帝、奥古斯都、战无不胜的皇帝罗退尔老爷之子"，文书的纪年方式为"发布于尊贵的奥古斯都、罗退尔老爷统治意大利的第 32 年、统治法兰克之第 12 年、伟大的路易皇帝统治的第 1 年至 1 月 10 日，第 14 小纪"。④ 855 年，罗退尔退位进入普吕姆修道院之后，在赠地文书中路易停止使用父亲的名号和纪年方式，只保留了自己的名号和纪年。

但是，如前文所言，路易二世的皇帝之位，并不能得到君士坦丁堡皇帝的认可。因此，路易才给巴西尔一世草拟了著名的信件，彻底地批驳君士坦丁堡方面的观点。从这封信可以看出，路易二世坚持罗马性和基督教正统性，并且以这两个标准来伸张自己帝位的正统性和优越性。他称巴西尔一世为新罗马的皇帝，也批驳了新罗马皇帝的宗教错误，指出其所信奉的基督教与罗马教宗的教导不一致。并非如巴西尔所指称的那样，加洛林帝权是新兴的，相反它是古代帝权的继承者。"并不像你所想象的

---

① Theodor Schieffer ed., *Die Urkunden Lothars I und Lothars II*, No.13, pp.78—80.
② G. Waitz ed., *Annales Bertiniani*, A.844, p.30. 中译文可参考李云飞译注：《圣伯丁年代记》，北京：人民出版社，2021 年。
③ G. Waitz ed., *Annales Bertiniani*, A.850, p.38.
④ Konrad Wanner ed., *Die Urkunden Ludwigs II*, MGH, Die Urkunden der Karolinger, Bd.4, München: MGH, 1994, pp.67—69.

那样,我们的帝名并不是什么新的和临时的名号,也不是由我的祖父窃取的,而是在神和教会的决定下由最高主教亲手加冕和膏立而来。你很容易就会从你们的史书中读到这一事实。但是值得奇怪的是,如果这是新的帝号,那么所谓的老称号就是从新称号中得来的,但难道不是应该相反吗?皇帝们最初开始统治的时候,肯定会是新称号,但是日复一日,也就成为老称号。因此并非任何新称号都是值得指责的,只有应受谴责的新称号才是……如果不否定我们是古代皇帝们的继承者或者无视我们对神充满敬意,那么就不会否认,我们的帝号是古老的。"[1]

路易二世临终前,有意将帝位传承叔父日耳曼路易之子,也就是自己的侄子卡洛曼。但是,在875年路易二世去世之后,罗马教宗约翰遣使往高卢去见秃头查理,邀请他南下意大利,以便获得帝号。卡洛曼也率军南下,然而败归;秃头查理成功进入意大利,在帕维亚称意大利王,随后加冕为皇帝。秃头查理与卡洛曼之间的帝号之争表明,帝号成为加洛林家族成员与罗马教宗之间进行政治博弈的重要工具之一。

877年,秃头查理在返回高卢的途中去世。卡洛曼再次出兵意大利,兵败之后,也于880年去世。临终前,卡洛曼将征服意大利的任务托付给弟弟胖子查理。次年,胖子查理成功地进入罗马城,并由罗马教宗加冕膏立为帝。882年和884年秃头查理之孙路易三世(Louis III,879—882年在位)和卡洛曼(Carlomann,879—884年在位)分别去世,胖子查理继承了西法兰克王国的王位,他从罗马启程,回到巴伐利亚,然后前往亚琛。在这一行程之中,他在圣高尔修道院驻留,并叮嘱该修道院为他编写一部查理大帝传。随后圣高尔修道院的教士结巴诺特克奉命编写。887年,胖子——查理被废黜。结巴诺特克的传记尚未完篇,但也流传下来。这部《查理大帝传》提出了一些新的帝国观念。

---

[1] W. Henze ed., "Ludovici II imperatoris epistola", P. Kehr ed., *Epistolae Karolini aevi*, tomus V, pp. 387—388.

第二节 铁的帝国

结巴诺特克在《查理大帝传》中有一个用"铁"来彰显查理大帝力量的著名段子。在讲述查理远征意大利的时候,他借某位名叫奥特克尔的叛逃贵族的话,来概括查理出现时的场景:"当你看到在田野里密布一片铁的庄稼,波河和提契诺河像波涛般地冲击城墙,水面由于铁的闪光而泛出黑色,那就是查理已经近在咫尺了。"当查理真正来临的时候,作者更加繁复地使用"铁"字。"此时这位铁的查理可以看清楚了,他头上戴着铁盔,手上罩着铁手套,他那铁的胸膛和宽阔的肩膀掩蔽在一副铁的胸甲里,左手高举着一支铁矛,右手永远停放在他无敌的铁剑上面。通常大多数人为了骑马方便,大腿上都不用东西掩盖,可是轮到查理,大腿上也披上了铁甲,我无须特意提到他的胫甲,因为全军的胫甲都是铁的。他的盾牌整个都是铁的,他的战马是铁颜色并有一副铁石心肠。所有走在他前面、走在他身旁、走在他后面的人,整个军队的装备都是尽可能密切地效法他。田野和空地上都充满了铁,太阳的光芒被铁的闪光反射回去。一支比铁还要坚硬的人马普遍地崇拜坚硬的铁。地牢的阴森还不如这铁的闪光更显得可怖。'呀,铁!倒霉的铁!'这便是从居民中间迸发出来的混乱的喊叫。在铁的面前,坚实的城墙摇撼了,在铁的面前,老老少少的决心瓦解了。""铁的查理"不仅彰显其戎装形象,更刻画其拥有的武功之高。[①]

不仅如此,诺特克似乎认为查理曼以来的加洛林帝王都偏爱"铁"。在上面引文的末尾,诺特克强调查理曼的孙子、日耳曼路易如何继承了查理的特质:"现在我还要讲一讲这位不可战胜的路易,从少年直到70岁的时候,是怎样地喜爱着铁;以及他当着北欧人的使节之面做了一次什么样

[①] 本段引文皆出自艾因哈德、圣高尔修道院僧侣:《查理大帝传》,A.J.格兰特英译,戚国淦译,北京:商务印书馆,1979年,第97页。

的喜爱铁的表演。""铁"不仅属于查理曼,也属于他的子孙们。换言之,"铁"是查理曼所创建的这个帝国的属性。《查理大帝传》的作者为什么如此偏爱铁呢?

中文读者都是通过戚国淦先生的译本来接触到这部传记的,即所谓"圣高尔修道院僧侣"的《查理大帝传》。戚国淦先生使用 A. J. 格兰特的英译本作为底本。格兰特的英译本采纳的拉丁文底本是由雅菲(Philipp Jaffé,1819—1870)编订的"德意志文献图书馆"(Bibliotheca rerum Germanicarum)版本。尽管雅菲的本子晚出(1867),而且刻意与佩茨(G. H. Pertz)于 1826 年为"德意志文献集成"系列编订的这部作品不同,但是,也认可了佩茨关于该书作者的观点,对作者的身份并没有进一步确认。佩茨认为,除了作者的名字之外,我们可以从行文中得到不少关于作者的信息,而且大致可确定其为 883—887 年之间在圣高尔修道院所作。① 另外,手抄本不具名,文献传承上也缺乏相关说明,更没有中古图书目录提及作者的名字,因此,他将作者定名为"圣高尔修道院僧侣"(Monaciius Sangallensis)。虽然在 17 世纪初法学家卡尼修(Henricus Canisius,1557—1610)和圣高尔修道院的史家郭尔达斯特(Melchior Goldast,? —1635)在编订这部作品时,都认为结巴诺特克为该书作者。

1886 年卡尔·措义梅(Karl Zeumer,1849—1914)在其论文《圣高尔修道院僧侣》中,1890 年格拉夫·齐培林(Eberhard Graf von Zeppelin,1842—1906)在其论文《谁是"圣高尔修道院僧侣"》中,各自独立地通过不同的方式论证这位圣高尔修道院僧侣,也就是结巴诺特克。关键性的线索来自作者在前面所引用的那一大段"铁的查理"引文之后自称:"若非我牙豁舌结,我应更为缓慢持久地描述这一切。"② 这一自称与诺特克其他

---

① G. H. Pertz ed., *Monchi Sangallensis de gestis Karoli M*, libri II, *Scriptorum tomus II*, Hannover: Hahn, 1829, p. 729.

② "His igitur, quae ego balbus et edentulous non ut debui circuitu tardiore diutius explicare temptavi", Hans F. Haefele ed., *Taten Kaiser Karls des Grossen*, MGH, Scriptores rerum Germanicarum, nova series, tomus XII, Berlin: Weidmann, 1959, lib. II, 17, p. 84.

作品中的自述非常一致,例如《圣高尔传》《致年轻兄弟瓦尔德和萨洛莫函》。对这一证据的重视,使得两位研究者发现了诺特克作品中许多与此相关的线索,遂成定谳。① 正是对于这一关键性证据的文学化理解,使得英译者格兰特继续使用圣高尔修道院僧侣作为作者名。"这句话不能从字面上来理解。既然作者是在书写,而非口授,任何声音、牙齿方面的缺陷都不可能妨碍他的叙述。因此很明显,这些话语只不过是自谦的套语和隐喻罢了。"②

在格兰特译本之后,英语世界又有三个新的译本,前两种都是"企鹅经典丛书"的译本。分别是刘易斯·索普(Lewis Thorpe)于 1969 年出版的译本和著名文献学家大卫·冈茨(David Ganz)于 2008 年翻译的本子。最新的译本则是专研加洛林史的托马斯·诺贝尔(Thomas Noble)于 2009 年完成的译本。他们都认为译者是结巴诺特克。

这部作品最早的手抄本来自 12 世纪,与写作日期相隔已经约三百年。手抄本从这个时候传播开来,应该与 12 世纪查理曼被封圣的现实需要密切相关。③ 所有近三十份手抄本中,只有两份为单独抄录,其余都与艾因哈德的《查理大帝传》汇编在一起。这既说明了这两份传记互补与竞争的关系,也解释了学术界的评论多半基于它们之间的比较而生发。

由于内容上的差异,也因为作者生平的不同,艾因哈德的《查理大帝传》往往被认为是一部基于亲身见闻的信史。而诺特克写作的时候,查理曼已经去世七十余年,作者又是长期足不出户的修道士,更重要的是,他对于有关战争的历史根本就不感兴趣。他自己说:"下一卷是关于最勇猛的查理的战争的记录,是根据韦林贝尔特的父亲阿达尔贝尔特的口述写成……当我还十分年幼,而他已极为老迈的时候,我就住在他的家里,他

---

① Hans F. Haefele ed., *Taten Kaiser Karls des Grossen*, "Einleitung", pp. vii—xii.
② A. J. Grant trans., *Early Lives of Charlemagne*, New York: Cosimo Classics, 2005, "Introduction", p. xv. 亦可参考中译本的介绍,艾因哈德、圣高尔修道院僧侣:《查理大帝传》,A. J. 格兰特英译,戚国淦译,北京:商务印书馆,1979 年,"中译者序言",第 4 页注 1。
③ Hans F. Haefele ed., *Taten Kaiser Karls des Grossen*, "Einleitung", pp. xvi—xxiii.

常常对我讲这些战争的故事。我非常不愿意听,常常要跑掉,但是最后他全凭强力,使我听下去。"①因此,"被强迫听到的""不感兴趣的"故事有多大的真实性,就不能不让读者狐疑了。诚如戚国淦先生所言,他的《查理大帝传》"似乎对于那些带有迷信色彩的道听途说更有兴趣。他以更多的篇幅载录了这种荒诞不经的故事,致使他这本著作完全成了一本稗官野史"。

但是,如果从写作动机和预期的读者来看,似乎这两部作品的定性要被颠倒过来。艾因哈德在《查理大帝传》的前言中交代,他从事写作完全是出于"感恩",即个人缘故。"我在他的生前和死后感戴不已。"如果不写,他感到自己是"忘恩负义",所以提笔。而结巴诺特克则正好相反,他是奉皇帝之命。这位皇帝是日耳曼路易之子,罗马帝国皇帝胖子查理。在行文中诺特克多次暗示,其读者就是这位查理皇帝:"最尊贵的皇帝,我本来打算仅仅围绕您的曾祖查理来编写我的小小的故事,他的全部业绩您是很清楚的。但是既然机缘凑巧,有必要提到您最光荣的被称作'光辉者'的父亲路易、您最诚笃的被称作'虔诚者'的祖父路易和您最尚武的高祖矮丕平的时候……"②因此,这部作品应该被称为"官方史书",它包含着极为强烈的"当代性"或者说意识形态色彩。换言之,它更为直接地反映了王室和现实的需要。因此,通过这部作品,与其说我们能够认识更多的查理曼,不如说对当时的时势和官方政治宣传的需要,几乎可以触摸得到,包括它对"铁"的宣扬。

诺特克似乎有意将"铁"与胖子查理的列祖列宗全部联系起来。诺特克在传记中,对胖子查理一系的加洛林王朝的历代君王几乎都有提及,上溯到了王朝的开国者丕平三世。在将查理曼以来的君王都与"铁"联系起来的时候,诺特克却似乎对其中两位君王与铁的关系,语焉不详。第一位是查理曼的父亲,开国之君矮子丕平。虽然他也极力颂扬丕平的武力,称

---

① 艾因哈德、圣高尔修道院僧侣:《查理大帝传》,A.J.格兰特英译,戚国淦译,北京:商务印书馆,1979年,第69页。

② 同上书,第94—95页。

之为"最尚武"(bellicosissimus),但是,只是间接地将他与"铁"建立起直接联系,强调他凭借手中三尺剑如何杀怪兽、灭污鬼。

另一个例外,似乎是查理曼之子——虔诚者路易。他似乎也与铁没有直接的关系。作者隐晦地提出了一个解释:"正像雄武善战的大卫王死后的情况那样:为他坚强的手所制服的邻近各族,在一个长时期里,向他秉性和平的儿子所罗门献纳贡赋,这支可怕的北欧人也复如此。他们仍然忠顺地向路易献纳他们曾因畏怖而向他父亲——最庄严的查理皇帝献纳过的那种贡赋。"①此后,诺特克一直在讲述最温和的路易如何"倾其全力于宗教活动",直到书写的突然中断为止。但路易这么做,也是在"摆脱了外敌的侵扰之后",似乎暗示其实并不要"铁"的武器了。

因此,自丕平开始,胖子查理的列祖列宗个个对铁有着莫名的偏爱,其中以查理大帝和日耳曼路易最为典型。对"铁"的偏爱,自然而然地引导我们关注基督教历史哲学,尤其是关于四大帝国和罗马帝国的历史哲学。前文提及过历代经学家的经典注疏,此不赘述,所欲介绍者,为其经文以及结巴诺特克的阐发。

四大帝国理论源自《圣经》,主要是先知书中的《但以理书》。② 对基督徒而言,《但以理书》主要预言了"耶稣"的来到和"末时"的降临。与此相应,也对人类统治的更迭过程进行了预言。其中包括尼布甲尼撒王梦中所见"大像"(第2章)、但以理梦中所见"四大兽"(第7章)、但以理所见"羊"的异象(第8章),以及但以理所见"大征战"异象(第10—12章)。关于"羊"的异象,《但以理书》提出了其隐喻对象,分别为波斯和希腊;"大征战"异象的描述极其具体、琐细,难以被广泛援引。前两个异象异曲同工,而且隐约其词,最为后来经学家们所乐道,故摘录于此。

---

① 艾因哈德、圣高尔修道院僧侣:《查理大帝传》,A. J. 格兰特英译,戚国淦译,北京:商务印书馆,1979年,第101页。

② 《但以理书》与四个帝国模式,参见刘林海:《〈但以理书〉及其史学价值》,《史学史研究》2013年第1期。肖超:《梦中的帝国——浅论〈旧约·但以理书〉第2章之于早期基督教史学》,《历史教学问题》2011年第6期。

"大像"梦:

　　这像的头是精金的,胸膛和臂膀是银的,肚腹和腰是铜的,腿是铁的,脚是半铁半泥的。你观看,见有一块非人手凿出来的石头打在这像半铁半泥的脚上,把脚砸碎。于是金、银、铜、铁、泥都一同砸得粉碎。

"四大兽"梦:

　　有四个大兽从海中上来,形状各有不同,头一个像狮子,有鹰的翅膀。我正观看的时候,兽的翅膀被拔去……又有一兽如熊,就是第二兽,旁跨而坐,口齿内衔着三根肋骨……此后我观看,又有一兽如豹,背上有鸟的四个翅膀;这兽有四个头,又得了权柄……见第四兽甚是可怕,极其强壮,大有力量。有大铁牙,吞吃嚼碎,所剩下的用脚践踏。这兽与前三兽大不相同,头有十角。我正观看这些角,见其中又长起一个小角,先前的角中有三角在这角前,连根被它拔出来。这角有眼,像人的眼,有口说夸大的话。我观看,见有宝座设立,上头坐着亘古常在者。①

对这一篇经文,现存最早的注疏据说是3世纪初罗马主教希波利特（Hippolyt of Rome）所作。② 在注疏中,他将上述像的四个部分与四大兽一一对应,金头与狮子指代巴比伦王国,银胸膛、臂膀与熊指代米底和波斯王国,铜肚腹、腰和豹指代马其顿王国,铁腿和大铁牙兽指代罗马帝国,半铁半泥的脚和十只角,是即将到来的时代;最后的小角则是"敌基督者"。石头代表耶稣的降临。希波利特认为当时的罗马帝国即将灭亡,延续的时间不超过300年。

希波利特的阐释,奠定了西部拉丁基督教对《但以理书》所言人类统治之历史的基本看法。罗马帝国将是人类历史上的最后一个帝国,在罗

---

① 《但以理书》第2章31—35;第7章2—13.
② Katharina Bracht, "Logos parainetikos: Der Danielkommentar des Hippolyt", Idem & David S. Du Toit eds., *Die Geschichte der Daniel-Auslegung in Judentum, Christentum und Islam*, Berlin: De Gruyter, 2007, pp. 79—98.

马帝国灭亡之后将是敌基督者和基督的第二次降临,人类历史终结。

但是,对希波利特最大的挑战恰恰来自时间的流逝。他可能没有料想到一百年后,罗马帝国皈依基督教。自公元306—324年长达约二十年的内战中,君士坦丁在一统天下的同时,也扶持基督教的发展。313年他皈依基督教并于337年临终前受洗。这种新的形势,使得部分基督徒对罗马帝国的态度并不那么悲观。尤西比乌斯甚至将君士坦丁比拟于现世的耶稣基督,暗示其帝国传之久远。① 尤西比乌斯的解释,代表了最为乐观的一种解释,可谓多彩的解释光谱中最为明亮的那一端。

君士坦丁统治末期,为了实现基督教一统天下的梦想,开始筹划东征。他本人就病故于东征的途中。此后的罗马诸帝为了实现君士坦丁的军事战略,不断用兵于东部前线,试图一举攻灭萨珊波斯帝国。长期用兵尽管取得过阶段性胜利,但最终以失败而告终,皇帝朱利安身死,罗马帝国丧师失地。从4世纪末开始,罗马帝国的军事方略从进攻转为防守,并经受了一系列的军事和政治危机。在这种背景之下,尤西比乌斯所持的乐观态度变得不合时宜。经学家们在希波利特阐释的基础上,结合新的形势,进行新的总结。其代表人物便是巴勒斯坦的修士杰罗姆。

杰罗姆在注疏《但以理书》的时候,其基本态度与希波利特相似,但是,他的解释不仅更为细腻,而且还引入了"质地"这一评价四大帝国的标准。他说,金头是巴比伦王国,优于银质地的米底和波斯王国,因为金是最珍贵的。银次于金但优于铜。之所以用铜来隐喻亚历山大的希腊王国,是因为铜声最为清脆动听,回音悠远,不仅象征着希腊王国的威名远扬,而且也与优美的希腊语相符。而黑铁则能击碎一切,故理所当然地象征着罗马帝国。但是,半铁半泥的脚,则是对当下时局的隐喻,即罗马人需要蛮族的协助。②

在杰罗姆注疏《但以理书》的同时期,还有其他注疏家,他们采取了与

---

① Gerbern Oegema, "The Reception of the book of Daniel (and Daniel Literature) in the Early Church", https://www.sbl-site.org/assets/pdfs/Oegema_Daniel.pdf, 访问日期:2014年11月2日。

② Jerome, *Jerome's Commentary on Daniel*, pp. 31—32.

杰罗姆大不相同的方式。例如叙利亚的以弗伦姆(Epherem of Syria)。他将四个帝国分别对应于巴比伦、米底、波斯和马其顿王国。① 这一注疏与杰罗姆试图加以批判的多神教徒波尔菲鲁斯的观点较为接近,都是偏向于从字面上来解经,以便更加切合于历史史实。因为《但以理书》最晚成书于公元前2世纪,较多地反映了到那时为止的小亚细亚局势。

但是,杰罗姆的注疏流传之后,在拉丁西部深受好评,奥古斯丁视之为权威性作品。"某些人已经把这四国解释为亚述、波斯、马其顿和罗马。如果希望知道这个解释是否恰当,那么就让他去阅读长老杰罗姆以他的博学、历经辛劳写下的论但以理的(那卷)书。"②即使在叙利亚,也有经学家进一步在杰罗姆的基础上略加改进。例如提奥多利特(Theodoret of Syria)选择了"力量"这一单一标准,来衡量四大王国,并且结合人体的部位关系,重新解释了大像之不同身体部位的隐喻。他也同意杰罗姆所指称的四大王国,并承认罗马帝国业已步入半铁半泥期。③

5世纪晚期、6世纪初,意大利大学者卡西奥多鲁斯对杰罗姆的注疏更是推崇,他说:"对于先知书,圣杰罗姆第一个为初学者和年轻人提供的切实而简要的评论……对于更为成熟且学会了沉思的学者,依靠我主基督的恩典,圣杰罗姆提供了其他更为全面而清晰的注疏。通过翻译,解释隐晦的隐喻,使得隐晦不明的先知话语变得清晰。这位圣洁的博学之士向人类揭示了天国之主的伟大奥秘……尽管但以理不被犹太人视为先知,但仍被视为圣学作者(Hagiographa),圣杰罗姆有注疏三卷。"④

---

① Phil J. Botha, "The Relevance of the Book of Daniel for the Fouth-Century Christianity According to the Commentary Ascribed to Ephrem the Syrian", Katharina Bracht & David S. Du Toit eds., *Die Geschichte der Daniel-Auslegung in Judentum, Christentum und Islam*, pp. 99—122.
② 奥古斯丁:《上帝之城》,王晓朝译,北京:人民出版社,2006年,第1006页。
③ Robert C. Hill trans., *Theodoret of Cyrus: Commentary on Daniel*, Leiden: Brill, 2006, cap. 2, pp. 47—52.
④ James W. Halporn trans., *Cassiodorus: Institutions of Divine and Secular Learning and on the Soul*, Liverpool: Liverpool University Press, 2004, pp. 117—119.

7世纪的大学问家——塞维利亚的伊西多尔在《辞源》中多处提及但以理,他说:"《但以理书》以清晰的话语揭示了人类王国的历史,用非常明白的语言预示了基督的降临。"① 但是,他对杰罗姆的注疏语焉不详。7世纪晚期—8世纪的英格兰大学者比德,则在其作品《论计时》(*De Temporum Ratio*)中大量引用了杰罗姆的这一篇注疏。可以说,杰罗姆的《但以理注疏》在8世纪之前一直被奉为经典。尤其是拉丁西部世界,经学家们基本上遵循了他的注疏。

第三节 加洛林早期的四大帝国观念

用金属来解释人类历史,源远流长。从现存文献来看,早在古代希腊,约公元前8世纪,赫西俄德就在《工作与时日》中率先使用黄金、白银、青铜、英雄和黑铁时代,来说明人类历史的不断衰退。在作者所处的黑铁时代,人生而不幸,因为这是一个弱肉强食的罪恶年代。② 约公元前后,罗马文学家奥维德的《变形记》则是拉丁文版的四大时代衰落论,人类从无须劳作、与大自然和谐相处的黄金时代,中经白银和青铜时代,演化至铁的时代。随着私有观念的出现,人人自危,使用黄金和铁器,彼此算计,导致人伦的败坏。③ 古典作家都大抵相信最初曾有一个淳朴无瑕的时代,一切共有,故人皆德行高尚,无忧无虑,长寿永年。随着技术的进步,各种工具的发明,人类开始了私有经济,互相争夺。故世风日下,人心不古。

前文曾论及古代史家有关帝国迭兴的理论,此处不赘述。基督教兴起之后,经学家们将古典神话知识与《圣经》中的类似故事贯穿起来,或用人生隐喻历史,将历史分为婴儿、童年、少年、青年、中年、老年六个时代,用来解释教会的历史。或者借助于金属隐喻人类政治的演化史,而将最

---

① W. M. Lindsay ed., *Isidori Hispalensis episcopi Etymologiarum sive originum libri XX*, lib. VI. ii. 25.
② 赫西俄德:《工作与时日 神谱》,张竹明、蒋平译,北京:商务印书馆,1991年,第4—7页。
③ 奥维德:《变形记》,杨周翰译,北京:人民文学出版社,1984年,第3—5页。

初那个淳朴无瑕的时代置于人类历史之外。基督教世界历史始于黄金时代、中经白银与青铜时代,而演化至黑铁时代。每个时代都有代表性的王国,这些王国依次崛起,主宰着基督教世界霸权,形成霸权不断转移的过程。以实力而论,从黄金演化到黑铁意味着霸权的不断强大,因此作为基督教世界历史的最后一个王国,罗马帝国以其"铁质地",无坚不摧,能征服一切王国,权势臻于巅峰。但这种巅峰的帝国,不过是为敌基督者鸣锣开道。敌基督者的短暂统治终结之后,耶稣基督将第二次降临,人类历史宣告结束。因此,基督教世俗政权的演化历史颇含进化的味道,霸主控制的空间处在不断的扩张之中。但总体而言,这种演化的轨迹会盛极而衰,经过一段特别黑暗的敌基督时代之后,上帝会摧毁一切人类的王国,基督教世界历史终结。

西部罗马帝国消失之后,6世纪初,查士丁尼一世实现收复失地运动,罗马帝国复兴。诚如普罗柯比所言:"在我们这个时代兴起了皇帝查士丁尼,尽管执政之初帝国处于无序状态,但通过驱逐占据帝国的蛮族列强,他不仅使帝国疆域更加广漠,而且日益欣欣向荣。"①7世纪,阿拉伯帝国强势崛起,作为昔日老大的罗马帝国不断丧师失地,叙利亚、埃及、北非等地渐次脱离帝国的统治。到8世纪,帝国在西部地区的控制范围局限于意大利。751年,丕平三世实现改朝换代,加洛林王朝兴起,754/755、756年法兰克王国两次出兵意大利,迫使伦巴第王国称臣纳贡。768年,查理曼继位。774年他出兵意大利,并于次年攻灭伦巴第王国,自领意大利王或伦巴第王。法兰克人从拜占庭的好朋友变成了坏邻居,法兰克王国的官方意识形态也面临着重大的调整。另一方面,不列颠、西班牙、意大利、巴伐利亚等各地的文人墨客出入查理曼的宫廷,带来了多元的地方文化传统。宫廷与地方文化之间的互动和融合,推动帝国观念的传承与革新。

---

① Procopius of Caesarea, *Buildings*, trans. H. B. Dewing, Cambridge, MA.: Harvard University Press, 1940, p. 5.

780年代,比萨的彼得(Peter of Pisa,活跃于8世纪中期)从意大利来到查理曼的宫廷,教授查理曼文法知识。"他(查理曼)从比萨的副主祭彼得(他是一位老人)那里学习文法科目。"①现存一份彼得的讲义,以问答的形式注疏讲解《但以理书》。全书凡69问,按照经文的顺序,解释词句。其重点在于传授教义和神学方面的知识,而关于帝国观念方面的引申不多。不仅如此,尽管采取了问答这种新的注经方式,但彼得仍然恪守着杰罗姆的注疏传统,并没有另抒心意,添加新的解说。②

这本书的标题为《国王查理老爷下令誊录的主祭彼得所述之各种问答一卷》。开篇第一问便是:"在尼布甲尼撒王梦中,各有哪些王国?"答曰:"巨像之首指代巴比伦王国,此后是米底和波斯王国,其类似于银质地,第三个王国所指为亚历山大及其继承者统治的马其顿王国,为铜质地。第四个王国显然指代罗马人,是铁质地的,它削弱和征服了一切王国。但是它的脚和脚趾头却部分为铁质地,部分为陶质地的。显而易见,正如其兴起之初,没有谁能够比罗马帝国更加强大和持久,当此末世也无哪国比它更为脆弱。"③

787年9月24日在尼西亚召开了第7次泛基督教宗教会议,即第二次尼西亚大公会议。罗马教宗哈德良遣使参加。会议通过决议,决定恢复圣像,并将决议文本送达罗马。哈德良自然也缮写一份,呈送给查理曼,请他批准同意。尽管一如惯例,法兰克方面的教会由罗马主教和其他意大利的主教代表,并没有直接参与大会,但是查理曼因此对于会议举办方非常不满,委托来自西班牙的教士和博学之士提奥多尔夫(Theodolf of Orleans,约760—821)主持审阅,并进行批驳。

---

① 艾因哈德、圣高尔修道院僧侣:《查理大帝传》,A. J. 格兰特英译,戚国淦译,北京:商务印书馆,1979年,第28页。

② Régis Courtray, "La réception du commentaire sur Daniel de Jérôme dans l'occident médiéval chrétien (VIIe-XIIe siècle)", *Sacris Erudiri*, 44 (2005), pp. 117—187.

③ "Quaestiones in Danielem Prophetam, a Petro Archidiacono enodatae", Edmund Martene ed., *Veterum scriptorum et monumentorum Historicorum, dogmaticorum moralium amplissima collectio*, tomus IX, Paris: Montalant, 1733, col. 277.

提奥多尔夫完成了篇幅浩繁的《加洛林书》,对于第二次尼西亚大公会议的决议逐条进行了批驳。因为事涉圣像,也提及了但以理关于大像的预言。"先知但以理提到过如此野蛮有力的四分之像,是要预言世界四个强大的王国,在隐喻亚述或者迦勒底王国的金头之后,是指代米底和波斯王国的银胸脯,而铜臂膀说的是马其顿王国。但以理认为铁腿指代罗马帝国,铁能驯服一切,因此罗马帝国能征服一切王国。"①但关于像的解释仅此而已,后面接下来解释四大兽,也是对第四兽语焉不详。

这段论述读来让人困惑,因为它忽略了第四个王国。这种解读似乎是有意为之,反映了当时加洛林王朝非常尴尬的国际地位。如果说这个能征服一切王国的"铁腿"是罗马帝国,则无异于承认拜占庭的东罗马帝国将会征服法兰克王国。对于日益强大的加洛林王朝,这似乎是无法容忍的,故有此文本中非常尴尬的处理。

但是,为了慎重起见,在《加洛林书》发表之前,查理曼遣使将草稿交给罗马教宗哈德良,请他审阅。由于哈德良业已签字委托代表参加大会并签字同意大会决议,事情就不了了之。《加洛林书》未能公开发表。794年,经过长期的酝酿,查理曼在美因河畔法兰克福召集盛大会议,尖锐地批驳第二次尼西亚大公会议。"在上帝的首肯下,在使徒教座的权威和我们虔诚的国王查理老爷的命令下,时值他统治的第 26 年,法兰克王国和来自意大利、阿奎丹、普罗旺斯的主教和教士齐集宗教大会,由宽和的查理老爷亲自主持。"会议的第二项议程就是讨论第二次尼西亚宗教会议。"其中也讨论了希腊人新近召集的宗教会议,即在君士坦丁堡召开并讨论圣像崇拜问题的会议。其会议决议写道:"如果有人在仪式中不将圣徒的圣像与三位一体的神同等崇拜,必遭谴责。对此,我们神圣的教父们完全弃绝这一崇拜和仪式,而且谴责任何附和者。"②

---

① Ann Freeman ed., *Opus Caroli regis contra synodum (Libri Carolini)*, cc. II. 19, MGH, Concilia, tomus II, supplementum I, Hannover: Hahn, 1998, pp. 269–270.

② "Karoli magni Capitularia No. 28. Synodus Franconofurtensis, 794 mense Junio", Alfred Boretius ed., *Capitularia regum francorum*, tomus I, pp. 73–74.

因此，在790年代，尽管查理曼的官方意识形态尊重经学故训，恪守杰罗姆以来的注疏传统，但是也针对（拜占庭）罗马帝国进行了政治文化上的批判。在第九章，我们曾提到过，在799年，阿尔昆劝进查理曼称帝之时，他认为当时的欧洲呈三分之势，而以君士坦丁堡的皇帝为最弱，其帝权遭到毁坏。因此可以说这个时候，对罗马帝国的评价在拉丁西部处于一个低谷。而正是在这种政治现状和文化背景之下，被阿尔昆视为代表欧洲最强权势的查理曼得以顺利地在罗马加冕称帝。

800年圣诞节发生的称帝事件，不仅刺激了加洛林王朝的各派力量关注罗马帝国和罗马帝权，围绕帝号献言献策，而且也在总体上逐渐反转了对罗马帝国尤其是罗马皇帝的恶评。但这种反转的程度自然也受到了现实政治的一定制约。查理曼虽然受到罗马人的推举和罗马教宗的膏立，成为"罗马人的皇帝"，但是，君士坦丁堡的皇帝迟迟不予承认。前文对此有详细的讨论，此不赘述。所欲指出者，在于以艾因哈德为首的一大批廷臣，以查理曼不愿意称帝为借口，不愿意使用帝号。时隔二十余年后，在《查理大帝传》中，艾因哈德仍然偏好查理曼的国王名号。

这一现实困境难免会阻碍加洛林宫廷廷臣们立即创新罗马帝国观念的努力。约842年左右，富尔达修道院院长、著名的经学家拉巴努斯（Hrabanus Maurus，约780—856）应日耳曼路易的请求，重新注疏《但以理书》。拉巴努斯自称："我听见不少人抱怨，他们希望《但以理书》得到完整的阐释，一如其他先知书。"看来，当时有不少人开始对杰罗姆的注疏不满意，并嫌其内容不够丰富。在注疏中，拉巴努斯所做的修订包括两个方面："依据先贤的说法或者意见，在不那么明晰之处，或者在发现有缺漏之处，插入一些内容。"[①]拉巴努斯的主要修订工作是做补充，增加新的内

[①] "Hrabani (Mauri) abbatis Fuldensis et archiepiscopi Moguntiacensis epistolae", Ernest Dümmler ed., *Epistolae Karolini Aevi*, tomus III, pp. 467—469. 马克·齐耶认为拉巴努斯基本上重复了杰罗姆的注疏。Mark A. Zier, "The Medieval Latin Interpretation of Daniel: Antecedents to Andrew of St. Victor", *Recherches de théologie ancienne et médiévale*, vol. 58 (Janvier-Décembre 1991), pp. 43—78.

容。他的书分为四卷,关于大像的注疏在第二卷中。

但拉巴努斯的兴趣并不在基督教世俗帝国的历史进程,而在于发挥《但以理书》的义理,总结帝王之道,以便供日耳曼路易模仿和学习。"向您证明,被立为王者,既不能被世间的对手所击破,也不能因为此世的繁荣而坠入高傲之中,而是步入王道,获得永恒王国和永生的奖赏。我指出正确的行为方式和启示的奥秘,是为了让您思考并加以仿效,因为万万不可忽略国王神圣的职责。如此这般完成世间的事业之后,您将成为符合先知所言的'所期盼的人'。"① 对王道的阐发、对王者的规训,也是《但以理书》注疏中的一项重要传统内容。

皇帝路易二世与君士坦丁堡皇帝巴西尔一世之间围绕帝号承认问题展开的外交口水战,再一次刺激了加洛林君臣去思考帝国历史与世界历史的关系,并从新的角度对加洛林王朝复兴的罗马帝国进行新定位,借助于《但以理书》,重新解释当下的帝国及其使命。法兰克帝国,是罗马帝国吗? 如果是的话,那么它是半铁半泥的吗? 如果不是,那又是什么呢?

正是在这种局势之下,结巴诺特克借助于《但以理书》,通过传记《查理大帝传》,更新了杰罗姆的理论,将查理曼建立、胖子查理继承的帝国界定为法兰克人的帝国,同时具备"精金"和"黑铁"两种质地,代表了基督教人类王国的开始和终结,从而具有了某种永久特性。他的阐释属于巩固胖子查理和加洛林王室统治的意识形态之一部分。随着胖子查理的旋起旋灭,诺特克的新历史理论似乎也退隐无闻。但是,随着帝国最终落户于日耳曼人地区,这种新的历史理论会被人发掘出来,套上新装,焕发出活力。

---

① "Hrabani (Mauri) abbatis Fuldensis et archiepiscopi Moguntiacensis epistolae", Ernest Dümmler ed., *Epistolae Karolini Aevi*, tomus III, pp. 467 – 469; Sumi Shimahara, "Daniel et les visions politiques à l'époque carolingienne", *Médiévales* [En ligne], 55 (automne 2008), pp. 19–32, URL: http://journals.openedition.org/medievales/5437,访问日期:2020 年 12 月 14 日。

第四节 永恒的西部帝国？

结巴诺特克对拉巴努斯的这部注疏，似乎也不是很重视，他所重视的，还是杰罗姆的注疏。在论学书信中，他说："对所有先知书，勤奋和亲切的杰罗姆可以满足好学的读者，如果成为他的学生，你应该忍受他那枯燥的书卷给你带来的不安，就像热情的读物适合于热情的学生一样。"①看来，结巴诺特克对杰罗姆非常尊敬，但也对这位教父的冷静稍有微词，嫌其不够热情。对前贤这种辩证的态度，使得他能在杰罗姆注疏的基础之上，做出大胆的创新。

关于罗马帝国是"铁"质地的，结巴诺特克与杰罗姆的认识一致。但是，在《查理大帝传》开篇，他竟然又说，查理曼是"金头"。"在罗马人那里，当掌管各国命运、掌握时序、主宰万物的万能者，打碎了那座巨像半铁半泥的脚之后，在法兰克人这里，凭借卓越的查理，他树立起另一座毫无逊色的巨像的精金头颅。"②

与后面故事的繁复甚至啰唆相比，这一段话非常简明扼要。先知但以理预言的四大帝国的历史至罗马帝国业已宣告结束，被上帝摧毁了。在古代的四大帝国之外，上帝通过查理曼之手，树立起了一座新的巨像。所以，查理曼建立的帝国标志着基督教世界历史的一个新开端。这个新的帝国不是罗马的，而是法兰克帝国，亦非古代四大帝国的简单延续。与艾因哈德相类似，结巴诺特克也在《查理大帝传》中充分展示了自己对法兰克认同的自豪。但跟艾因哈德不同的是，他不仅对君士坦丁堡的皇帝颇为不满，而且对当时所谓的希腊人和罗马人也甚为不屑，认为他们嫉妒法兰克人的威名。所谓的希腊人和罗马人指的是原拜占庭帝国统治地区

---

① "Notatio Notkeri de Illustribus viris", cap. 1, Migne ed., *Patrologia Latina*, vol. CXXXI, col. 995.

② 艾因哈德、圣高尔修道院僧侣:《查理大帝传》,A. J. 格兰特英译,戚国淦译,北京:商务印书馆,1979 年,第 39 页。

的居民。甚至关于法兰克王国内部在唱诗方面的不统一,结巴诺特克也将其归咎于所谓"希腊人和罗马人的嫉妒"。

当查理曼向罗马教宗斯蒂芬二世请求派遣教士前来法兰克王国,教授宗教歌曲,统一唱诗方式时,受派遣的12位教士竟然出于嫉妒之心,"他们彼此商量,决定使唱法变化多端,让查理的国家和领地永远没有机会共享和谐一致之乐"①。当查理曼发现这种教育结果之后,就告诉了教宗利奥三世。利奥三世别无选择,因为所有的罗马教士都会欺骗法兰克人。所以他请求查理曼派遣法兰克教士前去罗马受教。"把你手下最聪明的教士交两名给我,并且设法让我这方面的教士不知道他们是属于你的。"唯有通过这种曲折的方式,查理曼才最终得以获得统一的圣曲唱诗方式。②

关于查理曼获得帝国,结巴诺特克综合了艾因哈德的不情愿说、洛尔什修道院修士们的实至名归说和罗马教宗方面的保护说。而君士坦丁堡的皇帝之所以丧失了上帝的眷顾,不仅因为他们傲慢、嫉妒,而且还因为他们拒绝保护罗马教宗。当心怀嫉妒的罗马人控告利奥教宗,迫害他时,利奥首先请君士坦丁堡的皇帝援助,但是遭到了拒绝。于是利奥转而邀请查理曼施以援手:"此举正是遵循上帝的谕旨,因为,查理已经真正是许多国家的统治者和皇帝,现在由于得到教宗的认可,他就可以享有皇帝、凯撒和奥古斯都的称号……他以世界之首的身份来到一度是世界之首的城市。"③

结巴诺特克对罗马人、希腊人以及君士坦丁堡的皇帝不屑一顾,而且事实上,加洛林皇帝们作为罗马皇帝也得不到他们的承认。在这种背景之下,假手于查理曼这位新的世界之首长,上帝建立了新的法兰克帝国,并开启了基督教世界历史的新路。

---

① 艾因哈德、圣高尔修道院僧侣:《查理大帝传》,A.J.格兰特英译,戚国淦译,北京:商务印书馆,1979年,第48页。
② 同上书,第48—49页。
③ 同上书,第58页。

上帝建立的新法兰克帝国与当时的君士坦丁堡皇帝所代表的罗马帝国同中有异。用《但以理书》中的术语来说，查理曼的帝国不仅质地既是黑铁也是黄金，既坚硬又明亮，尚武之中兼有尊贵，而且这个尽头并非半铁半泥质地。不仅如此，结巴诺特克还认为新的帝国不仅是金头，而且也是铁腿，如果头代表基督教世界历史的开始，那么黑铁则预示着其结束。从这个角度而言，尽管我们不知道诺特克的新巨像中是否还有银臂膀和铜腹部，但这个新的帝国似乎集基督教人类历史的始与终于一身，从而具备了某种人间王国永久性的味道。

这种理论上的自信和鼓吹与现实形成强烈的反差，正好表明了作者结巴诺特克强烈的主观诉求和意愿。当诺特克写作这部传记的时候，加洛林家族不仅已经人口凋零，而且势力微弱。"这把剑现在搁置得闲散而生锈了，倒不是由于缺乏志气，而是由于缺乏财源，因为您的最忠实的臣仆阿尔努尔夫的土地太狭小了。"而这位阿努尔夫"与伯纳德那颗幼芽一起构成从路易的一度瓜瓞绵绵的根柢流传下来的仅有的枝条"。①

在加洛林王室衰微的时候，其他觊觎王权和帝位者，不在少数。"有权势的人完全无视查理最高贵的子孙，每一个人都想把王国的权力夺到自己手里，为他们自己戴上王冠。"②对此，结巴诺特克没有其他良策，只能大声呼吁。"在您的大力扶持之下，（王室的势力）会欣欣向荣地成长起来。"③在另外一篇历史续写中，诺特克也发出类似的呼喊："哦，让他（阿努尔夫）活着吧，以便老路易的合法支裔不会灭绝。""请万能的上帝让里卡尔特（Richkarta，胖子查理之妻）皇后获得子嗣吧，这样一来，让那些暴君们和强横的强盗们，尽管目前还想抬头，却被神助所压服。同时，我们用自知之明默默地教导他们，直到他们回归自己的领地，放弃愚妄，寻求帝王的眷顾；或者让这些祸国者受到惩罚，直到湮灭，四散而尽。无论有

---

① 艾因哈德、圣高尔修道院僧侣：《查理大帝传》，A. J. 格兰特英译，戚国淦译，北京：商务印书馆，1979 年，第 92—93 页。
② 同上书，第 86 页。
③ 同上书，第 93 页。

名,还是无名,让他们的名字永遭谴责!"①

结巴诺特克不仅在内心深处对加洛林王朝的没落心怀忧虑,而且对于现实中帝权之不可依靠也心知肚明。在书中,他不止一处表达过自己的焦虑,担心因为写作而得罪了地方权贵。"现在,我的查理皇帝陛下,我很害怕,由于我愿意遵从您的旨意,却可能引起所有曾经宣誓效忠的人,特别是最高级教士的怨恨。"②结巴诺特克的担忧源自他对形势的深切感受以及维护加洛林帝国永恒性之间的矛盾。果不其然,887年,他的这部传记尚未告竣,胖子查理身体日渐虚弱,11月在特里布尔(Tribur)大会期间,被侄子阿努尔夫废黜并幽禁起来,来年1月病逝。这位被诺特克视为最肖似查理曼、重新掌控了原查理曼所控制一切地区的帝王黯然退位,从历史舞台消失。对于他的去世,10世纪初期的编年史家里吉诺(Regino)评论说:"他死后,缺乏嫡系继承人,帝国分裂,各地竟然拥立新王。这就带来了大战乱,不是因为法兰克人缺乏适合统治王国并拥有门第、勇气和智慧的领袖们,而是因为在世系、权力和权威方面的平等状况加剧了他们之间的纷争,无人能够超越侪辈、号令天下。法兰克尼亚产生了许多具有领袖之才的贵族,但是很遗憾,却没有为他们提供独尊的机会。"③

胖子查理的被废,使得结巴诺特克的《查理大帝传》戛然而止,成为未完稿件。加洛林帝国的命运竟然与这部帝国奠基人的传记如此内在契合,充分说明形势比人强。胖子查理重新统一加洛林帝国犹如昙花一现,对此结巴诺特克也不无认识。但是,为了劝勉这位中途驻跸于圣高尔修道院的皇帝励精图治,以查理曼为榜样,延续帝国的辉煌,成就加洛林帝

---

① "Erchanberti Breviarium A. 840—881", G. H. Pertz, *Scriptorum tomus II*, MGH, Hannover: Hahn, 1829, p. 330. 佩茨认为该年代记是赖歇瑙修道院的修士所作,但现在普遍认为这是结巴诺特克的作品。这篇续写非常简单,颇类似于谱系,在佩茨的校注本中仅有两页纸。

② 艾因哈德、圣高尔修道院僧侣:《查理大帝传》,A. J. 格兰特英译,戚国淦译,北京:商务印书馆,1979年,第54页。

③ Simon Maclean trans., *History and Politics in Late Carolingian and Ottonian Europe*, p. 199.

国的永久性,结巴诺特克不惜偏离释经传统,重新解释《但以理书》,综合帝权转移理论,以加洛林法兰克帝国的永久性来终结罗马帝国延续的历史。

怀着后来者的后见之明,我们不难发现结巴诺特克的大胆创新颇有一厢情愿的色彩,为了给本修道院的庇护皇帝许诺一个美好的愿景,他不仅淡化了加洛林王朝面临的深刻危机,而且也刻意忽略了基督教世界历史发展的延续性。由于从某种程度上隔断了法兰克帝国与罗马帝国之间的内在联系,结巴诺特克也将法兰克帝国视为世界西部的兴起。其开篇云:"(查理曼)已经开始唯我独尊地统治着世界的西部。"①这一观点似乎与结巴诺特克发自内心深处的偏见有关,他瞧不起当时的希腊人和罗马人。这种视角的调整,使得结巴诺特克远离了加洛林帝国盛世时期广泛流行的泛欧洲视野,而是从欧洲西部的视角改造了基督教世界历史观。从这个角度而论,或许结巴诺特克可以算得上是一位早期的"西欧中心论"者。

透过《查理大帝传》的那层情绪化表达,我们不仅可以感知到结巴诺特克的感情世界,而且能够清晰地发现,加洛林帝国后来居上,在军事力量上赶超拜占庭帝国,但是在财富上仍然逊于东部地区。而君士坦丁堡的皇帝对于政治文化传统的恪守,始终精心维护罗马皇帝名号的唯一性,使得查理曼这位新皇帝备感正名的焦虑。他并不是不想称帝,而是不愿意看东部皇帝的脸色,用艾因哈德和结巴诺特克的话来说,就是忍受希腊人的"嫉妒"。外交战给查理曼和加洛林帝国的合法化带来了政治文化的巨大挑战。作为应对,加洛林官方逐渐也贬抑希腊人,不承认君士坦丁堡皇帝的正统性。作为古代罗马帝国向中古神圣罗马帝国转化的重要一环,拜占庭在加洛林帝国崛起过程中的作用被刻意地淡化乃至淡忘,并最终深埋在历史长河的河床之下,不为史家们所知。伴随着欧洲西部的军

---

① 艾因哈德、圣高尔修道院僧侣:《查理大帝传》,A. J. 格兰特英译,戚国淦译,北京:商务印书馆,1979 年,第 38 页。

事崛起,以结巴诺特克为代表的知识分子局限于西部视野,重新调整基督教世界历史观,切断了拜占庭帝国在这一历史进程中所扮演的重要角色,使得历史出现了断裂。

不仅如此,忽略拜占庭的历史作用使得结巴诺特克不得不更多地将目光投向罗马教宗和罗马城。尽管结巴诺特克认为罗马人很坏,但是罗马教宗与加洛林君王关系密切,合作愉快。在加洛林帝国兴起的过程中,关键时刻都离不开欧洲西部教俗两种最高权威的合作。查理曼的父亲丕平三世曾响应圣彼得的号召,前往拯救罗马,虽然因为罗马人(包括希腊人)的嫉妒,不得不迅速撤回法兰克尼亚。罗马教宗斯蒂芬二世则将查理曼膏立祝圣为国王,"按照法兰克人的祖法为查理涂抹圣脂,使他成为国王"①。在前述圣曲唱诗的教育过程中,利奥三世与查理曼密切合作。随后查理曼伸出强有力的臂膀,庇护利奥三世,后者则膏立加冕查理曼为皇帝。罗马教宗取代罗马人,并与加洛林君王密切合作,不仅是加洛林帝国崛起的重要宗教文化力量,而且也是被刻意强调的一个桥梁,似乎欧洲借此实现了从古代罗马帝国向中古神圣的罗马帝国的过渡。

尽管从法理上来说,古代罗马帝国只有一个帝权、一个帝国,但是从4世纪晚期开始,就出现了分别以罗马城和新罗马为中心的两个帝位,在文献中也出现了东部帝国和西部帝国的提法。西部罗马帝国消失之后,帝位仅剩下一个,中经查士丁尼一世的努力,罗马帝国似乎重新统一了地中海沿岸地区。但是,查士丁尼不仅继续维持一个帝位的传统,而且扶植罗马教宗来协助君士坦丁堡的皇帝维持对西部地区的控制,从而不仅强化了一个帝国、一个帝位的传统,而且也大力地推动了罗马帝国的神圣化,从而基本实现了从古代罗马帝国向中古神圣的罗马帝国的转型。

加洛林王朝的崛起,以及查理曼建立帝国,固然有赖于法兰克人的军事势力,但也得益于长期做罗马帝国的好朋友,甚至查理曼称帝事件也是

---

① 艾因哈德、圣高尔修道院僧侣:《查理大帝传》,A. J. 格兰特英译,戚国淦译,北京:商务印书馆,1979年,第47页。英译者认为此处有误,其实无误。754年斯蒂芬二世在巴黎的圣德尼修道院大教堂将丕平三世、查理曼和卡洛曼一起祝圣膏立为王。

以模仿君士坦丁堡皇帝而拉开序幕的。同样是神圣的罗马帝国,但是东西部之间还是有着巨大的差异。由于历史缘故,君士坦丁堡的皇帝与罗马教宗之间的联系远不如加洛林皇帝与罗马教宗之间那么密切。通过以神圣王权换取军事保护,加洛林君王与罗马教宗各有分工、互相协作,以不同于东部帝国的方式建设着神圣的罗马帝国或者说中古神圣政治。

结　语

　　罗马帝国、蛮族王国与基督教会的互动和彼此区分之势破除了古代罗马帝国时期的认同单一性，人们观察时事的视角和立场变得多元，从抛弃世俗社会、深入荒漠与秃山的隐修之士，到试图重修赛马场的蛮族君王，价值观急剧两极分化。与此同时，随着大一统帝国的逐渐消退，罗马、君士坦丁堡、亚历山大里亚、巴黎、里昂、特里尔、伦敦、约克、巴塞罗那和托莱多等地所看到的社会图景也各自不同，地方主义和地方文化日益彰显其存在性。不同地域的文献，为历史学家提供了风景各异的社会历史面貌。从勃艮第王国看高卢与从法兰克文献看高卢，所得到的结果大为不同。一个多元化的、充满地方主义的世界在文化遗存中或隐或显。

　　支撑这一局面的政治结构是贵族政治。尽管古代晚期研究已经对罗马帝国晚期社会结构的经典性结论提出了挑战，并认为它并不像以前认为的那样存在严重的两极分化，但是随着西部帝国的消失，教俗贵族日益地方化。6世纪中期，查士丁尼通过收复失地运动，重新控制了地中海沿海地区，伸张皇权，并且试图任用太监以便牵制贵族势力的膨胀。但是在7世纪，阿拉伯人兴起，他们利用拜占庭帝国的地方势力派，以便迅速开展武力征服活动。在这一过程中，帝国中央政府的势力受到沉重打击，地方性贵族势力进一步壮大。7世纪可以说是欧洲贵族政治的一个鼎盛时期。

但是,政治上的地方化和贵族化,与基督教文化上的大一统携手出现。7世纪的罗马教会也被称为希腊教宗时代,7世纪,以罗马城和罗马教宗为中心的基督教世界正式形成。从此基督教世界取代了罗马帝国成为赋予欧洲统一性的重要媒介。这个宗教世界的形成,也为8世纪加洛林王朝转化为神圣的罗马帝国提供了政治文化上的条件。

加洛林帝国的兴起向来被视为西欧走上独特历史道路的决定性时刻。但查理曼所复兴的恰恰是西部罗马帝国,以"罗马复兴"相号召的加洛林帝国还具有浓烈的神圣性。查理曼通过模仿东部的罗马皇帝,南下罗马城,由罗马教宗加冕称帝,称帝事件就牢牢地嵌入欧洲东西与南北方向的交往网络之中,或者说以罗马为中心的基督教世界里。从这个角度而论,加洛林帝国的建立,也意味着西部欧洲有意识地回应欧洲南部与东部的政治发展,回归到罗马帝国演化的轨道上来。在查理曼、利奥三世和海伦娜的主导下,亚琛、罗马和君士坦丁堡积极互动,加洛林王朝顺势转化为神圣的罗马帝国,并融入欧洲从古代罗马帝国向中古神圣的罗马帝国转型的历史大潮中。

这一宏观的历史进程似乎可以概括如下:从3世纪开始,罗马帝国东西部日益各自运行,导致东西部地区走上不同的发展道路。但是,在分化的过程中,东西部之间又彼此存在千丝万缕的联系和交流,导致它们从统一的起点出发,各自分化,而最终殊途同归。东部地区率先于6世纪成功转型为神圣的罗马帝国,而西部地区中经蛮族王国,并在东部帝国的影响之下,也于9世纪重建了神圣的罗马帝国。从政治史和政治文化演化的角度而言,从古代向中古的转化过程可以被总结为:从古代政治军事上的罗马帝国,中经教会构建的罗马世界,而演化为神圣的罗马帝国。

与其说这一转化的实质是罗马帝国的回归,还不如说是神圣政治的胜利。正是依托于查士丁尼的一个宗教政策,以罗马为中心的基督教罗马世界得到有力的形塑。7世纪末、8世纪初(拜占庭)罗马帝国在国力和疆土上急剧衰落,使得罗马基督教世界逐渐取代罗马帝国成为欧洲政治演化的文化和观念框架。在这一框架之中,无论东部抑或西部的政治体,都越来越感受到神圣政治的吸引力和巨大能量。我们并不知道阿拉伯帝国代表的伊斯兰神圣政治在这个过程之中所起的具体作用,但是,从撒哈拉到北海,从英吉利海峡到两河流域,都在这一时期兴起了神圣政治。如果我们更加放开视野,就会发现亚欧大陆温带、亚热带文明带似乎彼此遥相呼应,连成了神圣政治的宽广地带。

在欧洲,神圣政治似乎在3—5世纪旧帝国瓦解的时候迅速启动,而定型于7—9世纪转型成功的和新形成的神圣帝国。在这个中间,则是地方政治时代,或者"地方罗马性"的抬头和流行。① 主教、伯爵、公爵乘势发展壮大,通过与这些地方实力派结盟,蛮族首领和军队首领得以建立起诸蛮族王国和政治体。贵族政治是横亘于古代与中古世界之间的政治结构。面对贵族政治和蛮族王国的新形势,欧洲的统一性,或者说古代罗马帝国所开创的帝国政治观念,屡经挑战,遭遇各种挫折,时伏时起,随着形势的改变而变换着承载的方式。结果是古代罗马帝国成功地转型为神圣的罗马帝国。从这个角度而论,学术界使用"后罗马"一词似乎并不那么合适。

贵族政治与神圣政治的结合,使得政治斗争往往围绕家族的政治利益而展开。古代罗马帝国皇位传承制度含有推举制度的巨大惯性,选贤用能的色彩特别强烈。血缘继承原则相形之下并不那么根深蒂固,王朝特性不那么突出,王朝延续的时间都比较短。到中古早期,蛮族王国的传承起初似乎更多地受到罗马制度的影响,但以法兰克王国为代表的政治体,利用基督教文化和制度,开始探索出有利于稳定传承的家族制度,尤其是当王室成员衰弱之时,仍然能够确保王位在家族成员之间传递。此类家族多有特定的圣徒庇护、悠久的家族渊源,家族以虔诚相标榜,兼具其他政治品德。我们甚至可以说,在中古早期有许多神圣家族或者虔诚

---

① Peter Brown, *Through the Eye of a Needle: Wealth, the Fall of Rome, and the Making of Christianity in the West, 350—550 AD*, Princeton: Princeton University Press, 2014, pp. 392—394.

家族。分国制度是家族政治在中央层面的表现,以分而和平为目标,兼顾地方政治与家族统治。为了应对形势的变化和现实的需要,各个家族需要不断改革家族传承制度,以便长盛不衰。

神圣政治的历史大潮裹挟着各个政治体和政治家族。唯有顺应这一潮流,适时地创造新的政治制度和政治文化,既神圣又合法,方能在竞逐中站稳脚跟并获得胜利。在此过程之中,日耳曼制度因素、罗马制度因素和基督教会制度因素被巧妙地加以利用和组合。受基督教会的影响,所有这些新鲜出炉的制度,似乎都可以追溯到各自历史的开端之处,逐渐披上了古已有之的神秘外衣,被现代史家或误以为罗马制度,或误以为日耳曼制度。在东西(东部欧洲和西部欧洲)和南北(罗马教宗和北方蛮族)的关系网络中,观察中古早期各种政治制度的发生过程,呈现的将是复古与改革交织的制度创新和演化图景。各个新生的或者转型中的政治体,在竞争中互相模仿,不仅维持独特的自我认同,也为欧洲范围内共享的基督教政治乃至横贯亚欧大陆的神圣政治文化添砖加瓦。通过虔诚求得和平,实现德治善政,欧洲得以走出古代,创造中古早期的神圣政治文化。

参考书目

一、工具书

Albert Blaise ed., *Lexicon Latinitatis Medii Aevi*, Coprus Christianorum Continuatio Mediaeualis (CCCM.), Turnhout: Brepols, 1975.

Alfred Heit & Ernst Voltmer eds., *Bibliographie zur Geschichte des Mittelalters*, München: Esutscher Taschenbuch Verlag, 1997.

Arnold Hugh Martin Jones, John Robert Martindale & John Morris eds., *The Prosopography of the Later Roman Empire*, Vol. I, A. D. 260 – 395, Cambridge: Cambridge University Press, 1971.

Digital Monumenta Germaniae Historica (DMGH), https://www.dmgh.de, 访问日期: 2023 年 1 月 11 日。

Herwig Wolfram ed., *Intitulatio I. Lateinische Königs- und Fürstentitel bis zum Ende des 8. Jahrhunderts*, Wien: Böhlau Verlag, 1967.

Hubert Mordek, *Bibliotheca capitularium regum Francorum manuscripta: uberlieferung und Traditionszusammenhang der frankischen Herschererlasse*, MGH Hilfsmittel XV, Munchen, MGH, 1995.

James M. Powell, *Medieval Studies: An Introduction*, 2nd ed., Syracuse: Syracuse University Press, 1992.

J. F. Böhmer & E. Mühlbacher eds., *Regesta imperii I, Die Regesten des Kaiserreichs unter den Karolingern*, Innsbruck: Verlag der Wagner'schen

Universitäts-Buchhandlung, 1908.

John Robert Martindale ed., *The Prosopography of the later Roman Empire*, vols. II—III, Cambridge: Cambridge University Press, 1980—1992.

Lotte Kéry ed., *Canonical Collections of the Early Middle Ages（ca. 400—1140）: A Bibliographical Guide to the Manuscripts and Literature*, Washington DC.: Catholic University of America Press, 1999.

Martina Hartmann, *Mittelalterliche Geschichte studieren*, 3. Auflage, Konstanz: UVK Verlagsgesellschaft, 2004.

O. Seeck ed., *Regesten der Kaiser und Päpste für die Jahre 311 bis 476 n. Chr.: Vorarbeit zu einer Prosopographie der Christlichen Kaiserzeit*, Frankurt am Main: Minerva Verlag, 1964.

Philippe Depreux, *Prosopographie de l'entourage de Louis le Pieux（781—840）*, Sigmaringen: Thorbecke, 1997.

R. C. Van Caenegem, L. Jocqué & F. L. Ganshof eds., *Intruduction aux sources de l'histoire médiévale*, trans. B. Van den Abeele, Corpus Christianorum Continuatio Mediaeualis (CCCM.), Turnhout: Brepols, 1997.

Robert Auty et al. eds., *Lexikon des Mittelalters*, 10 vols., München: Artemis-Verlag, 1977—1999.

W. Wattenbach, W. Levison & H. Löwe eds., *Deutschlands Geschichtsquellen im Mittelalter: Vorzeit und Karolinger*, 5 vols., Weimer: Böhlau, 1952—1973.

陈志强:《拜占庭史研究入门》,北京:北京大学出版社,2012年。

叶·阿·科斯敏斯基:《中世纪史学史》,郭守田等译,北京:商务印书馆,2011年。

二、史料

Adolf Hofmeister ed., *Ottonis episcopi Frisingensis Chronica sive Historia de Duabus civitatibus*, MGH, SS rer. Germ. N. S., Hannover: Hahn, 1912.

A. F. Norman ed. & trans., *Libanius: Autobiography and Selected Letters*, 2 vols., Loeb Classical Library, Cambridge, MA: Harvard University Press, 1992.

—— *Libanius: Selected Orations*, 2 vols., Loeb Classical Library, Cambridge, MA:

Harvard University Press, 1969—1977.

Agathias: *The Histories*, trans. Joseph Frendo, Berlin: De Gruyter, 1975.

Agnellus: *The Book of Pontiffs of the Church of Ravenna*, trans. D. M. Deliyannis, Washington, DC. : Catholic University of America Press, 2004.

Albert Werminghoff ed. , *Concilia aevi Karolini* I, pars II, MGH, Concilia, tomus II, Hannover: Hahn, 1908.

—— *Concilia aevi Karolini* I, pars I, MGH, Concilia, tomus II, Hannover: Hahn, 1906.

Alcuin of York: *His Life and Letters*, trans. S. Allott, York: William Sessions, 1974.

Alfred Boretius & Victor Kause eds. , *Capitularia regum Francorum*, tomus II, MGH, Legum section (LL.), ii, Hannover: Hahn, 1897.

Ambrose of Milan: *Political Letters and Speeches*, trans. J. H. W. G. Liebeschuetz, Liverpool: Liverpool University Press, 2010.

Ann Freeman & Paul Meyvaert eds. , *Theodulf of Orléans*, *Opus Karoli regis contra synodum* (*Libri Carolini*), MGH, Concilia tomsu II, Supplementum I, Hannover: Hahn, 1998.

Arno Borst ed. , *Schriften zur Komputistik im Frankenreich von 721 bis 818*, 3vols, MGH, Quellen zur Geistesgeschichte des Mittelalters (QQ zur Geistesgesch.), Hannover: Hahn, 2006.

B. de Simson ed. , *Annales Mettenses Priores*, MGH, in usum scholarum, Hannover: Hahn, 1905.

—— *Annales Xantenses et Annales Vedastini*, MGH, in usum scholarum, SS rer. Germ. , Hannover: Hahn, 1909.

B. Krusch ed. , *Fredegarii et aliorum Chronica & Vitae sanctorum*, MGH, SS rer. Merov. , Hannover: Hahn, 1888.

—— *Gregorii episcopi Turonensis Miracula et Opera minora*, MGH, SRM, Hannover: Hahn, 1969.

—— *Passiones vitaeque sanctorum aevi Merovingici et antiquiorum aliquot.* , MGH, SS rer. Merov. , tomus III, Hannover: Hahn, 1896.

—— *Passiones vitaeque sanctorum aevi Merovingici*, MGH, SS rer. Merov. , tomus

IV, Hannover: Hahn, 1902.

—— *Passiones vitaque sanctorum aevi Merovingici*, MGH, SS rer. Merov. , tomus V, Hannover: Hahn, 1910.

Bruno Krusch & Wilhelm Levison eds. , *Gregorii episcopi Turonensis Libri historiarum X*, MGH, Scriptore rerum Merovingicarum (SRM), Hannover: Hahn, 1951.

—— *Passiones et vitaeque aevi Merovingici*, MGH, SS rer. Merov. , tomus VI, Hannover: Hahn, 1913.

—— *Passiones et vitaeque aevi Merovingici*, MGH, SS rer. Merov. , tomus VII, Hannover: Hahn, 1920.

Carl Halm ed. , *Salviani presbyteri Massiliensis Libri qui supersunt*, MGH, Auct. Ant. , Berlin: Weidmann, 1877.

—— *Victoris Vitensis Historia*, MGH, Auct. Ant. , Berlin: Weidmann, 1879.

Carlrichard Brühl, Theo Kölzer, Martina Hartmann & Andrea Stieldorf eds. , *Die Urkunden der Merowinger*, MGH, Diplomata, Hannover: Hahn, 2001.

Carl Schenkl ed. , *D. Magni Ausonii Opuscula*, Berlin: Weidmann, 1883.

C. de Clercq ed. , *Concilia Galliae a. 511 — 695*, CCSL, 148A, Turnhout: Brepols, 1963.

C. E. V. Nixon & Barbara Saylor Rodgers eds. & trans. , *In Praise of Later Roman Emperors: the Panegyrici Latini*, Berkeley: University of California Press, 1994.

Christian Luetjohann & Bruno Krusch eds. , *Gai Sollii Apollinaris Sidonii Epistulae et Carmina*, MGH, Auct. Ant. , Berlin: Weidmann, 1887.

C. Munier ed. , *Concilia Galliae a. 314 — a. 506*, Corpus Christianorum Series Latina (CCSL), vol. 148, Turnhout: Brepols, 1953.

C. Plummer ed. , *Venerabilis Baedae opera historica*, Oxford: Clarendon Press, 1896.

David Herlihy ed. , *The History of Feudalism*, Atlantic Highland, NJ: Humanities Press, 1970.

E. A. Lowe, *The Bobbio Missal: A Gallican Mass Book*, London: Harrison and Sons, 1920.

Edward James trans. , *Gregory of Tours: Life of the Fathers*, Liverpool: Liverpool

University Press, 1988.

Edward Peters ed., *Monks, Bishops and Pagans: Christian Culture in Gaul and Italy: 500—700*, trans. William C. McDermott, Philadelphia, PA: University of Pennsylvania Press, 1975.

Ernest Dümmler ed., *Epistolae Merowingici et Karoli aevi*, tomus I, MGH, Epistolarum tomus III, Berlin: Weidmann, 1892.

—— *Epistolae Karolini aevi*, tomus II, MGH, Epistolarum tomus IV, Berlin: Weidmann, 1895.

—— *Epistolae Karolini aevi*, tomus III, MGH, Epistolarum tomus V, Berlin: Weidmann, 1899.

Ernest Perels ed., *Epistolae Karolini aevi*, tomus IV, MGH, Epistolarum tomus VI, Berlin: Weidmann, 1925.

Ernst Tremp ed., *Thegan: Die Taten Kaiser Ludwigs & Astonomus: Das Leben Kaiser Ludwigs*, MGH, in usum scholarum, SS rer. Germ., Hannover: Hahn, 1995.

Frideric Kurze ed., *Reginonis abbatis Prumiensis Chronicon cum Contunuatione Treverensi*, MGH, in usum scholarum, SS rer. Germ., Hannover: Hahn, 1890.

Frideric Maasen ed., *Concilia aevi Merovingici*, MGH, Concilia tomus I, Hannover: Hahn, 1893.

G. Engelbert Mühlbacher, Alfons Dopsch, Johann Lechner & Michael Tangl eds., *Die Urkunden Pippins, Karlmanns und Karls des Grossen*, MGH, Die Urkunden der Karolinger, 1st. Bd. Hannover: Hahn, 1906.

Georg Heinrich Pertz ed., *Scriptorum aevi Carolini*, tomus I, Monumenta Germaniae Historica (MGH), Scriptores, Hannover: Hahn, 1826.

Gerhard Schmitz ed., *Die Kapitulariensammlung des Ansegis*, MGH, Capitularia regum Francorum, Nova series (Capit. N. S.), Hannover: Hahn, 1996.

G. H. Pertz & Frideric Kurze eds., *Annales Fuldenses sive Annales regni Francorum orientalis*, MGH, in usum scholarum, SS rer. Germ., Hannover: Hahn, 1891.

—— *Annales Regni Francorum inde ab A. 741 usque ad A. 829*, MGH., in usum scholarum, Hannover: Hahn, 1905.

G. H. Pertz, G. Waitz & O. Holder-Egger eds., *Einhardi Vita Karoli Magni*, MGH, in usum scholarum, SS rer. Germ., Hannover: Hahn, 1911.

G. Waitz ed., *Annales Bertiniani*, MGH, in usum scholarum, SS rer. Germ., Hannover: Hahn, 1883.

—— "De unctione Pippini regis nota monchi S. Dionysii", MGH, *Scriptorum tomi XV Pars II*, Hannover: Hahn, 1888.

—— *Scriptores rerum Langobardicarum et Italicarum saec. VI – IX*, MGH, Scriptores, Hannover: Hahn, 1878.

—— *Scriptorum rerum Langobardicarum et Italicarum, saec. VI – IX*, MGH, Scriptores, Hannover: Hahn, 1878.

Hannes Steiner ed., *Ratpert: St. Galler Klostergeschichiten (Casus sancti Galli)*, MGH, in usum scholarum, SS rer. Germ., Hannover: Hahn, 2002.

Hans F. Haefele ed., *Notker der Stammler: Taten Kaiser Karls des Grossen*, MGH, SS rer. Germ. N. S., Berlin: Weidmann, 1959.

Harald Zimmermann ed., *Thomas Ebendorfer: Chronica regum Romanorum teil 1*, MGH, SS rer. Germ. N. S., Berlin: Weidmann, 1967.

H. B. Dewing trans., *Procopius: On Buildings*, Cambridge, MA: Harvard University Press, 1940.

H. Droyser ed., *Eutropi cum ab urbe condita cum versionibus graecis et Pauli Landolfique*, MGH, Auct. Ant. 2, Berlin: Weidmann, 1879.

—— *Pauli Historia Romana*, MGH, in usum scholarum, Berlin: Weidmann, 1879.

Henry Royston Loyn & John Percival eds., *The Reign of Charlemagne: Documents on Carolingian Government and Administration*, New York: St Martin's Press, 1975.

Hermann Sauppe ed., *Eugippii Vita sancti Severini*, MGH, Auct. Ant., Berlin: Weidmann, 1877.

H. G. Evelyn-White ed. & trans., *Ausonius*, Loeb Classical Library, Cambridge, MA: Harvard University Press, 1919—1921.

Horst Fuhrmann ed., *Das Constitutum Constantini Text*, MGH, Fontes iuris germanici antiqui, in usum scholarum, X. Hannover: Hahn, 1968.

Ingrid Heidrich ed. , *Die Urkunden der Arnulfinger*, MGH, Diplomata, Hannover: Hahn, 2011.

Jane Woodruff, *The Historia Epitomata (Third Book) of the Chronicle of Fredegar: An Annotated Translation and Historical Analysis of Interpolated Material*, PhD diss. , University of Nebraska, 1987.

J. E. Halborg & E. G. Whatley eds. , *Sainted Women of the Dark Ages*, Durham, NC: Duke University Press, 1992.

J. N. Hillgarth ed. , *Christianity and Paganism 350—750. The Conversion of Western Europe*, Philadelphia, PA: University of Pennsylvania Press, 1986.

John Michael Wallace-Hadrill ed. & trans. , *The Fourth Book of the Chronicle of Fredegar with Its Continuations*, London: Nelson, 1960.

John Moorhead trans. , *Victor of Vita: History of the Vandal Persecution*, Liverpool: Liverpool University Press, 1992.

John T. McNeill & Helena A. Gamer eds. & trans. , *Medieval Handbooks of Penance*, New York: Columbia University Press, 1990.

Jonas of Bobbio: Life of Columbanus, Life of John of Réomé, and Life of Vedast, trans. Alexander O'Hara and Ian N. Wood, Liverpool: Liverpool University Press, 2017.

Judith George trans. , *Venantius Fortunatus: Personal and Political Poems*, Liverpool: Liverpool University Press, 1995.

Karl August Eckhardt ed. , *Lex Salica*, MGH, LL. nat. Germ. , tomus IV, Pars II, Hannover: Hahn, 1969.

Karl August Eckhardt ed. , *Pactus legis Salicae*, MGH, Leges nationum Germanicarum (LL. Nat. Germ.) tomus IV, Pars I, Hannover: Hahn, 1962.

Karl Lehmann & Karl A. Eckhardt eds. , *Leges Alamnnorum*, MGH LL. Nat. Germ. , tomus V, pars I, Hannover: Hahn, 1966.

Karl Zeumer ed. , *Formulae Merowingici et Karolini aevi*, Hannover: Hahn, 1886.

Kirsopp Lake & J. E. L. Oulton trans. , *Eusebius: Ecclesiastical History*, 2 vols. , Loeb Classical Library, Cambridge, MA: Harvard University Press, 1926—1932.

Klaus Nass ed. , *Die Reichschronik des Annalista Saxo*, MGH, Scriptores tomus

(SS.) XXXVII, Hannover: Hahn, 2006.

Konrad Wanner ed., *Die Urkunden Ludwigs II*, MGH, Diplomata, Die Urkunden der Karolinger, vierter Bd., München: Monumenta Germaniae Historica, 1994.

L'Abbé Louis Duchesne ed., *Le Liber Pontificalis*, 2 vols., Paris: Ernest Thorin Éditeur, 1892.

L. Bethmann & G. Waitz eds., *Pauli Langobardorum edentibus*, in *Scriptores rerum Langobardicarum et Italicarum saec. VI – IX*, MGH, Scriptores rerum Langobardicarum et Italicarum (SS rer. Lang.), Hannover: Hahn, 1878.

Ludovic Rudolf de Salis ed., *Leges Burgundionum*, MGH, LL. Nat. Germ., tomus II, pars I, Hannover: Hahn, 1892.

Ludwig M. Hartmann ed., *Gregorii I papae Registrum epistolarum*, tomus II, MGH, Epistolae (in Quart), Berlin: Weidmann, 1890.

Martina Giese ed., *Die Annales Quedlinburgenses*, MGH, in usum scholarum, SS rer. Germ., Hannover: Hahn, 2004.

Martina Stratmann ed., *Flodoard von Reims: Die Geschichte der Reimser Kirche*, MGH, Scriptores tomus XXXVI, Hannover: Hahn, 1998.

M. Platnauer ed. & trans., *Claudian*, 2 vols., Loeb Classical Library, Cambridge MA: Harvard University Press, 1922.

N. Lund ed. & trans., *Two Voyagers at the Court of King Alfred*, York: Sessions, 1984.

Norman P. Tanner ed., *Decrees of the Ecumenical Councils*, Washington, DC.: Georgetown University Press, 1990.

O. Holder-Egger ed., *Agnelli qui et Andreas Liber pontificalis ecclesiae Ravennatis*, in Scriptores rerum Langobardicarum et Italicarum saec. VI – IX, MGH, SS rer. Lang., Hannover: Hahn, 1878.

Otto Seeck ed., *Q. Averlii Symmachi quae supersunt*, MGH, Auct. Ant., Berlin: Weidmann, 1883.

Paul Dutton ed., *Carolingian Civilization: A Reader*, Peterborough, Ont., Broadview Press, 1993.

Paul Ewald & Ludowig M. Hartmann eds., *Gregorii I papae Registrum epistolarum*, tomus I, MGH, Epistolae (in Quart), Berlin: Weidmann, 1891.

Paul Fouracre & Richard A. Gerberding eds. , *Late Merovingian France: History and Hagiography 640—720*, Manchester: Manchester University Press, 1996.

P. Kehr ed. , *Die Urkunden Arnolfs*, MGH, Diplomata, Die Urkunden der deutschen Karolinger, dritter Bd. , Berlin: Weidmann, 1940.

—— *Die Urkunden Karls III*, MGH, Diplomata, Die Urkunden der deutschen Karolinger, zweiter Bd. , Berlin: Weidmann, 1937.

—— *Epistolar Karolini aevi*, tomus V, MGH, Epistolarum tomus VII, Berlin: Weidmann, 1928.

R. C. Blockley ed. & trans. , *The Fragmentary Classicising Historians of the Later Roman Empire: Eunapius, Olympiodorus, Priscus and Malchus*, 2 vols. , Liverpool: Cairns, 1981—1983.

Rober Holtzmann ed. , *Die Chronik des Bishofs Thietmar von Merseburg und ihre Korveier Überarbeitung*, MGH, SS rer. Germ. N. S. , Berlin: Weidmann, 1935.

Roger A. B. Mynors ed. , *Cassiodori Senatoris Institutiones*, Oxford: Clarendon Press, 1961.

—— *XII panegyrici latini*, Oxford: Clarendon Press, 1964.

Ruricius of Limoges and Friends: A Collection of Letters from Visigothic Gaul, trans. Ralph Mathisen, Liverpool: Liverpool University Press, 2011.

R. van Dam trans. , *Gregory of Tours: Glory of the Confessors*, Liverpool: Liverpool University Press, 1988.

—— *Gregory of Tours: Glory of the Martyrs*, Liverpool: Liverpool University Press, 1988.

Samuel N. C. Lieu ed. , *The Emperor Julian: Panegyric and Polemic*, Liverpool: Liverpool University Press, 1986.

S. Lieu & D. Monsterrat eds. , *From Constantine to Julian: Pagan and Byzantine Views: A Source History*, London: Routledge, 1996.

T. Banchich & E. N. Lane eds. & trans. , *The History of Zonaras: From Alexander Severus to the Death of Theodosius the Great*, New York: Routledge, 2009.

T. Banchich, *The Lost History of Peter the Patrician: An Account of Rome's Imperial Past from the Age of Justinian*, London: Routledge, 2015.

Theodor Mommsen ed. , *Cassiodori Senatoris Variae*, Berlin: Weidmann, 1894.

—— *Chronica minora*：*Saec. IV. V. VI. VII.*，vol. III，MGH，Auct. Ant.，Berlin：Weidmann，1898.

—— *Chronica minora*：*Saec. IV. V. VI. VII.*，vol. II，MGH，Auct. Ant.，Berlin：Weidmann，1894.

—— *Chronica minora*：*Saec. IV. V. VI. VII.*，vol. I，MGH，Auct. Ant.，Berlin：Weidmann，1892.

—— *Jordanis Romana et Getica*，MGH，Auct. Ant.，Berlin：Weidmann，1882.

Theodor Schieffer ed.，*Die Urkunden Lothars I und Lothars II*，MGH，Diplomata，Die Urkunden der Karolinger，dritter Bd.，Berlin：Weidmann，1966.

—— *Die Urkunden Zwentibolds und Ludwigs des Kindes*，MGH，Diplomata，Die Urkunden der deutschen Karolinger，vierter Bd.，Berlin：Weidmann，1960.

Theo Kölzer，Jens peter Clausen，Daniel Eichler，Britta Mischke，Sarah Patt & Susanne Zwierlein eds.，*Die Urkunden Ludwigs des Frommen*，MGH，Diplomata，Die Urkunden der Karolinger，zweiter Bd.，Wiesbaden：Harrassowitz，2016.

Thomas F. X. Noble & T. Head ed.，*Soldier of Christ. Saints and Saints' Livers from Late Antiquity and the Early Middle Ages*，University Park，PA：The Pennsylvania State University Press，1995.

Wallace Martin Linsay ed.，*Isidori Hispalensis episcopi Etymologiarum sive Originum Libri XX*，2 vols.，Oxford：Clarendon Press，1985.

Waltarius Jacob & Rudolph Hanslik eds.，*Cassiodori-Epiphanii Historia ecclesiastica tripartite*，CSEL，vol. 71，Vienne：Hoelder-Pichler-Tempsky，1952.

W. B. Anderson trans.，*Sidonius：Poems and Letters*，Loeb Classical Library，Cambridge，MA：Harvard University Press，1965.

Widukind of Corvey：Deeds of the Saxons，trans. Bernard S. Bachrach & David S. Bachrach，Washington，DC：The Catholic University of America Press，2014.

Wilhelm Levison ed.，*Vitae sancti Bonifatii archiepiscopi Moguntini*，MGH，in usum scholarum，SS rer. Germ.，Hannover：Hahn，1905.

William E. Klingshirn trans.，*Caesarius of Arles：Life，Testament，Letters*，Liverpool：Liverpool University Press，1994.

William Henry Stevenson ed.，*Asser's Life of King Alfred：Together with the*

Annals of Saint Neots, Oxford: Clarendon Press, 1904.

Wolfram Drews, *Die Karolinger und die Abbasiden von Bagdad: Legitimationsstrategien frühmittelalterlicher Herrscherdynastien im transkulturellen Vergleich*, Berlin: Akademie Verlag, 2009.

Wolfram Setz ed., *Lorenzo Valla: De Falso credita et ementita Constantini donatione*, MGH, Quellen zur Geistesgeschichte des Mittelalters (QQ zur Geistesgesch), Weimar: Hermann Böhlaus Nachfolger, 1976.

艾因哈德、圣高尔修道院僧侣:《查理大帝传》,A. J. 格兰特英译,戚国淦译,北京:商务印书馆,1979年。

奥古斯丁:《上帝之城》,王晓朝译,北京:人民出版社,2006年。

奥古斯丁:《上帝之城:驳异教徒》,吴飞译,上海:上海三联书店,2022年。

奥古斯丁:《天主之城》,吴宗文译,长春:吉林出版集团有限责任公司,2010年。

比德:《英吉利教会史》,陈维振、周清民译,北京:商务印书馆,1991年。

波里比阿:《罗马帝国的崛起》,翁嘉声译,北京:社会科学文献出版社,2013年。

查士丁尼:《法学总论——法学阶梯》,张企泰译,北京:商务印书馆,1989年。

陈文海译注:《法兰克人史纪》,北京:人民出版社,2018年。

陈文海译注:《法兰克王家年代记》,北京:人民出版社,2019年。

陈文海译注:《弗莱德加编年史》,北京:人民出版社,2017年。

都尔教会主教格雷戈里:《法兰克人史》,O. M. 道尔顿英译,寿纪瑜、戚国淦译,北京:商务印书馆,1981年。

弗拉维乌斯·韦格蒂乌斯·雷纳图斯:《兵法简述》,袁坚译,北京:解放军出版社,1998年。

马勇编/译:《尤利安文选》,北京:华夏出版社,2017年。

普罗柯比:《秘史》,吴舒屏、吕丽蓉译,上海:上海三联书店,2007年。

普罗柯比:《战史》,崔艳红译,郑州:大象出版社,2010年。

普洛科皮乌斯:《普洛科皮乌斯战争史》(全二卷),王以铸、崔妙因译,北京:商务印书馆,2010年。

苏维托尼乌斯:《罗马十二帝王传》,张竹明、王乃新、蒋平等译,北京:商务印书馆,1995年。

塔西佗:《阿古利可拉传·日耳曼尼亚志》,马雍、傅正元译,北京:商务印书馆,1959年。

优西比乌:《教会史》,保罗·L.梅尔英译,瞿旭彤译,北京:生活·读书·新知三联书店,2009年。

尤特罗庇乌斯:《罗马国史大纲》,谢品巍译,上海:上海人民出版社,2011年。

尤西比乌斯:《君士坦丁传》,林中泽译,北京:商务印书馆,2015年。

约达尼斯:《哥特史》,罗三洋译注,北京:商务印书馆,2012年。

佐西莫斯:《罗马新史》,谢品巍译,上海:上海人民出版社,2013年。

三、研究论著

Achim T. Hack, *Codex Carolinus: Päpastliche Epistolographie im 8. Jahrhundert*, 2 vols., Stuttgart: Hiersemann, 2006—2007.

A. C. Murray ed., *After Rome's Fall: Narrators and Sources of Early Medieval History: Essays Presented to Walter Goffart*, Toronto: University of Toronto Press, 1998.

Adriaan Verhulst, *The Carolingian Economy*, Cambridge: Cambridge University Press, 2002.

A. Gillett ed., *On Barbarian Identity: Critical Approaches to Ethnicity in the Early Middle Ages*, Turnhout: Brepols, 2002.

A. H. M. Jones, *The Later Roman Empire, 284—602: A Social, Economic and Administrative Survey*, 2 vols., Oxford: Basil Blackwell Ltd., 1964.

Alain J. Stoclet, "La Clausula de unctione Pippini regis, vingt ans après", *Revue Belge de Philologie et d'Histoire*, 78 (2000), pp. 719—771.

Alan Bowman, Averil Cameron & Peter Garnsey eds., *The Cambridge Ancient History*, Vol. 12, *The Crisis of Empire A.D. 193—337*, Cambridge: Cambridge University Press, 2005.

Alexander Demandt, *Der Fall Roms: Die Auflösung des römischen Reiches im Urteil der Nachwelt*, München: C. H. Beck, 1984.

Alice Rio, *Legal Practice and the Written Word in the Early Middle Ages*, Cambridge: Cambridge University Press, 2009.

Anne Latowsky, *Emperor of the World: Charlemagne and the Construction of Imperial Authority, 800—1229*, Ithaca: Cornell University Press, 2014.

Archibald R. Lewis, "The dukes in the regnum Francorum, A. D. 550—751", *Speculum*, 51 (1976), pp. 381—410.

Arnold Angenendt, *Das Frühmittelalter: Die Abendländische Christenheit von 400 bis 900*, Stuttgart: Kohlhammer, 1990.

Arnold Momigliano, *The Conflict between Paganism and Christianity in the Fourth Century*, Oxford: Clarendon Press, 1963.

Averil Cameron, Bryan Ward-Perkins & Michael Whitby eds., *The Cambridge Ancient History*, Vol. 14, *Late Antiquity, Empire and Successors, A. D. 425—600*, Cambridge: Cambridge University Press, 2001.

Averil Cameron, *The Last Pagans of Rome*, Oxford: Oxford University Press, 2011.

Averil Carmeron & Peter Garnsey eds., *The Cambridge Ancient History*, Vol. 13, *The Late Empire A. D. 337—425*, Cambridge: Cambridge University Press, 1998.

Barbara H. Rosenwein, *Negotiating Space: Power, Restraint, and Privileges of Immunity in Early Medieval Europe*, Ithaca: Cornell University Press, 1999.

B. Effros, *Caring for Body and Soul: Burial and the Afterlife in the Merovingian World*, University Park: Pennsylvania State University Press, 2002.

Bernard Bachrach, *Merovingian Military Organization, 481—751*, Minneapolis: University of Minnesota Press, 1972.

Bernhard Bischoff, *Latin Palaeography: Antiquity and the Middle Ages*, trans. D. Ó Cróinín & D. Ganz, Cambridge: Cambridge University Press, 1986.

Bill Leadbetter, *Galerius and the Will of Diocletian*, New York: Routledge, 2009.

Brigitte Kasten ed., *Herrscher- und Fürstentestamente im westeuropäischen Mittelalter*, Köln: Böhlau, 2008.

B. Ward-Perkens, *The Fall of Rome and the End of Civilization*, Oxford: Oxford University Press, 2005.

Carl I. Hammer, *From Ducatus to Regnum: Ruling Bavaria under the Merovingians and Early Carolingians*, Turnhout: Brepols, 2007.

Charles West, *Reframing the Feudal Revolution: Political and Social Transformation between the Marne and Mosell, c. 800—c. 1100*, Cambridge: Cambridge University Press, 2013.

C. Holdsworth & T. P. Wiseman eds., *The Inheritance of Historiography, 350—*

900, Exeter: University of Exeter Press, 1986.

Christopher Kelly, *Ruling the Later Roman Empire*, Cambridge, MA: Harvard University Press, 2004.

Chris Wickham, *Framing the Early Middle Ages: Europe and the Mediterranean 400—800*, Oxford: Oxford University Press, 2005.

C. La Rocca ed., *Italy in the Early Middle Age, 476—1000*, Oxford: Oxford University Press, 2002.

Clemens Gantner, R. McKitterick & S. Meeder eds., *The Resources of the Past in Early Medieval Europe*, Cambridge: Cambridge University Press, 2015.

C. Stiegemann and M. Wemhoff eds., *799—Kunst und Kultur der Karolingerzeit: Karl der Grosse und Papst III in Paderborn*, Mainz: Von Zabern, 1999.

C. W. Previte-Orton, *The Shorter Cambridge Medieval History*, vol. I, Cambridge: Cambridge University Press, 1952.

Damien Kempf, "Paul the Deacon's *Liber de episcopis Mettensibus* and the role of Metz in the Carolingian realm", *Journal of Medieval History*, 30(2004), issue 3, pp. 279—299.

Danuta Shanzer, "Dating the Baptism of Clovis: The Bishop of Vienne vs. the Bishop of Tours", *Early Medieval Europe*, 7 (1998), pp. 29—57.

David Bates et al. eds., *Writing Medieval Biography 750—1250: Essays in Honour of Frank Barlow*, Woodbridge: Boydell, 2006.

Donald A. Bullough, *The Age of Charlemagne*, London: Paul Elek, 1965.

D. Rohrbacher, *The Historians of Late Antiquity*, London: Routledge, 2002.

Edward James, *The Origins of France: From Clovis to the Capetians, 500—1000*, New York: St. Martin's, 1982.

E. Peters, *The Shadow King. Rex inutilis in Medieval Law and Literature, 751—1327*, New Haven, CT: Yale University Press, 1970.

Erin T. Dailey, *Queens, Consorts, Concubines: Gregory of Tours and the Women of the Merovingian Elite*, Leiden: Brill, 2015.

Ernst Kitzinger, *Byzantine Art in the Making: Main Lines of Stylistic Development in Mediterranean Art, 3rd—7th Century*, Cambridge, MA: Harvard University Press, 1977.

Eugen Ewig, *Die Merowinger und da Frankenriech*, Stuttgart: Kohlhammer, 2001.

F. Bougard et al. eds., *Les élites au haut moyen âge: crises et renouvellements*, Turnhout: Brepols, 2006.

Flavius Blondus, *Historiarum ab inclinatione Romanorum imperii decades*, Venice: Thomas de Blavis, 1484.

François-Louis Ganshof, *The Imperial Coronation of Charlemagne: Theories and Facts*, Galsgow: Jackson Son & Company, 1949.

Frans Theuws, Carine Van Rhijn, Mayke de Jong eds., *Topographies of Power in the Early Middle Ages*, Leiden: Brill, 2001.

Franz-Reiner Erkens ed., *Das frühmittelalterliche Königtum: Ideelle und religiöse Grundlagen*, Berlin: De Gruyter, 2005.

Geoffrey V. B. West, "Charlemagne's involvement in central and southern Italy: power and the limits of authority", *Early Medieval Europe*, 8 (1999), pp. 341—367.

Gerald Ellard, *Ordination Anointings in the Western Church before 1000 A. D.*, Cambridge, Ma.: The Medieval Academy of America, 1933.

Gerhard Schmitz, "Zur Kapitulariengesetzgebung Ludwigs des Frommen", *Deutsches Archiv für Erforschung des Mittelalters*, 42 (1986), pp. 471—516.

G. Greatrex & S. N. C. Lieu, *The Roman Eastern Frontier and the Persian Wars, AD 363—630: A Narrative Sourcebook*, London: Routledge, 2002.

G. Halsall ed., *Warfare and Society in the Barbarian West, 450—900*, London: Routledge, 2003.

Giles Constable, *Letter and Letter Collections*, Turnhout: Brepols, 1976.

Giselle de Nie, *Views from a Many-Windowed Tower: Studies of Imagination in the Works of Gregory of Tours*, Amsterdam: Rodopi, 1987.

G. Marasco ed., *Greek and Roman Historiography in Late Antiquity: Fourth to Sixth Century AD*, Leiden: Brill, 2003.

Gregory Halfond, *The Archaeology of Frankish Church Councils, AD 511—768*, Leiden: Brill, 2010.

Hans J. Hummer, *Politics and Power in Early Medieval Europe: Alsace and the Frankish Realm, 600—1000*, Cambridge: Cambridge University Press, 2005.

Hans Patze & Fred Schwind eds., *Voträge und Forschungen: Ausgewählte Aufsätze von Walter Schlesinger 1965—1979*, Ostfildern: Jan Thorbecke Verlag, 1987.

Hans-Werner Goetz, Jörg Jarnut & Walter Pohl eds., *Regna and Gentes: The Relationship between Late Antiquity and Early Medieval Peoples and Kingdoms in the Transformation of the Roman World*, Leiden: Brill, 2003.

Hartmut Atsma ed., *La Neustrie: Les pays au nord de la Loire de 650 à 850*, 2 vols, Sigmaringen: Jan Thorbecke, 1989.

Heinrich Fichtenau, *The Carolingian Empire*, trans. Peter Munz, New York: Harper & Row Publishers, 1964.

Heinz Löwe, "Eine Kölner Notiz zum Kaisertum Karls des Grossen", *Rheinische Vierteljahrsblätter*, 14 (1949), pp. 7—34.

Heinz Schüssler, "Die fränkische Reichsteilung von Vieux-Poitiers und die Reform der Kirche", *Deutsches Archiv für Erforschung des Mittelalters*, 13 (1985), pp. 47—112.

Helmut Beumann, "Nomen imperatoris: Studien zur Kaiseridee Karls des Grossen", *Historische Zeitschrift*, 185 (1958), pp. 515—549.

Helmut Reimitz, *History, Frankish Identity and the Framing of Western Ethnicity, 550—850*, Cambridge: Cambridge University Press, 2015.

Henry Mayr-Harting, "Charlemagne, the Saxons and the Imperial Coronation of 800", *English Historical Review*, 111 (1996), pp. 1113—1133.

Herwig Wolfram, *Die Germanen*, München: C. H. Beck, 2007.

H. Fuhrmann & C. Märtl eds., *Peter Classen, Karl der Grosse, das Papsttum und Byzanz*, Sigmaringen: Jan Thorbecke, 1985.

Horst Fuhrmann, "Konstantinische Schenkung und abendländisches Kaisertum", *Deutsches Archiv für Erforschung des Mittelalters*, 22 (1966), pp. 63—178.

Ian N. Wood, *The Transformation of the Roman West*, Leeds: ARC Humanities Press, 2018.

Ildar H. Garipzanov, *The Symbolic Language of Authority in the Carolingian World*, Leiden: Brill, 2008.

Inge Lyse Hansen & C. Wickham ed., *The Long Eighth Century*, Leiden: Brill, 2000.

Ingrid Rembold, *Conquest and Christianization: Saxony and the Carolingian World, 772—888*, Cambridge: Cambridge University Press, 2017.

James T. Palmer, *Early Medieval Hagiography*, Leeds: Arc Humanities Press, 2018.

J. Drinkwater & H. Elton eds. , *Fifth-Century Gaul: A Crisis of Identity?*, Cambridge: Cambridge University Press, 1992.

Jennifer R. Davis, *Charlemagne's Practice of Empire*, Cambridge: Cambridge University Press, 2015.

J. F. Haldon, *Byzantium in the Seventh Century: The Transformation of a Culture*, Cambridge: Cambridge University Press, 1990.

Jill Harries & Ian N. Wood eds. , *The Theodosian Code*, Ithaca: Cornell University Press, 1993.

Jill Harries, *Law and Empire in Late Antiquity*, Cambridge: Cambridge University Press, 1999.

J. Jarnut, U. Nonn & M. Richter eds. , *Karl Martell in seiner Zeit*, Sigmaringen: Thorbecke, 1994.

Joanna Story ed. , *Charlemagne: Empire and Society*, Manchester: Manchester University Press, 2005.

Johannes Fried, *Donation of Constantine and Constitutum Constantini*, Berlin: De Gruyter, 2007.

John Michael Wallace-Hadrill, *The Long-Haired Kings*, London: Methuen, 1962.

John Moorheard, *Justinian*, London: Routledge, 1994.

Jonathan Shepard ed. , *The Cambridge History of the Byzantine Empire: c. 500—1492*, Cambridge: Cambridge University Press, 2008.

Josef Fleckenstein ed. , *Ausgewählte Aufsätze von Peter Classen*, Sigmaringen: Jan Thorbecke Verlag, 1983.

Josef Semmler, *Der Dynastiewechsel von 751 und die fränkische Königsalbung*, Düsseldorf: Droste Verlag, 2003.

J.-P. Devroey et al. eds. , *Les élites et la richesse dans le haut moyen âge*, Turnhout: Brepols, 2010.

J. R. Davis & M. McCormick eds. , *The Long Morning of Medieval Europe: New Directions in Early Medieval Studies*, Aldershot: Ashgate, 2008.

Jörg Jarnut, *Geschichte der Langobarden*, Stuttgart: Hiersemann, 1982.

Jörg W. Busch, *Die Herrschaften der Karolinger: 714—911*, München: Oldenbourg

Verlag, 2011.

Karl Fernand Werner, "Das Geburtsdatum Karls des Grossen", *Francia*, 1 (1973), pp. 115—157.

Karl Leyser, *Rule and Conflict in an Early Medieval Society*, London: Edward Arnold, 1979.

Karl Schmid & Joachim Wollasch eds. *Memoria. Der geschichtliche Zeugniswert des liturgischen Gedenkens im Mittelalter*, München: Wilhelm Fink Verlag, 1984.

Karl Ubl, *Die Karolinger: Herrscher und Reich*, München: C. H. Beck, 2014.

K. Mitchell & I. Wood eds., *The World of Gregory of Tours*, Leiden: Brill, 2002.

L. K. Little and B. H. Rosenwein ed., *Debating the Middle Ages. Issues and Readings*, Malden, MA.: Blackwell Publishers, 1998.

Marc Widdowson, "Merovingian partitions: a 'genealogical charter'?", *Early Medieval Europe*, 17 (2009), pp. 1—22.

Margarete Weidemann, "Zur Chronologie der Merowinger im 7. Und 8. Jahrhundert", *Francia*, 25 (1998), pp. 177—230.

Marios Costambeys, M. Innes & S. MacLean, *The Carolingian World*, Cambridge: Cambridge University Press, 2011.

Mark Spencer, "Dating the baptism of Clovis, 1886—1993", *Early Medieval Europe*, 3 (1994), pp. 97—116.

Martin A. Claussen, *The Reform of the Frankish Church: Chrodegang of Metz and the Regula canoicorum in the Eighth Century*, Cambridge: Cambridge University Press, 2004.

Martin Heinzelmann, *Gregory of Tours: History and Society in the Sixth Century*, trans. Christopher Carroll, Cambridge: Cambridge University Press, 2001.

Matthew Innes, *Introduction to Early Medieval Western Europe, 300—900. The Sword, the Plough and the Book*, London: Routledge, 2007.

Matthias Becher & Alheydis Plassmann eds., *Streit am Hof im frühen Mittelalter*, Bonn: Bonn University Press, 2011.

Matthias Becher & Jörg Jarnut eds., *Der Dynastiwechsel von 751*, Münster: Scriptorium, 2004.

Matthias Becher, *Karl der Grosse*, trans. B. S. Bachrach, New Haven: Yale University

Press, 2003.

Matthias Becher, S. Dick & N. Karthaus eds., *Herrschaft und Ethnogenese im Frühmittelalter: Gesammelte Aufsätze von Jörg Jarnut, Festgabe zum 60 Geburtstag*, Münster: Scriptorium, 2002.

Matthias Springer, "Jährliche Wiederkehr oder ganz anderes: Märzfeld oder Marsfeld?", Peter Dilg, Keil Gundolf und Dietz-Rüdiger Moser eds., *Rhythmus und Saisonalität. Kongressakten des 5. Symposions des Mediävistenverbandes in Göttingen 1993*, Sigmaringen: Thorbecke, 1995, pp. 297—324.

Mayke de Jong, *The Penitential State: Authority and Atonement in the Age of Louis the Pious*, Cambridge: Cambridge University Press, 2009.

Michaael Maas ed., *The Cambridge Companion to the Age of Attila*, Cambridge: Cambridge University Press, 2015.

Michael McCormick, *Origins of the European Economy: Communications and Commerce, AD 300—900*, Cambridge: Cambridge University Press, 2001.

Michel Rouche, *Clovis*, Paris: Fayard, 1996.

N. Lenski ed., *Cambrdige Companion to the Age of Constantine*, Cambridge: Cambridge University Press, 2006.

Noel Delgado, "The Grand Testamentum of Remigius of Reims: Its Authenticity, Juridical Acta and Bequeathed Property", PhD diss., University of Minnesota, 2008.

Patrick Amory, *People and Identity in Ostrogothic Italy, 489—554*, Cambridge: Cambridge University Press, 1997.

Patrick Geary, *Before France and Germany: The Creation and Transformation of the Merovingian World*, Oxford: Oxford University Press, 1988.

Paul E. Dutton, *Charlemagne's Mustache and Other Cultural Clusters of a Dark Age*, New York: Plagrave, 2004.

Paul Fouracre, *The Age of Charles Martel*, London: Longman, 2000.

Paul S. Barnwell, *Emperor Prefects & Kings: The Roman West 395—565*, Chapel Hill: University of North Carolina Press, 1992.

Percy Ernst Schramm, *Beiträge zur allgemeinen Geschichte, erster Teil, Von der Spätantike bis zum Tode Karls des Grossen (814)*, Stuttgart: Anton Hiersemann Verlag, 1968.

Peter Brown, *The World of Late Antiquity*, London: Thames and Hudson, 1971.
Peter Classen, "Karl der Grosse und der Thronfolge im Frankenreich", *Festschrift für Hermann Heimpel zum 70. Geburtstag*, Göttingen: Vandenhoeck und Ruprecht, vol. 3, 1972, pp. 109—134.
Peter Sarris, *Empires of Faith: The Fall of Rome to the Rise of Islam, 500—700*, Oxford: Oxford University Press, 2011.
P. Fouracre & D. Ganz eds., *Frankland: The Franks and the World of the Early Middle Ages*, Manchester: Manchester University Press, 2008.
P. Godman, J. Jarnut & P. Johanek eds., *Am Vorabend der Kaiserkrönung*, Berlin: Akademie Verlag, 2002.
P. Godman & Roger Collins eds., *Charlemagne's Heir: New Perspective on the Reign of Louis the Pious (814—840)*, Oxford: Clarendon Press, 1990.
Philip Grierson & Mark Blackburn, *Medieval Europe Coinage, Vol. 1, The Early Middle Ages (5th—10th centuries)*, Cambridge: Cambridge University Press, 1986.
P. H. Sawyer and I. N. Wood eds., *Early Medieval Kingship*, Leeds: The Editors, 1977.
Pierre Riché, *The Carolingians: A Family who Forged Europe*, trans. Michael Idomir Allen, Philadelphia: University of Pennsylvania Press, 1993.
P. Sarris, Matthew Dal Santo & Phil Booth, *An Age of Saints? Power, Conflict & Dissent in Early Medieval Christianity*, Leiden: Brill, 2011.
P. S. Barnwell & M. Mostert eds., *Political Assemblies in the Earlier Middle Ages*, Turnhout: Brepols, 2003.
Ralph Mathisen, *Roman Aristocrats in Barbarian Gaul*, Austin: University of Texas Press, 1993.
Raymond van Dam, *Leadership and Community in Late Antique Gaul*, Berkeley: University of California Press, 1985.
R. Corradini, M. Diesenberger & H. Reimitz eds., *The Construction of Communities in the Early Middle Ages: Texts, Resources and Artefacts*, Leiden: Brill, 2003.
R. Corradini, R. Meens, C. Pössel & P. Shaw eds., *Texts and Identities in the Early Middle Ages*, Wien: Verlag der Österreichischen Akademie der Wissenschaften, 2006.

R. Hodeges, *Dark Age Economics: The Rebirth of Towns and Trade*, 600—1000, Bristol: Bristol Classical Press, 1982.

R. Hodeges & D. Whitehouse, *Mohanned, Charlemagne and the Origins of Europe*, Ithaca: Cornell University Press, 1983.

R. Hodges & W. Bowden eds., *The Sixth Century. Production, Distribution and Demand*, Leiden: Brill, 1998.

Richard A. Gerberding, *The Rise of the Carolingians and the Liber Historiae Francorum*, Oxford: Oxford University Press, 1987.

Richard E. Sullivan ed., *The Coronation of Charlemagne: What Did It Signify?* Boston: D. C. Heath and Company, 1959.

R. Mathisen & D. Shanzer eds., *Society and Culture in Late Antique Gaul: Revisiting the Sources*, London: Routledge, 2001.

R. Meens et al. eds., *Religious Franks: Religion and Power in the Frankish Kingdoms: Studies in Honour of Mayke de Jong*, Manchester: Manchester University Press, 2016.

R. M. Errington, *Roman Imperial Policy from Julian to Theodosius*, Chapel Hill: University of North Carolina Press, 2006.

Robert Meens, "Sanctuary, penance and dispute settlement under Charlemagne: the conflict between Alcuin and Theodulf of Orléans over a sinful cleric", *Speculum*, 82 (2007), pp. 277—300.

Roger Collins, *Charlemagne*, London: Macmillan, 1998.

Rosamond McKitterick, *The Frankish Kingdoms under the Carolingiand*, 751—987, London: Longman, 1983.

Rudolf Schieffer, *Die Karolinger*, Stuttgart: Kohlhammer Verlag, 2015.

R. W. Burgess and M. Kulikowski, *Mosaics of Time: The Latin Chronicle Traditions from the First Century BC to the Sixth Century AD, Vol. I, A Historical Introduction to the Chronicle Genre from Its Origins to the High Middle Ages*, Turnhout: Brepols, 2013.

Sarah Foot, C. F. Robinson & I. Hesketh eds., *The Oxford History of Historical Writing, Vol. 2, 400—1400*, Oxford: Oxford University Press, 2012.

Simon MacLean, *Kingship and Politics in the Late Ninth Century: Charles the Fat *and the End of the Carolingian Empire*, Cambridge: Cambridge University Press, 2003.

S. Mitchell, *A History of the Later Roman Empre*, *AD 284—641*: *The Transformation of the Ancient World*, Malden, MA: Blackwell Publishing, 2007.

Stefan Esders, Yaniv Fox, Yitzhak Hen & Laury Sarti eds., *East and West in the Early Middle Ages*: *The Merovingian Kingdoms in Mediterranean Perspective*, Cambridge: Cambridge University Press, 2019.

Steffen Patzold, *Ich und Karl der Grosse*; *Das Leben des Höflings Einhard*, Stuttgart: Klett-Cotta, 2013.

Stephen David Baxter et al. eds., *Early Medieval Studies in Memory of Patrick Wormald*, Farnham: Ashgate, 2009.

Stephen Williams, *Diocletian and the Roman Recovery*, London: Routledge, 2000.

Stuart Airlie, *Power and Its Problems in Carolingian Europe*, London: Routledge, 2012.

Susan Reynolds, *Fiefs and Vassals*: *The Medieval Evidence Reinterpreted*, Oxford: Oxford University Press, 1994.

T. D. Barnes, *The New Empire of Diocletian and Constantine*, Cambridge, MA: Harvard University Press, 1982.

Thomas F. X. Noble & Julia M. H. Smith eds., *Early Medieval Christianities*, *c. 600—c. 1000*, Cambridge: Cambridge University Press, 2008.

Thomas F. X. Noble, *The Republic of St. Peter*: *The Birth of the Papal States*, *680—825*, Philadelphia: University of Pennsylvania Press, 1984.

Timothy Reutered, *The Medieval Nobility*: *Studies on the Ruling Classes of France and Germany from the Sixth to the Twelfth Century*, Amsterdam: North Holland Publishing Company, 1978.

Vida Alice Tyrrell, *Merovingian Letters and Letters Writers*, PhD diss., University of Toronto, 2012.

Walter Goffart, *The Narrators of Barbarian History* (A.D. 500—800): *Jordanes, Gregory of Tours, Bede, and Paul the Deacon*, Notre Dame: University of Notre Dame Press, 1988.

Walter Pohl ed., *Kingdoms of the Empire*: *The Integration of Barbarians in Late*

Antiquity, Leiden: Brill, 1997.

Walter Schlesinger, "Herrschaft und Gefolgschaft in der Germanische-deutschen Verfassungsgeschichte", *Historische Zeitschrift*, 176 (1953), pp. 225—276.

Walter Ullmann, *The Carolingian Renaissance and the Idea of Kingship*, Abingdon: Routledge, 2010.

W. C. Brown, M. Costambeys, M. Innes & A. J. Kosto eds., *Documentary Culture and the Laity in the Early Middle Ages*, Cambridge: Cambridge University Press, 2013.

W. Davies & P. Fouracre eds., *The Settlement of Dispute in Early Medieval Europe*, Cambridge: Cambridge University Press, 1986.

Wilfried Hartmann, *Karl der Grosse*, Stuttgart: Kohlhammer, 2010.

William M. Daly, "Clovis: How Barbarian, How Pagan?", *Speculum*, 69 (1994), pp. 619—64.

W. Liebeschuetz, *The Decline and Fall of the Roman City*, Oxford: Oxford University Press, 2000.

Wolfgang Braunfels ed., *Karl der Grosse: Lebenswerk und Nachleben*, 5 vols, Düsseldorf: Schwann, 1965—1968.

W. Pohl, Clemens Gantner, Cinzia Grifoni, Marianne Pollheimer-Mohaupt eds., *Transformations of Romanness: Early Medieval regions and Identites*, Berlin: De Gruyter, 2018.

W. Pohl & G. Heydemann eds., *Strategies of Identification: Ethnicity and Religion in Early Medieval Europe*, Turnhout: Brepols, 2013.

W. Pohl & H. Reimitz eds., *Strategies of Distinction: The Costruction of Ethnic Communities, 300—800*, Leiden: Brill, 1998.

W. Pohl, Ian Wood & Helmut Reimitz eds., *The Tranformation of Frontiers: From Late Antiquity to the Carolingians*, Leiden: Brill, 2000.

W. Pohl & P. Erhart eds., *Die Langobarden: Herrschaft und Identität*, Vienna: Verlag der ÖAW, 2005.

W. Pohl, Richard E. Payne & C. Gantner, *Visions of Community in the Post-Roman World: The West, Byzantium and the Islamic World, 300—1100*, Farnham: Ashgate, 2012.

W. Pohl & V. Wieser eds., *Der frühmittelalterliche Staat：europäischen Perspektiven*, Vienna：Verlag der ÖAW，2009.

W. T. Treadgold, *The Early Byzantine Historians*, Basingstoke：Palgrave Macmillan，2007.

Y. Hen & M. Innes eds., *The Use of the Past in the Early Middle Ages*, Cambridge：Cambridge University Press，2000.

Yitzhak Hen, *Culture and Religion in Merovingian Gaul*, A. D. 481—751, Leiden：Brill，1995.

A. A. 瓦西列夫：《拜占庭帝国史(324—1453)》，徐家玲译，北京：商务印书馆，2019年。

J. B. 伯里：《晚期罗马帝国史：从阿卡狄乌斯到伊琳妮，395—800》(上卷)，赵法欣、邹薇译，北京：中信出版集团，2018年。

J. W. 汤普森：《历史著作史》(上卷·第一分册)，谢德风译，北京：商务印书馆，1988年。

M. M. 波斯坦、爱德华·米勒主编：《剑桥欧洲经济史·第二卷·中世纪的贸易和工业》，钟和、张四齐、晏波等译，北京：经济科学出版社，2004年。

M. 罗斯托夫采夫：《罗马帝国社会经济史》(全两册)，马雍、厉以宁译，北京：商务印书馆，1985年。

N. H. 拜尼斯主编：《拜占庭：东罗马文明概论》，陈志强、郑玮、孙鹏译，郑州：大象出版社，2012年。

P. D. 金：《查理大帝》，张仁译，上海：上海译文出版社，2001年。

阿方斯·多普施：《欧洲文明的经济与社会基础》，肖超译，郑州：大象出版社，2014年。

阿·米尔：《德意志皇帝列传》，李世隆、张载扬等译，北京：东方出版社，1995年。

阿诺德·汤因比：《历史研究》(插图本)，刘北成、郭小凌译，上海：上海人民出版社，2005年。

埃蒙·达菲：《圣徒与罪人：一部宗教史》，龙秀清译，北京：商务印书馆，2018年。

爱德华·吉本：《罗马帝国衰亡史》(第1卷)，席代岳译，长春：吉林出版集团有限责任公司，2008年。

安长春：《全面评价历史人物——学习恩格斯〈德国农民战争〉札记》，《武汉大学学报(社会科学版)》1991年第4期。

包倩怡:《"天主众仆之仆"名号与格里高利一世的主教观》,《历史研究》2019 年第 3 期。

彼得·布朗:《希波的奥古斯丁》,钱金飞、沈小龙译,北京:中国社会科学出版社, 2013 年。

彼得·希瑟:《罗马帝国的陨落:一部新的历史》,向俊译,北京:中信出版社,2016 年。

毕尔麦尔等编著:《中世纪教会史》,雷立柏译,北京:宗教文化出版社,2010 年。

薄洁萍:《上帝作证——中世纪基督教文化中的婚姻》,上海:学林出版社,2005 年。

布莱恩·蒂尔尼、西德尼·佩因特:《西欧中世纪史》,袁传伟译,北京:北京大学出版社,2011 年。

查尔斯·辛格、E. J. 霍姆亚德、A. R. 霍尔主编:《技术史》(第 II 卷),潜伟主译,上海: 上海科技教育出版社,2004 年。

陈文海、王文婧:《墨洛温王朝的"国土瓜分"问题——〈法兰克人史〉政治取向释读》, 《历史研究》2014 年第 4 期。

陈文海:《蓄发与削发——法兰克墨洛温王族象征符号释论》,《华南师范大学学报(社会科学版)》2012 年第 6 期。

陈秀凤:《政权"神圣化"?——以法兰克国王祝圣典礼为中心的探讨》,《新史学》2005 年第 4 期。

陈莹雪:《保罗亚略巴古演讲与希腊教父的释经传统》,《圣经文学研究》2020 年第 2 期。

陈莹雪、李隆国主编:《西学研究》(总第 3 辑),北京:商务印书馆,2020 年。

陈勇:《查士丁尼法典评析》,《历史教学问题》2010 年第 4 期。

陈勇:《关注中西封建社会的法律因素》,《武汉大学学报(人文科学版)》2013 年第 4 期。

陈志强:《拜占廷皇帝继承制特点研究》,《中国社会科学》1999 年第 1 期。

崔艳红:《普罗柯比的世界——六世纪的拜占庭帝国》,北京:北京大学出版社, 2013 年。

大卫·阿布拉菲亚:《伟大的海——地中海人类史》(全二册),徐家玲等译,北京:社会科学文献出版社,2018 年。

董晓佳、刘榕榕:《反日耳曼人情绪与早期拜占廷帝国政治危机》,《历史研究》2014 年第 2 期。

菲迪南·罗特:《古代世界的终结》,王春侠、曹明玉译,上海:上海三联书店,2008 年。

菲利普·内莫:《罗马法与帝国遗产——古罗马政治思想史讲稿》,张竝译,上海:华东师范大学出版社,2011年。

费尔南·布罗代尔:《法兰西的特性:空间和历史》,顾良、张泽乾译,北京:商务印书馆,1994年。

弗朗索瓦·冈绍夫:《何为封建主义》,张绪山、卢兆瑜译,北京:商务印书馆,2016年。

付家慧:《中世纪早期西欧的慈善与补赎文化——基于悔罪规则书文本的案例考察》,《史学月刊》2020年第8期。

郭云艳:《查士丁尼宗教政策失败原因初探》,《历史教学》2005年第11期。

汉斯·A. 波尔桑德尔:《君士坦丁大帝》,许绶南译,上海:上海译文出版社,2001年。

亨利·皮雷纳:《中世纪的城市(经济和社会史评论)》,陈国樑译,北京:商务印书馆,1985年。

侯树栋:《国家、王权与帝国:中古德意志政治史研究的回顾与反思》,《中国社会科学》2013年第2期。

黄春高:《"封建主义的悖论"与中古西欧封建国家》,《世界历史》2007年第6期。

基佐:《法国文明史:自罗马帝国败落起》(第一卷),沅芷、伊信译,北京:商务印书馆,1993年。

基佐:《法国文明史:自罗马帝国败落起》(第二卷),沅芷、伊信译,北京:商务印书馆,1995年。

焦汉丰:《从冲突到融合共存——关于罗马帝国晚期异教和基督教的关系研究》,《世界历史评论》2020年第1期。

卡洛·M. 奇波拉主编:《欧洲经济史·第一卷·中世纪时期》,徐璇译,北京:商务印书馆,1988年。

康凯:《罗马帝国在西部的延续:东哥特政权研究》,复旦大学未刊博士论文,2014年。

克里斯·威克姆:《罗马帝国的遗产:400—1000》,余乐译,北京:中信出版社,2019年。

李秀清:《日耳曼法研究》,北京:商务印书馆,2005年。

李云飞:《钦差巡察与查理曼的帝国治理》,《中国社会科学》2017年第8期。

刘虹男、陈文海:《墨洛温王朝"父子共治"虚实考论——以〈弗莱德加编年史〉为主要考察基点》,《学术研究》2017年第12期。

刘虹男:《中世纪早期高卢基督教的"主教团合议制"》,《经济社会史评论》2020年第3期。

刘家和、刘林海:《3—6世纪中西历史及文明发展比较研究》,《北京师范大学学报(社会科学版)》2019年第5期。

刘林海:《史学界关于西罗马帝国衰亡问题研究的述评》,《史学史研究》2010年第4期。

刘寅:《"训诫"话语与加洛林时代的政治文化》,《历史研究》2017年第1期。

罗伯特·福西耶主编:《剑桥插图中世纪史(350—950年)》,陈志强、崔艳红、郭云艳等译,济南:山东画报出版社,2006年。

马克·布洛赫:《封建社会》(全两卷),张绪山等译,北京:商务印书馆,2009年。

马克垚:《"西欧奴隶制向封建制过渡"的再认识》,《社会经济史评论》2018年第3期。

玛里琳·邓恩:《修道主义的兴起:从沙漠教父到中世纪早期》,石敏敏译,北京:中国社会科学出版社,2010年。

毛丽娅:《试论基督教在西欧从古代向中世纪过渡时期的历史作用》,《宗教学研究》1999年第4期。

孟广林:《西欧"封建主义"刍议——对冈绍夫〈何为封建主义〉的思考》,《清华大学学报(哲学社会科学版)》2017年第4期。

米歇尔·普契卡评注:《本笃会规评注》,杜海龙译,上海:上海三联书店,2015年。

倪世光:《关于查理·马特改革问题的争论——以保罗·福瑞克尔著〈查理·马特时代〉为中心的考察》,《世界历史》2013年第2期。

帕特里克·J.格里:《中世纪早期的语言与权力》,刘林海译,上海:中西书局,2019年。

帕特里克·格里:《历史、记忆与书写》,罗新主编,北京:北京大学出版社,2018年。

庞国庆:《时代之光:拜占廷〈法律选编〉中的公正理念》,《南开学报(哲学社会科学版)》2019年第2期。

佩里格林·霍登、尼古拉斯·珀塞尔:《堕落之海:地中海史研究》(上下册),吕厚量译,北京:中信出版社,2018年。

彭小瑜:《教会法研究——历史与理论》,北京:商务印书馆,2003年。

乔治·奥斯特洛格尔斯基:《拜占廷帝国》,陈志强译,西宁:青海人民出版社,2006年。

乔治·杜比主编:《法国史》,吕一民、沈坚、黄艳红等译,北京:商务印书馆,2010年。

苏杰编译:《西方校勘学论著选》,上海:上海人民出版社,2009年。

王大庆:《古希腊城邦:向帝国时代转型的困境与趋势》,《河北学刊》2010年第4期。

王敦书:《矮子丕平加冕疏证》,《世界历史》2002年第1期。

王晋新:《古典文明的终结与地中海世界的裂变:对西方文明形成的重新审视》,《东北师大学报(哲学社会科学版)》2010年第1期。

王晴佳、李隆国主编:《断裂与转型:帝国之后的欧亚历史与史学》,上海:上海古籍出版社,2017年。

王涛:《奥古斯丁书信的发现、整理与研究》,《历史研究》2006年第4期。

王晓朝:《罗马帝国文化转型论》,上海:上海辞书出版社,2017年。

王亚平:《论查理大帝的教会政策》,《东北师大学报(哲学社会科学版)》1998年第2期。

威利斯顿·沃尔克:《基督教会史》,孙善玲、段琦、朱代强译,北京:中国社会科学出版社,1991年。

沃尔特·厄尔曼:《中世纪政治思想史》,夏洞奇译,南京:译林出版社,2011年。

沃伦·特里高德:《拜占庭简史》,崔艳红译,上海:上海人民出版社,2008年。

吴飞:《奥古斯丁与罗马的陷落》,《复旦学报(社会科学版)》2011年第4期。

武鹏:《论5—6世纪拜占庭史料中君士坦丁大帝的形象分歧》,《古代文明》2017年第4期。

西里尔·曼戈主编:《牛津拜占庭史》,陈志强、武鹏译,北京:北京师范大学出版社,2015年。

夏洞奇:《尘世的权威:奥古斯丁的社会政治思想》,上海:上海三联书店,2007年。

向荣:《西方学者对"皮朗命题"的验证与再讨论》,《光明日报》2016年12月10日第11版。

徐家玲:《早期拜占庭和查士丁尼时代研究》,长春:东北师范大学出版社,1998年。

徐进伟、徐晓旭:《论东罗马帝国皇帝阿卡狄乌斯的"托孤"》,《史学集刊》2020年第5期。

雅各布·布克哈特:《君士坦丁大帝时代》,宋立宏、熊莹、卢彦名译,上海:上海三联书店,2006年。

叶民:《最后的古典:阿米安和他笔下的晚期罗马帝国》,天津:天津人民出版社,2004年。

伊本·赫勒敦:《历史绪论》(上下卷),李振中译,银川:宁夏人民出版社,2015年。

约翰内斯·弗里德:《中世纪历史与文化》,李文丹、谢娟译,北京:九州出版社,2020年。

詹姆斯·奥唐奈:《新罗马帝国衰亡史》,夏洞奇、康凯、宋可即译,北京:中信出版社,2013年。

詹姆斯·布赖斯:《神圣罗马帝国》,孙秉莹、谢德风、赵世瑜译,北京:商务印书馆,1998年。

张楠、李云飞:《罗马危机与教宗斯蒂芬三世的权威伸张》,《暨南学报(哲学社会科学版)》2018年第6期。

张楠:《在拜占廷和法兰克之间:教宗扎迦利的伦巴德道路》,《北方论丛》2018年第3期。

张楠、张强:《〈奥古斯都功德碑〉译注》,《古代文明》2007年第3期。

赵立行:《加洛林时代的史学形式及其价值》,《贵州社会科学》2012年第9期。

中共中央马克思恩格斯列宁斯大林著作编译局编译:《马克思恩格斯全集》(第十九卷),北京:人民出版社,2006年。

种法胜:《加洛林"王者镜鉴":一个整体视野的考察》,《历史教学问题》2018年第2期。

种法胜、王晋新:《论864年〈皮特雷敕令〉——兼析9世纪中叶西法兰克王国的法律形成机制》,《古代文明》2018年第2期。

朱迪斯·赫林:《拜占庭:一个中世纪帝国的传奇历史》,李潇阳译,上海:上海社会科学院出版社,2020年。

朱君杙:《尼特哈德〈历史四书〉"公共利益"观探析》,《贵州社会科学》2016年第7期。

后 记

本书的写作是在若干篇论文的基础之上或删改或扩充而成,这些论文分别是:

《重建"神圣的罗马帝国":中古早期欧洲的政治发展道路》,《历史研究》2020 年第 2 期,第 124—147 页。

《查理曼称帝与神圣罗马帝国的形塑》,《史学集刊》2018 年第 3 期,第 24—39 页。

《"民族大迁徙":一个术语的由来与发展》,《经济社会史评论》2016 年第 3 期,第 17—43 页。

《兰斯大主教圣雷米书信四通译释》,载北京大学历史学系编:《北大史学 18》,北京:北京大学出版社,2013 年,第 247—269 页。

《认识西罗马帝国灭亡:公元 476—800 年》,载北京大学历史学系编:《北大史学 17》,北京:北京大学出版社,2012 年,第 212—232 页。

《从"罗马帝国衰亡"到"罗马世界转型"——晚期罗马史研究范式的转变》,《世界历史》2012 年第 3 期,第 113—126 页。

《透过战争说和平:奥罗修与基督教史学的转型》,《历史研究》2009 年第 2 期,第 175—185 页。

《释"异乡的旅人"——晚年克洛维对王国的处置》,载北京大学历史学系编:《北大史学 11》,北京:北京大学出版社,2005

年,第 8—26 页。

　　谨对这些刊物、编辑和匿名评审专家致以衷心的感谢。

　　本书的出版得到了北京大学人文学部的资助,特此鸣谢。同时感谢北京大学出版社和责任编辑初艳红老师。

　　尽管本书与社会科学基金项目的结项报告业已大不相同,但若没有基金的资助,以及北京大学社会科学部和历史学系的大力支持,本书的完成可能还遥遥无期。尤其感谢结项报告书中各位评审专家们的鼓励和修改意见。

　　书中的观点,是在教学的过程中通过教学相长的方式而形成的,感谢同学们。

　　翻检我的注释和参考书目,读者不难发现,我深深受惠于国内外同行们的研究。其实,在写作的过程中,我得到的帮助太多,需要感谢的学者和朋友又岂是注释和参考书目所能穷尽?

　　书中的疏漏仍然属于作者,敬请读者批评指正。

李隆国

2023 年 1 月 15 日于京西能免书房